지오지브라 초등시리즈 •1

지오지브라와 함께하는

초등학교 도형탐구

(3·4학년)

김진호·서보억·조수윤 지음

기본·심화 부록파일 수록

GEOGEBRA

KYOWOOSA 교우사

서문

초등학교 수학수업에서 다루어지는 내용 영역은 크게 수와 연산, 규칙성, 측정, 확률과 통계, 도형으로 구분된다. 어느 영역 하나 중요하지 않은 영역이 없겠지만 이 중에서 학생들의 사고활동을 자극하고 왕성한 수학적 아이디어를 표출하는 영역을 하나 선택하라면, 우리는 주저 없이 도형 영역을 선택할 것이다. 확률론의 공리화를 이룬 콜모그로프(Kolmogrov)가 수학교육에서 도형(기하) 교육의 중요성을 크게 역설한 것도 우연은 아닐 것이다.

하지만 도형 영역이 가지는 어려움도 많이 지적되고 있다. 초등학교 수준에서 구체적인 경험을 바탕으로 하는 도형 교육이 중등학교가 되면 정당화와 산술 중심의 교육으로 옮겨가면서 큰 어려움을 야기시킨다는 점이다. 이러한 어려움의 원인은 여러 가지로 지적될 수 있지만, 가장 근원적인 이유 중의 하나는 초등학교에서 충분한 사고 활동과 체험을 기반으로 하는 도형 교육을 받지 못했다는 것이다. 활동 중심 수학수업은 다양한 모습으로 나타날 수 있지만 21세기 유비쿼터스 시대에 빼놓을 수 없는 것은 컴퓨터를 활용한 도형 교육이다. 지금까지의 수학교육에서도 도형 교육을 위한 다양한 교육용 소프트웨어가 수업에 활용되었다. 대표적으로 GSP, Cabri Geometry 등이 있는데, 이들은 모두 상업용이라는 점이다. 교실 수업에 활용하고 개인적으로 가정학습용으로 사용하기 위해서는 고비용이 든다.

그런데 본 저서에서 사용한 지오지브라(Geogebra)는 이러한 문제를 완전히 해결한 프로그램이다. 도형을 비롯하여 측정, 대수, 통계 등을 모두 활용할 수 있음에도 불구하고 무료 교육용 수학 소프트웨어이다. 지오지브라는 2002년에 오스트리아 짤스부르크 대학의 마르쿠스 호헨바터(Markus Hohenwarter)교수가 개발한 프로그램으로 전 세계의 많은 지오지브라 팀원들이 이 프로그램을 개정 및 증편에 관여하고 있는 신개념의 수학 교육용 프로그램이다.

이 신개념의 수학교육용 프로그램을 초등학교 수학교실에서 효과적으로 활용하기 위한 프로젝트에 세 명의 전문가가 모였다. 초등 수학교육 전문가인 교육대학 교수는 본 프로젝트의 전체 작업을 총괄하였고, 현재 박사과정에 있고 수학수업 전문가인 초등 수학교사는 실제 수업 상황 및 개인 학습 상황을 최적화하려고 노력하였으며, 중등 수학교육 전문가인 수학교육과 교수는 초등학교 도형 교육이 중등학교 기하 교육에 연결될 수 있도록 세심한 배려를 하였다. 세 명의 전문가에 의해 지난 2년 동안 연구와 고심을 거쳐 초등학교 3학년 4학년 학생을 위한 도형 교재가 완성되었다.

본 교재는 지오지브라 소개, 기본 영역, 심화 영역으로 구분된다. 지오지브라 소개는 간단한 프로그램 작동 방법을 소개하였고, 기본 영역은 초등학교 3학년과 4학년 내용을 지오지브라를 이용하여 학습할 수 있도록 체계화하였으며, 심화 영역은 기본 영역의 학습을 바탕으로 심도 깊은 수학내용을 탐구활동 중심으로 학습할 수 있도록 구성하였다. 기본 영역은 1장 기본적인 도형, 2장 원, 3장 사각형, 4장 삼각형, 5장 다각형과 정다각형, 6장 평면도형의 이동으로 구성되고, 심화 영역은 기본 영역의 내용을 기초로 하여 1장 생활 속 선과 각의 탐구, 2장 몇 개의 점을 지나는 원, 3장 사각형 여행, 4장 패턴블록, 5장 다각형의 대각선, 6장 도형의 활용으로 구성하였다.

본 교재는 기본과 심화 두 부분으로 나누어진다. 기본을 모두 학습한 다음 심화를 학습하기 보다는, 기본의 1장을 학습한 다음 심화의 1장을 학습하는 것이 더 효과적일 것이다. 그런 다음 기본의 2장을 학습하고 다시 심화의 2장을 학습하는 방식을 추천한다.

지오지브라와 함께하는 초등학교 도형탐구(3～4학년)만으로 만족하지 않을 것 같다. 향후 지오지브라와 함께하는 수학교육 교재는 지속적으로 편찬될 것이다. 다음 교재는 이번 내용을 바탕으로 5～6학년을 위한 초등학교 도형탐구가 개발될 것이다. 이번에 출판되는 지오지브라와 함께하는 초등학교 도형탐구를 통해 우리나라 초등 수학교육에서 도형 교수학습 활동의 활성화에 보탬이 될 수 있기를 기대한다. 또한 이번 지오지브라 시리즈를 통해 초등학교 및 중등학교 수학교육의 개선에 도움이 되기를 기대한다.

끝으로, 이 책의 발간 및 출판을 위해 노력해 주신 편집진과 교우사 사장님께 깊은 감사의 말씀을 드린다.

저자 김진호·서보억·조수윤

차례

2부 : 심화

지오지브라 소개

1. 지오지브라의 시작

지오지브라(Geogebra)는 도형, 측정, 대수, 통계 등을 다루는 무료 교육용 수학 소프트웨어입니다. 지오지브라는 2002년에 오스트리아 짤스부르크 대학의 마르쿠스 호헨바터(Markus Hohenwarter) 교수가 개발한 프로그램입니다. 그 후 전 세계의 많은 지오지브라 팀원들이 이 프로그램을 개정 및 증편하고 있습니다.

2. 지오지브라 설치하기

▣ 부록 CD를 이용하여 지오지브라 설치하기

① 부록으로 동봉된 CD를 컴퓨터 CD롬에 넣습니다.

② CD안에 있는 '지오지브라 실행파일'을 클릭하여 폴더를 엽니다.

GeoGebra.exe

③ 폴더 안에 있는 'GeoGebra.exe'파일을 더블클릭하면 지오지브라가 열립니다.

▣ 웹에서 지오지브라를 다운 받아 설치하기

① 지오지브라의 공식 홈페이지(http://www.geogebra.org)를 방문합니다.

② 화면 오른쪽 상단의 다운로드를 클릭합니다.

③ 화면 중간에 있는 Windows를 클릭하여 설치합니다.

※ 만약 위와 같은 방법으로 설치가 안 될 경우 위 화면의 아래에 있는 '다른 지오지브라 설치파일 다운로드'를 선택한 후 'GeoGebra Portable for Windows'를 클릭하여 파일을 다운로드 받으면 따로 설치 없이 바로 지오지브라를 실행할 수 있습니다.

3. 지오지브라의 메인화면

지오지브라는 크게 메뉴판과 툴바, 대수창, 기하창, 입력창으로 구성되어 있습니다. 우리 책에서는 툴바의 도구를 이용하여 기하창에 도형을 그리는 활동이 많이 있습니다.

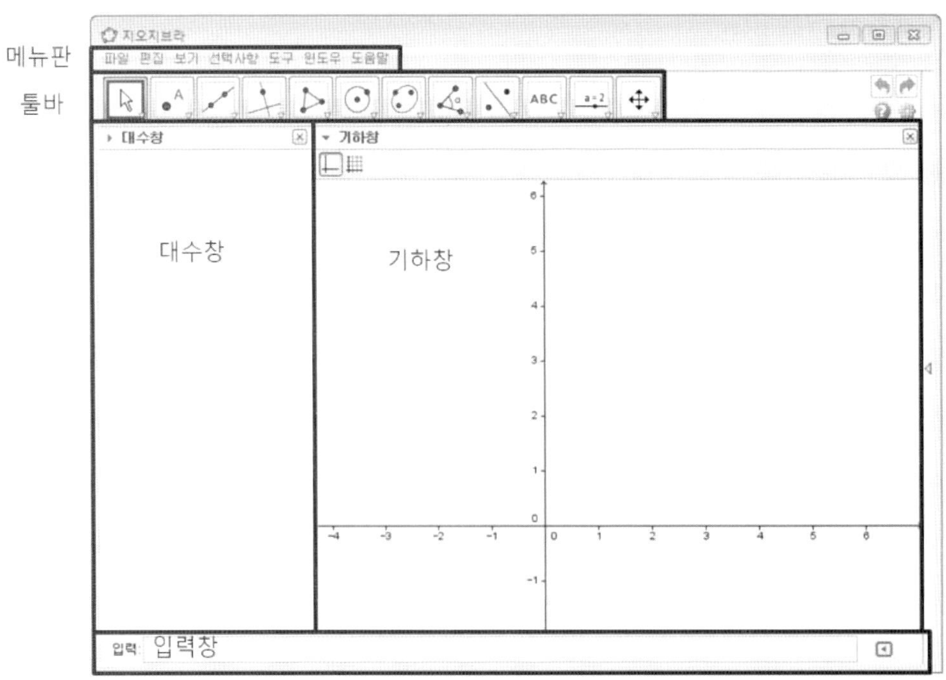

4. 지오지브라의 창 관리하기

① 처음 지오지브라를 열면 필요한 창도 나타나고 필요하지 않은 창도 나타나게 됩니다.

② 각 창의 오른쪽 상단을 보면 닫기 아이콘이 있습니다. 이 아이콘을 클릭하면 해당 창은 닫히게 됩니다.

③ 없어진 창을 다시 열기 위해서는 메뉴창의 '보기-창이름'을 클릭합니다.

④ 기하창의 격자를 보이게 하려면 도구 아이콘 모음 아래에 있는 격자 아이콘을 클릭하면 됩니다.

⑤ 기하창의 축을 보이게 하려면 도구 아이콘 모음 아래에 있는 축 아이콘을 클릭하면 됩니다.

5. 지오지브라 파일 열기와 저장하기

① 새 창을 열고 싶을 때에는 메뉴에서 '파일-새윈도우'를 선택하면 됩니다.

② 만들어진 지오지브라 파일을 열려면 메뉴에서 '파일-열기'를 선택하면 됩니다.

③ 지오지브라 파일을 저장하려면 '파일-저장'을 선택한 후 저장할 장소를 선택한 후 파일명을 입력하고 저장합니다.

6. 지오지브라 도구 사용법

① 아이콘의 버튼 위에서 클릭하면 도구를 사용할 수 있습니다. 또한 도구 아이콘 위에 마우스를 가져가면 어떻게 도구를 사용할 수 있는지 설명이 나타납니다.

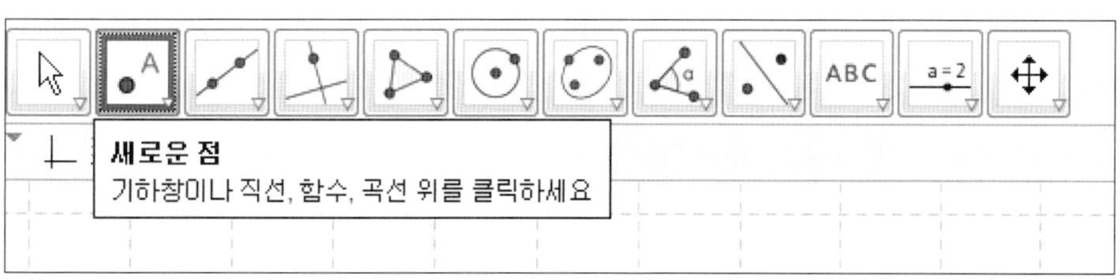

② 아이콘 도구 모음 하단에는 화면에 축과 격자를 표시하는 아이콘이 있습니다. 또한 도구 아이콘을 클릭했을 경우 격자 아이콘 옆에 나타낼 수 있는 색상과 선의 스타일을 선택할 수 있는 도구가 나타납니다.

③ 버튼 아랫부분의 작은 화살표를 클릭해서 도구상자를 열고 여기에서 다른 도구를 선택할 수 있습니다.

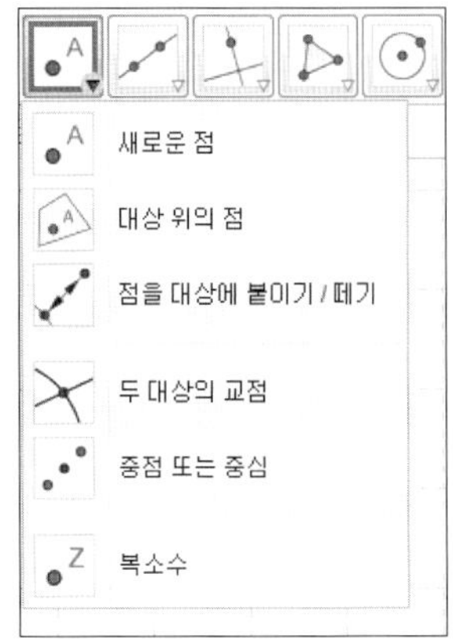

7. 지오지브라 도구의 종류

이 책에서 주로 사용하는 도구의 이름과 기능은 다음과 같습니다.

▪ 이동과 관련되는 도구

(1) 이동 도구 - 도형을 선택하거나 이동할 때 사용합니다.

(2) 점을 중심으로 회전 도구 - 한 점을 중심으로 도형을 회전시킬 때 사용합니다.

▪ 점과 관련되는 도구

(1) 새로운 점 도구 - 점을 찍을 때 사용합니다.

(2) 대상 위의 점 도구 - 도형 위에 점을 찍을 때 사용합니다.

(3) 두 대상의 교점 도구 - 두 선이 만나는 점을 찍을 때 사용합니다.

(4) 중점 또는 중심 도구 - 선분의 중심이나 두 점 사이의 중점을 찍을 때 사용합니다.

▪ 직선과 관련되는 도구

(1) 두 점을 지나는 직선 도구 - 직선을 그을 때 사용합니다.

(2) 두 점 사이의 선분 도구 - 선분을 그을 때 사용합니다.

(3) 고정된 길이의 선분 도구 - 고정된 길이를 가진 선분을 그을 때 사용합니다.

(4) 두 점을 통과하는 반직선 도구 - 반직선을 그을 때 사용합니다.

▪ 특수한 직선과 관련되는 도구

(1) 수직선 도구 - 수직선을 그을 때 사용합니다.

(2) 평행선 도구 - 평행선을 그을 때 사용합니다.

(3) 수직이등분선 도구 - 선분을 수직이등분하는 선을 그을 때 사용합니다.

(4) 각의 이등분선 도구 - 각을 이등분하는 선을 그을 때 사용합니다.

■ 다각형과 관련되는 도구

(1) 다각형 도구 - 삼각형, 사각형 등의 다각형을 그릴 때 사용합니다.

(2) 정다각형 도구 - 정다각형을 그릴 때 사용합니다.

(3) 고정된 다각형 도구 - 변의 길이가 고정된 다각형을 그릴 때 사용합니다.

■ 원과 관련되는 도구

(1) 중심이 있고 한 점을 지나는 원 도구 - 원의 중심을 먼저 찍고 원을 그릴 때 사용합니다.

(2) 중심과 반지름이 있는 원 도구 - 원의 중심과 고정된 반지름의 길이를 알 때 사용합니다.

(3) 컴퍼스 도구 - 선분이나 반지름의 길이를 지정하는 두 점을 선택한 후 그 길이를 옮길 때 사용합니다.

(4) 세 점을 지나는 원 도구 - 세 점을 지나는 원을 그릴 때 사용합니다.

(5) 두 점을 지나는 반원 도구 - 두 점을 지나는 반원을 작도할 때 사용합니다.

(6) 세 점을 지나는 원호 도구 - 세 점을 지나는 원호를 그릴 때 사용합니다.

■ 측정과 관련되는 도구

(1) 각 도구 - 각의 크기를 잴 때 사용합니다.

(2) 주어진 크기의 각 도구 - 주어진 각의 크기만큼 그릴 때 사용합니다.

(3) 거리 또는 길이 도구 - 선분의 길이나 두 점 사이의 거리 등을 구할 때 사용합니다.

(4) 넓이 도구 - 평면도형의 넓이를 구할 때 사용합니다.

■ 변환과 관련되는 도구

(1) 직선에 대하여 대칭 도구 - 직선을 대칭축으로 대칭이동시킬 때 사용합니다.

(2) 점에 대하여 대칭 도구 - 점에 대하여 대칭이동시킬 때 사용합니다.

(3) 점 주위로 회전 도구 - 점을 중심으로 회전이동시킬 때 사용합니다.

(4) 백터에 의하여 평행이동 도구 - 대상을 평행이동시킬 때 사용합니다.

1부 : 기본

1 기본적인 도형

프로그램 개요

- **적용대상** : 초등 3학년 수학
- **프로그램 목적** : 평면도형을 구성하는 기본적인 요소인 점, 선에 대해 이해하고 각도의 의미를 알 수 있습니다.
- **프로그램 시간** : 3차시

학습목표와 지도 내용

학습목표

- 점과 선의 의미를 알고 성질을 알 수 있습니다.
- 각도의 의미를 알고 다양한 각도를 작도할 수 있습니다.
- 수직과 평행의 의미를 알고 수직선과 평행선을 작도할 수 있습니다.

주제 1. 도형의 기본요소

- 점의 의미와 성질을 알아보기
- 선의 의미와 성질을 알아보기
- 점과 선을 이용하여 여러 가지 모양을 작도해보기

주제 2. 각과 각도

- 각과 각도의 뜻을 알고 각도를 재어보기
- 조건에 맞는 각도를 그려보기
- 특수한 위치에 있는 각의 크기를 비교해보기

주제 3. 수직과 평행

- 수선의 의미를 알고 수선을 그어보기
- 평행 관계를 이해하고 평행선을 그어보기
- 평행선 사이의 거리를 재어보기
- 평행선에서 생기는 각의 성질을 알아보기

소주제 1

도형의 기본요소

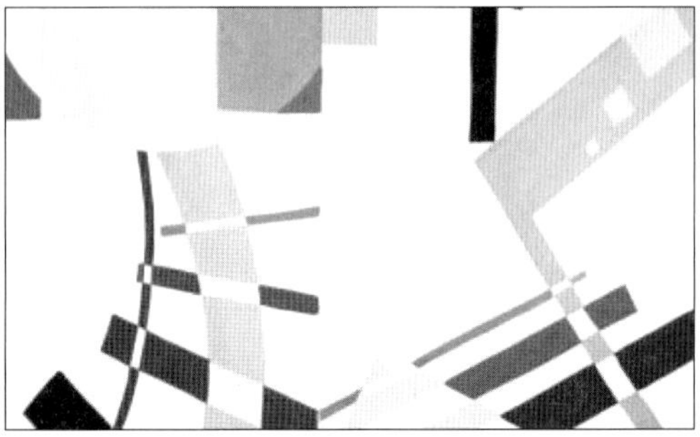

수학에서 뿐만 아니라 점과 선은 우리 주위에서 많이 볼 수 있습니다. 오른쪽 그림처럼 미술 분야에서도 점과 선은 반드시 필요한 것들입니다.

그렇다면 수학에서 점과 선은 어떤 의미를 가지고 있을까요? 도형을 작도하기 위해서 점과 선이 반드시 필요합니다. 이번 시간에는 도형을 만드는 기본 요소인 점, 선의 의미와 성질에 대해서 알아보도록 하겠습니다.

알아두기

- 점, 선은 도형의 기본요소입니다. 말 그대로 도형을 이루는 가장 기본적인 요소입니다. 점, 선은 고대 그리스의 수학자인 유클리드가 그의 책 '원론'에 그 의미를 약속하였습니다.
- 선 중에서 양쪽으로 한 없이 뻗어 나가는 선을 직선이라고 합니다. 양쪽이 뻗어나가지 않고 끝이 있는 선을 선분이라고 하고, 선분의 양 끝은 끝점이라고 합니다.
  특히, 한 쪽으로만 한 없이 뻗어 나가는 선을 반직선이라고 합니다.
- 선분의 중간에 있는 점을 중점이라 하고, 두 직선이 만나는 점을 교점이라고 합니다.

작도하기 1

점과 선으로 여러 가지 모양을 만들어 봅시다.

- **지오지브라 활동**

  ① 부록 CD의 '1-1(1)-ggb01.ggb'파일을 불러 옵니다.

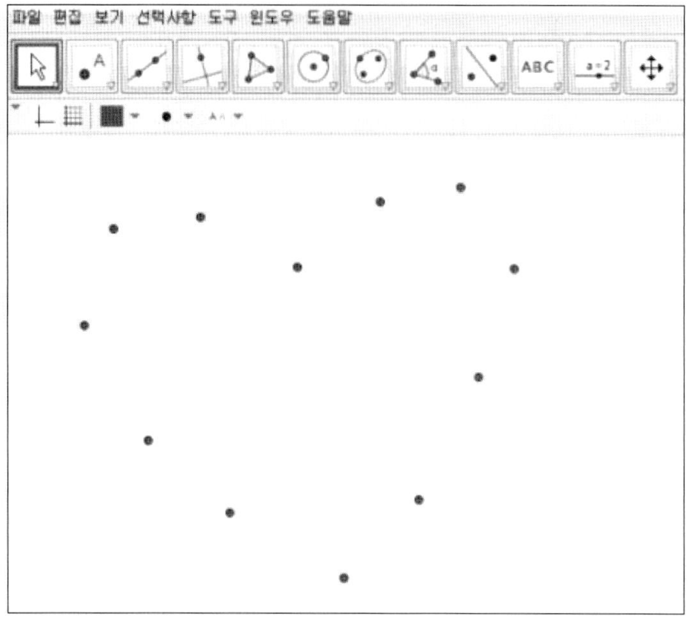

② 두 점 사이의 선분 도구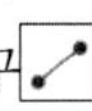를 이용하여 ①에서 불러온 하트의 점들을 연결하여 하트 모양을 완성해 봅시다.

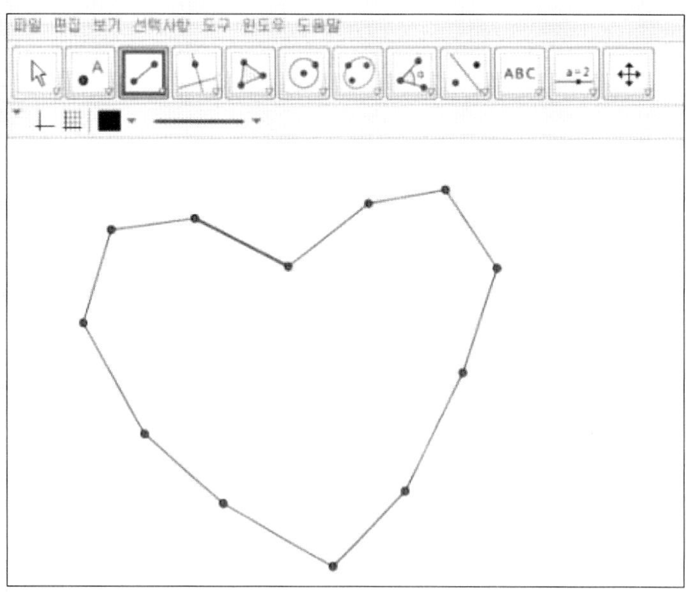

③ 점과 선분을 이용하여 자신만의 무늬를 만들어봅시다.

탐구하기 1

점과 직선의 성질을 탐구해 봅시다.

• 지오지브라 활동 1

① 새로운 점 도구를 이용하여 점 한 개를 작도합니다.

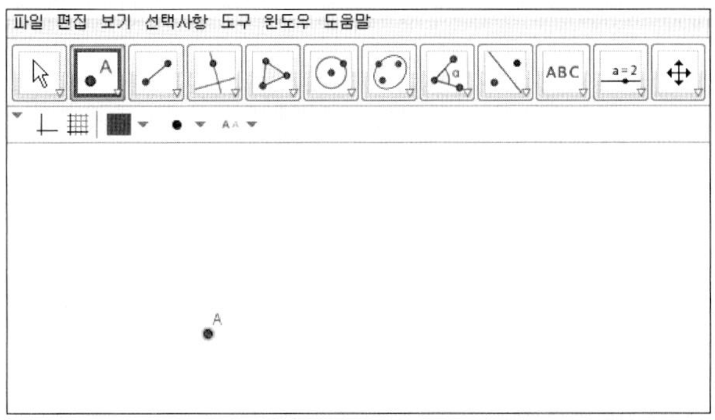

② 두 점을 지나는 직선 도구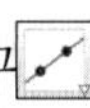를 이용하여 ①에서 작도한 점을 지나는 직선을 작도해 봅시다.

③ ②에서 만든 직선과 다른 직선들을 5개 더 만들어봅시다.

④ 또 다른 직선들을 그려봅시다.

1. 그렇다면 한 점을 지나는 직선은 몇 개가 있습니까? 그리고 그렇게 생각한 이유는 무엇입니까?

___

___

___

• 지오지브라 활동 2

① 새로운 점 도구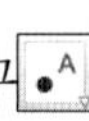를 이용하여 점 두 개를 작도합니다.

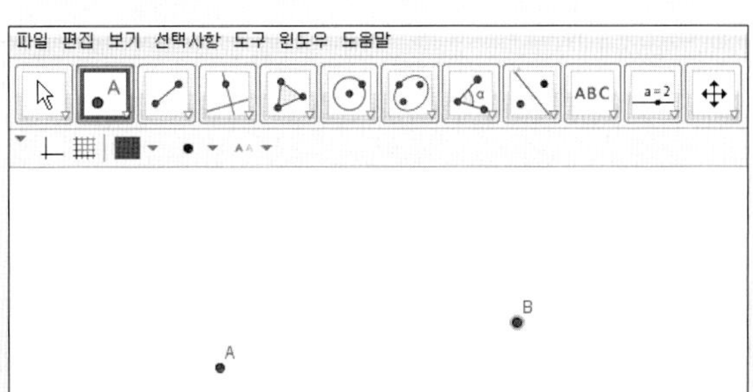

② 두 점을 지나는 직선 도구를 이용하여 ①에서 작도한 두 점을 지나는 직선을 작도해 봅시다.

③ ②에서 만든 직선과 또 다른 직선을 만들어봅시다.

2. 두 점을 지나는 직선은 몇 개가 있습니까? 그리고 그렇게 생각한 이유는 무엇입니까?

- **지오지브라 활동 3**

① 새로운 점 도구를 이용하여 점 두 개를 작도한 후 두 점을 지나는 직선 도구를 이용하여 두 점을 지나는 직선을 작도해 봅시다.

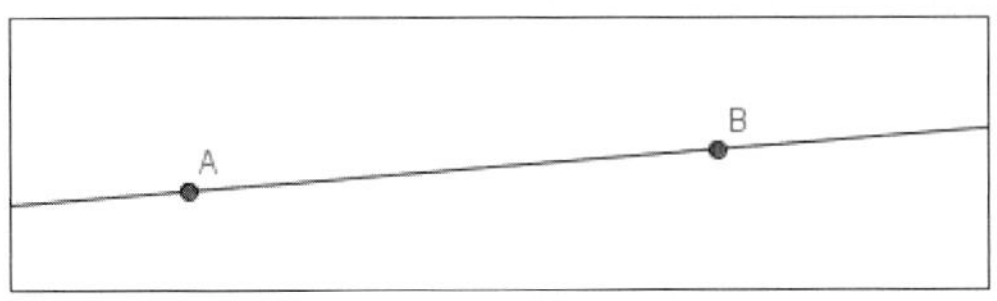

② 대상 위의 점 도구를 선택 한 후 ①에서 작도한 직선의 점 B 옆을 클릭하여 점 C를 찍습니다.

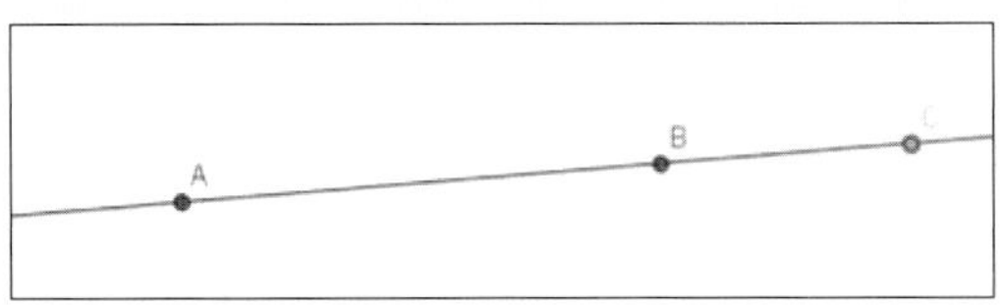

③ 두 점을 지나는 직선 도구를 이용하여 점 B와 점 C를 지나는 직선을 작도해 봅시다.

④ 직선 AB위에 대상 위의 점 도구를 이용하여 점 두 개 더 찍고 두 점을 지나는 직선 도구를 이용하여 직선을 그어 봅시다.

3. 한 직선 위에 있는 점들로 다시 직선을 그으면 어떻게 되었습니까?

작도하기 2

중점과 교점을 작도해 봅시다.

• 지오지브라 활동 1: 선분의 중점 작도

① 두 점 사이의 선분 도구를 이용하여 선분을 작도합니다.

② 중점 또는 중심 도구를 선택한 후 ①에서 작도한 선분을 선택합니다.

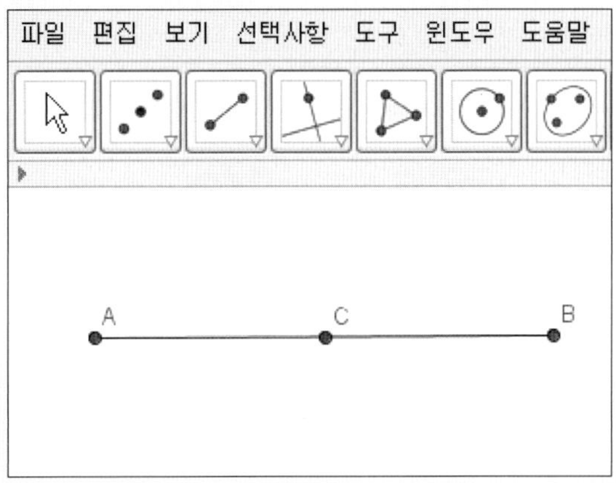

③ 새로 생긴 점 C가 선분 AB의 중점입니다. 즉, 선분 AC와 선분 CB의 길이는 같습니다. 정말로 두 선분의 길이가 같은지 알아봅시다.

④ 거리 또는 길이 도구를 선택하고 선분 AB를 클릭하여 선분 AB의 길이를 측정합니다.

⑤ 거리 또는 길이 도구를 선택하고 점 A와 점 C를 클릭하여 선분 AC의 길이를 구하고 마찬가지로 선분 CB의 길이를 측정합니다. 두 선분의 길이가 서로 같은지 확인해봅시다.

⑥ 이동 도구를 선택한 후 선분 AB의 양 끝점 중 한 점을 드래그하면서 선분 AC와 선분 CB의 길이의 변화를 관찰합니다. 두 선분의 길이는 여전히 서로 같은가요?

• 지오지브라 활동 2: 두 선분의 교점 작도

① 두 점 사이의 선분 도구를 이용하여 선분을 작도합니다.

② ①에서 작도한 선분과 만나도록 또 하나의 선분을 작도합니다.

③ 두 대상의 교점 도구를 선택한 후 두 선분이 만나는 지점을 선택합니다. (두 선분이 모두 짙은 색으로 변했을 때 교점을 찍어야 합니다.)

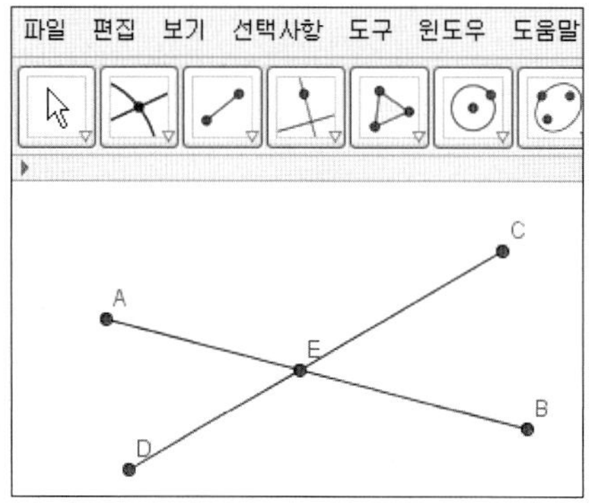

※ 새로운 점 도구를 선택한 후 두 선분이 모두 짙은 색으로 변했을 때 점을 찍어도 교점을 찍을 수 있습니다.

탐구하기 2

두 직선 사이의 관계를 알아보고 표를 완성해 봅시다.

- **지오지브라 활동**

① 두 점 사이의 선분 도구를 이용하여 선분을 2개 작도합니다.

② ①에서 작도한 두 선분 중 한 선분의 끝점을 이동 도구를 사용하여 움직여 봅니다. 그런 후, 한 선분을 이동 도구를 사용하여 움직여 봅니다.

1. 위의 활동으로부터 두 선분이 만나는 경우를 어떻게 분류할 수 있는지 살펴봅시다.

분류1	분류2	분류3
한 점에서 만나는 경우		
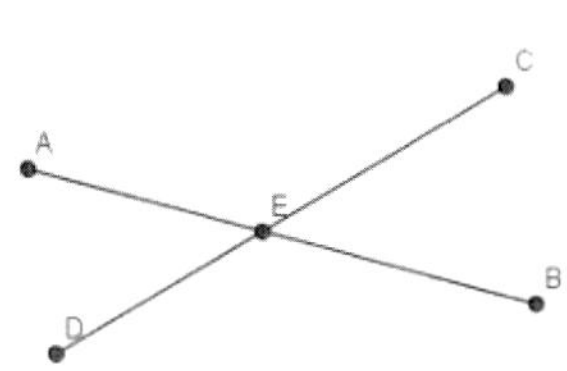		

2. 여러분이 활동한 것을 세 가지로 분류할 수 있었나요? 첫 번째 분류는 두 선분이 한 점에서 만나는 것이고, 두 번째 분류는 두 선분이 한 점에서도 만나지 않는 것입니다. 그러면, 세 번째 분류는 무엇일까요? 한 직선이 다른 직선 위에 포개어지는 것입니다. 이런 활동도 했나요? 못했으면 해 보세요.

3. 위의 활동은 선분을 가지고 했습니다. 이번에는 두 점 사이의 직선 도구를 이용해서 ①~②의 활동을 하고, 앞의 '2'에서 얻은 결과와 같은 결과를 얻었는지 다른 결과를 얻었는지 비교해 보세요.

소주제 2 각과 각도

우리는 사진을 찍을 때 어떤 각도에서 찍어야 하는지, 길을 찾을 때 몇도 만큼 방향을 틀어야 하는지와 같이 일상생활에서 각과 각도에 대해 많이 이야기 합니다. 또는 오른쪽 그림과 같이 춤을 출 때, 다리와 팔은 몇 도만큼 벌려야 아름다운지 이야기하기도 합니다.

이번 시간에는 각과 각도의 의미를 알아보고, 다양한 각의 특징을 살펴보도록 하겠습니다.

알아두기

- **각** : 한 점에서 그은 두 반직선으로 이루어진 도형을 각이라고 합니다. 각에서 두 직선이 만나는 점을 각의 꼭짓점, 이때의 두 직선을 각의 변이라고 합니다.
  각을 읽을 때에는 각의 꼭짓점이 가운데 오도록 각 ABC 또는 각 CBA이라고 읽습니다.

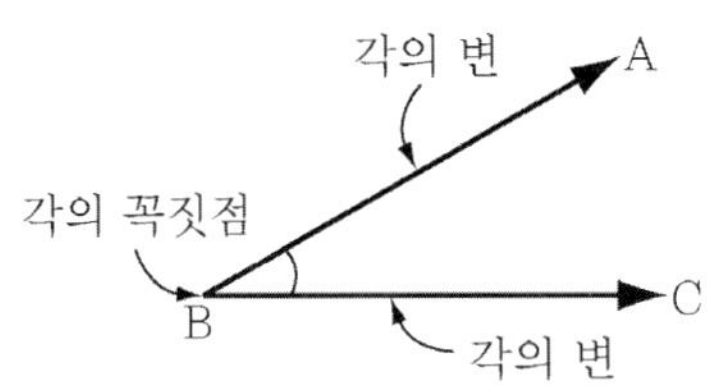

- **각도** : 각을 이루는 두 변이 서로 벌어진 정도를 각도라고 합니다. 기호로는 °로 표시합니다.
  특히 각도가 90°일 때를 직각, 180°일 때를 평각이라고 부릅니다.

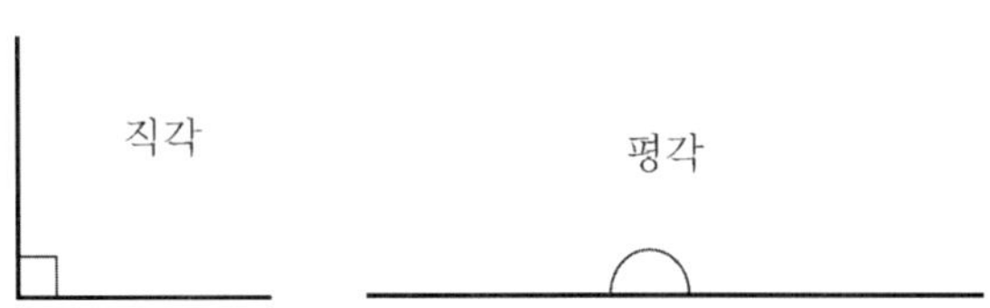

작도하기 1

각의 꼭짓점과 각의 변을 작도 합시다.

• **지오지브라 활동**

① 새로운 점 도구를 이용하여 각의 꼭짓점을 작도합니다.

② 두 점을 통과하는 반직선 도구를 이용하여 ①에서 작도한 각의 꼭짓점을 지나는 반직선 두 개를 작도합니다.

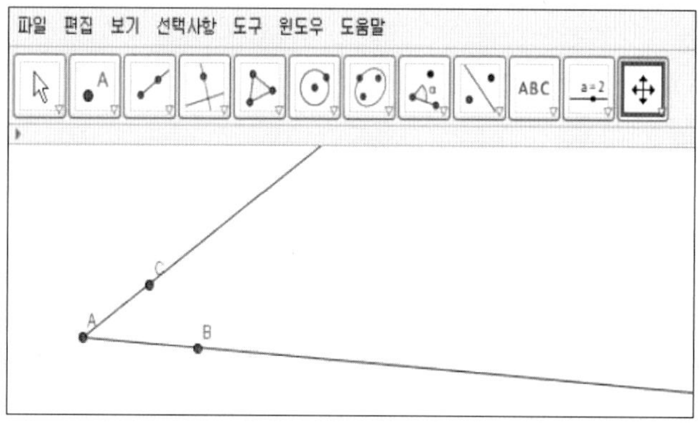

작도하기 2

각도가 45°인 각을 그려 봅시다.

• **지오지브라 활동**

① 두 점 사이의 선분 도구를 이용하여 선분을 작도합니다.

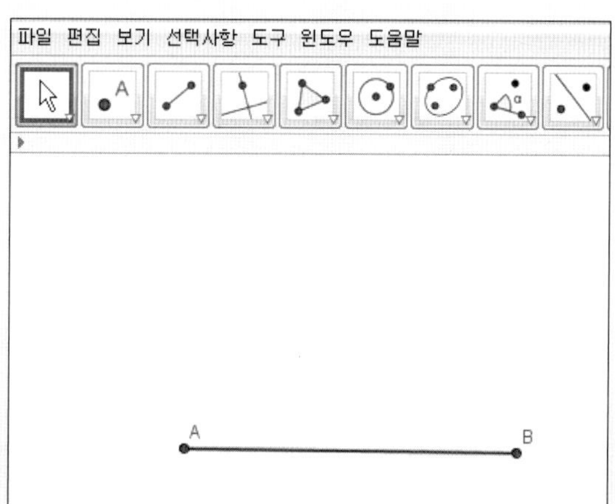

② 주어진 크기의 각 도구를 선택한 후 점 B와 점 A를 차례대로 클릭합니다.

③ 각도를 입력하는 대화창에 45를 입력합니다.

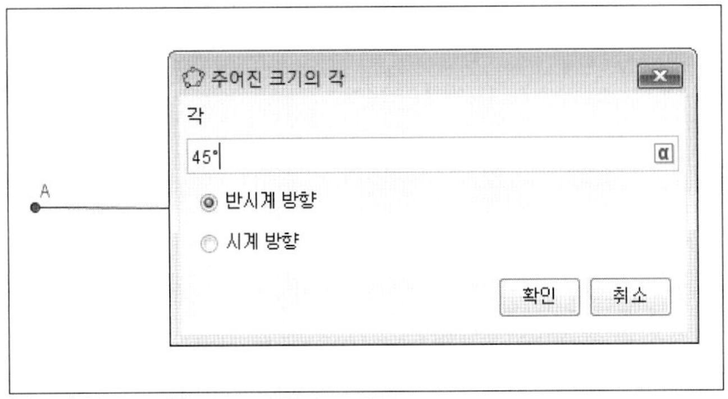

④ 점 A와 점 B′를 연결하여 각을 그립니다. (혹시 점 B′가 보이지 않으면, 마우스의 스크롤 바를 아래로 내려봅시다.)

⑤ 주어진 크기의 각 도구를 선택한 후 기하창에 새로운 두 점을 찍습니다.

⑥ 각의 크기와 방향을 자유롭게 정하고 점을 연결하여 각을 그려봅시다.

작도하기 3

직각을 알아봅시다.

• 지오지브라 활동

① 두 점 사이의 선분 도구를 이용하여 선분을 작도합니다.

② 주어진 크기의 각 도구를 선택한 후 점 B와 점 A를 차례대로 클릭합니다.

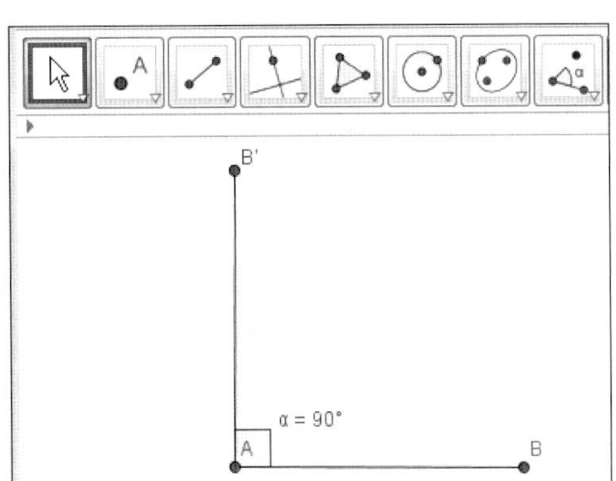

③ 각도를 입력하는 대화창에 90을 입력합니다.

④ 점 A와 점 B′를 연결하여 직각을 완성합니다.

⑤ 이동 도구를 선택해서 점 B를 드래그하면서 각의 변화를 살펴봅시다.

측정하기 1

각도를 재어 봅시다.

- **지오지브라 활동**

① 부록 CD의 '1-1(2)-ggb01.ggb'를 불러옵니다.

② 각 도구를 선택합니다.

③ 시계 반대방향으로(A→B'→A') 세 점을 선택하여 각을 재어봅시다.

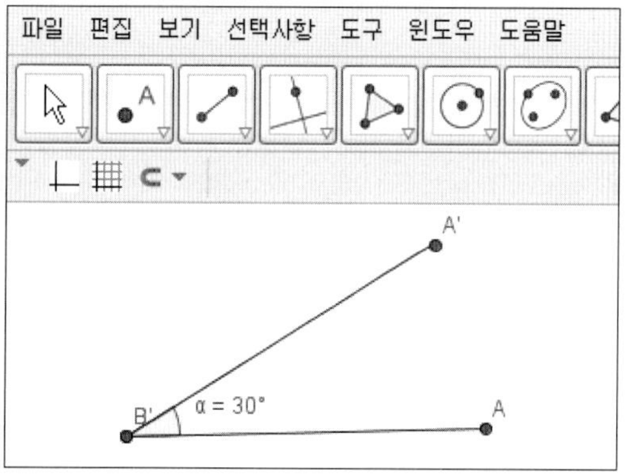

④ 이번에는 반대방향으로 (A'→B'→A) 세점을 선택해서 각을 재어 봅시다.

1. 각을 잴 때 방향을 다르게 하면 어떤 결과가 나타났습니까?

____

____

탐구하기 1

각의 두 변의 길이가 변할 때 각도는 어떻게 변하는지 살펴봅시다.

- **지오지브라 활동**

① 두 점 사이의 선분 도구 를 이용하여 선분을 작도합니다.

② 주어진 크기의 각 도구 를 선택한 후 점 B와 A를 차례대로 클릭합니다.

③ 각도를 입력하는 대화창에 35를 입력합니다.

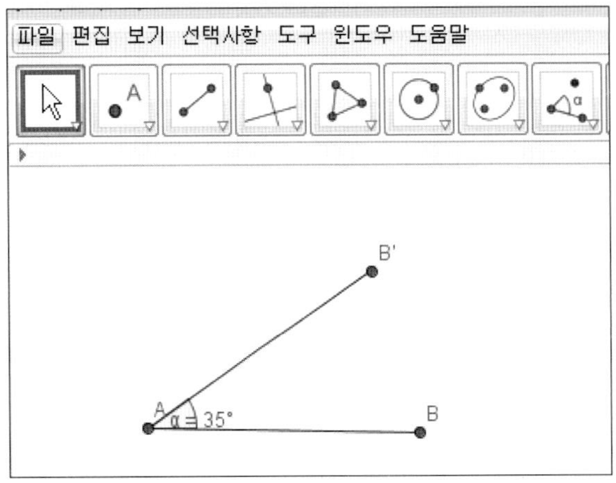

④ 점 A와 새롭게 나타난 점 B′를 연결하여 각을 작도합니다.

⑤ 이동 도구 로 점 B를 선택한 후 드래그하여 길이를 조절해 봅시다.

1. 각의 변의 길이가 달라질 때, 각도는 어떻게 변했는지 써 보세요.

____

____

____

탐구하기 2

각의 두 변 중 한 변의 위치를 움직일 때 각도는 어떻게 변하는지 살펴봅시다.

• **지오지브라 활동**

① 두 점 사이의 선분 도구를 이용하여 선분을 작도합니다.

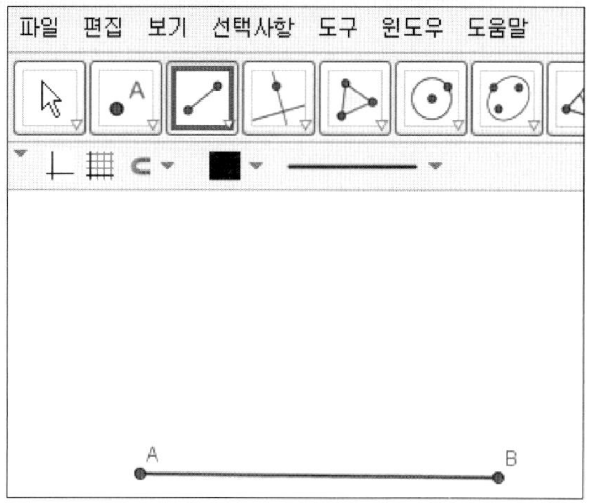

② 두 점 사이의 선분 도구를 이용하여 ①에서 작도한 선분을 각의 한 변으로 하는 각 CAB를 작도합니다.

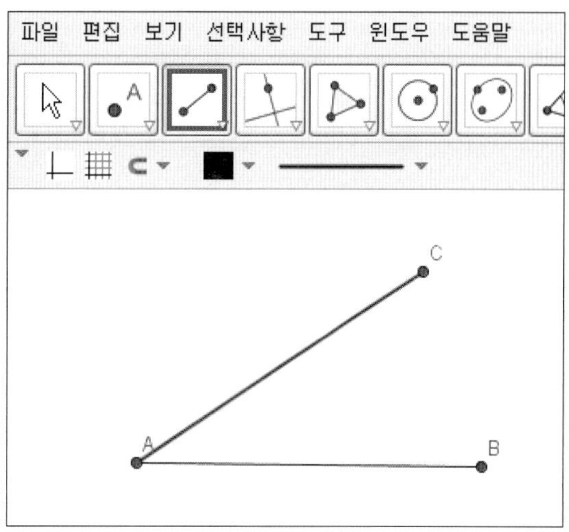

③ 각 도구를 선택하고 앞의 '측정하기 1'에서 한 순서를 이용해서 ②에서 작도한 각도의 크기를 잽니다.

④ 이동도구를 이용해서 ②에서 작도한 선분의 끝점(C)을 드래그해서 선분 AB의 끝점 B에 가깝게 하고 멀게 하면서 각도의 변화를 살펴봅시다.

⑤ 새로운 점 도구를 사용하여 선분 AB 위에 점 D를 하나 찍은 뒤, 선분 AB에서 마우스 오른쪽 버튼을 누르고 대상보이기를 클릭합니다. 이동 도구를 사용하여 점 D를 점 A에 가깝게 하고 멀게 하면서 각도의 변화를 살펴봅시다.

1. 각을 이루는 두 변 중 한 변의 위치가 달라질 때, 각도는 어떻게 변했는지 써 보세요.

2. 각을 이루는 두 변 중 한 변의 길이가 달라질 때, 각도는 어떻게 변했는지 써 보세요.

탐구하기 3

특수한 위치에 있는 각도들을 비교해 봅시다.

- **지오지브라 활동 1**

① 두 점 사이의 선분 도구를 이용하여 선분을 작도합니다.

② ①에서 작도한 선분과 한 점에서 만나도록 두 점 사이의 선분 도구를 이용하여 다른 선분을 작도합니다.

③ 두 대상의 교점 도구를 선택한 후 두 선분이 만나는 지점을 선택해서 두 선분의 교점을 작도합니다.(두 선분이 모두 짙은 색으로 변했을 때 교점을 찍어야 합니다)

④ 각 도구를 선택하여 서로 이웃하는 두 각의 각도를 재어 봅시다. 두 이웃하는 각도의 합은 얼마입니까?

⑤ 이동 도구를 선택해서 두 선분 중 한 선분의 끝점을 드래그하면서 두 이웃하는 각도와 이들의 합의 변화를 살펴봅시다.

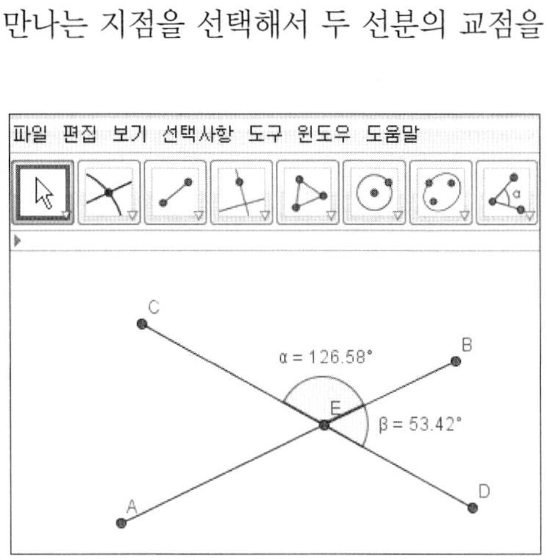

1. 두 이웃하는 각도의 합은 항상 180도가 됨을 알 수 있습니다.

2. 그러면, 두 직선이 만날 때 생기는 네 각의 각도의 합은 몇 도입니까?

- **지오지브라 활동 2**

① 이번에는 각 도구를 선택하여 서로 마주보고 있는 두 각의 각도를 재어 봅시다.

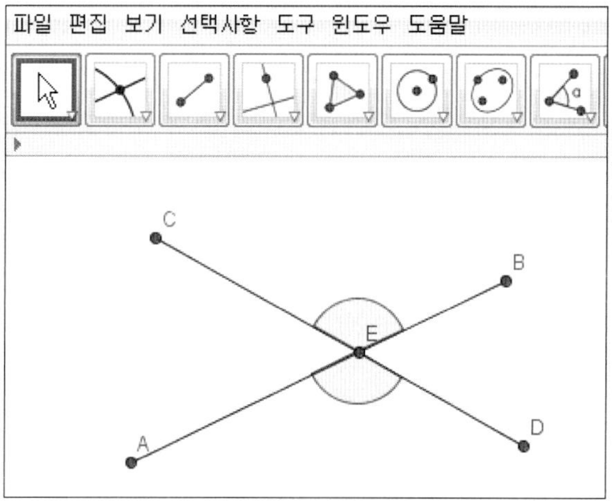

② 각 도구를 선택하여 각 DEB의 크기를 측정하고 도구 하단의 색상 도구를 사용하여 각의 색상을 다르게 설정해 봅시다.

③ 이동 도구를 이용해서 두 선분 중 한 선분의 끝점을 드래그하면서 각도의 변화를 살펴봅시다.

3. 위 활동으로부터 마주보고 있는 두 각의 각도는 항상 같다는 것을 알 수 있습니다.

4. 평각 CED와 평각 BEA에서 항상 공통으로 가지고 있는 각은 무엇입니까? 그리고 선분의 끝점을 자유롭게 드래그할 때 그 각과 마주보는 각 사이의 관계는 어떻게 변합니까?

____

____

5. 마주보는 두 각의 각도는 항상 같습니다. 마주보는 두 각이 같은 이유를 쓰시오.

____

____

작도하기 3

한 각의 이등분선을 작도해 봅시다.

• 지오지브라 활동 1

① 두 점 사이의 선분 도구를 이용하여 각을 작도합니다.

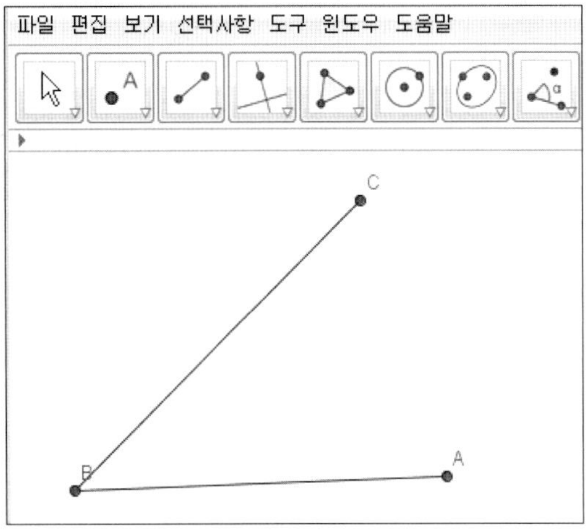

② 각의 이등분선 도구를 선택한 후 A-B-C의 순서대로 점들을 선택하면 각의 이등선이 그려집니다.

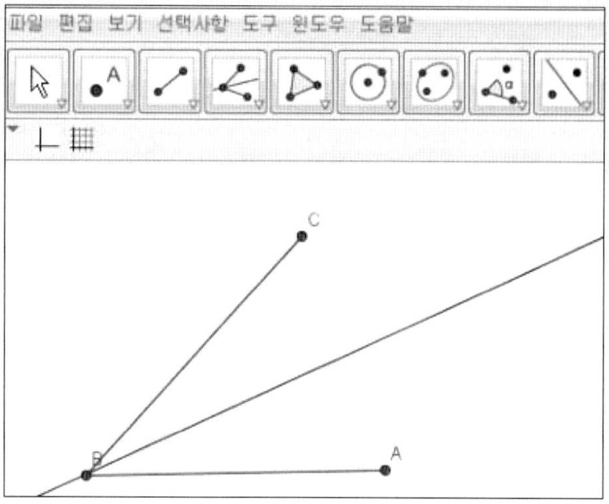

③ 또는 각의 이등분선 도구 를 선택한 후 각의 두 선분을 선택하면 각의 이등분선이 그려집니다.

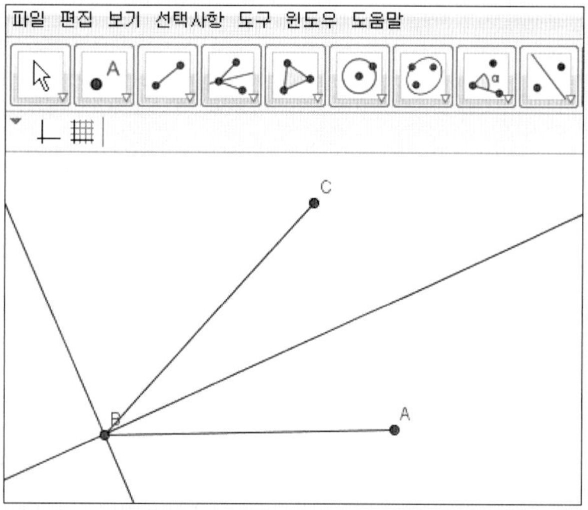

④ 새로운 점 도구를 이용하여 이등분선 위에 점 하나를 찍습니다.

⑤ 각 도구 를 선택하여 두 각의 각도가 똑같은지 확인합니다.

⑥ 이동 도구를 선택하여 각 ABC의 크기를 변하게 할 때, 이등분선에 의해 나누어진 두 각은 항상 같은지 확인합니다.

소주제 3

수직과 평행

우리 주변의 사물에는 많은 선들이 있습니다. 이런 선들이 모여 다양한 모양을 만들어 냅니다. 오른쪽 그림처럼 선들은 서로 만나는 경우도 있고, 만나지 않는 경우도 있습니다. 두 직선이 만나는 경우에도 그 각도에 따라 다양한 모양을 만들어 냅니다. 이번 시간에는 두 직선이 수직으로 만나는 경우와 만나지 않고 나란한 경우에 대해 공부해 봅시다.

알아두기

- **수직** : 두 직선이 서로 만나서 이루는 각이 직각일 때, 두 직선은 서로 수직이라고 합니다.
- **수선** : 두 직선이 서로 수직일 때, 한 직선은 다른 직선에 대한 수선이라고 합니다.
- **평행** : 만나지 않는 두 직선을 평행이라고 합니다.
- **평행선** : 평행한 두 직선을 평행선이라고 합니다.

탐구하기 1

수직으로 만나는 경우를 찾아봅시다.

- **지오지브라 활동 1**

① 부록 CD의 '1-1(3)-ggb01.ggb'를 불러옵니다.

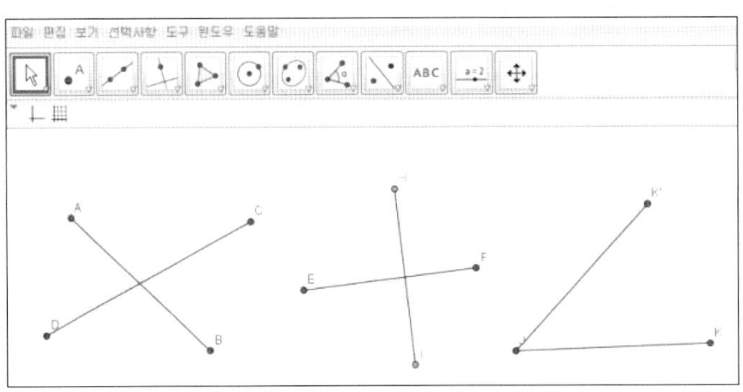

② 두 대상의 교점 도구를 선택하여 두 직선이 만나는 곳에 교점을 찍습니다.

③ 각 도구를 선택하여 두 직선이 만나서 생긴 각들이 90°인지 확인합니다.

- 90°로 만나는 두 직선을 서로 수직이라고 합니다.

작도하기 1

수선을 작도해봅시다.

• 지오지브라 활동 1

① 두 점 사이의 선분 도구를 이용해서 한 선분을 작도합니다.

② 수직선 도구를 클릭하고 ①에서 작도한 선분 AB를 클릭한 후 위치를 옮겨 선분 AB에 수직인 직선을 작도합니다.

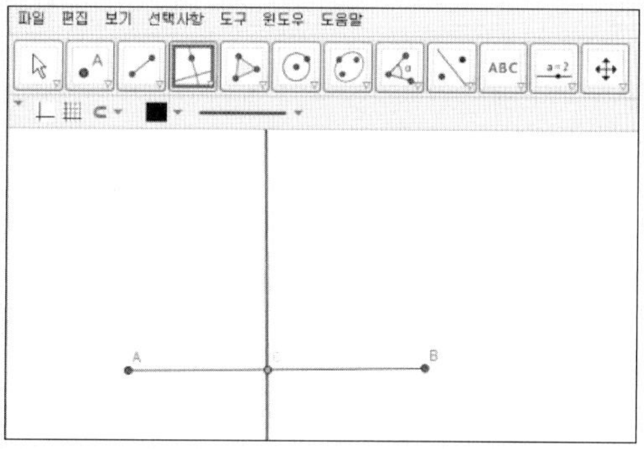

③ 선분 AB와 직선이 이루는 각이 90도인지 확인하기 위해 새로 생긴 직선에 점 하나를 찍고 각 도구를 이용하여 각도를 측정합니다.

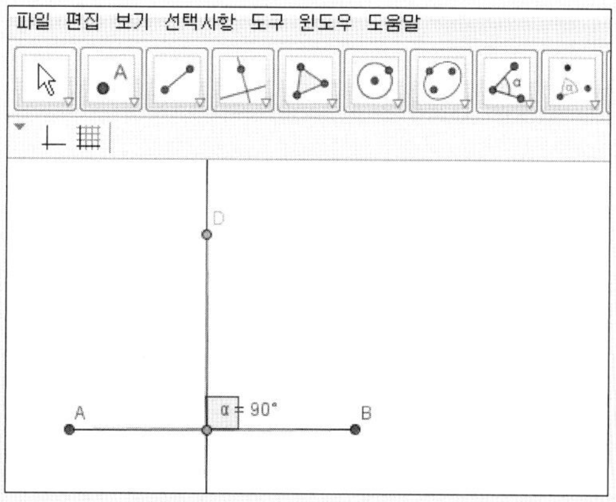

두 직선이 서로 수직일 때, 한 직선은 다른 직선에 대한 수선이라고 합니다.

④ ②에서 그린 수선 옆에 수직선 도구를 사용하여 여러 개의 수선을 더 그려 봅시다.

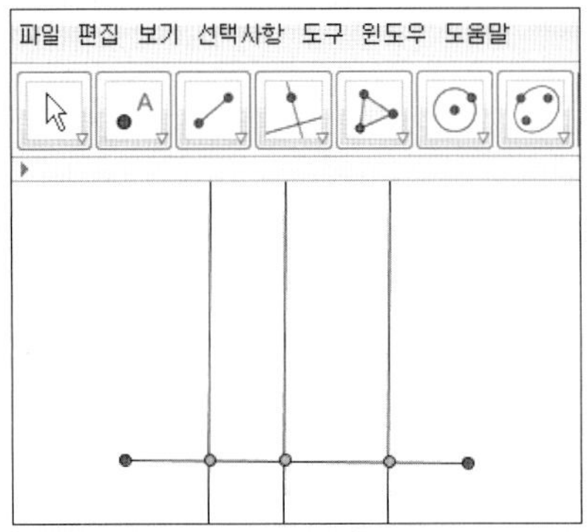

⑤ 이번에는 각 도구를 사용하지 않고 작도한 수선이 직각이 되는지 알아봅시다. 처음에 작도한 수선을 이동 도구를 사용하여 다른 수선 위로 옮겨보세요.

탐구하기 2

두 선분을 움직여 수직이 되도록 만들어 봅시다.

• 지오지브라 활동 1

① 두 점 사이의 선분 도구를 이용해서 선분을 작도합니다.

② ①에서 작도한 선분의 한 끝점을 시작점으로 하는 한 선분을 작도합니다.

③ 각 도구를 선택하여 두 선분이 이루는 각도를 측정합니다.

④ 이동 도구를 이용해서 두 선분 중 한 선분을 선택한 후 드래그하면서 각도의 변화를 살펴봅시다.

⑤ 두 선분이 이루는 각도가 90도가 되게 해서 두 선분이 서로 수직 위치에 있게 합니다.

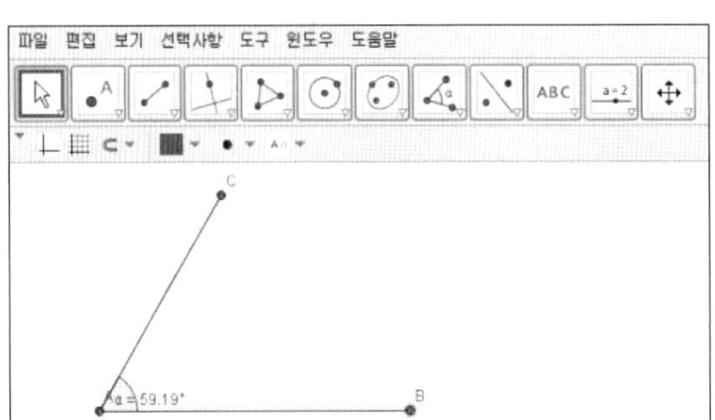

탐구하기 3

서로 평행한 두 선분을 찾아봅시다.

- **지오지브라 활동 1**

① 부록 CD의 '1-1(3)-ggb02.ggb'파일을 불러 옵니다.

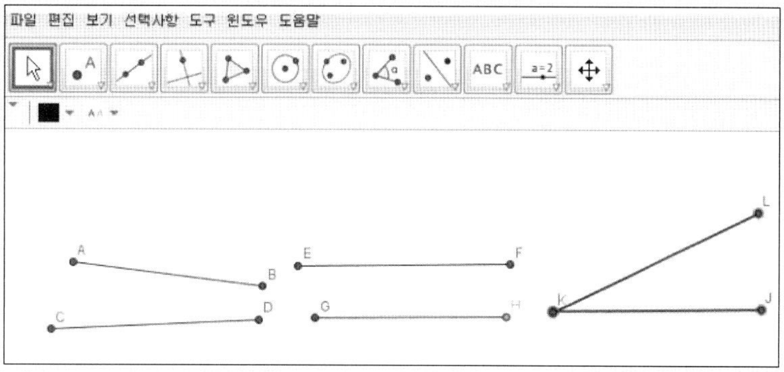

■ **평행선인지 확인하는 방법 1**

① 이동 도구를 선택하고 두 선분 중 한 선분을 드래그하여 다른 선분 위에 겹쳐지는지 확인합니다. 만약 두 선분이 정확히 겹쳐진다면, 이 두 선분을 평행선이라고 합니다.

■ **평행선인지 확인하는 방법 2**

① 확인하려는 두 선분 중 하나를 선택하고 수직선 도구를 사용하여 그 선분의 수선을 2개 작도합니다.

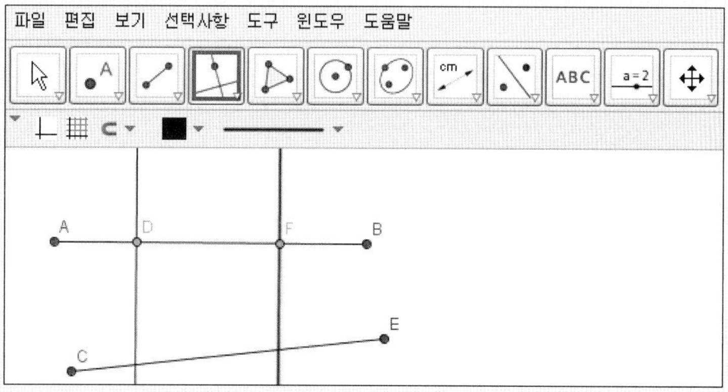

② 두 대상의 교점 도구를 이용하여 수선과 각 선분이 만나는 곳에 교점을 찍습니다. 그러면 확인하려는 두 선분을 잇는 선분이 두 개 만들어집니다.

③ 거리 또는 길이 도구를 이용하여, 만들어진 두 선분의 거리를 측정합니다. 만약 두 거리가 똑같다면 두 선분은 평행합니다.

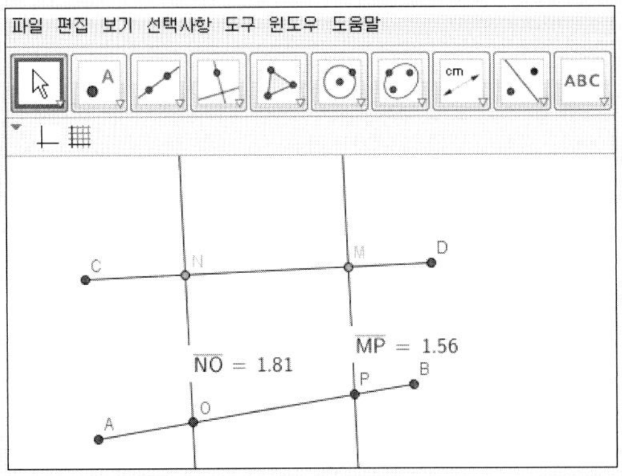

④ 각 도구를 사용하여 수선과 두 개의 선분 사이의 각을 각각 잽니다. 모두 90도라면 두 개의 선분은 평행입니다.

작도하기 2

서로 평행한 두 선분을 작도해 봅시다.

• 지오지브라 활동 1

① 두 점 사이의 선분 도구를 이용해서 한 선분을 작도합니다.

② 평행선 도구를 이용해서 ①에서 작도한 선분을 클릭한 후 위치를 옮겨 평행선을 작도합니다.

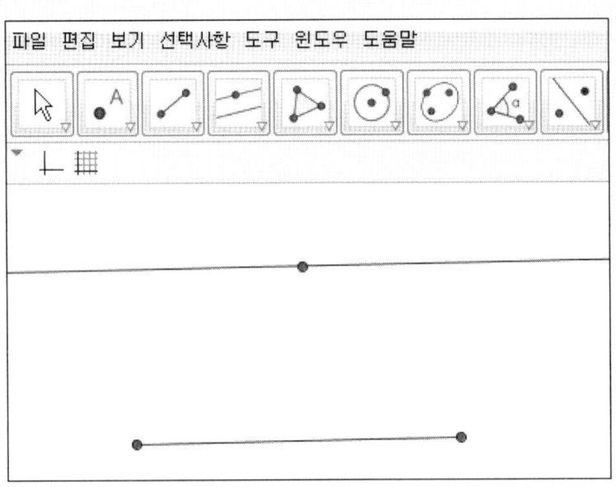

③ ①에서 작도한 선분을 아래 위로 움직여 ②에서 작도한 선에 완전히 겹쳐지는지 확인합니다.

탐구하기 4

두 평행선 사이의 거리는 어떻게 정할 수 있을지 알아봅시다.

• 지오지브라 활동 1

① 부록 CD의 '1-1(3)-ggb03.ggb'를 불러 옵니다.

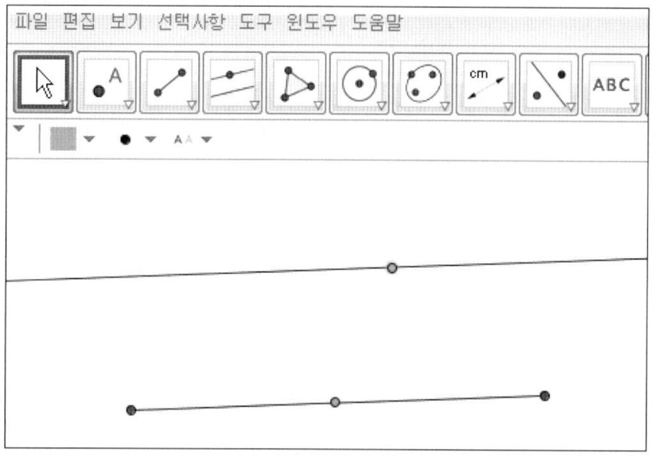

② 두 점 사이의 선분 도구를 이용해서 두 점을 연결합니다.

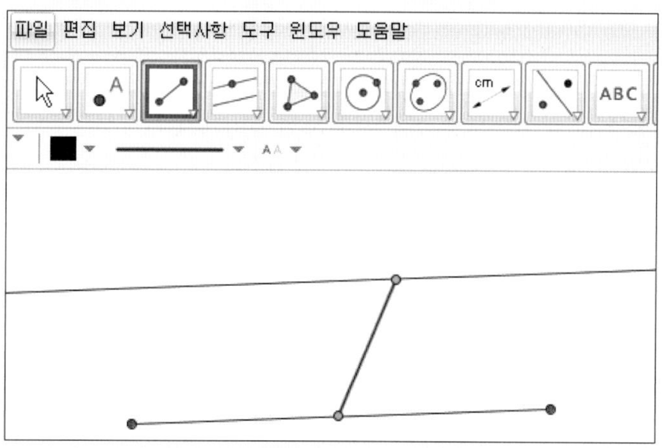

③ 거리 또는 길이 도구를 이용하여 작도한 선분의 길이를 측정합니다.

④ 각 도구를 이용해서 ③에서 그린 선분의 한 끝점을 각의 꼭짓점으로 하는 각도를 측정합니다.

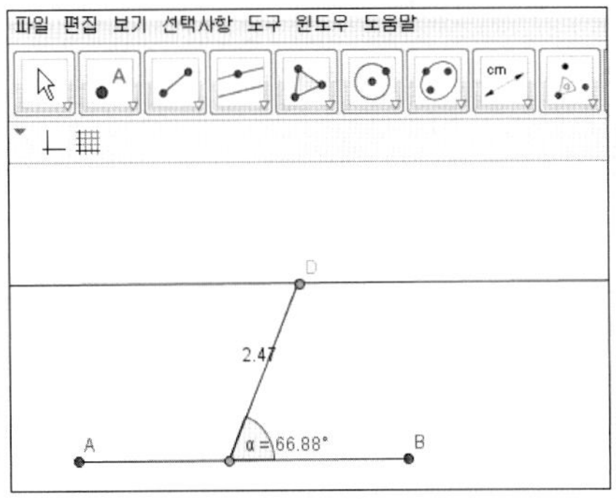

⑥ 이동 도구를 이용해서 ⑤에서 측정한 각의 꼭짓점을 드래그해서 각의 크기와 몇 도 일 때 평행선 사이의 선분의 길이가 가장 짧아지는지 관찰합니다.

1. ②에서 작도한 선분이 이루는 각도가 몇 도일 때 선분의 길이가 가장 짧은가요?

---

2. 활동 ③과 활동 ⑤로부터 두 평행선 사이에는 많은 서로 다른 길이를 갖는 선분이 있지만, 그 중 가장 짧은 것은 이 선분이 평행선과 직각을 이룰 때입니다. 이 선분의 길이를 평행선 사이의 거리라고 합니다.

탐구하기 5

한 선분에 대해 평행한 두 직선은 어떤 관계인지 알아봅시다.

- **지오지브라 활동 1**

① 두 점 사이의 선분 도구와 평행선 도구를 이용해서 평행선을 2개 작도합니다.

② ①에서 작도한 평행선들을 드래그하여 서로 겹쳐지는지 확인해 봅시다.

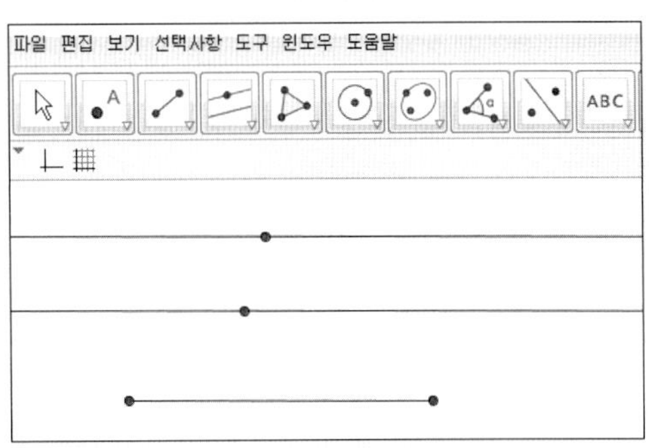

1. 한 선분에 대해 평행한 두 직선은 어떤 관계입니까?

____

____

혼자하기 1

부록 CD의 '1-1(3)-ggb04.ggb'파일을 불러와서 거리 또는 길이 도구를 이용해서 평행선 사이의 길이를 직접 재어 봅시다.

	1번 평행선	2번 평행선	3번 평행선	4번 평행선
길이				

탐구하기 6

서로 평행인 두 직선과 만나는 한 직선을 그었을 때 생기는 여러 각들의 특징을 알아봅시다.

• 지오지브라 활동 1

① 두 점 사이의 선분 도구와 평행선 도구를 이용하여 평행선을 작도합니다.

② 두 점 사이의 선분 도구를 이용해서 ①에서 작도한 평행선을 지나는 한 선분을 작도합니다.

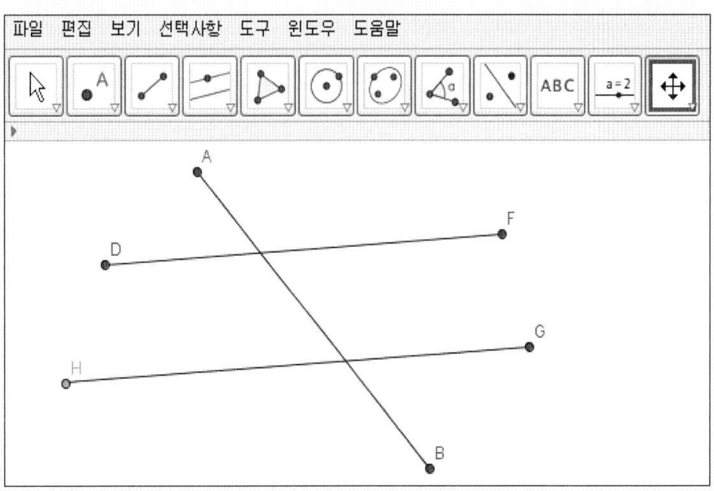

③ 두 대상의 교점 도구를 이용하여 평행선과 ②에서 작도한 선분이 만나는 점들에 교점을 찍습니다.

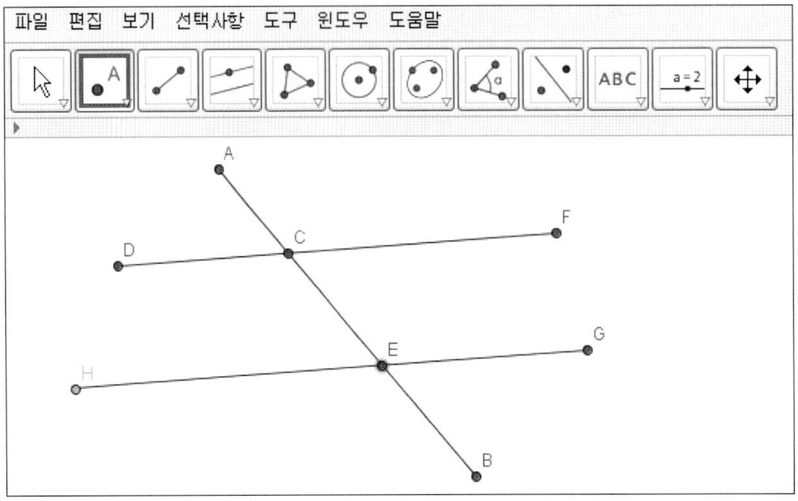

④ 각 도구를 이용해서 평행선과 선분이 만나는 각도를 측정합니다.

1. 두 평행선과 한 선분 사이에 생기는 각을 측정합니다.

	각 ACD	각 FCE	각 AEH	각 GEB	각 ACF	각 DCE	각 HEB	각 AEG
크기								

2. 이동 도구을 이용해서 ②에서 작도한 선분의 한 끝점을 드래그하면서 각도를 확인해 봅시다. 같은 각도를 가진 각들이 있는지 알아봅시다.

작도하기 4

선분의 수직이등분선을 작도해 봅시다.

- **지오지브라 활동**

① 두 점 사이의 선분 도구를 이용해서 선분을 작도합니다.

② 수직이등분선 도구를 선택한 후 ①에서 작도한 선분을 클릭해서 수직이등분선을 작도합니다.

③ 두 대상의 교점 도구를 이용하여 두 선분이 만나는 점을 찍습니다.

④ 수직이등분선 위에 한 점을 찍습니다.

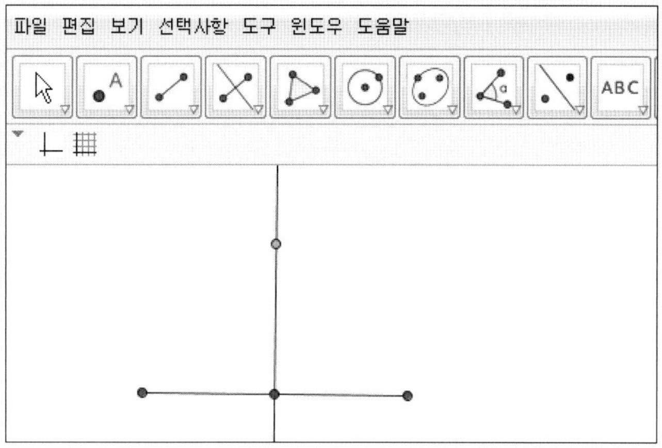

⑤ 각 도구 와 거리 또는 길이 도구 를 이용해서 작도한 직선이 수직이등분선인지 확인해 봅시다. 각 도구 를 이용해서 생긴 각이 직각인지 확인하고, 거리 또는 길이 도구 를 이용해서 양 끝점에서 교점까지의 거리가 같은지 확인합니다.

※ 수직이등분선은 해당 선분을 수직이면서 이등분하는 직선입니다. 따라서 두 선분이 만날 때 생기는 각이 90도가 되어야 하고, 두 선분의 교점은 중점이 되어야 합니다.

Quiz

1. 부록 CD에 있는 '1-1(Q)-ggb01.ggb'파일을 열어 아래 모양과 같은 평면도형을 살펴봅시다. 이 도형에는 평행선이 몇 쌍이나 있는지 찾아봅시다.

( )쌍

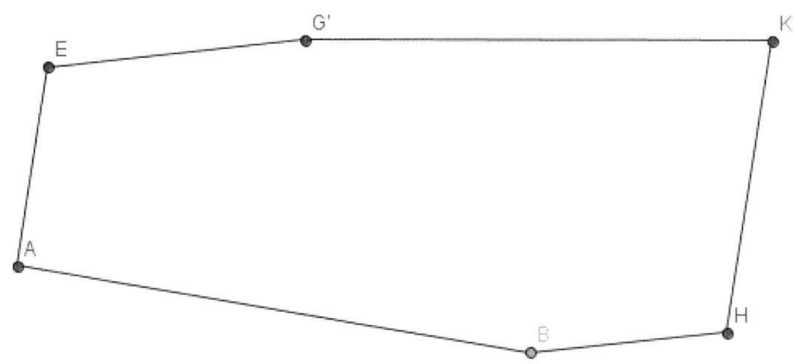

2. 여러분은 착시에 대해 들어 보았나요? 착시는 실제와는 다르게 눈에서 착각을 일으키는 것을 말합니다. 부록 CD에 있는 '1-1(Q)-ggb02'파일을 열어 빨간색 선분을 살펴 봅시다. 두 선분 중 어느 것이 길어 보이나요? 길이 또는 거리 도구 를 선택하여 직접 재어 봅시다.

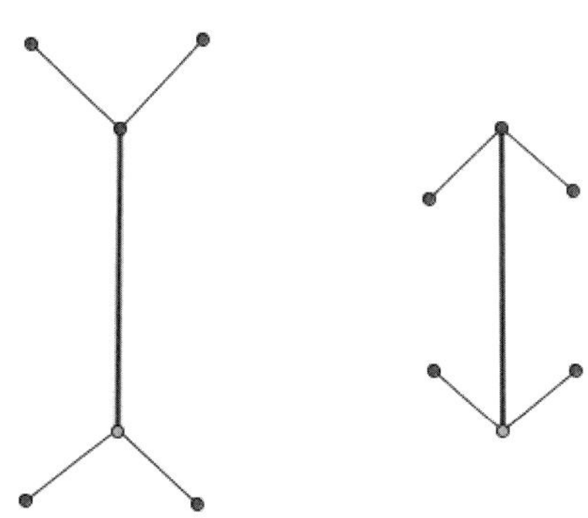

2

원

프로그램 개요

- **적용대상** : 초등 3학년 수학
- **프로그램 목적** : 원의 의미를 알고 원의 성질을 이용하여 다양한 무늬를 만들어 봅니다.
- **프로그램 시간** : 3차시

학습목표와 지도 내용

학습목표

- 원의 의미를 알고 원을 그릴 수 있습니다.
- 원의 구성요소를 알고 반지름과 지름의 성질을 파악할 수 있습니다.
- 원을 이용하여 다양한 무늬를 그릴 수 있습니다.

주제 1. 원의 의미

- 원의 의미를 알아보기
- 여러 가지 방법으로 원을 그려보기
- 한 점, 두 점, 세 점을 지나는 원을 그려보기

주제 2. 원의 구성요소와 성질

- 원의 중심에 대해 알아보기
- 반지름의 의미와 성질을 알아보기
- 지름의 의미와 성질을 알아보기
- 반지름과 지름의 관계를 알아보기

주제 3. 원을 이용하여 무늬 꾸미기

- 규칙을 이용하여 무늬 만들기
- 주어진 그림보고 무늬 본뜨기
- 스스로 원으로 무늬 만들어보기

소주제 1

원의 의미

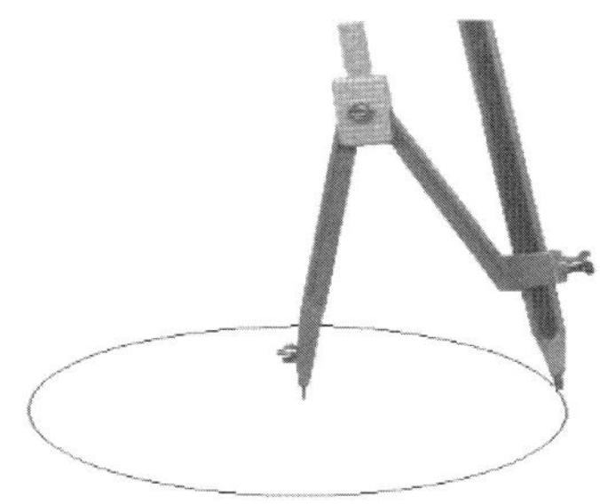

우리 주변에 있는 많은 사물들은 여러 가지 모양을 하고 있는데 그 중에는 둥근 모양을 하고 있는 것들도 많습니다. 예를 들어, 시계, 쟁반, 자동차 바퀴, 동전, 병뚜껑 등은 모두 둥근 모양입니다. 이런 둥근 모양은 컴퍼스를 이용하여 그릴 수 있습니다. 컴퍼스의 뾰족한 끝점을 고정시키고 다른 끝점에 연필과 같은 필기구를 고정한 후 돌려서 그리면 됩니다. 이렇게 컴퍼스를 이용하여 그린 도형을 원이라고 합니다. 이번 시간에는 원의 의미를 알아보고 직접 원을 그려 봅시다.

알아두기

- **원의 의미** : 한 점에서 일정한 거리에 있는 점들이 만든 도형을 원이라고 합니다.

작도하기 1

원의 의미를 생각하며 원을 그려 봅시다.

- **지오지브라 활동**

① 고정된 길이의 선분 도구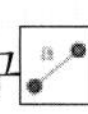를 선택한 후 기하창을 클릭하면 대화창이 나타납니다.

② 대화창에 3을 입력하고 확인을 클릭하면 길이가 3인 선분이 생깁니다.

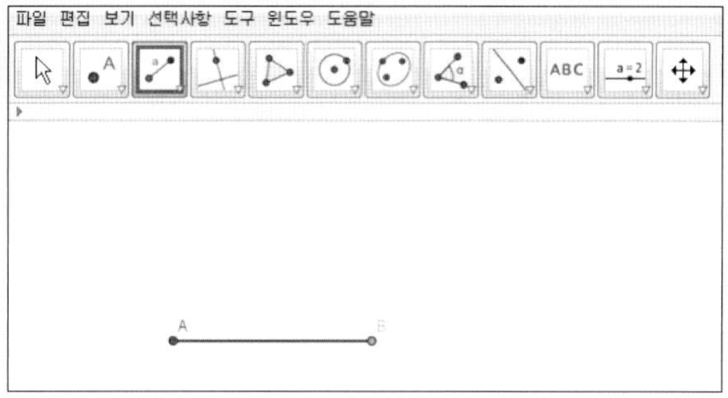

③ 거리 또는 길이 도구를 이용해서 선분의 길이를 표시합니다.

④ 마우스로 점 B를 우클릭한 후, 자취 보이기를 클릭합니다.

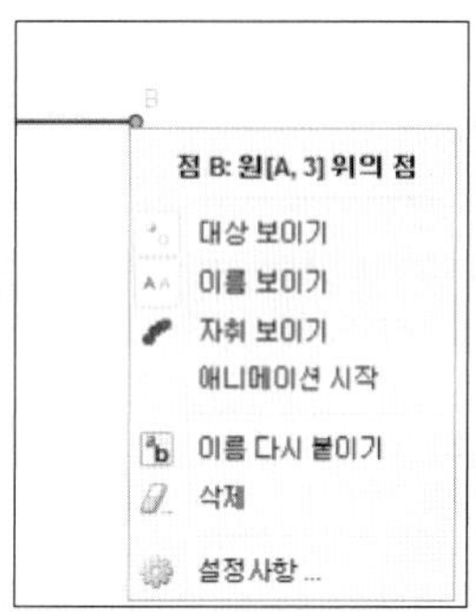

⑤ 이동 도구를 선택한 후 점 B를 선택하여 드래그합니다.

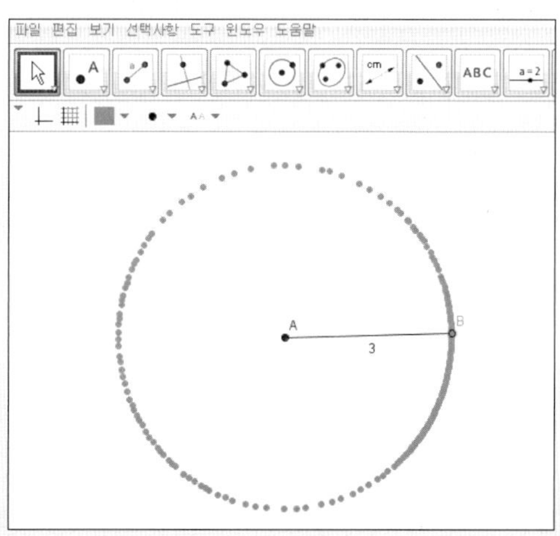

※ 빠르게 드래그하면 점이 보다 확실하게 보입니다.

⑥ 선분의 길이를 고정하지 않고 드래그하면 어떻게 될까요? 이번에는 두 점 사이의 선분 도구로 적당한 선분을 긋고, 위의 ④~⑤을 그대로 다시 해 봅시다.

위에서 활동한 결과 무엇을 알게 되었나요? 원은 원의 중심으로부터 일정한 거리에 있는 점들의 모임입니다. 따라서 중심에서의 거리가 바뀌면 원이 만들어지지 않습니다.

작도하기 2

원을 작도해 봅시다.

• 지오지브라 활동

① 중심이 있고 한 점을 지나는 원 도구를 선택하고, 기하창에 점을 찍은 후 드래그하면 원이 나타납니다.

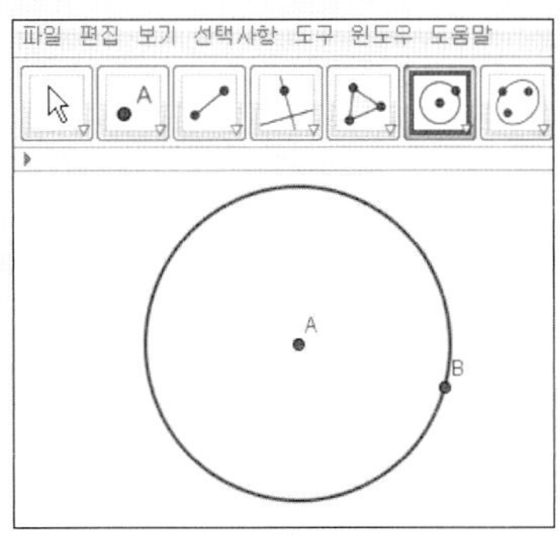

② 원하는 크기만큼 커졌을 때 다시 한 번 클릭하면 원이 완성됩니다.

③ 위와 같은 방법으로 원을 여러 개 그려보세요.

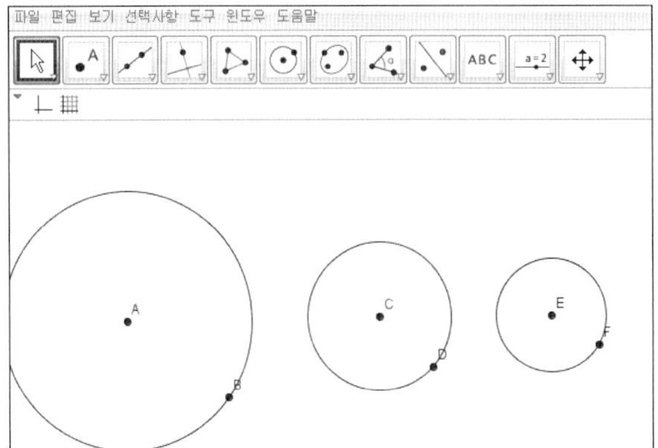

④ 그린 원들 중의 한 원을 선택하고 그 원 위에 대상 위의 점 도구를 이용하여 점을 하나 찍습니다.

⑤ 두 점 사이의 선분 도구를 이용하여 원의 중심과 ④에서 찍은 원 위의 점을 연결하는 선분을 긋습니다.

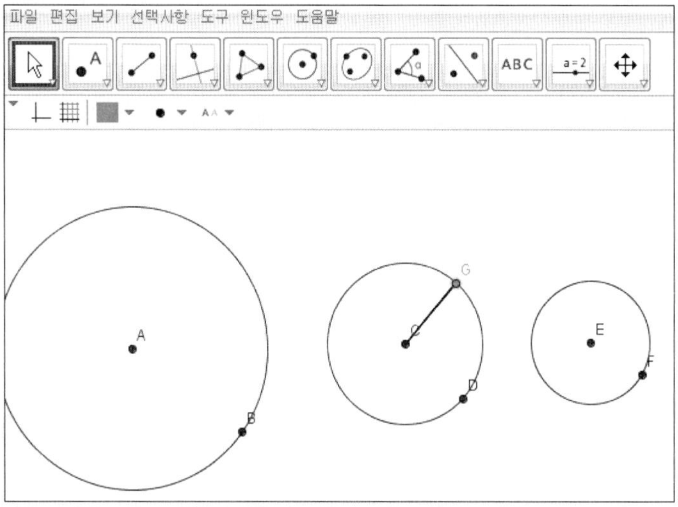

⑥ ④에서 찍은 원 위의 점(G)을 우클릭한 후, 자취 보이기를 클릭합니다.

⑦ 이동 도구를 선택한 후 점 G를 선택하여 드래그 해 봅시다.

점 G를 드래그해서 원의 중심에서 같은 거리에 있는 점들이 모여 원이 된다는 것을 알 수 있습니다.

탐구하기 1

주어진 점을 지나는 원에 대해 탐구해 봅시다.

1. 한 점을 지나는 원을 조사해 봅시다.

- **지오지브라 활동**

① 컴퍼스 도구를 선택한 후 간격을 두고 클릭하여 원을 그려 봅시다.

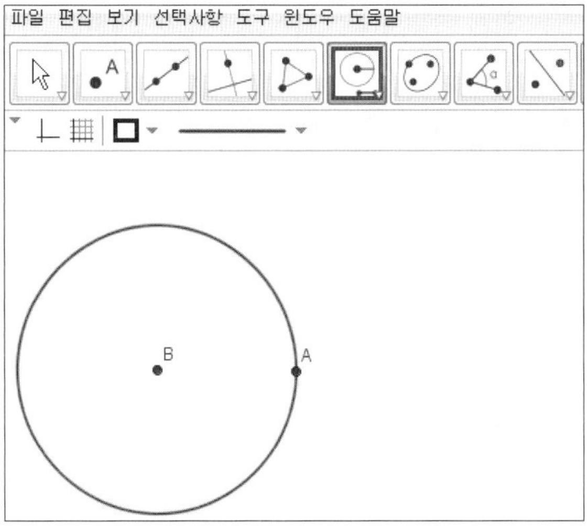

※ 컴퍼스 도구는 원 위의 한 점과 원의 중심을 선택하여 원을 그리는 방법입니다. 첫 번째 클릭으로 원 위의 한 점이 나타나고 두 번째 클릭으로 원의 중심이 생기면서 원이 그려집니다. 이때 마우스를 움직이면 원이 마우스를 따라 움직입니다. 마우스를 원의 중심에 대고 세 번째 클릭을 하면 원이 완성됩니다.

② 이번에는 컴퍼스 도구를 선택하고 점 A를 클릭한 후 간격을 두고 한 번 더 클릭하여 두 원이 만나도록 원을 하나 더 그립니다.

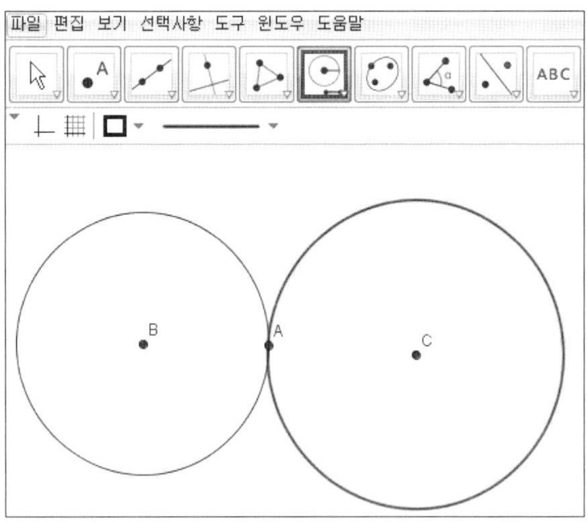

③ 또 컴퍼스 도구를 선택하고 점 A를 클릭한 후 간격을 두고 한 번 더 클릭하여 세 원이 만나도록 원을 하나 더 그립니다.

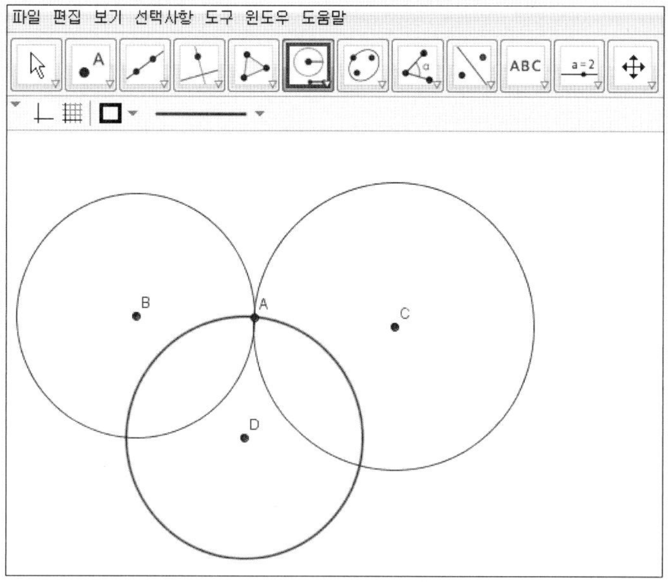

④ 위와 같은 방법으로 점 A를 지나는 원을 여러 개 작도해 봅시다.

1) 점 A를 지나는 원을 몇 개 그려 보았습니다. 점 A를 지나는 원을 몇 개 더 그릴 수 있을까요? 왜 그렇게 생각했습니까?

____

____

____

2) 위의 활동과 '1)'에 답한 것을 토대로 생각해 보면, 특정한 한 점 A를 지나는 원은 아주 많이 그릴 수 있습니다. 이것은 마치 1장에서 한 점을 지나는 선분을 아주 많이 그릴 수 있는 것과 같습니다.

2. 두 점을 지나는 원을 조사해 봅시다.

- **지오지브라 활동**

① 중심과 반지름이 있는 원 도구를 선택하고 기하창을 클릭한 후 대화창에 3을 입력하여 반지름이 3인 원을 하나 그립니다.

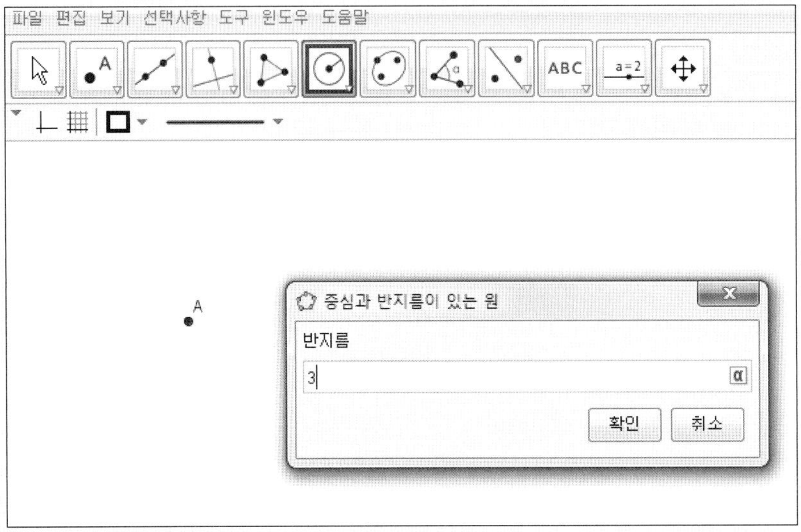

② 위와 똑같은 방법으로 반지름이 4인 원을 하나 더 그린 후, 이동 도구를 이용해서 ①에서 그린 원과 두 점에서 만나도록 이동합니다.

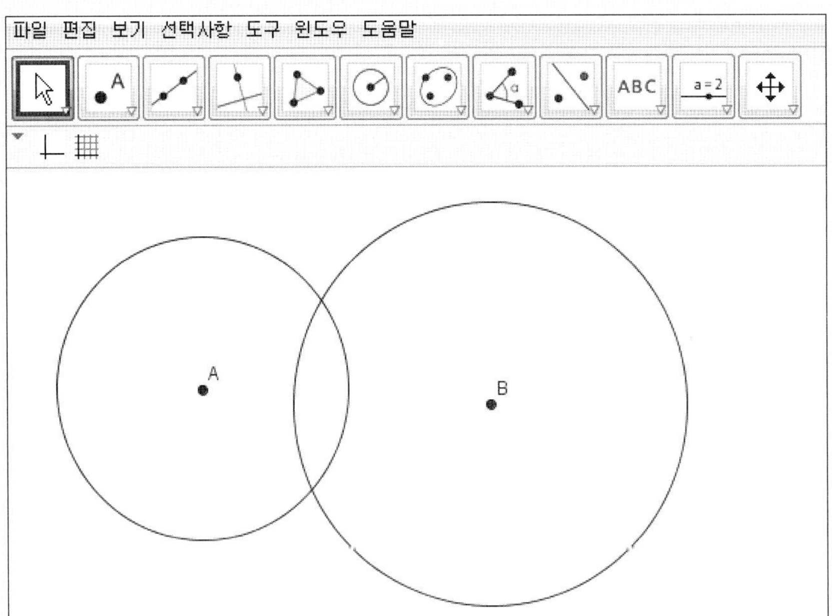

③ 두 대상의 교점 도구를 이용하여 두 원이 만나는 곳에 점을 찍습니다.

④ 중심과 반지름이 있는 원 도구를 이용하여 반지름이 5인 원을 그린 후 ③에서 찍은 두 점을 지나도록 이동시켜 봅시다.

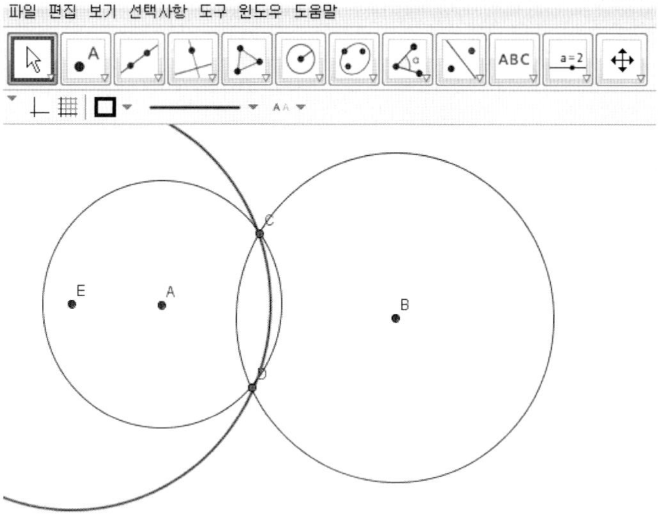

⑤ 위와 같은 방법으로 ③에서 찍은 두 점을 지나는 원을 여러 개 작도해 봅시다.

1) 두 점을 지나는 원은 몇 개가 있습니까? 그리고 그렇게 생각한 이유는 무엇입니까?

____

____

____

3. 세 점을 지나는 원을 그려봅시다.

- **지오지브라 활동**

① 새로운 점 도구 를 선택한 후 기하창에 점 3개를 찍습니다.

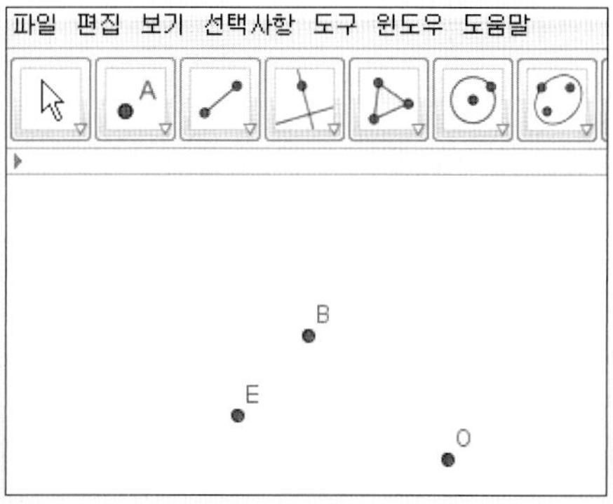

② 세 점을 지나는 원 도구를 선택하고 세 점을 차례대로 선택하여 원을 그립니다.

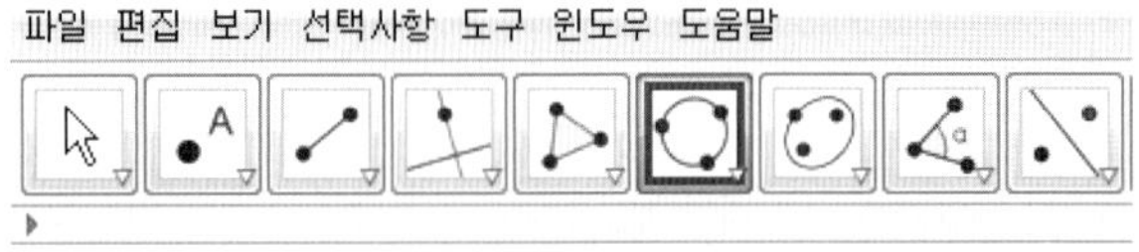

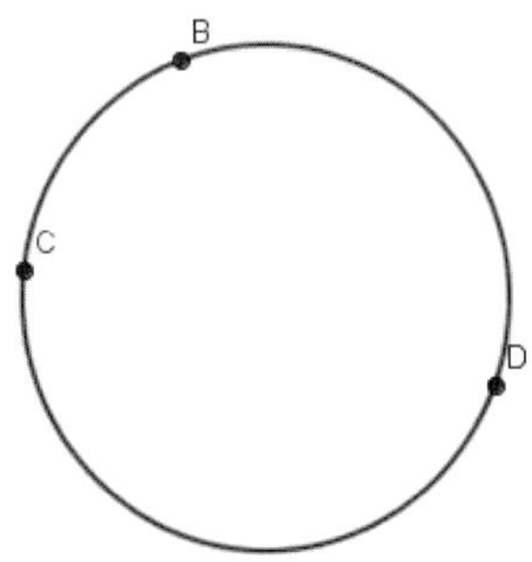

③ 이번에는 세 점을 지나는 원 도구를 선택하고 위와는 반대의 순서로 점을 선택하여 원을 그려 봅시다.

1) 중심이 있고 한 점을 지나는 원 도구를 선택한 후 ①에서 찍은 세 점을 지나도록 원을 그릴 수 있을까요? 한 번 도전해 봅시다.

소주제 2

원의 구성요소와 성질

우리 주변에서 볼 수 있는 원의 예 중에서 한 가지를 꼽으라면 맨홀 뚜껑을 들 수 있습니다. 맨홀 뚜껑은 왜 둥근 모양일까요? 만약 맨홀 뚜껑이 없어져 길가에 깊은 구멍이 생긴다면 매우 위험하겠죠? 하지만 맨홀 뚜껑이 원 모양이기 때문에 아무리 돌려도 빠지지 않는답니다. 이번 시간에는 맨홀 뚜껑의 원리처럼 원의 구성요소와 성질을 살펴보도록 합시다.

알아두기

- 원의 구성요소 : 컴퍼스로 원을 그렸을 때, 컴퍼스의 다리로 찍은 점을 원의 중심이라고 하고, 원의 중심에서 원 위의 한 점까지 거리를 반지름이라고 합니다. 그리고 원 위의 한 점을 끝점으로 하고 원의 중심을 지나서 원 위의 다른 한 점을 이어서 생긴 선분을 지름이라고 합니다.

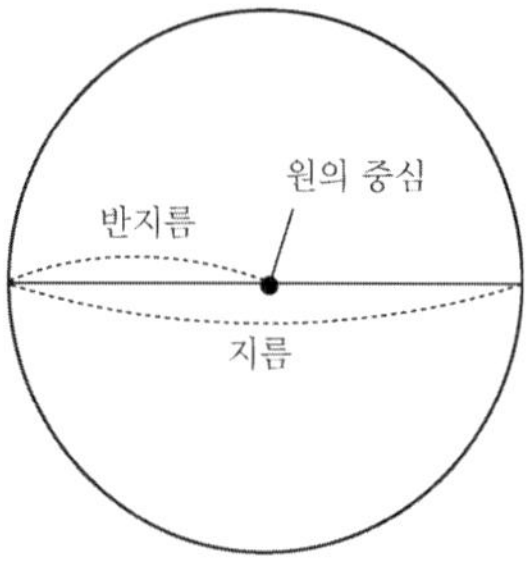

작도하기 1

반지름의 길이가 있는 원을 그려보고 반지름을 찾아봅시다.

- **지오지브라 활동**

① 중심과 반지름이 있는 원 도구 를 선택한 후 기하창을 클릭하면 대화창이 나타납니다.

② 대화창에 원하는 길이만큼 숫자를 입력하고 확인을 클릭하면 입력한 숫자만큼의 반지름을 가진 원이 나타납니다.

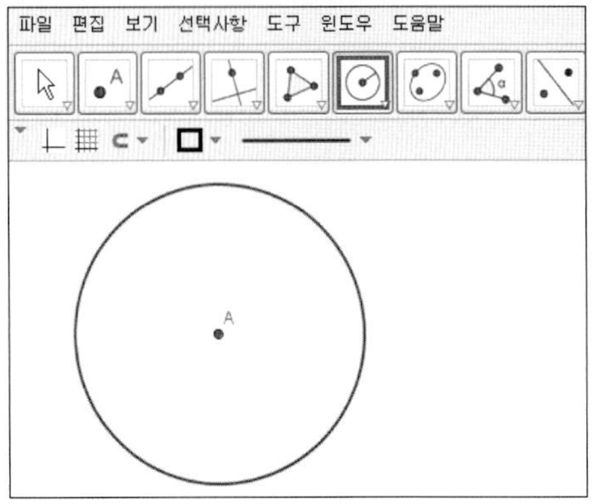

③ 대상 위의 점 도구를 이용하여 작도한 원 위에 한 점을 찍습니다.

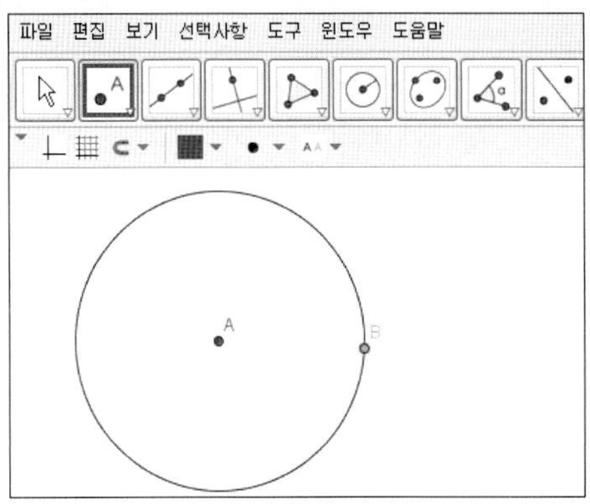

④ 두 점 사이의 선분 도구를 이용하여 원의 중심과 ③에서 찍은 점을 연결합니다. 이렇게 만들어진 선분이 반지름입니다.

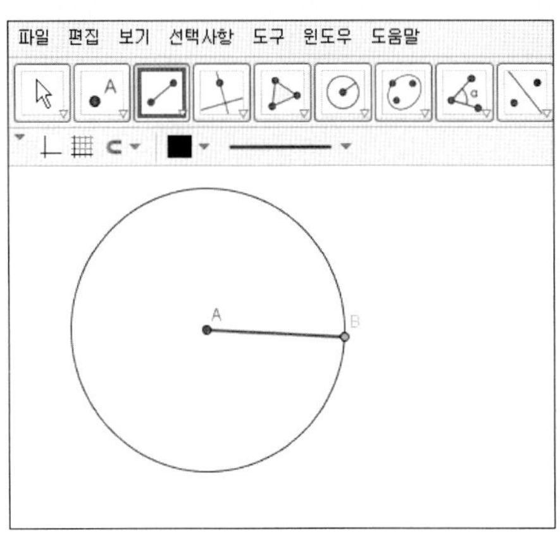

탐구하기 1

반지름의 성질을 탐구해 봅시다.

• **지오지브라 활동**

① 중심이 있고 한 점을 지나는 원 도구를 이용하여 원을 하나 그립니다.

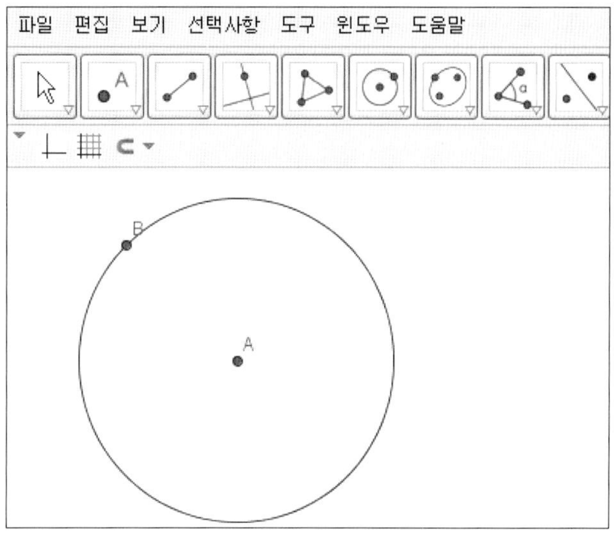

② 대상 위의 점 도구를 이용해서 ①에서 만든 원 위에 여러 개의 점을 찍습니다.

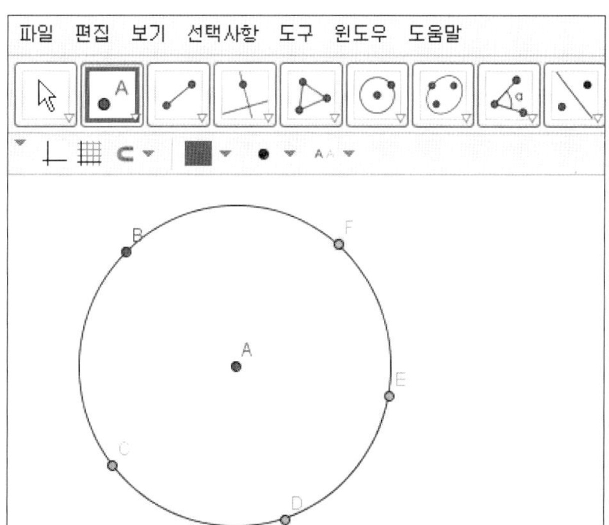

③ 두 점 사이의 선분 도구[두 점 사이의 선분 도구 아이콘]를 이용하여 원의 중심과 ②에서 찍은 점을 모두 연결합니다.

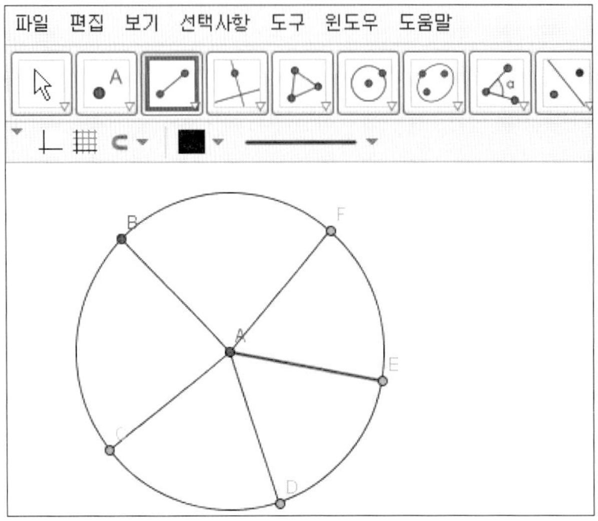

④ 길이 또는 거리 도구[길이 또는 거리 도구 아이콘]를 선택한 후 ③에서 작도한 반지름을 클릭하여 길이를 재어 봅시다.

⑤ ②~③의 방법으로 반지름을 여러 개 더 그려 봅시다.

1. 한 원에는 반지름을 몇 개 그릴 수 있을까요?

2. 한 원에 있는 반지름들의 길이는 어떻습니까? 그리고 그런 이유는 무엇입니까?

3. 이동 도구[이동 도구 아이콘]를 이용해서 원 위의 점 B를 드래그하면서 원의 크기를 조절해 봅시다. 이 반지름들은 어떻게 바뀌는지 써 봅시다.

탐구하기 2

원 위의 두 점을 잡아서 한 선분을 그릴 때 이 선분의 길이가 가장 길 때를 찾아봅시다.

• 지오지브라 활동

① 중심과 반지름이 있는 원 도구를 이용하여 원을 하나 그립니다.

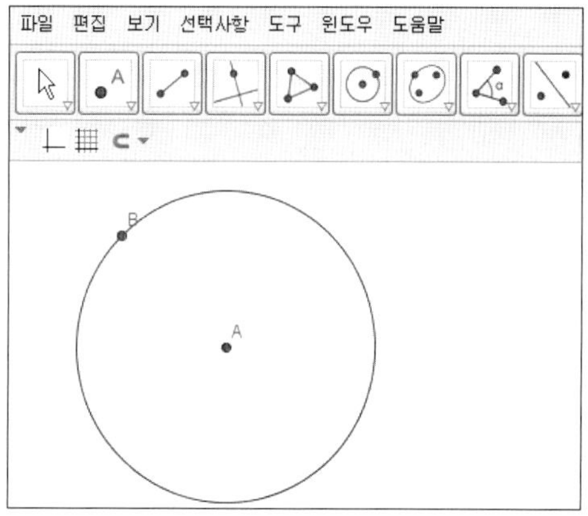

② ①에서 만든 원 위에 대상 위의 점 도구를 이용해서 두 개의 점을 그립니다.

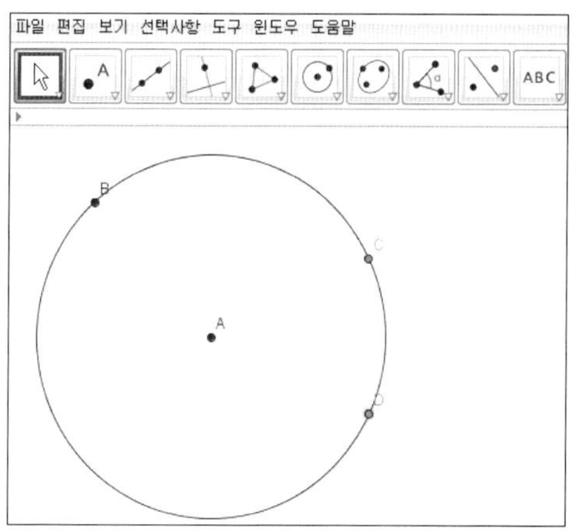

③ 두 점 사이의 선분 도구를 이용해서 점 C와 점 D를 연결하여 선분을 그립니다.

④ 길이 또는 거리 도구를 이용해서 선분의 길이를 측정합니다.

⑤ 이동 도구를 이용해서 두 점 중의 한 점을 드래그하면서 선분의 길이의 변화를 관찰합니다. 이때, 선분의 길이가 가장 길 때 멈춥니다.

⑥ 가장 긴 선분이 바로 원의 지름입니다.

1. 원의 지름은 항상 어떤 점을 지나고 있습니까?

작도하기 2

원의 지름을 작도해 봅시다.

- **지오지브라 활동 1**

① 중심이 있고 한 점을 지나는 원 도구를 이용하여 원을 하나 그립니다.

② 두 점을 지나는 직선 도구를 선택한 후 원 위의 한 점과 원의 중심을 선택하면 직선이 나타납니다.

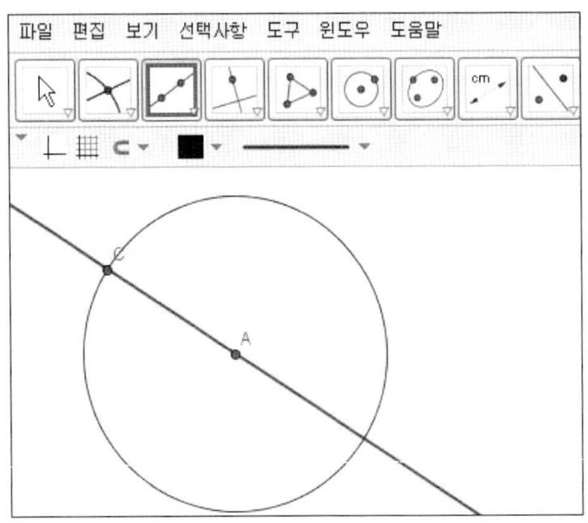

③ 두 대상의 교점 도구를 이용하여 직선과 원이 만나는 곳에 교점을 찍습니다.

④ 직선을 숨기기 위해 직선을 우클릭한 후 대상보이기를 클릭합니다.

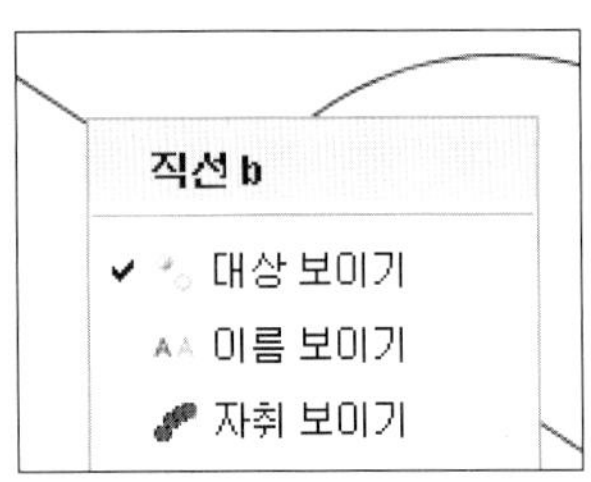

⑤ 두 점 사이의 선분 도구를 이용하여 연결하면, 지름이 완성됩니다.

⑥ 이동 도구를 이용하여 ⑤에서 작도한 지름의 한 끝점을 드래그하면서 지름이 여러 개임을 확인합니다.

- **지오지브라 활동 2**

① 중심이 있고 한 점을 지나는 원 도구를 이용하여 원을 하나 그립니다.

② 두 점 사이의 선분 도구를 선택한 후 원의 중심과 원 위의 한 점을 이어 반지름을 그립니다.

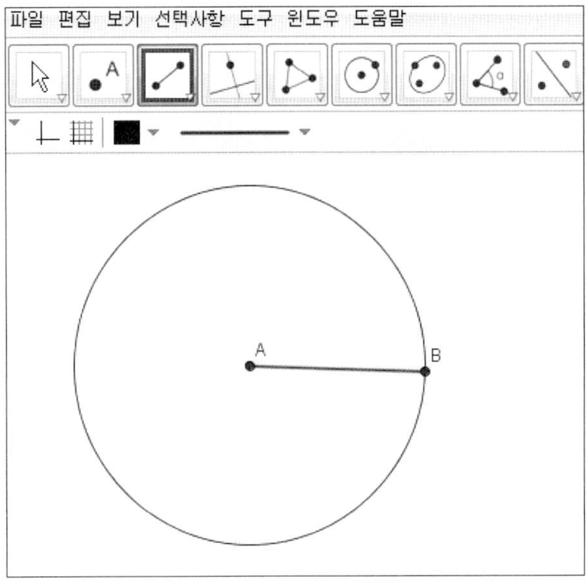

③ 점에 대상을 대칭 도구를 선택한 후 반지름과 원의 중심을 차례대로 클릭하여 지름을 완성합니다.

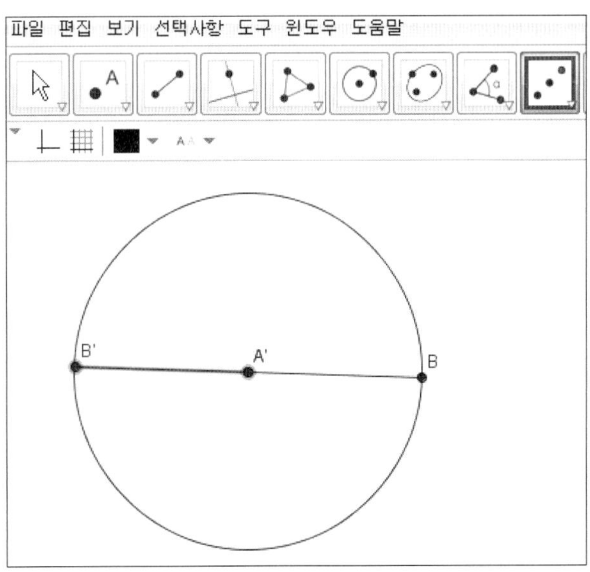

탐구하기 3

반지름과 지름의 관계를 알아봅시다.

- **지오지브라 활동**

① 중심이 있고 한 점을 지나는 원 도구를 이용하여 원을 하나 그립니다.

② 원 위에 점 하나를 찍은 후, 앞에서 배운 방법을 이용해서 지름과 반지름을 그립니다.

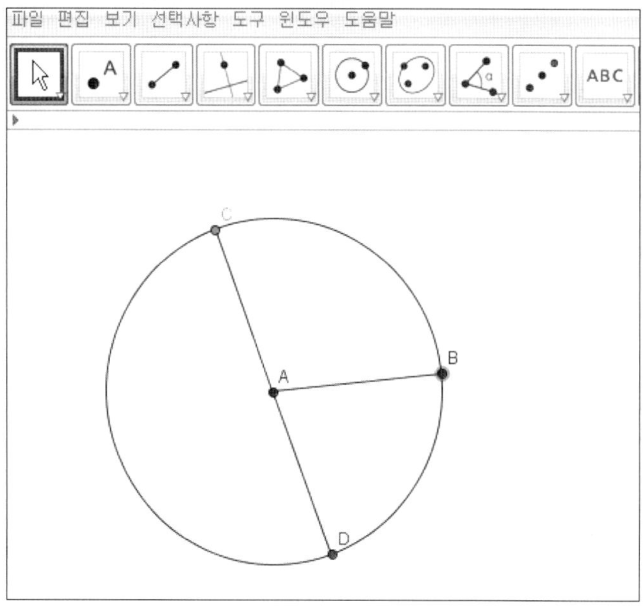

③ 거리 또는 길이 도구를 이용해서 반지름과 지름의 길이를 표시합니다.

④ 이동 도구를 이용해서 자름의 한 끝점을 드래그해서 움직여 봅시다.

1. 지름의 길이는 반지름의 길이의 몇 배인지 써 봅시다.

소주제 3

원을 이용하여 무늬 꾸미기

우리나라 국기에 있는 태극 무늬를 자세히 살펴보면 원모양이 숨어있습니다. 큰 원 안에 작은 원들이 모여 태극 무늬를 만들었습니다. 이처럼 원은 아름다운 곡선을 가지고 있기 때문에 원을 이용해서 다양한 무늬를 많이 만들 수 있습니다. 이번 시간에는 원을 이용하여 다양한 무늬를 만들어 봅시다.

작도하기 1

한 점을 중심으로 반지름을 1씩 늘려가며 무늬를 만들어 보세요.

• **지오지브라 활동 1**

① 중심과 반지름이 있는 원 도구를 이용하여 반지름이 1인 원을 하나 그립니다.

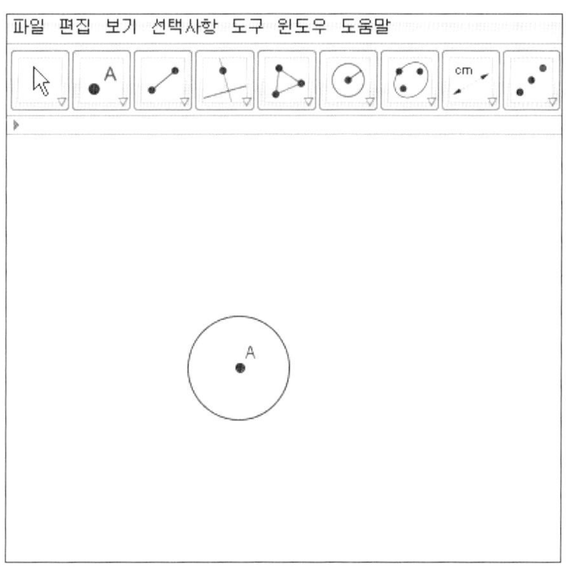

② ①에서 작도한 원과 중심이 같고 반지름은 1씩 증가하는 원을 그려봅시다.

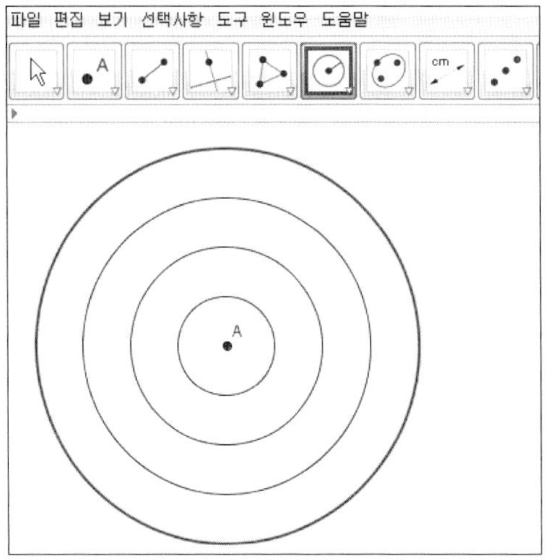

작도하기 2

다른 원의 중심을 지나도록 원을 겹쳐 그려봅시다.

- **지오지브라 활동 1**

① 중심과 반지름이 있는 원 도구를 이용하여 반지름이 3인 원을 하나 그립니다.

② 대상 위의 점 도구를 이용하여 ①에서 그린 원 위에 점 하나를 찍습니다.

③ 중심과 반지름이 있는 원 도구를 선택한 후 ②에서 찍은 점을 중심으로 하고 반지름이 3인 원을 하나 그립니다.

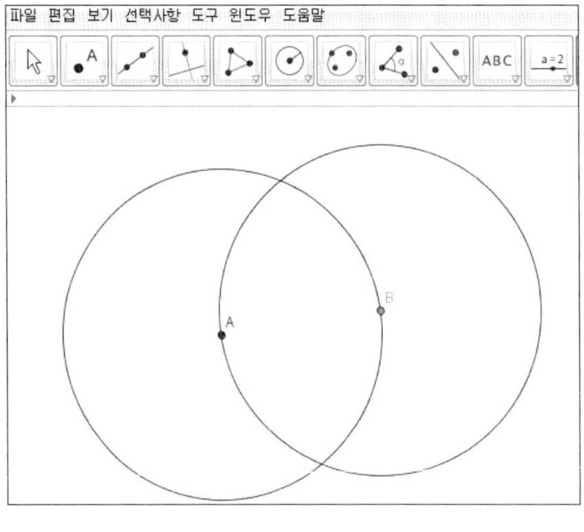

④ 새로 만든 원이 이전 원의 중심을 지나는지 관찰해 봅시다.

⑤ 두 대상의 교점 도구를 이용하여 두 원이 만나는 점을 하나 찍습니다.

⑥ 중심과 반지름이 있는 원 도구를 이용하여 ⑤에서 찍은 점을 중심으로 하고 반지름이 3인 원을 다시 하나 그립니다.

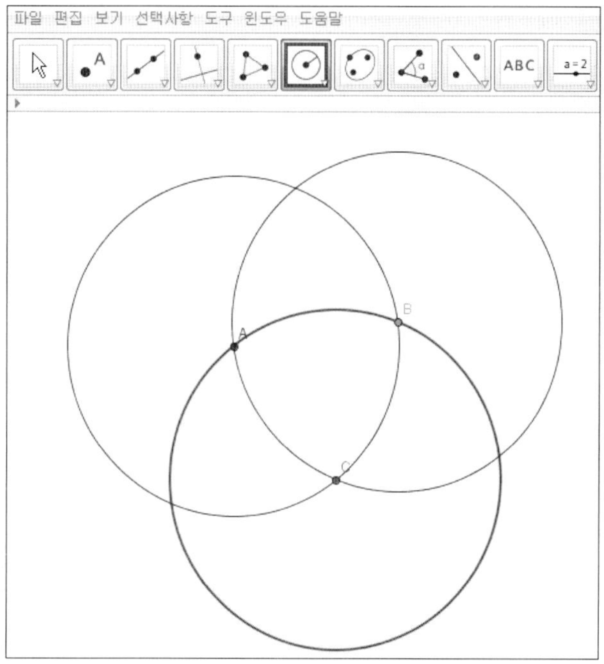

⑦ 새로 그린 원이 나머지 두 원의 중심을 지나는지 관찰해 봅시다.

⑧ 원과 원이 만나는 교점에서 반지름이 3인 원을 계속해서 그려봅시다.

탐구하기 1

원을 이용하여 삼각형을 그려 봅시다.

• 지오지브라 활동 1

① 중심과 반지름이 있는 원 도구를 이용하여 반지름이 4인 원을 하나 그립니다.

② 대상 위의 점 도구를 이용하여 ①에서 그린 원 위에 점 하나를 찍습니다.

③ 중심과 반지름이 있는 원 도구를 선택한 후 ②에서 찍은 점을 중심으로 하고 반지름이 4인 원을 하나 그립니다.

④ 두 대상의 교점 도구를 이용하여 두 원이 만나는 점을 하나 찍습니다.

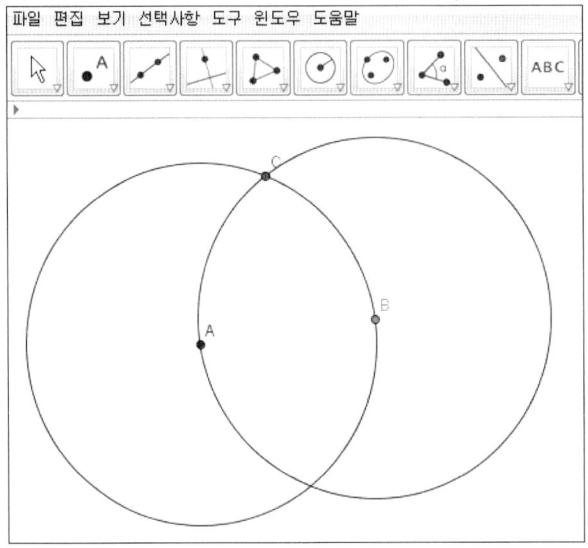

⑤ 두 점 사이의 선분 도구를 이용하여 두 원의 중심과 ④에서 찍은 점을 연결하여 삼각형을 그려 봅시다.

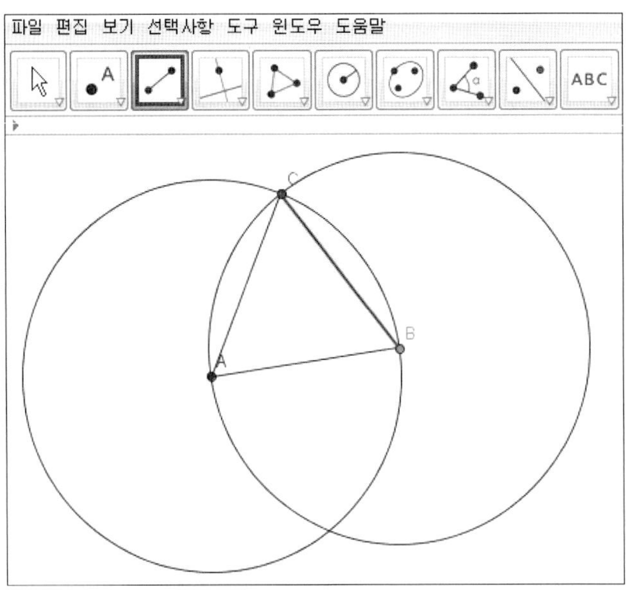

⑥ 거리 또는 길이 도구를 이용하여 삼각형의 세 변의 길이를 재어봅시다.
삼각형의 세 변이 같은 원의 반지름이기 때문에 정삼각형이 됩니다.

탐구하기 2

지오지브라를 이용하여 아래 그림과 같은 무늬를 만들어 봅시다.

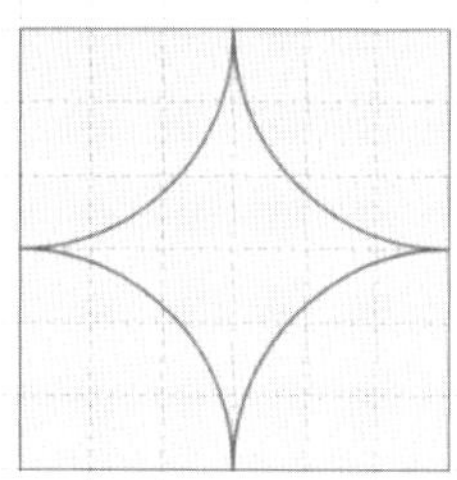

1. 무늬의 특징은 무엇입니까?

____

____

2. 그림과 같은 무늬를 만들기 위해서는 어떤 과정이 필요하겠습니까?

____

____

- **지오지브라 활동**

① 정다각형 도구를 선택한 후 기하창에 점 2개를 찍으면 대화창이 나타납니다.

② 대화창에 4를 입력하면 정사각형이 작도됩니다.

③ 중점 또는 중심 도구를 선택하고 정사각형의 각 변을 클릭하여 중점을 4개 그립니다.

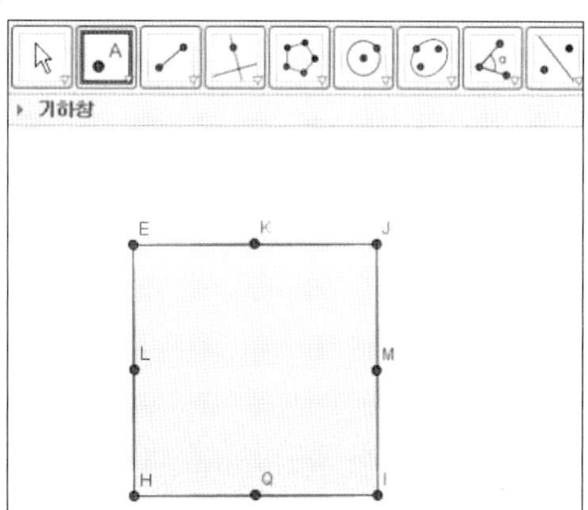

④ 중심이 있고 한 점을 지나는 원 도구를 이용하여 정사각형의 꼭짓점을 중심으로 하고 중점을 지나는 원을 4개 그립니다.

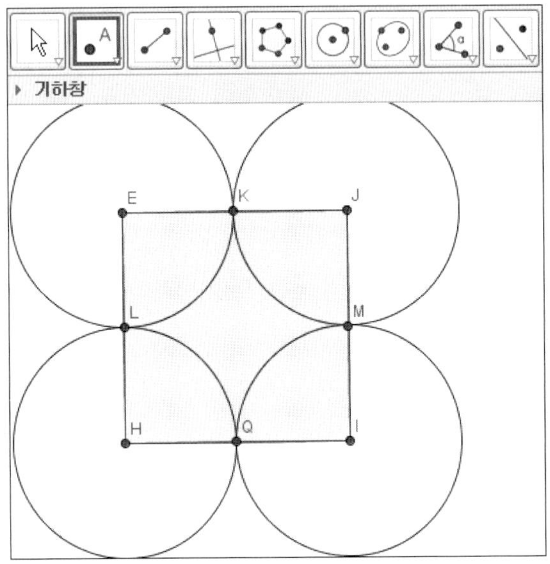

⑤ 새로운 점 도구를 이용하여 4개의 각 원 위에 새로운 점 한 개씩을 정사각형 안에 찍습니다.

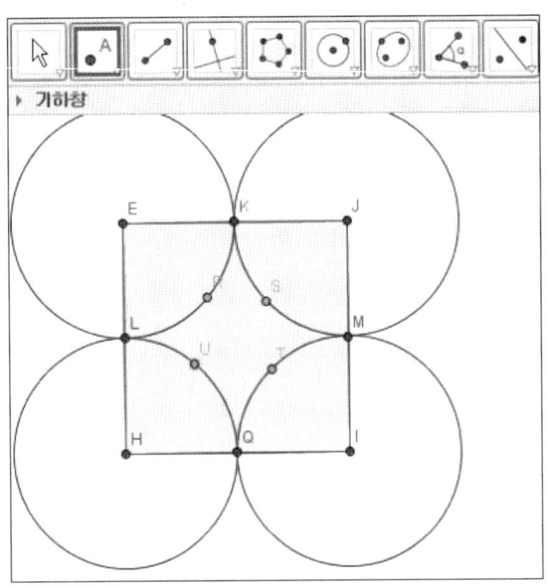

⑥ 각 원을 우클릭 한 후 대상보이기를 클릭해서 원을 숨깁니다.

⑦ 세 점을 지나는 원호 도구를 선택한 후 세 점을 클릭해서 원호를 그립니다.

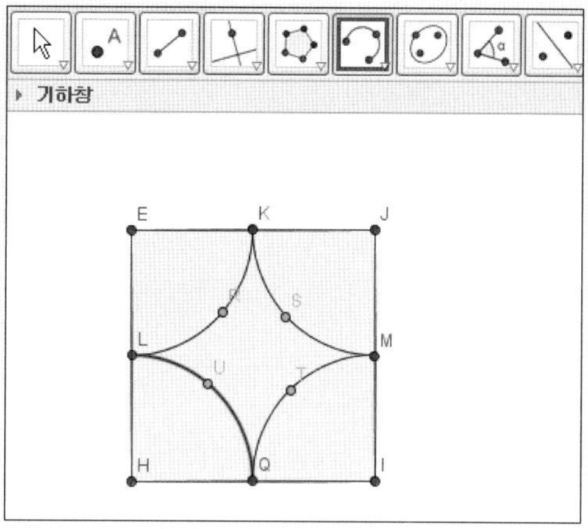

작도하기 3

원을 이용하여 태극 무늬를 만들어 봅시다.

• **지오지브라 활동**

① 중심이 있고 한 점을 지나는 원 도구를 이용하여 원을 그립니다.

② 두 점 사이의 직선 도구를 선택한 후 원의 중심과 원 위의 한 점을 차례대로 클릭하여 직선을 작도합니다.

③ 두 대상의 교점 도구를 이용하여 직선과 원이 만나는 곳에 점을 찍고 직선을 우클릭한 후 대상보이기를 선택하여 직선을 숨깁니다.

④ 두 점을 지나는 반원 도구를 선택한 후 원 위의 한 점과 중심을 차례대로 클릭하여 반원을 작도합니다.

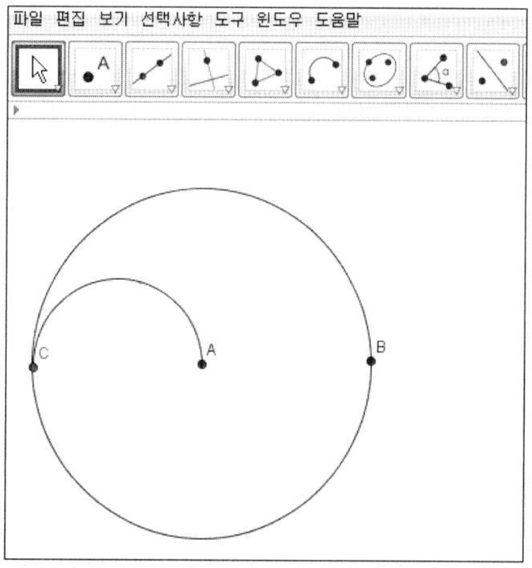

⑤ 다시 두 점을 지나는 반원 도구를 선택 한 후 나머지 원 위의 한 점과 원의 중심을 차례대로 클릭하여 반원을 그립니다.

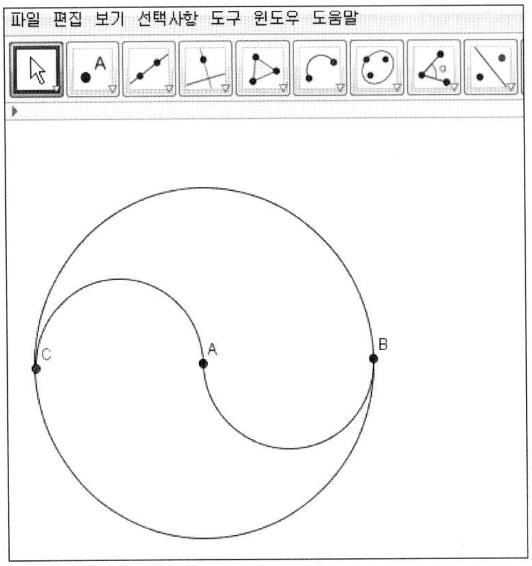

작도하기 3

점의 흔적을 이용하여 무늬를 만들어 봅시다.

• **지오지브라 활동**

① 부록 CD에 있는 '1-2(3)-ggb01.ggb'를 엽니다.

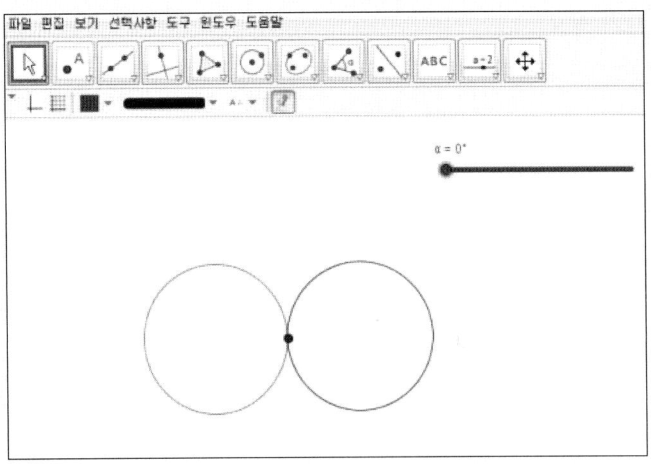

② 오른쪽 위에 있는 슬라이드 막대의 점을 드래그해서 움직여 보면서 점의 흔적을 살펴 봅시다.

작도하기 4

원을 이용하여 정육각형을 그려 봅시다.

• **지오지브라 활동**

① 중심이 있고 한 점을 지나는 원 도구를 이용하여 원을 그립니다.

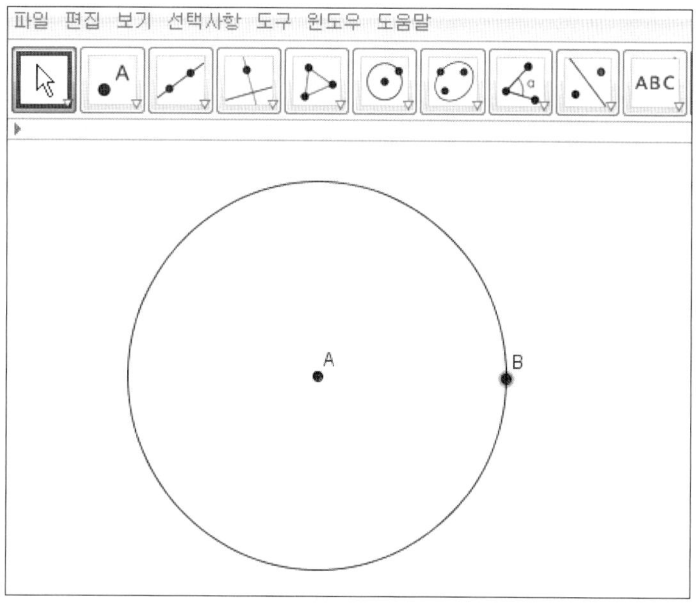

② 중심이 있고 한 점을 지나는 원 도구를 이용하여 점 B를 중심으로 하고 원의 중심(점 A)을 지나는 또 다른 원을 그립니다.

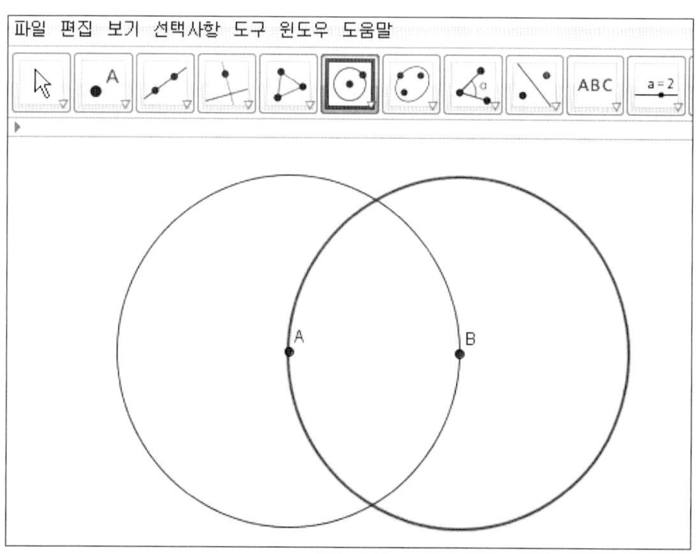

③ 두 대상의 교점 도구를 이용하여 두 원이 만나는 지점에 점을 찍습니다.

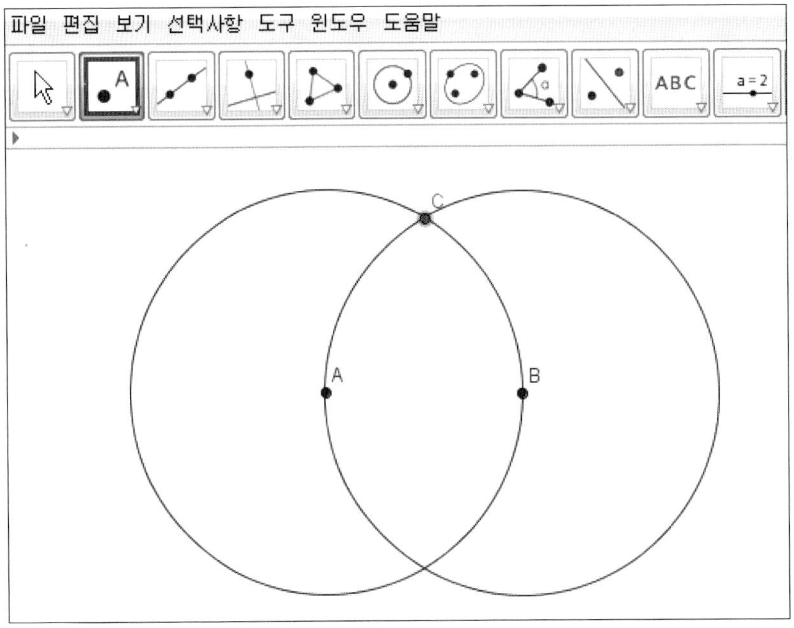

④ 중심이 있고 한 점을 지나는 원 도구를 이용하여 점 C를 중심으로 하고 점 A를 지나는 원을 또 하나 그립니다.

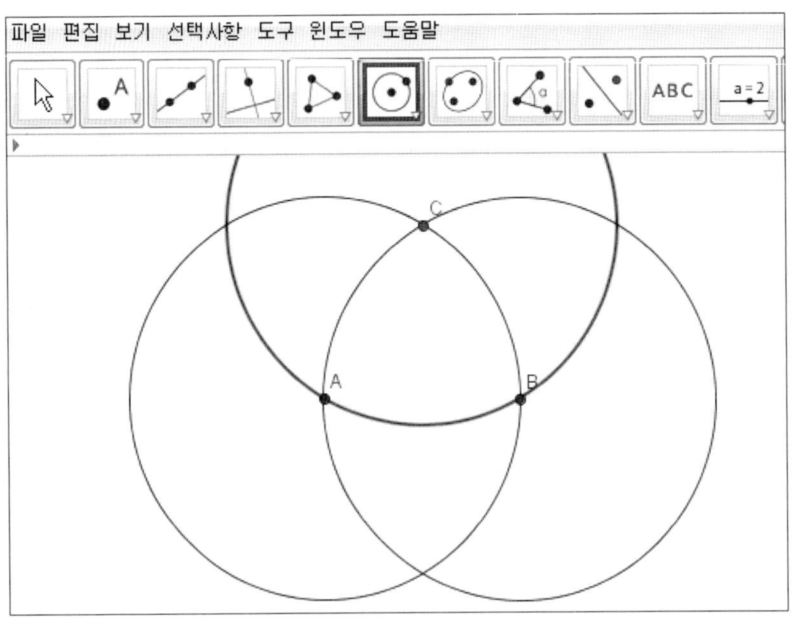

⑤ 세 번째 원과 첫 번째 원이 만나는 지점에 다시 점을 찍고 이 점을 중심으로 하고 점 A를 지나는 원을 그립니다. 이와 같은 방법으로 원을 7개 그립니다.

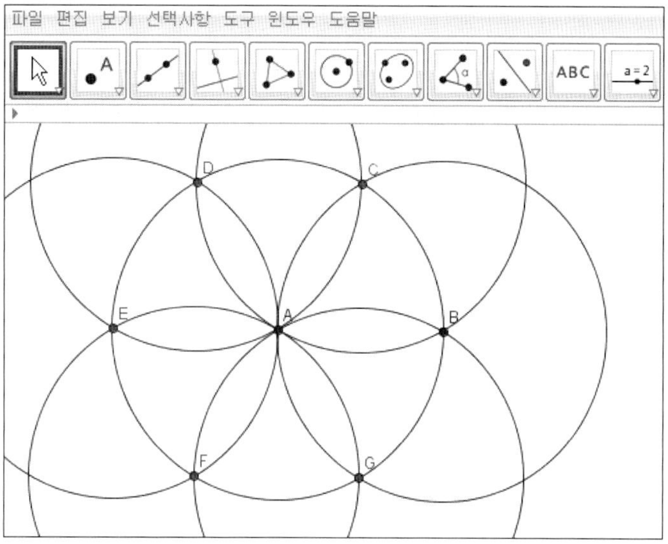

⑥ 이제 원을 우클릭한 후 대상보이기를 클릭하여 점만 남기고 원들을 모두 숨깁니다. 원의 중심 A도 마찬가지로 숨깁니다.

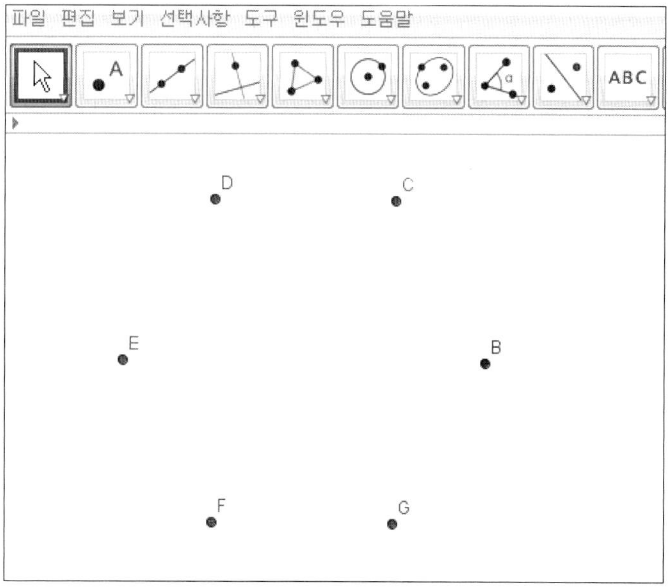

⑦ 두 점 사이의 선분 도구 를 이용하여 6개의 점을 연결하여 6각형을 완성합니다.

더해보기: 스트링 아트

□ 스트링 아트는 실로 만드는 예술입니다. 하지만 스트링 아트에는 수학적인 이야기가 숨어 있습니다. 여러분은 직선으로 원을 만들 수 있다고 생각하나요? 한 번 도전해 봅시다.

• **지오지브라 활동 1**

① 부록 CD에 있는 '1-2(3)-ggb02.ggb'를 엽니다.

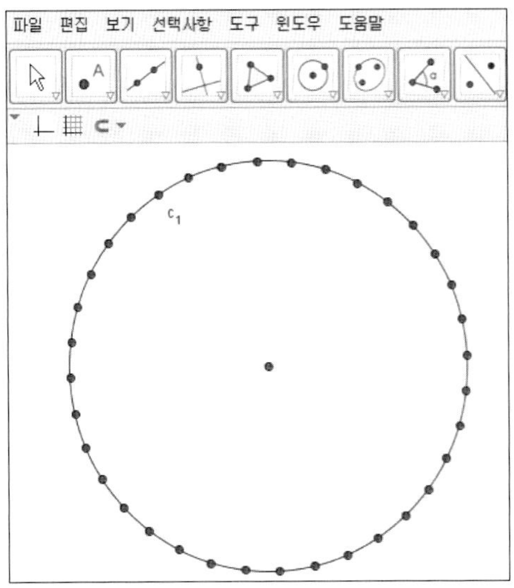

② 두 점 사이의 선분 도구를 이용하여 원 위의 점들 중 서로 열 칸씩 떨어져 있는 점들을 차례대로 연결해 봅시다.

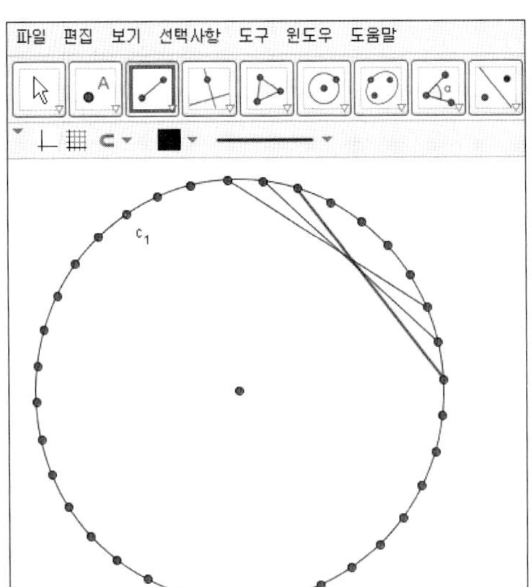

③ 이번에는 점들 사이의 거리를 10칸이 아니라 자신이 원하는 거리만큼 연결해 봅시다.

※ 너무 가까운 점을 연결하기 보다는 6~10칸 떨어진 점끼리 연결하면 더욱 좋습니다.

- **지오지브라 활동 2**

① 부록 CD에 있는 '1-2(3)-ggb03.ggb'를 엽니다.

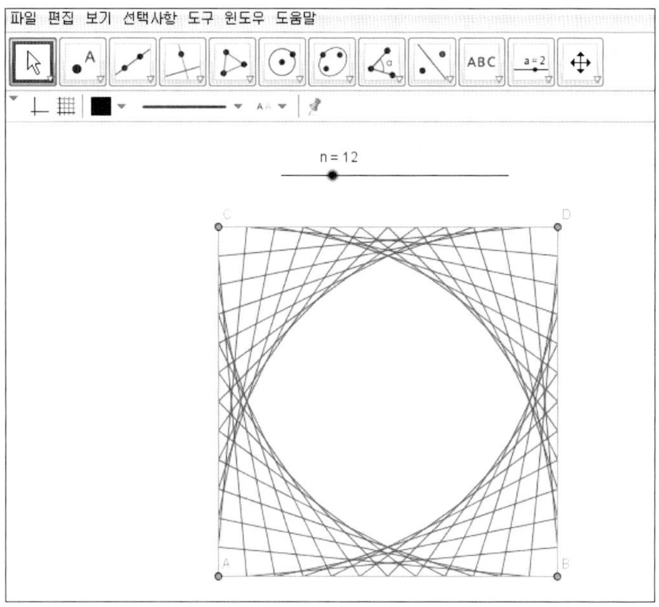

② 마우스로 사각형 위에 있는 슬라이드 막대의 점을 이동시키면서 그림을 관찰해 봅시다.

위 활동을 통해 직선들이 모여 곡선을 만들 수 있다는 것을 알 수 있습니다.

Quiz

1. 주어진 원의 중심을 찾을 수 있을까요?
부록 CD에 있는 '1-2(Q)-ggb01.ggb'파일을 열어 원의 중심을 찾아보고, 어떤 방법으로 찾았는지 설명해 봅시다.

2. 정사각형 안에 들어가는 가장 큰 원은 어떤 모양일까요? 부록 CD에 있는 '1-2(Q)-ggb02.ggb' 파일을 열어 직접 찾아봅시다. 그리고 그때의 지름은 얼마인지 생각해 봅시다.

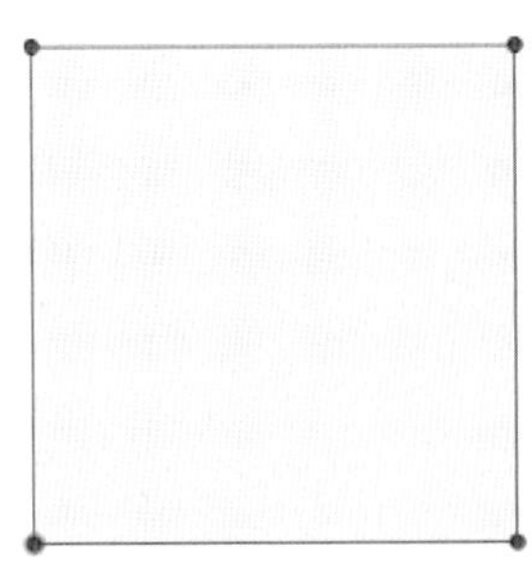

3. 지름의 양 끝점과 원 위의 한 점을 연결해 삼각형 모양을 만들 때, 나타나는 각 ADB는 어떤 특징이 있는지 조사해 봅시다.

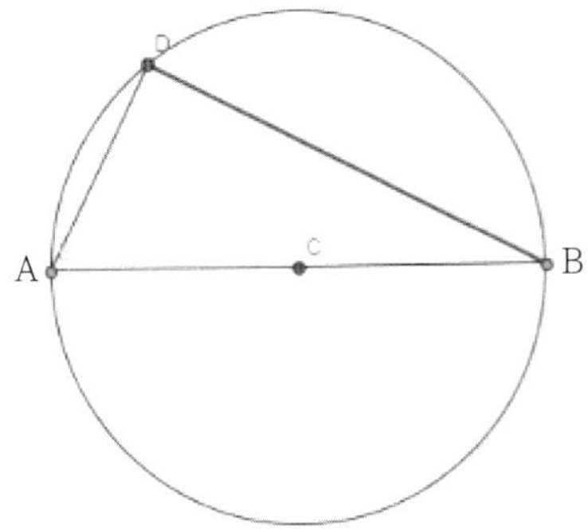

3 사각형

프로그램 개요

- **적용대상** : 초등 4학년 수학
- **프로그램 목적** : 여러 가지 사각형들의 정의를 바탕으로 각 사각형을 작도하고 성질을 탐구하는 과정을 통해 추론능력과 공간감각을 기릅니다.
- **프로그램 시간** : 5차시

학습목표와 지도 내용

학습목표

- 여러 가지 사각형의 정의와 성질을 이해할 수 있습니다.
- 다양한 방법으로 사각형을 탐구하여 확산적 사고력을 기릅니다.
- 사각형의 성질을 이해하여 여러 가지 사각형들 사이의 관계를 이해할 수 있습니다.

주제 1. 사다리꼴 탐구

- 사다리꼴을 작도하고, 성질 알아보기
- 사다리꼴의 대각선의 성질 알아보기
- 등변사다리꼴을 작도하고, 성질 알아보기

주제 2. 평행사변형 탐구

- 평행사변형을 작도하고, 성질 알아보기
- 평행사변형의 대각선의 성질 알아보기
- 사다리꼴과 평행사변형의 관계 알아보기

주제 3. 마름모 탐구

- 마름모을 작도하고, 성질 알아보기
- 마름모의 대각선의 성질 알아보기
- 마름모와 평행사변형의 관계 알아보기

주제 4. 직사각형 탐구

- 직사각형을 작도하고, 성질 알아보기
- 직사각형의 대각선의 성질 알아보기
- 직사각형과 평행사변형의 관계 알아보기

주제 5. 정사각형 탐구

- 정사각형을 작도하고, 성질 알아보기
- 정사각형의 대각선의 성질 알아보기
- 정사각형과 마름모, 직사각형의 관계 알아보기

소주제 1 사다리꼴 탐구

평면도형은 모양에 따라 다양하게 분류할 수 있습니다. 오른쪽에 있는 책상 그림에서 평면도형을 찾을 수 있나요? 윗 판을 자세히 살펴보면 사다리 모양이 보이나요? 이처럼 사다리 모양을 한 평면도형을 사다리꼴이라고 합니다. 이번 시간에는 직접 사다리꼴을 작도해 보고, 사다리꼴의 성질을 탐구해 봅시다.

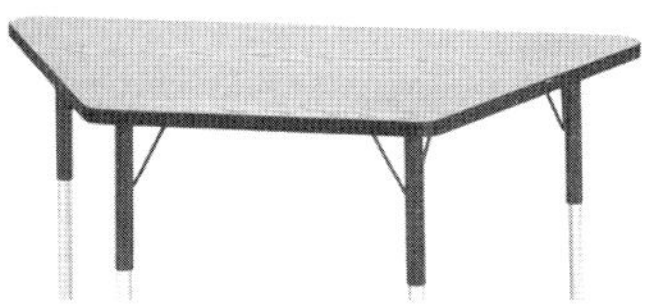

알아두기

- 사다리꼴 정의 : 마주보는 한 쌍의 변이 평행인 사각형을 사다리꼴이라고 합니다.
- 등변사다리꼴 : 사다리꼴 중에서 서로 평행이 아닌 두 변의 길이가 같은 사다리꼴을 등변사다리꼴이라고 합니다.

작도하기 1

지오지브라를 이용하여 사다리꼴을 작도해 봅시다.

- **지오지브라 활동**

① 두 점 사이의 선분 도구를 이용하여 밑변을 작도합니다.

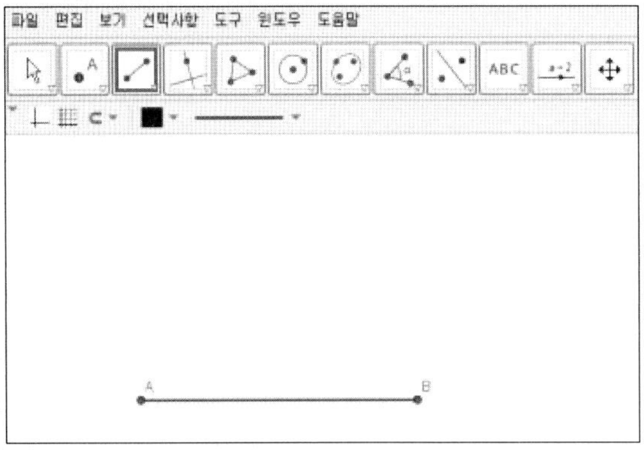

② 새로운 점 도구 를 이용하여 선분 위에 점을 찍습니다.

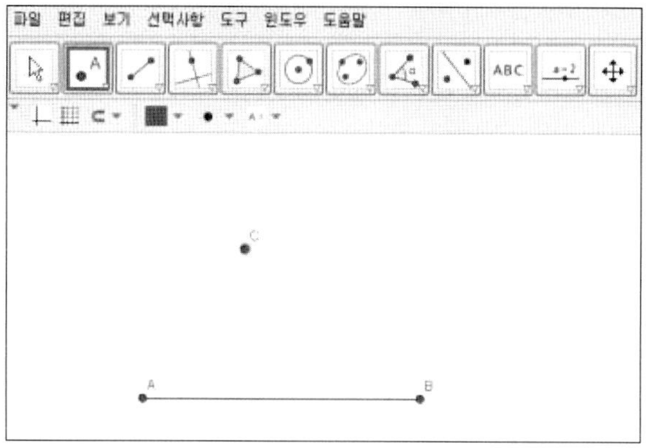

③ 평행선 도구 를 이용하여 ②에서 찍은 점을 지나는 평행선을 작도합니다.

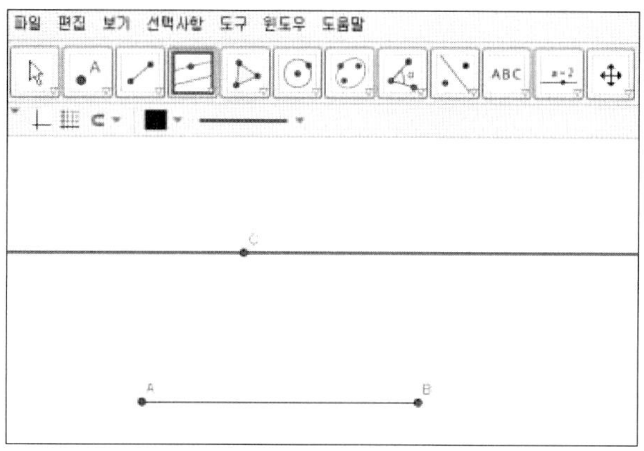

④ ③에서 만든 평행선에 점을 하나 더 찍습니다.

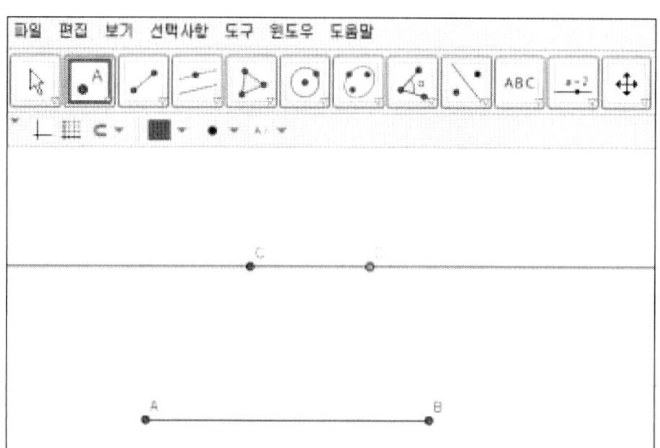

⑤ 평행선을 우클릭 한 후 대상보이기를 선택하여 평행선을 숨깁니다.

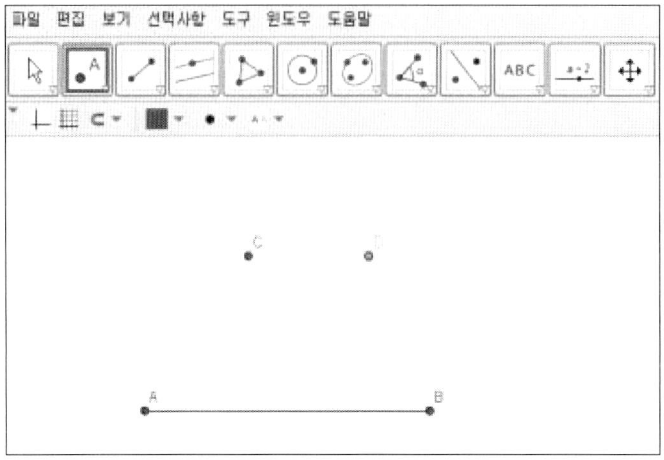

⑥ 두 점 사이의 선분 도구로 남은 점들을 연결하여 사다리꼴을 완성합니다.

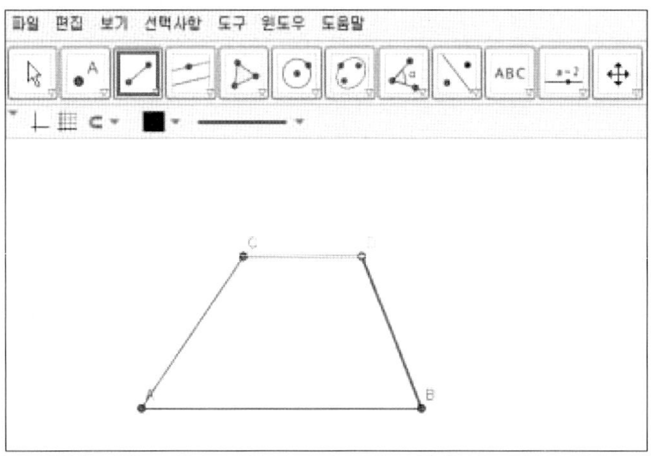

탐구하기 1

작도한 사다리꼴을 다양하게 조작해 보면서 사다리꼴은 어떤 특징이 있는지 탐구해 봅시다.

- **지오지브라 활동 1: 수직선을 이용해 평행인지 알아보기**

① 작도하기 1에서 그린 사다리꼴을 사용하거나 부록 CD의 '1-3(1)-ggb01.ggb'를 불러옵니다.

② 작도하기 1에서 작도한 사다리꼴의 한 변에서 마주보는 다른 변으로 수직선 도구를 이용해서 수직선을 두 개 작도합니다.

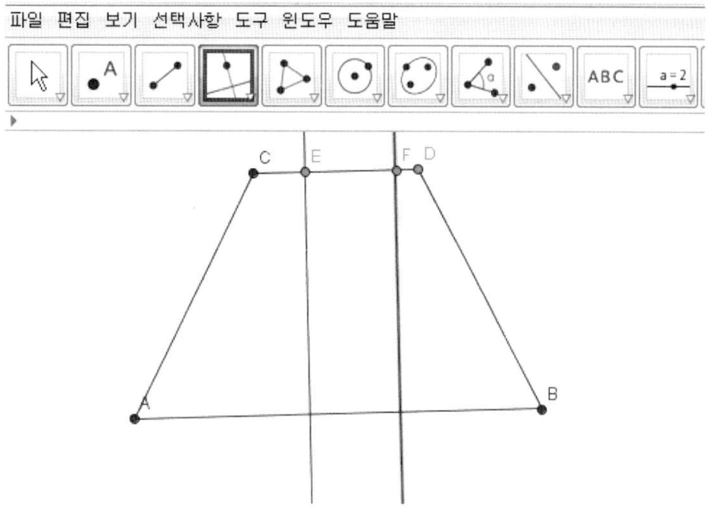

③ 수직선과 마주보는 변이 만나는 점에 두 대상의 교점 도구를 이용해 교점을 찍고 길이와 거리 도구를 이용해서 수직선의 길이를 측정합니다.

④ 이동 도구를 이용하여 사다리꼴의 각 꼭짓점들을 드래그합니다. 이때 ①에서 작도한 두 수직선이 모두 보이도록 하면서 드래그합니다.

⑤ 사다리꼴의 각 꼭짓점을 드래그할 때, 두 수직선의 길이가 같다면 두 변은 평행입니다.

⑥ ①에서 사용하지 않은 다른 마주보는 두 변도 ②~⑤ 활동을 합니다.

- **지오지브라 활동 2: 직접 드래그해서 평행인지 알아보기**

① 작도하기 1에서 그린 사다리꼴을 사용하거나 부록 CD의 '1-3(1)-ggb01.ggb'를 불러옵니다.

② 마주 보고 있는 변 중 하나를 클릭한 후 마주보는 변으로 드래그합니다. 만약, 완전히 겹쳐진다면 두 변은 평행입니다.

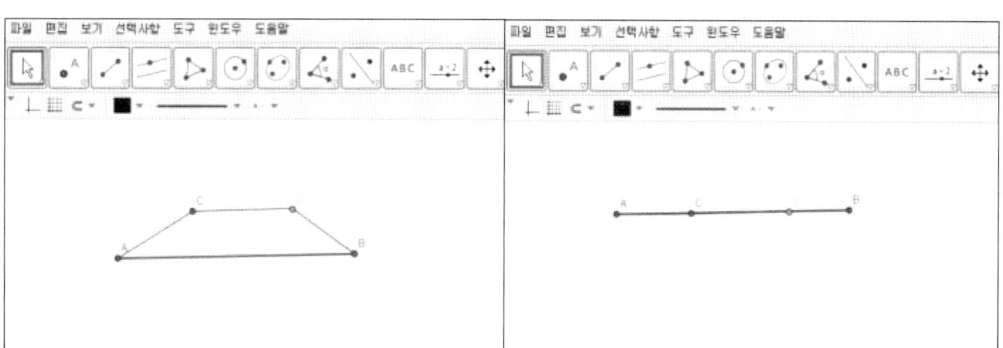

③ 사다리꼴의 각 꼭짓점을 드래그하면서 항상 평행인 변이 있는지 조사합니다.

1. 사다리꼴에는 평행한 변이 있나요? 만약 있다면 몇 쌍이나 있는지 조사해 봅시다.

- **지오지브라 활동 3**

① 작도하기 1에서 그린 사다리꼴을 사용하거나 부록 CD의 '1-3(1)-ggb01.ggb'파일을 불러옵니다.

② 거리 또는 길이 도구를 선택한 후 선분의 양 끝점을 클릭하여, 사다리꼴의 각 변의 길이를 측정합니다.

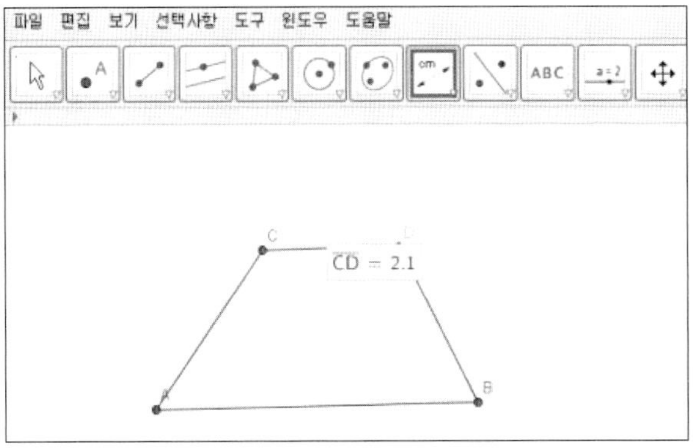

③ 이동도구를 이용해서 사다리꼴의 각 꼭짓점을 드래그하면서, 길이가 같은 변이 있는지 살펴 봅시다.

2. 마주보는 한 쌍의 변이 평행한 도형을 사다리꼴이라고 합니다. 사다리꼴의 네 변 중 마주 보는 두 변의 길이가 같을 수 있는지 알아봅시다.

---

3. 지금까지 배운 것을 생각해서 아래 문장들이 맞으면 O, 틀리면 X로 답해 보세요.

(1) 사다리꼴에서 한 쌍의 마주보는 변은 항상 평행이다. ( )

(2) 사다리꼴의 네각은 직각이 될 수 없다. ( )

(3) 직각이 4개인 사다리꼴을 만들 수 있다. ( )

(4) 사다리꼴의 마주보는 변의 길이는 항상 같다. ( )

탐구하기 2

사다리꼴에 대각선을 작도한 후 대각선의 특징을 살펴봅시다.

- **지오지브라 활동 1**

① 작도하기 1에서 그린 사다리꼴을 사용하거나 부록 CD의 '1-3(1)-ggb01.ggb'를 불러옵니다.

② 두 점 사이의 선분 도구를 이용하여 대각선을 작도합니다.

③ 거리 또는 길이 도구를 이용해서 두 대각선의 길이를 측정합니다.

④ 이동도구를 이용해서 각 꼭짓점을 드래그하면서 두 대각선의 길이의 변화를 관찰합니다.

⑤ 한 점을 드래그해서 두 대각선의 길이가 같게 작도합니다.

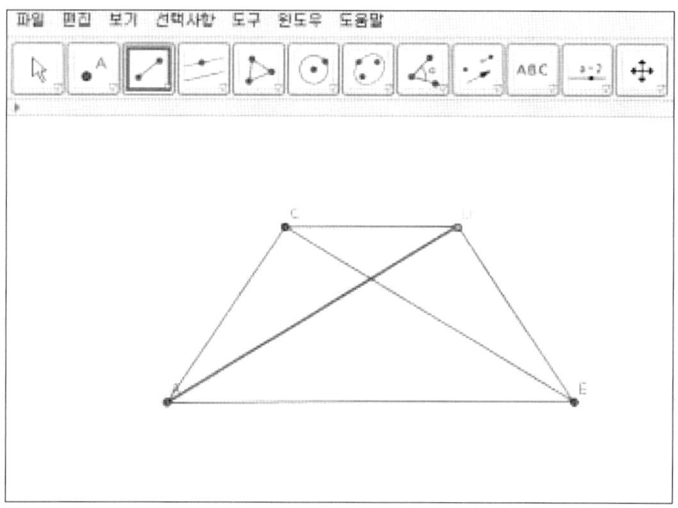

1. 사다리꼴에는 대각선이 몇 개 있습니까?

- **지오지브라 활동 2**

① 작도하기 1에서 그린 사다리꼴을 사용하거나 부록 CD의 '1-3(1)-ggb01.ggb'파일을 불러옵니다.

② 두 점 사이의 선분 도구를 이용해서 대각선을 작도합니다.

③ 네 개의 삼각형이 생겼는데, 각 도구를 이용해서 12개의 각도를 모두 측정합니다.

④ 12개의 각 중 같은 크기의 각이 있는지 관찰합니다.

⑤ 이동 도구를 이용해서 한 점을 드래그하면서 ④에서 관찰한 것들 중 여전히 같은 각을 유지하는 각들이 있는지 관찰합니다.

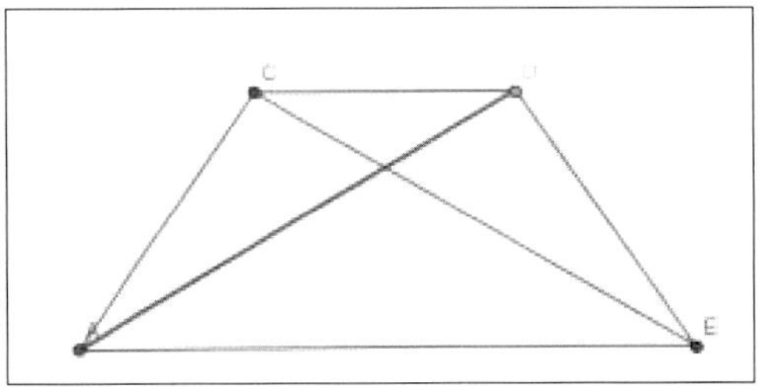

2. 사다리꼴의 대각선이 만드는 각은 어떤 특징이 있나요?

작도하기 2

등변사다리꼴을 작도해 봅시다.

- **지오지브라 활동**

① 두 점을 지나는 직선 도구를 이용하여 직선을 긋습니다.

② 새로운 점 도구를 이용하여 직선 위에 점을 찍습니다.

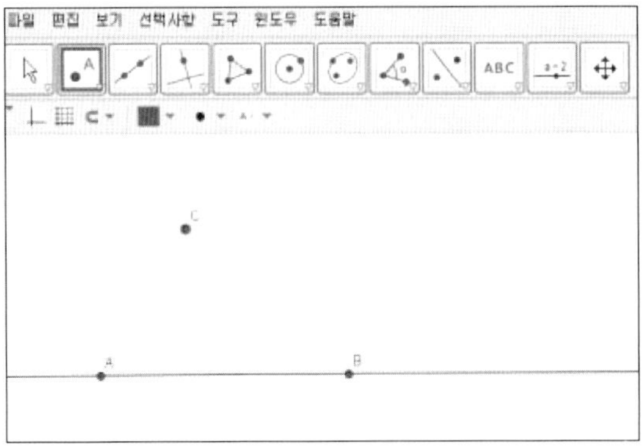

③ 평행선 도구를 이용하여 ②에서 찍은 점을 지나는 평행선을 작도합니다.

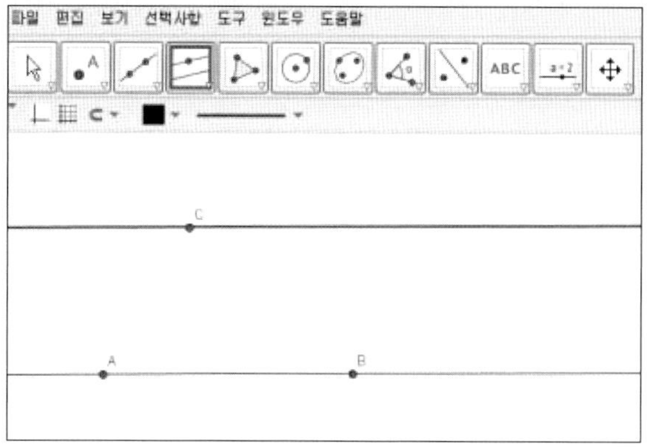

④ ③에서 만든 평행선 위에 점을 하나 더 찍습니다.

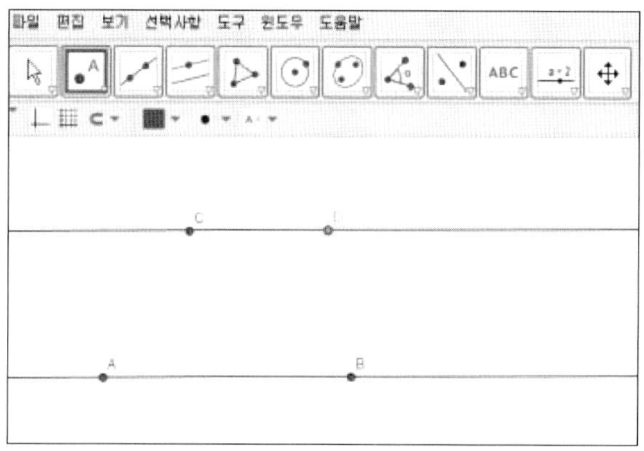

⑤ 중심이 있고 한 점을 지나는 원 도구를 이용하여 점 C를 중심으로 하고 점 A를 지나는 원을 그립니다.

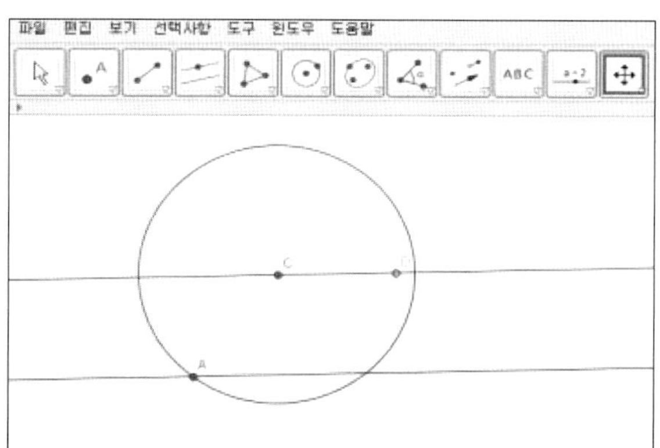

⑥ 백터에 의하여 대상을 평행이동 도구 를 선택하고 원을 클릭한 후 점 C와 점 D를 클릭해서 ⑤에서 그린 원을 평행이동합니다.

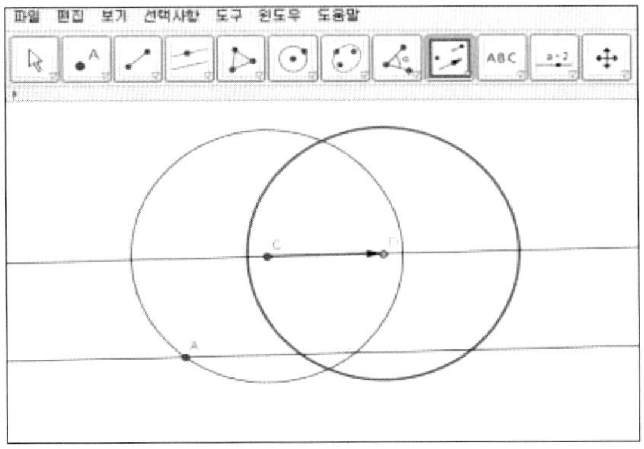

⑦ 우클릭 후 대상보이기를 선택하여 선분 CD를 숨기고 새로운 교점 E를 찍습니다.

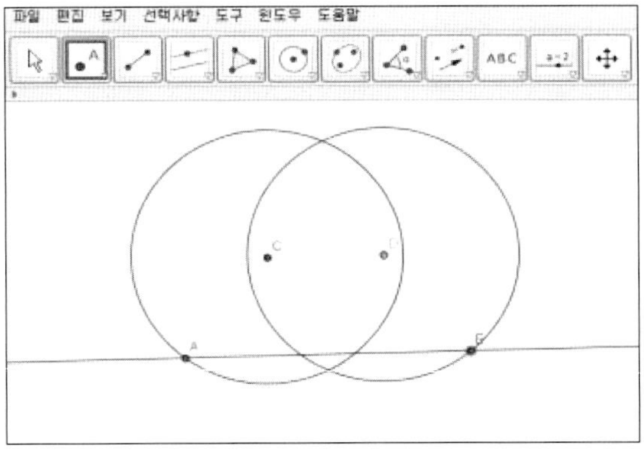

⑧ 우클릭 후 대상보이기를 이용하여 원과 직선을 숨기고 나머지 꼭짓점을 연결하여 등변사다리꼴을 완성합니다.

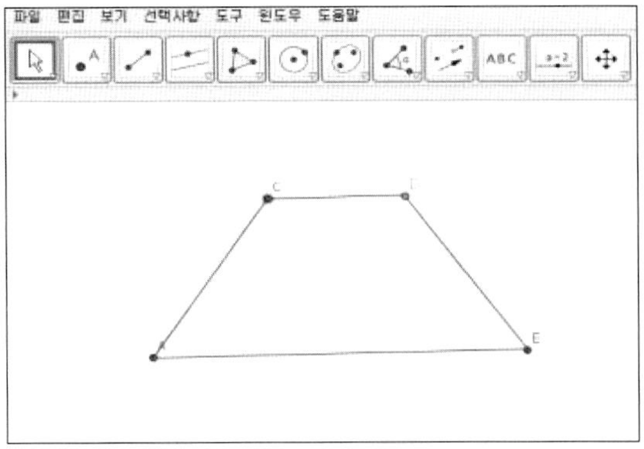

탐구하기 3

작도하기 2에서 작도한 등변사다리꼴의 꼭짓점을 드래그하면서 그 특징을 살펴봅시다.

1. 등변사다리꼴에는 평행한 변이 몇 쌍이나 있나요?

2. 등변사다리꼴에는 같은 각도를 가진 각이 있나요? 또는 직각이 있나요?

3. 등변사다리꼴에는 같은 길이의 변이 있나요?

4. 등변사다리꼴에는 대각선이 몇 개나 있나요? 대각선의 길이는 어떤 특징이 있나요?

소주제 2 평행사변형 탐구

사다리꼴은 한 쌍의 변이 평행인 사각형입니다. 사다리꼴 중에서 몇 가지 특별한 성질을 더한 사각형에는 새로운 이름이 붙습니다. 오른쪽 그림의 건축물은 마주보는 두 쌍의 변을 평행으로 만들어 수학적 아름다움을 느낄 수 있습니다. 이 건축물과 같이 마주보는 두 쌍의 변이 서로 평행인 사각형을 평행사변형이라고 부릅니다.

작도하기

지오지브라를 이용하여 평행사변형을 작도해 봅시다.

• **지오지브라 활동**

① 두 점 사이의 선분 도구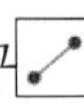를 이용하여 밑변을 작도합니다.

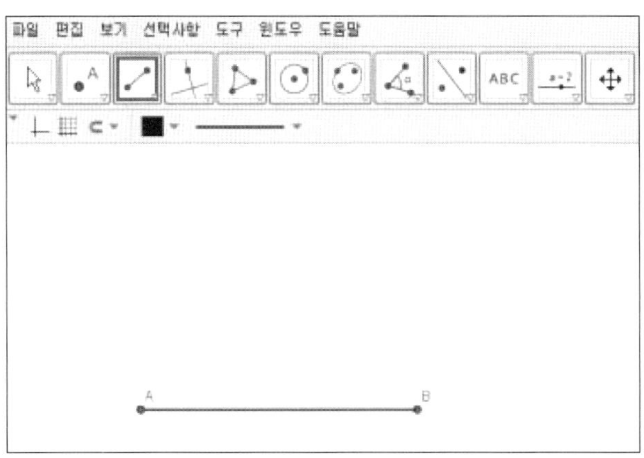

② 새로운 점 도구를 이용하여 선분 위에 점을 찍습니다.

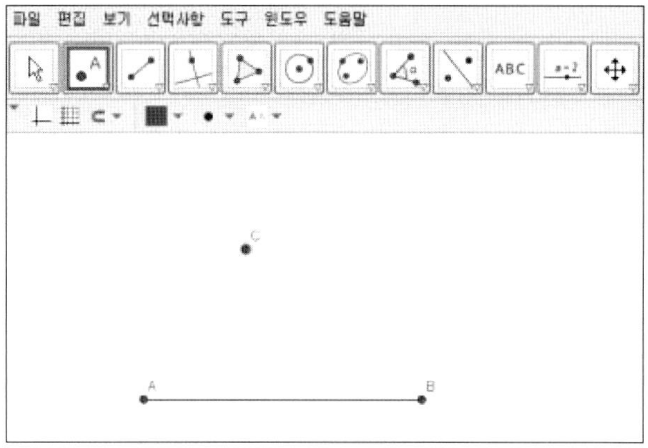

③ 두 점 사이의 선분 도구를 이용하여 점 A와 점 C를 잇습니다.

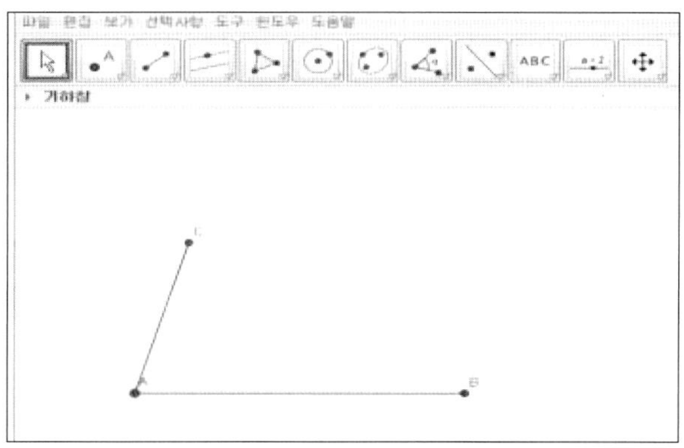

③ 평행선 도구를 이용하여 밑변에 평행하고 점 C를 지나는 평행선을 작도합니다.

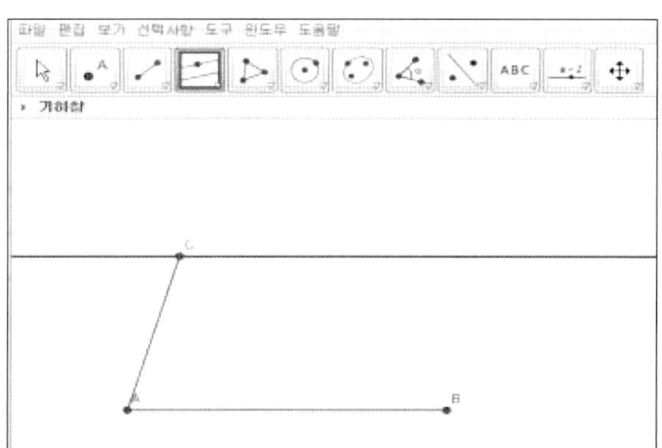

④ 평행선 도구를 이용하여 선분 AC에 평행하고 점 B를 지나는 평행선을 작도한 후 두 대상의 교점 도구를 이용해서 ③에서 그린 평행선과 만나는 곳에 교점을 찍습니다.

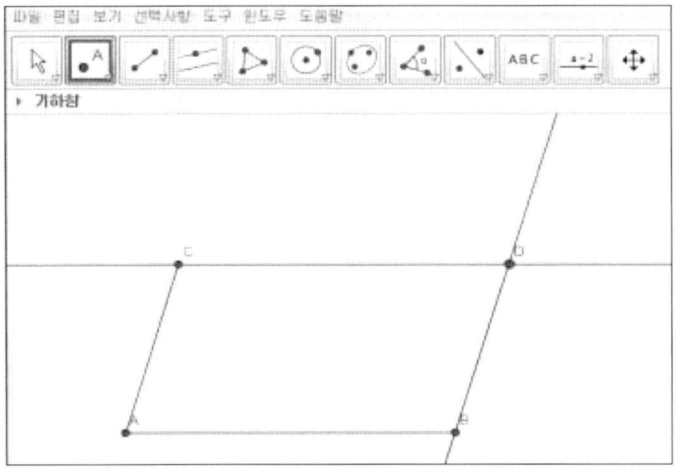

⑤ 평행선을 선택한 후 우클릭하여 대상보이기를 선택하여 평행선을 숨긴 후 두 점 사이의 선분 도구를 이용하여 꼭짓점을 연결합니다.

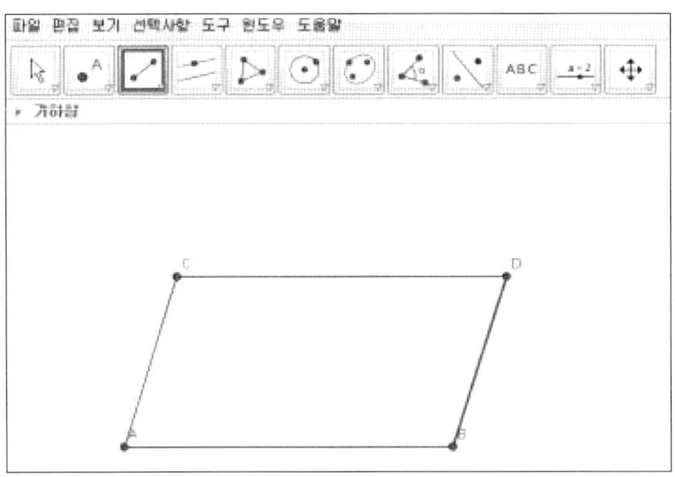

탐구하기 1

이동 도구를 이용해서 작도한 평행사변형의 꼭짓점을 움직여 보면서 어떤 특징이 있는지 탐구해 봅시다.

- **지오지브라 활동 1**

① 작도하기에서 그린 평행사변형을 사용하거나 부록 CD의 '1-3(2)-ggb01.ggb'를 불러옵니다.

② 74~76쪽을 참고하여 마주보는 두 쌍의 변들이 평행한지 조사해 봅시다.

③ 꼭짓점을 드래그하면서 ②에서 발견한 성질이 그대로 유지되는지 조사해 봅시다.

1. 평행사변형에는 평행한 변이 있나요? 만약 있다면 몇 쌍이나 있는지 조사해 봅시다.

- **지오지브라 활동 2**

① 작도하기에서 그린 평행사변형을 사용하거나 부록 CD의 '1-3(2)-ggb01.ggb'를 불러옵니다.

② 각 도구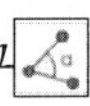를 이용하여 평행사변형의 네 각의 각도를 재어 봅시다.

③ 네 각 중 각도가 같은 각들이 있는지 살펴보고, 있다면 어떤 위치에 있는 각들의 각의 크기가 같은지 찾아보세요.

④ 평행사변형의 네 각 중 두 각을 합하여 180도가 되는 경우가 있는지 찾아보세요.

⑤ 이동 도구를 이용해서 평행사변형의 각 꼭짓점 또는 변을 드래그하면서 네 각의 각도가 어떻게 변하는지 관찰해 봅시다.

⑥ 평행사변형의 각 꼭짓점 또는 변을 드래그하면서 네 각 중 한 각의 각도가 90도가 되게 하세요.

2. 평행사변형의 각도를 탐구한 결과를 써 봅시다.

- **지오지브라 활동 3**

① 작도하기에서 그린 평행사변형을 사용하거나 부록 CD의 '1-3(2)-ggb01.ggb'를 불러옵니다.

② 거리 또는 길이 도구[cm]를 이용해서 ①에서 작도한 평행사변형의 각 변의 길이를 측정합니다.

③ 길이가 같은 변이 몇 쌍이 있는지 찾아보세요.

④ 이동 도구[↖]를 이용해서 각 꼭짓점 또는 변을 드래그해서 ③에서 관찰한 것을 그대로 관찰할 수 있는지 살펴보세요.

⑤ 이동 도구[↖]를 이용해서 각 꼭짓점 또는 변을 드래그해서 평행사변형에서 이웃한 변의 길이가 모두 같도록 해 보세요.

3. 평행사변형도 사각형이기 때문에 변이 네 개 있습니다. 이 네 변에 대해 탐구해 보고 알게된 점을 써 봅시다.

탐구하기 2

평행사변형에 대각선을 작도한 후 대각선의 특징을 살펴봅시다.

- **지오지브라 활동 1**

① 작도하기에서 그린 평행사변형을 사용하거나 부록 CD의 '1-3(2)-ggb01.ggb'를 불러옵니다.

② 두 점 사이의 선분 도구[⟋]를 이용하여 대각선을 작도합니다.

1. 평행사변형에는 대각선이 몇 개 있습니까?

- **지오지브라 활동 2**

① 거리 또는 길이 도구를 이용하여 앞서 그린 평행사변형의 두 대각선의 길이를 측정해 봅시다.

② 두 대각선의 길이가 다른가요? 그러면, 이동 도구를 이용해서 평행사변형의 각 꼭짓점 또는 변을 드래그해서 두 대각선의 길이가 같게 만들어 보세요.

③ 이때, 평행사변형의 네 변의 길이를 관찰해 봅시다. 어떤 특징이 있습니까?

2. 평행사변형의 대각선의 길이를 관찰해 보고 알게 된 점을 써 봅시다.

- **지오지브라 활동 3**

① 두 대상의 교점 도구를 이용해서 두 대각선의 교점을 작도합니다.

② 두 대각선을 클릭한 후 우클릭해서 대상보이기를 선택해서 대각선을 숨깁니다.

③ 두 점 사이의 선분 도구를 이용해서 평행사변형의 각 꼭짓점과 교점을 잇는 선분 네 개를 작도합니다.

④ 거리 또는 길이 도구를 이용해서 네 선분의 길이를 측정합니다.

⑤ 이동 도구를 이용해서 평행사변형의 각 꼭짓점 또는 변을 드래그하면서 선분의 길이를 관찰해 봅시다.

3. 평행사변형의 두 대각선이 서로를 어떻게 자르는지 탐구해 보고 알게 된 점을 써 보세요.

탐구하기 3

사다리꼴과 평행사변형의 관계를 알아봅시다.

• **지오지브라 활동**

① 부록 CD에서 '1-3(2)-ggb02.ggb'파일을 불러옵니다.

② ①에서 불러온 사다리꼴을 평행사변형으로 만들어 봅시다.

평행사변형은 마주보는 두 쌍의 변이 평행인 사각형입니다. 또한 다음의 성질을 만족하면 평행사변형이라고 할 수 있습니다.

√ 마주보는 각의 크기가 같다.

√ 마주보는 변의 길이가 같다.

③ 각 도구를 이용하여 네 각을 측정한 후, 이동 도구를 이용해서 꼭짓점을 드래그하여 마주보는 각의 크기를 같게 만듭니다.

④ 마주보는 변의 길이가 같도록 만들기 위해 이웃한 두 변의 길이를 거리 또는 길이 도구를 이용해 측정하고 꼭짓점을 드래그해서 같도록 만듭니다.

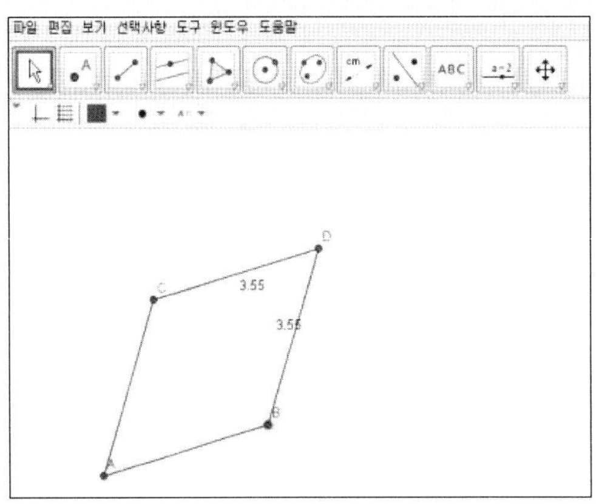

1. 사다리꼴로 평행사변형을 만들 수 있을까요?

2. 평행사변형은 사다리꼴이라고 할 수 있나요? 있다면 그 이유는 무엇인가요?

소주제 3

마름모 탐구

오른쪽 무늬를 보면 어떤 평면도형이 떠오르나요? 똑같은 도형이 평면을 가득 덮고 있다는 것을 알 수 있습니다. 이 도형을 자세히 보면 다이아몬드 모양의 사각형 모양입니다. 이처럼 네 변의 길이가 같은 사각형을 마름모라고 부릅니다. 마름모는 그 무늬가 아름다워 옷이나 카펫 등의 무늬로 많이 사용됩니다.

작도하기

지오지브라를 이용하여 마름모를 작도해 봅시다.

• **지오지브라 활동**

① 두 점 사이의 선분 도구를 이용하여 한 선분을 작도합니다.

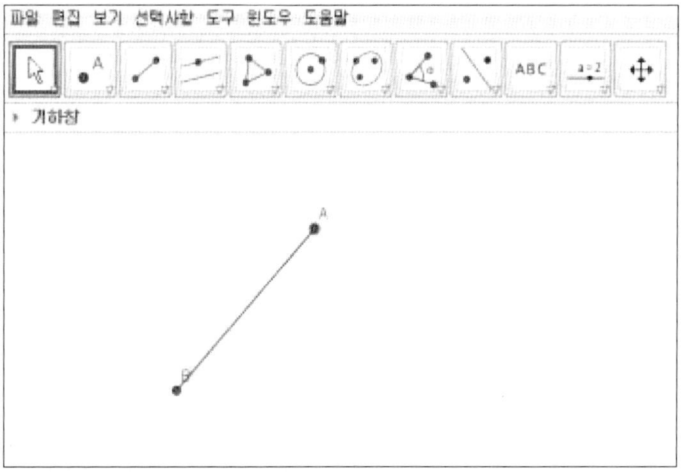

② 중심이 있고 한 점을 지나는 원 도구를 이용하여 점 B를 중심으로 하고 점 A를 지나는 원을 작도합니다.

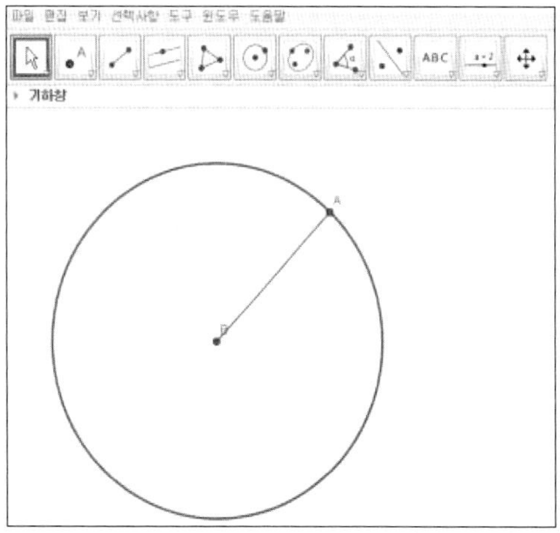

③ ②에서 작도한 원 위에 새로운 점 도구를 이용해 점을 찍습니다.

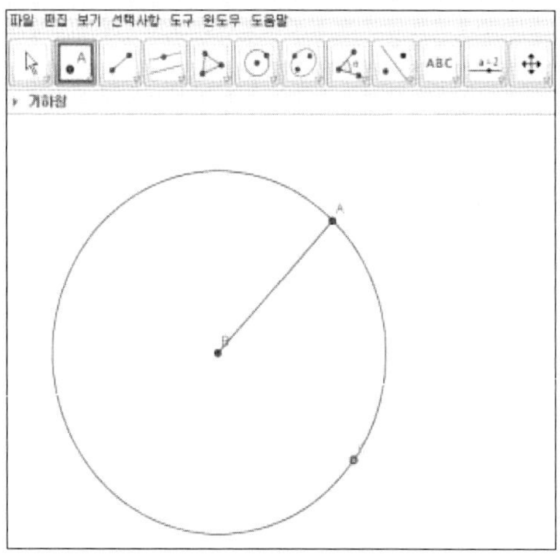

④ 두 점 사이의 선분 도구를 이용하여 점 B와 점 C를 연결합니다.

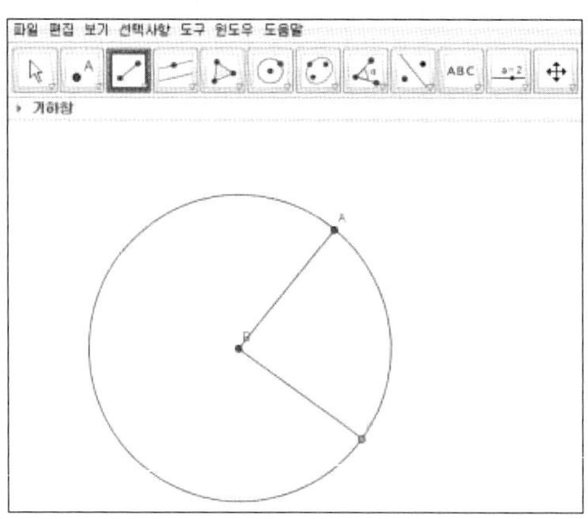

⑤ 중심이 있고 한 점을 지나는 원 도구를 이용하여 점 A를 중심으로 하고 점 B를 지나는 원을 작도합니다.

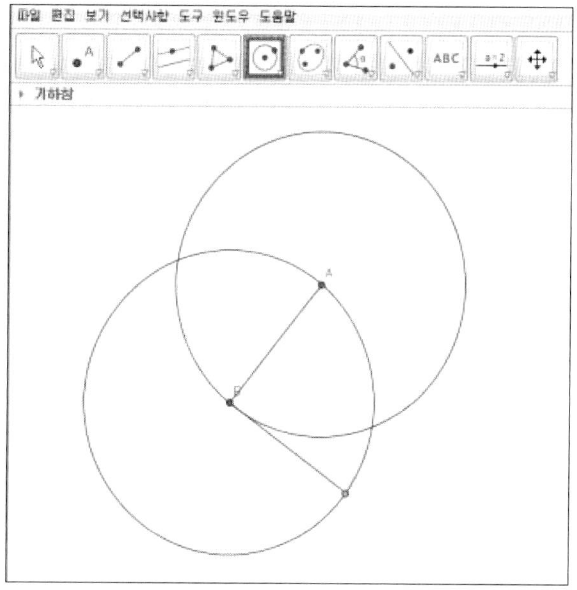

⑥ 중심이 있고 한 점을 지나는 원 도구를 이용하여 점 C를 중심으로 하고 점 B를 지나는 원을 작도합니다.

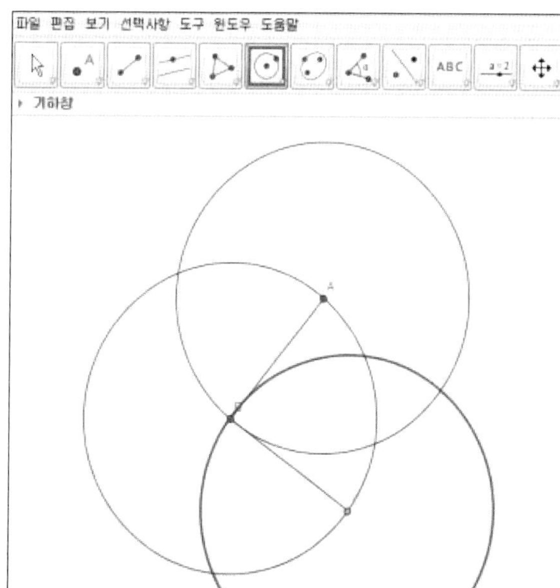

⑦ 두 대상의 교점 도구를 이용하여 ⑤와 ⑥에서 작도한 원이 만나는 곳에 점을 찍은 후, 각 원을 우클릭 한 후 대상보이기를 클릭해서 각 원을 숨깁니다.

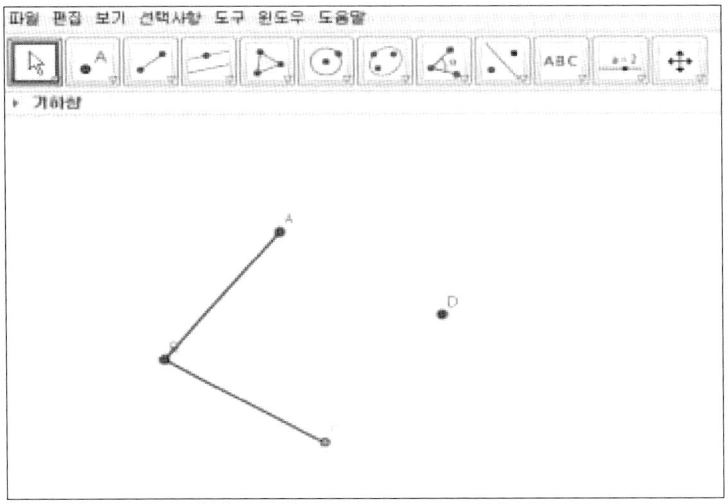

⑧ 남은 점들을 연결하여 마름모를 완성합니다.

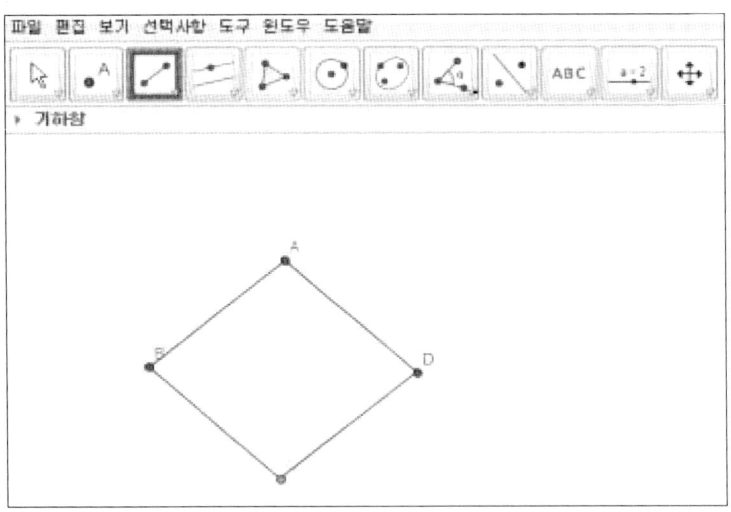

탐구하기 1

마름모의 꼭짓점을 움직여 보면서 어떤 특징이 있는지 탐구해 봅시다.

- **지오지브라 활동 1**

① 작도하기에서 그린 마름모를 사용하거나 부록 CD의 '3-(3)-ggb01.ggb'를 불러옵니다.

② 74~76쪽을 참고하여 마주보는 변들이 평행한지 조사해 봅시다.

③ 이동 도구를 이용해서 꼭짓점을 드래그하면서 ②에서 발견한 성질이 그대로인지 조사해 봅시다.

1. 마름모에는 평행한 변이 있나요? 만약 있다면 몇 쌍이나 있는지 조사해 봅시다.

- **지오지브라 활동 2**

① 작도하기에서 그린 마름모를 사용하거나 부록 CD의 '1-3(3)-ggb01.ggb'를 불러옵니다.

② 각 도구를 이용해서 마름모의 네 각을 측정한 후 같은 크기를 갖는 각이 있는지 조사해 봅시다.

③ 꼭짓점을 드래그하면서 ②에서 발견한 성질이 그대로인지 조사해 봅시다.

2. 마름모도 사각형이므로 네 각이 있습니다. 마름모의 네 각에 대해 조사해 봅시다.

3. 마름모의 네 각 중 한 각이 직각이 될 수 있는지 조사해 봅시다. 이를 알아보기 위해, 이동 도구 를 이용해서 마름모의 한 점을 드래그하면서 마름모의 한 각도가 직각이 되게 만들어 봅니다. 이때, 다른 각들의 각도는 몇 도인가요? 이 도형처럼, 네 변의 길이가 같으면서 네 각이 모두 직각인 도형을 정사각형이라고 합니다.

탐구하기 2

마름모에 대각선을 작도한 후 대각선의 특징을 살펴봅시다.

• **지오지브라 활동 1**

① 작도하기에서 그린 마름모를 사용하거나 부록 CD의 '1-3(3)-ggb01.ggb'를 불러옵니다.

② 두 점 사이의 선분 도구를 이용하여 대각선을 작도합니다.

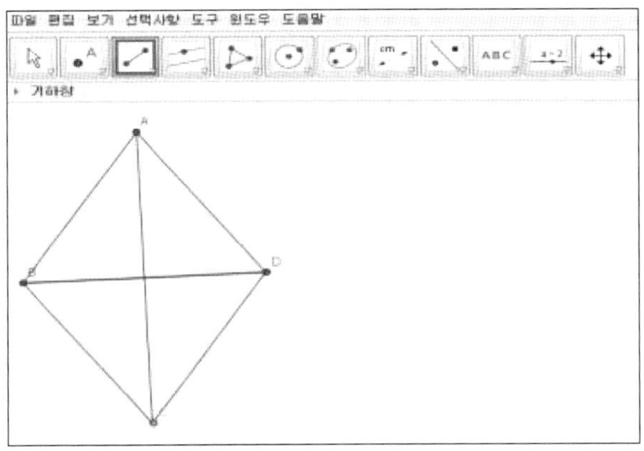

1. 마름모는 대각선이 몇 개 있습니까?

• **지오지브라 활동 2**

① 거리 또는 길이 도구를 이용하여 마름모의 두 대각선의 길이를 측정합니다.

② 이동 도구를 이용해서 마름모의 꼭짓점을 움직이며 두 대각선의 길이가 어떻게 바뀌는지 관찰해 봅시다.

③ 각 대각선은 다른 대각선에 의해 두 선분으로 나누어집니다. 이 나누어진 두 선분의 길이도 측정해 봅시다.

2. 마름모의 두 대각선의 길이에 대해 알아 봅시다.

1) 두 대각선의 길이:

2) 다른 대각선에 의해 잘린 선분의 길이:

• **지오지브라 활동 3**

① 작도하기에서 그린 마름모를 사용하거나 부록 CD의 '1-3(3)-ggb01.ggb'를 불러옵니다.

② 두 점 사이의 선분 도구를 이용하여 마름모에 두 대각선을 작도합니다.

③ 각 도구를 이용해서 두 대각선이 만나는 교점 주위의 각들은 몇 도인지 측정해 봅시다.

④ 이동 도구를 이용해서 한 점을 드래그하면서 ③에서 관찰한 내용이 여전이 같은지 살펴 봅시다.

3. 마름모의 대각선이 만드는 각은 어떤 특징이 있습니까?

탐구하기 3

평행사변형과 마름모의 관계를 알아봅시다.

1. 평행사변형으로 마름모를 만들 수 있나요? 이를 알아보기 위해 먼저, 이 두 도형의 공통점과 차이점을 정리해 봅시다. 여러분이 지금까지 배운 것을 참고해서, 아래 표를 완성하시오.

	평행사변형	마름모
공통점		
차이점		

2. 평행사변형을 마름모로 바꾸려면, 위에서 여러분이 찾은 공통점은 그대로 유지하고 차이점을 공통점이 되도록 바꾸어 주어야 합니다.

• **지오지브라 활동**

① 부록 CD의 '1-3(3)-ggb02.ggb'를 불러옵니다.

② 거리 또는 길이 도구를 이용해서 평행사변형의 각 변의 길이를 측정합니다.

③ 이동 도구를 이용해서 ②에서 작도한 평행사변형의 꼭짓점을 드래그하여 평행사변형의 네 변의 길이가 모두 같도록 만듭니다.

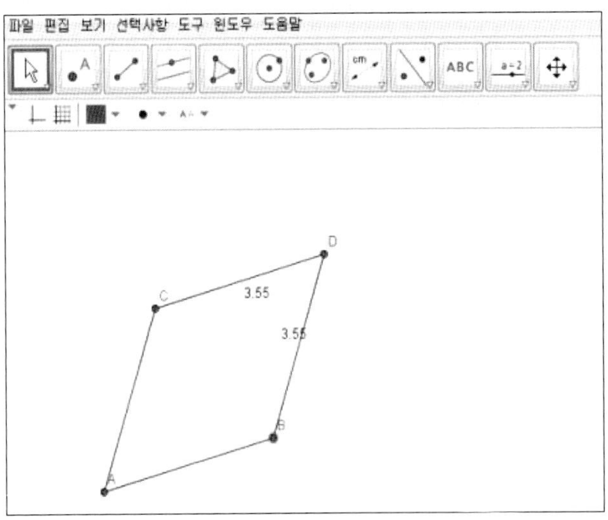

위 활동은 여러 차이점 중에서 평행사변형은 마주보는 두 쌍의 길이가 같고, 마름모는 네 변의 길이가 같다는 차이점을 이용합니다. 다른 차이점도 이용할 수 있습니다. 이것은 여러분 스스로 해 보기 바랍니다.

3. 마름모와 평행사변형의 관계를 살펴봅시다.

1) 마름모는 평행사변형이라고 할 수 있나요?

____

____

※ 평행사변형의 정의, 마름모의 정의, 그리고 여러분이 위에서 찾은 두 도형의 공통점과 차이점을 생각해 보세요.

2) 탐구하기 3의 '1'과 '2'로부터 마름모이면 평행사변형이지만, 평행사변형은 마름모라고 할 수 없음을 알 수 있습니다. 평행사변형이 마름모가 되기 위해서는 평행사변형의 네 변의 길이가 모두 같아야 합니다. 이유는 바로 모든 평행사변형의 네 변의 길이가 같지 않기 때문입니다.

탐구하기 4

사다리꼴과 마름모의 관계를 알아봅시다.

1. 우리는 사다리꼴과 마름모를 탐구했습니다. 이 두 도형의 공통점과 차이점을 아래 표에 적어 보세요.

	사다리꼴	마름모
공통점		
차이점		

2. 사다리꼴과 마름모의 관계를 살펴봅시다.

1) 평행사변형을 탐구하면서 우리는 평행사변형이 사다리꼴이라는 사실을 알 수 있었습니다. 그렇다면 사다리꼴을 마름모라고 할 수 있나요?

2) 반대로, 마름모를 사다리꼴이라고 할 수 있나요? 사다리꼴의 정의와 마름모의 정의를 생각해 보고 자신의 생각을 써 봅시다.

소주제 4

직사각형 탐구

오른쪽 그림은 유명한 추상주의 화가인 칸딘스키의 〈노랑, 빨강, 검정의 구성〉이라는 작품입니다. 이 작품 속에는 어떤 평면도형이 보이나요?

바로 직사각형입니다. 자세히 살펴보면 여러 개의 직사각형이 숨어 있습니다. 이번 시간에는 직접 직사각형을 작도해 보고, 직사각형의 성질을 탐구해 봅시다.

알아두기

- 직사각형 : 네 각이 모두 직각인 사각형을 직사각형이라고 합니다.

작도하기

지오지브라를 이용하여 직사각형을 작도해 봅시다.

- **지오지브라 활동**

① 두 점 사이의 선분 도구를 이용하여 밑변을 작도합니다.

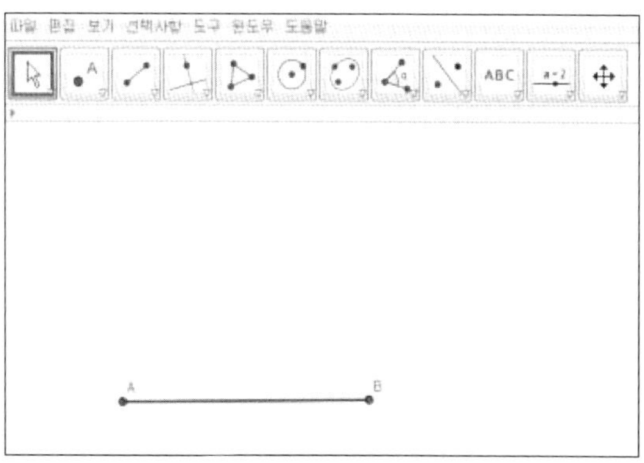

② 수직선 도구를 이용하여 ①에서 작도한 선분의 양 끝점에 수선을 작도합니다.

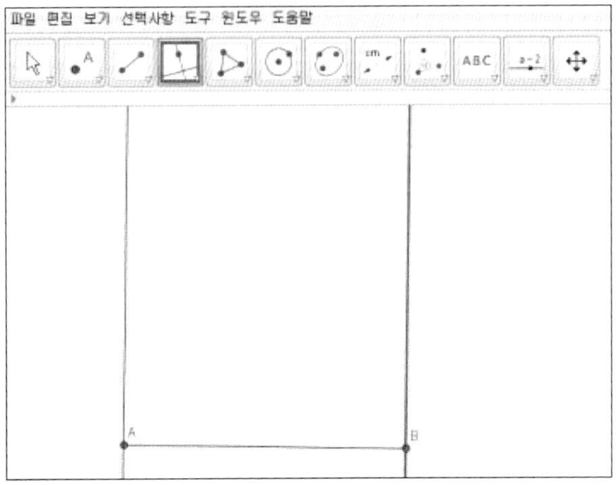

③ ②에서 작도한 두 수선 중 한 수선에 점 하나를 찍습니다.

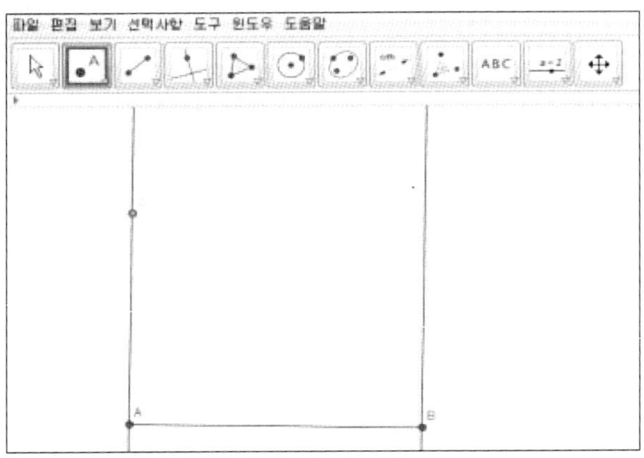

④ 점 C를 지나는 수선을 작도하고 오른쪽 수선과 만나는 교점에 점을 찍습니다.

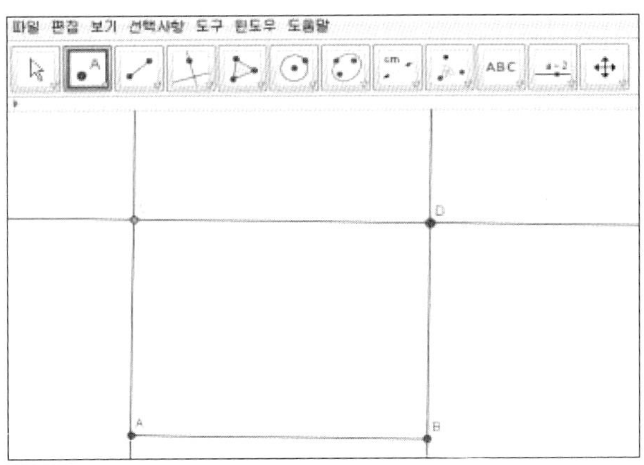

⑤ 수선에서 우클릭하여 대상보이기를 선택하여 수선들을 숨깁니다.

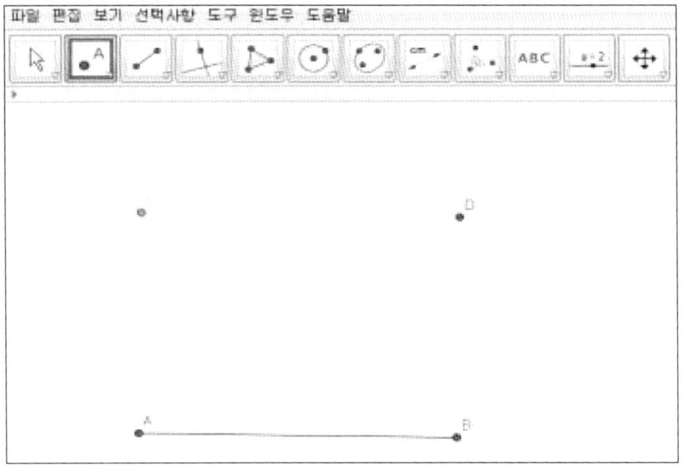

⑥ 두 점 사이의 선분 도구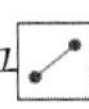를 이용하여 점들을 연결합니다.

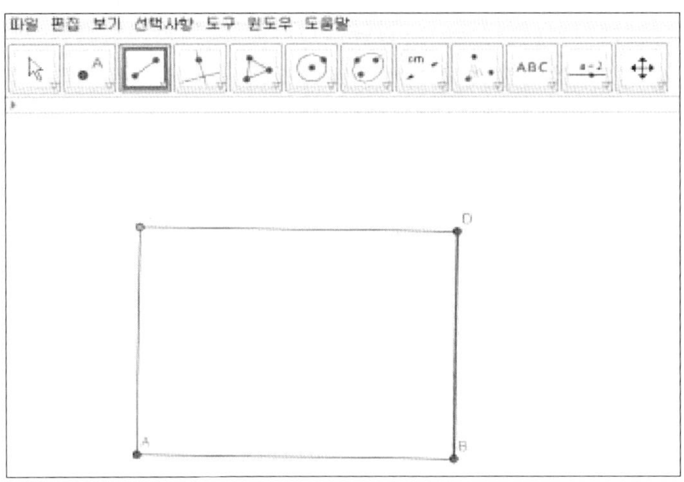

탐구하기 1

작도하기에서 작도한 직사각형이 갖는 성질을 탐구해 봅시다.

• **지오지브라 활동 1**

① 작도하기에서 그린 직사각형을 사용하거나 부록 CD의 '1-3(4)-ggb01.ggb'를 불러옵니다.

② 74~76쪽을 참고하여 변이 평행한지 조사해 봅시다.

1. 직사각형에는 평행한 변이 있나요? 만약 있다면 몇 쌍이나 있는지 조사해 보고 다음 표를 완성해 보세요.

도형	사다리꼴	평행사변형	마름모	직사각형
평행선의 수				

- **지오지브라 활동 2**

① 작도하기에서 그린 직사각형을 사용하거나 부록 CD의 '1-3(4)-ggb01.ggb'를 불러옵니다.

② 각 도구를 이용하여 직사각형의 네 각을 측정한 후 같은 크기를 갖는 각이 있는지 조사해 봅시다.

③ 이동 도구를 이용해서 꼭짓점을 드래그하면서 ②에서 발견한 성질이 그대로인지 조사해 봅시다.

2. 직사각형에 있는 네 개의 각에 대해 알게 된 점은 무엇입니까?

- **지오지브라 활동 3**

① 작도하기에서 그린 평행사변형을 사용하거나 부록 CD의 '1-3(4)-ggb01.ggb'를 불러옵니다.

② 거리 또는 길이 도구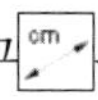를 이용해서 같은 길이의 변이 있는지 조사해 봅시다.

③ 이동 도구를 이용해서 꼭짓점을 드래그하면서 ②에서 발견한 성질이 그대로인지 조사해 봅시다.

3. 직사각형에는 같은 길이를 가진 변이 있나요? 있다면 몇 쌍이나 있나요?

탐구하기 2

직사각형에 대각선을 작도한 후 대각선의 성질을 탐구해 봅시다.

• **지오지브라 활동 1**

① 작도하기에서 그린 직사각형을 사용하거나 부록 CD의 '1-3(4)-ggb01.ggb'를 불러옵니다.

② 두 점 사이의 선분 도구를 이용하여 대각선을 작도합니다.

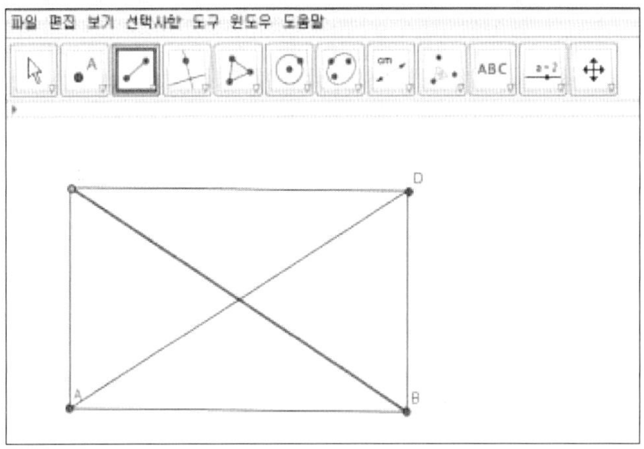

② 거리 또는 길이 도구를 이용하여 대각선의 길이를 잰 후 이 길이가 같은지 다른지 알아봅니다. 그런 후 이동 도구를 이용해서 직사각형의 꼭짓점을 움직이며 두 대각선의 길이가 여전히 같은지 관찰합니다.

1\. 직사각형에 있는 두 대각선의 길이에 대해 탐구해 보고 알게 된 점은 무엇입니까?

____

____

• **지오지브라 활동 2**

① 두 대상의 교점 도구를 이용하여 대각선의 교점을 찍습니다.

② 길이 및 거리 도구 이용하여 이등분된 대각선의 길이를 구합니다.

2. 직사각형의 두 대각선이 서로를 이등분합니까?

- **지오지브라 활동 3**

① 각 도구를 이용하여 두 대각선이 만나는 교점을 중심으로 생기는 4개의 각의 각도를 측정합니다.

② 같은 각도가 있는지 관찰합니다. 이동 도구를 이용해서 직사각형의 꼭짓점을 드래그하면서 여전히 같은 각도를 갖고 있는지 살펴봅시다.

3. 대각선이 만드는 각은 어떤 특징이 있는지 살펴보고 그 결과를 써 봅시다.

직접 해보기

직사각형에 대각선을 그으면 네 꼭짓점에 8개의 각이 생깁니다. 이 각들 중 같은 각이 있는지 살펴보고, 평행선 사이의 직선이 만드는 각의 특징을 써 봅시다.

- **지오지브라 활동**

① 각 도구를 이용하여 직사각형의 네 꼭짓점에 생기는 8개의 각의 각도를 측정합니다. 같은 각도가 있는지 관찰합니다.

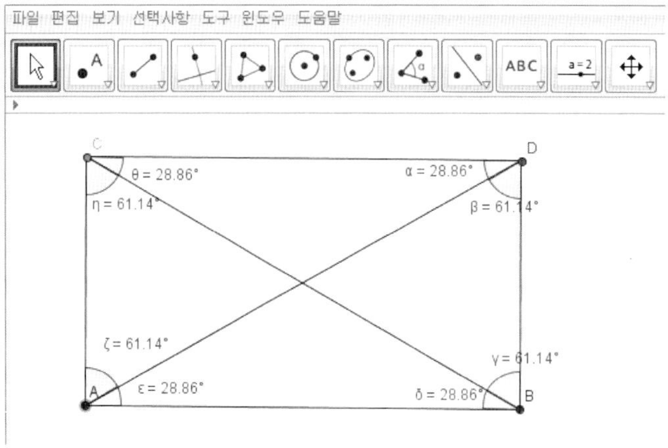

② 이동 도구를 이용해서 직사각형의 꼭짓점을 드래그하면서 ①에서 관찰한 결과가 그대로 유지되는지 살펴 봅시다.

1. ②에서 관찰하면서 알게 된 것은 무엇입니까?

____

____

탐구하기 3

평행사변형과 직사각형의 관계를 알아봅시다.

1. 평행사변형으로 직사각형을 만들어 봅시다.

- **지오지브라 활동**

  ① 부록 CD의 '1-3(4)-ggb02.ggb'를 불러옵니다.

  ② 각 도구를 이용해서 ①에서 불러온 평행사변형의 네 각의 각도를 측정하고, 이동 도구를 이용해서 평행사변형의 꼭짓점을 드래그해서 각 각도가 90도가 되게 합니다.

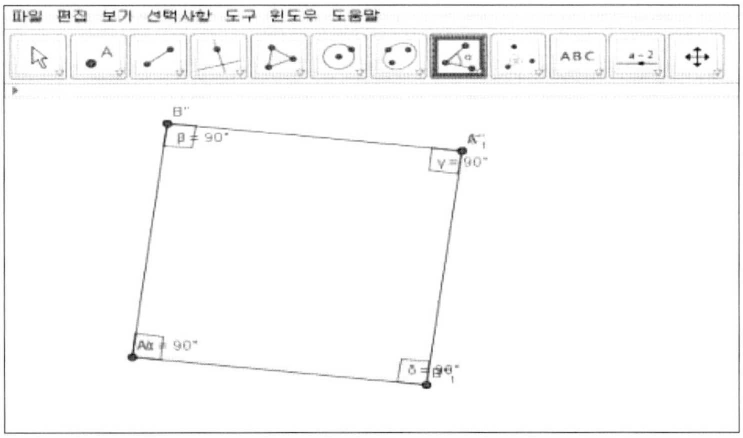

2. 위 활동을 통해 평행사변형을 직사각형으로 만들어 볼 수 있었습니다. 그렇다면 직사각형은 평행사변형이라고 할 수 있나요?

____

____

※ 반대로 평행사변형을 직사각형이고 부를 수는 없습니다. 왜냐하면 모든 평행사변형의 네 각이 90도이지는 않기 때문입니다.

3. 지금까지 배운 것을 생각해서 다음 표를 완성하고 아래 문장들이 맞으면 O, 틀리면 X로 답해 보세요.

	사다리꼴	평행사변형	마름모	직사각형
평행한 변의 쌍				
직각의 수				

▲ 직사각형은 사다리꼴입니다. (　　　)
▲ 직사각형은 평행사변형입니다.(　　　)
▲ 직사각형은 마름모입니다. (　　　)
▲ 사다리꼴은 직사각형입니다. (　　　)
▲ 평행사변형은 직사각형입니다.(　　　)
▲ 마름모는 직사각형입니다. (　　　)

소주제 5

정사각형 탐구

오른쪽 그림은 아름다운 장미를 표현한 것입니다. 하지만 이 그림 속에도 수학이 포함되어 있습니다. 바로 정사각형을 반복해서 그린 후 정사각형 사이의 틈을 빨간색으로 채웠습니다. 신기하게도 직각삼각형(삼각형의 세 각 중 한 각이 직각인 삼각형)이 반복적으로 나타나면서 아름다운 꽃문양이 되었습니다.

이번 시간에는 정사각형의 정의와 성질을 이용하여 정사각형을 탐구해 보도록 하겠습니다.

알아두기

- 정사각형 : 네 각이 모두 직각이고, 네 변의 길이가 모두 같은 사각형을 정사각형이라고 합니다.

작도하기

지오지브라를 이용하여 정사각형을 작도해 봅시다.

- **지오지브라 활동**

① 두 점 사이의 선분 도구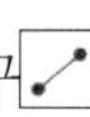를 이용하여 밑변을 작도합니다.

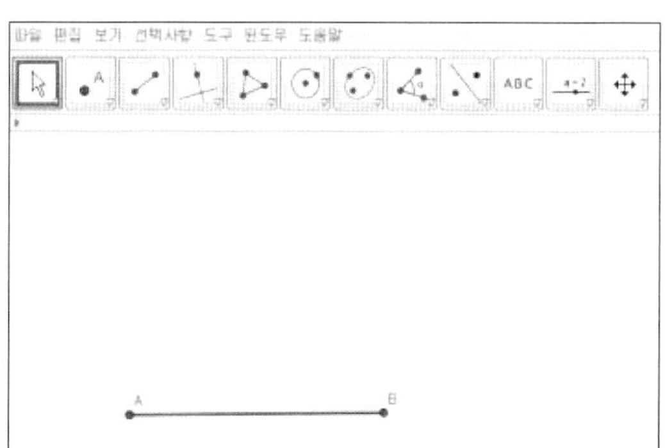

② 점 주위로 대상을 회전 도구를 이용하여 점 A를 중심으로 반시계방향으로 90도 회전시킵니다.

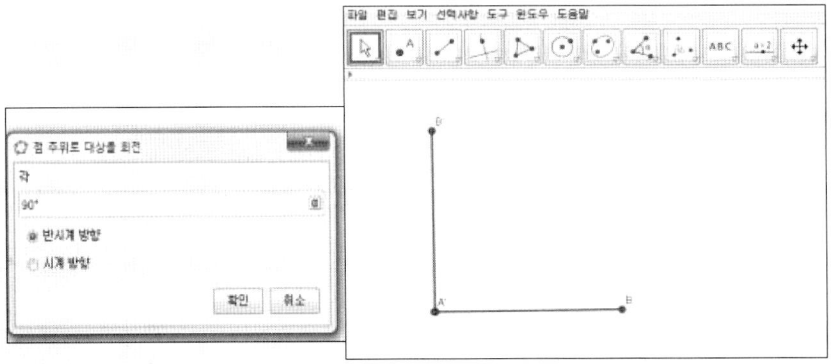

③ ②에서 새로 작도한 선분 AB'의 끝점 B'를 중심으로 다시 반시계방향으로 90도 회전시킵니다.

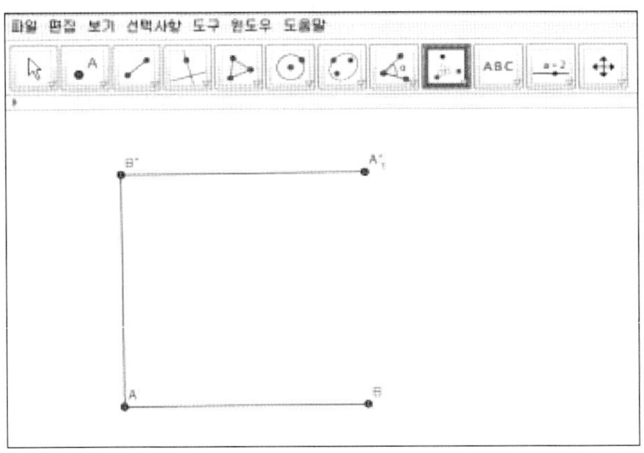

④ ③에서 만들어진 선분을 점 A_1'를 중심으로 다시 반시계방향으로 90도 회전시킵니다.

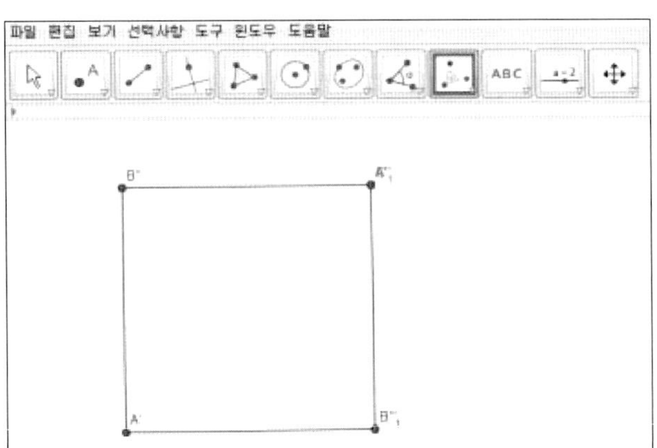

⑤ 길이 및 거리 도구 를 이용해서 정사각형의 각 변의 길이를 측정합니다. 작도한 네 변의 길이가 같은지 관찰합니다.

⑥ 이동 도구 를 이용해서 정사각형의 꼭짓점을 드래그하면서, 정사각형의 변의 길이가 어떻게 변하는지 관찰합니다.

이처럼, 네 변의 길이가 모두 같으면서 네 각이 모두 90도인 사각형을 정사각형이라고 합니다.

탐구하기 1

작도한 정사각형의 꼭짓점을 움직여 보면서 어떤 특징이 있는지 탐구해 봅시다.

- **지오지브라 활동 1**

① 작도하기에서 그린 정사각형을 사용하거나 부록 CD의 '1-3(5)-ggb01.ggb'를 불러옵니다.

② 74~76쪽을 참고하여 변이 평행한지 조사해 봅시다.

1. 정사각형에는 평행한 변이 몇 쌍 있습니까?

- **지오지브라 활동 2**

① 작도하기에서 그린 정사각형을 사용하거나 부록 CD의 '1-3(5)-ggb01.ggb'를 불러옵니다.

② 각 도구를 이용해서 같은 크기를 갖는 각이 있는지 조사해 봅시다.

③ 이동 도구를 이용해서 꼭짓점을 드래그하면서 ②에서 발견한 성질이 그대로인지 조사해 봅시다.

2. 정사각형도 사각형이므로 각이 네 개 있습니다. 정사각형의 네 각에 대해서 알게 된 점은 무엇입니까?

탐구하기 2

정사각형에 대각선을 작도한 후 대각선의 특징을 살펴봅시다.

• 지오지브라 활동

① 정다각형 도구를 선택하고, 점을 두 개 찍으면 대화창이 나타납니다. 대화창에 4를 입력하고 확인 버튼을 클릭해서 정사각형을 작도합니다.(부록 CD '1-3(5)-ggb01.ggb' 참고)

② 두 점 사이의 선분 도구를 이용하여 대각선을 작도합니다.

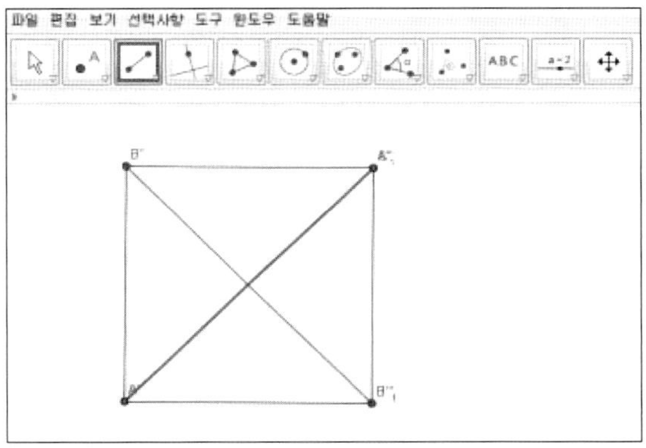

③ 거리 또는 길이 도구를 이용하여 두 대각선의 길이를 잰 후, 이동도구를 이용해서 정사각형의 꼭짓점을 움직이며 대각선의 길이의 변화를 관찰합니다.

1. 정사각형에는 몇 개의 대각선이 있나요? 그리고 대각선의 길이는 같을까요?

____

____

직접 해보기

• 지오지브라 활동 1

① 두 대상의 교점 도구를 이용하여 대각선의 교점을 찍습니다.

② 길이 및 거리 도구 이용하여 이등분된 대각선의 길이를 구합니다.

③ 이동 도구를 이용하여 정사각형의 꼭짓점을 드래그하면서 이등분된 대각선의 길이를 관찰합니다.

1. 정사각형의 두 대각선이 서로를 이등분하는지 관찰한 결과를 써 봅시다.

- **지오지브라 활동 2**

① 각 도구를 이용하여 두 대각선이 만나는 교점을 중심으로 생기는 네 각의 각도를 측정합니다.

② 같은 각도가 있는지 관찰합니다. 이동 도구를 이용해서 직사각형의 꼭짓점을 드래그하면서 여전히 같은 각도를 갖고 있는지 살펴봅시다.

2. 두 대각선이 만나서 만드는 각은 어떤 특징이 있는지 알아본 결과를 써 봅시다.

탐구하기 3

마름모와 정사각형의 관계를 알아봅시다.

- **지오지브라 활동**

① 부록 CD의 '1-3(5)-ggb02.ggb'를 불러옵니다.

② 각 도구를 이용해서 마름모의 네 각의 각도를 측정하고, 이동 도구를 이용해서 마름모의 꼭짓점을 드래그해서 각 각도가 90도가 되게 합니다.

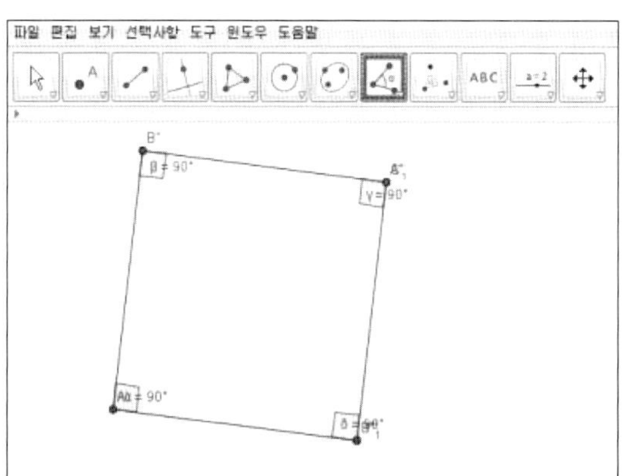

※ 마름모는 네 변의 길이가 같고, 정사각형은 네 각의 크기가 90도라는 차이점을 이용합니다.

1. 마름모로 정사각형을 만들 수 있나요?

---

2. 위 활동을 통해 마름모를 정사각형으로 만들어 볼 수 있었습니다. 그렇다면 모든 정사각형은 마름모라고 할 수 있나요?

---

3. 반대로 모든 마름모를 정사각형이고 부를 수는 없습니다. 왜냐하면 모든 마름모의 네 각이 90도가 아니기 때문입니다.

탐구하기 4

직사각형과 정사각형의 관계를 알아봅시다.

- **지오지브라 활동**

  ① 부록 CD의 '1-3(5)-ggb03.ggb'를 불러옵니다.

  ② 거리 또는 길이 도구를 이용해서 직사각형의 네 변의 길이를 측정합니다.

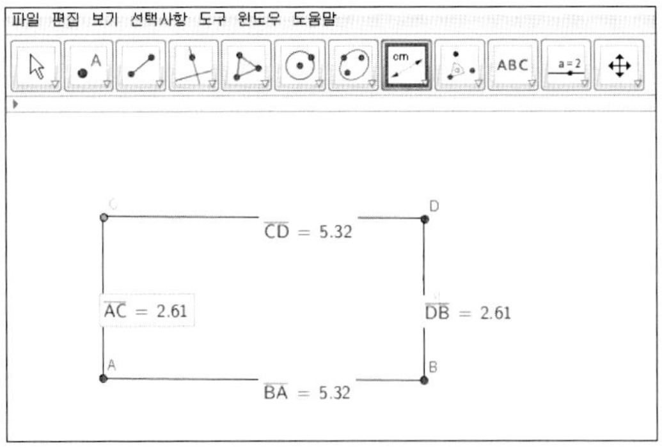

③ 이동 도구 를 이용해서 ②에서 작도한 직사각형의 꼭짓점을 드래그해서 네 변의 길이가 같도록 합니다.

※ 직사각형은 네 각의 크기가 90도이고, 정사각형은 그에 더해 네 변의 길이도 같다는 성질을 이용합니다.

1. 직사각형으로 정사각형을 만들 수 있나요?

2. 위 활동을 통해 모든 정사각형은 직사각형이라고 할 수 있나요?

※ 반대로 모든 직사각형을 정사각형이고 부를 수는 없습니다. 왜냐하면 모든 직사각형의 네 변의 길이가 항상 같지는 않기 때문입니다.

탐구하기 5

지금까지 배운 것을 생각해서 다음 표를 완성하고 아래 문장들이 맞으면 O, 틀리면 X로 답하시오.

	사다리꼴	평행사변형	마름모	직사각형	정사각형
평행한 변의 쌍					
직각의 수					

① 모든 정사각형은 평행사변형입니다. (   )

② 모든 사각형은 정사각형입니다. (   )

③ 모든 마름모는 정사각형입니다. (   )

④ 모든 사다리꼴은 정사각형입니다. (   )

⑤ 모든 정사각형은 마름모입니다. (   )

Quiz

1. 우리는 사다리꼴, 평행사변형, 마름모, 직사각형, 정사각형에 대해서 배웠습니다. 이들 사각형과 구분되는 '연'이라는 사각형도 있습니다. 연의 정의를 활용하여 지오지브라로 연을 작도해 봅시다.

- 연의 정의
  - 이웃한 변의 길이가 같은 두 쌍으로 이루어진 사각형

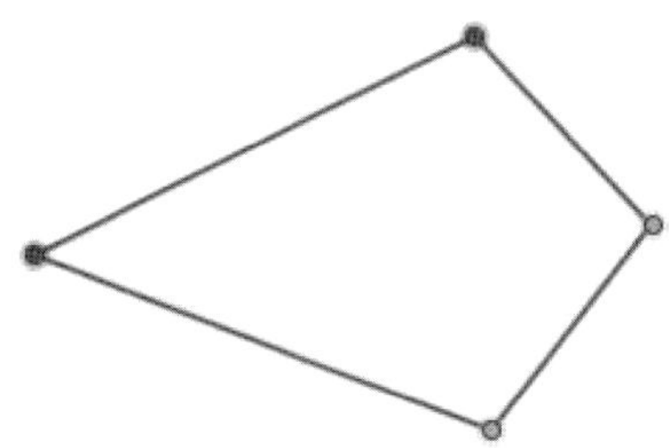

2. 한 변의 길이가 4인 서로 다른 마름모를 3개 작도해 봅시다.

3. 정사각형의 네 꼭짓점을 지나는 원을 작도해 봅시다.

4. 여러 가지 사각형을 이용하여 지오지브라로 나만의 그림을 그려 봅시다.

4

삼각형

프로그램 개요

- **적용대상** : 초등 4학년 수학
- **프로그램 목적** : 삼각형의 정의와 구성요소를 이해함으로써 주변 환경에서의 조형미를 감상할 수 있고, 공간감각을 기를 수 있습니다.
- **프로그램 시간** : 3차시

학습목표와 지도 내용

학습목표

- 여러 가지 삼각형의 정의와 성질을 알 수 있습니다.
- 다양한 방법으로 삼각형을 탐구하여 삼각형의 속성을 파악할 수 있습니다.
- 여러 가지 삼각형을 그려 봄으로써 삼각형들 사이의 관계와 속성을 보다 명확히 이해할 수 있습니다.

주제 1. 삼각형의 정의와 성질

- 삼각형의 정의 알아보기
- 삼각형 그려 보기
- 삼각형의 성질 알아보기

주제 2. 변의 길이에 따른 삼각형의 분류

- 이등변삼각형과 정삼각형의 정의 알아보기
- 이등변삼각형과 정삼각형을 그려보고, 성질 알아보기
- 이등변삼각형과 정삼각형의 관계 알아보기

주제 3. 각의 크기에 따른 삼각형의 분류

- 이등변삼각형, 정삼각형, 직각삼각형의 정의 알아보기
- 이등변삼각형, 정삼각형, 직각삼각형을 그려보고, 성질 알아보기

소주제 1

삼각형의 정의와 성질

우리 주변에는 많은 도형들이 숨어 있습니다. 오른쪽 그림에서는 어떤 도형을 살펴 볼 수 있나요? 그네의 기둥을 잘 살펴보면 삼각형 모양이라는 것을 알 수 있습니다. 삼각형은 위에서 눌러도 그 모양이 잘 흐트러지지 않습니다. 다시 말하면, 삼각형은 매우 안정된 도형입니다. 수수깡으로 사각형과 삼각형을 만들어 위에서 눌러보면 삼각형 모양이 사각형 모양보다 더 잘 버틴다는 것을 쉽게 알 수 있습니다. 이런 성질 때문에 삼각형은 우리 주변에서 특히 건축분야에서 많이 사용됩니다. 이번 시간에는 삼각형의 종류와 성질을 살펴보도록 합시다.

알아두기

- 삼각형 : 3개의 선분으로 둘러싸인 도형을 삼각형이라고 합니다.
- 삼각형의 변과 꼭짓점 : 삼각형을 이루는 선분을 변이라고 부르고, 변들이 만나서 생기는 점을 꼭짓점이라고 합니다.
- 삼각형의 대변 : 삼각형에서 각과 마주보고 있는 변을 대변이라고 부릅니다.
- 삼각형의 밑변과 높이 : 삼각형의 밑변과 높이는 그림과 같고, 삼각형의 모든 변은 밑변이 될 수 있습니다. 또 삼각형의 밑변과 만나는 선분의 길이를 높이라고 합니다.

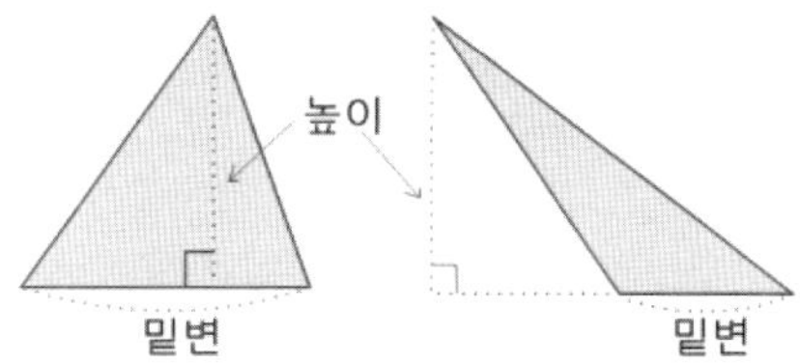

작도하기 1

지오지브라를 이용하여 삼각형을 작도하고 삼각형의 기본 요소를 확인해 봅시다.

- **지오지브라 활동 1. 삼각형 작도하는 방법 1**

① 두 점 사이의 선분 도구를 이용하여 밑변을 작도합니다.

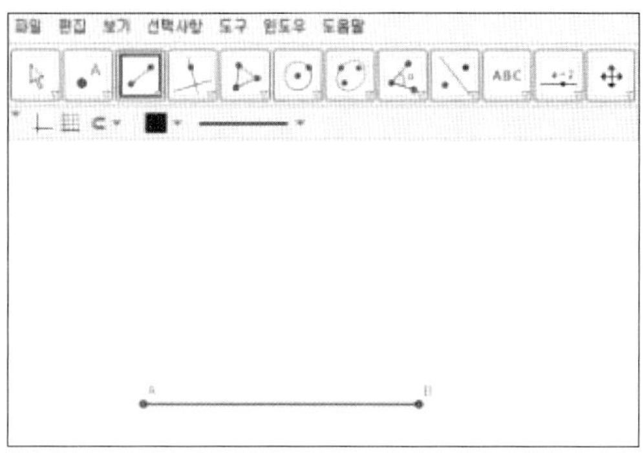

② 새로운 점 도구를 이용해서 ①에서 작도한 선분 밖에 한 점을 찍고, 두 점 사이의 선분 도구를 이용하여 ①에서 작도한 선분의 양 끝점과 ②에서 찍은 점을 연결하여 삼각형을 완성합니다.

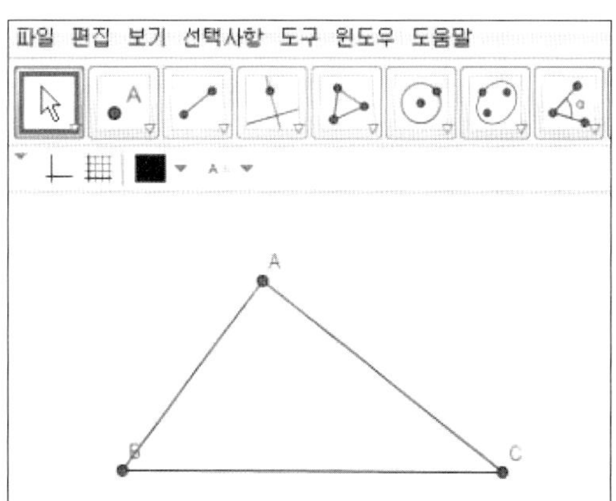

- **지오지브라 활동 1. 삼각형 작도하는 방법 2**

① 다각형 도구 를 이용하여 한 점을 찍은 후 적당히 이동하여 두 점을 더 찍습니다.

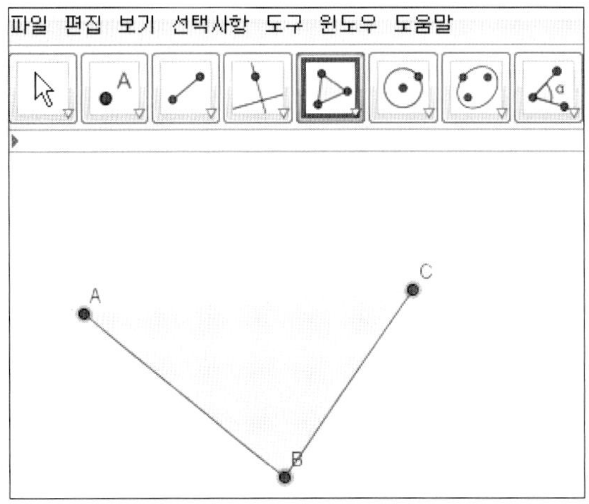

② 처음에 찍은 점을 다시 찍어 삼각형을 완성합니다.

탐구하기 1

작도한 삼각형을 관찰해 봅시다.

① 이동 도구 를 이용하여 점을 드래그하면서 변하지 않는 성질을 찾아봅시다.

변의 개수	꼭짓점의 개수	각의 개수	대변의 개수

탐구하기 2

삼각형의 변의 길이를 탐구해 봅시다.

- **지오지브라 활동**

① 다각형 도구 를 이용하여 삼각형 하나를 작도합니다.

② 거리 또는 길이 도구 를 선택한 후 각 변을 클릭하여 ①에서 작도한 삼각형의 세 변의 길이를 측정합니다.

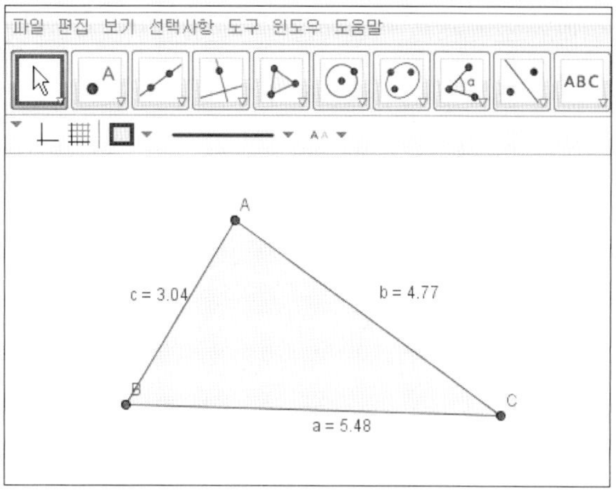

※ 위 그림처럼 변의 이름이 보이지 않는다면 변을 우클릭한 후 '설정사항'에 들어가서 '이름 보이기-이름과 값'을 선택하면 됩니다.

③ 메뉴창 중 '보기-CAS'를 선택하여 CAS창을 엽니다.

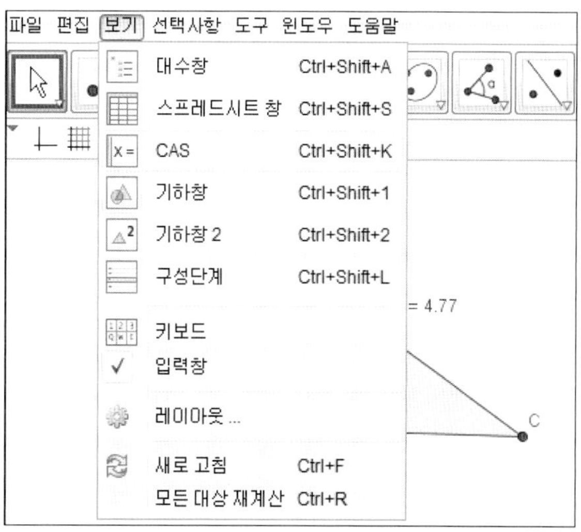

④ CAS창의 1번 입력칸에 b+c를 입력하고 수치 연산 ≈ 을 클릭하여 두 변의 길이의 합을 구합니다.

⑤ CAS창의 2번 입력칸에 a를 입력하고 수치 연산 ≈ 을 클릭하여 한 변의 길이의 합을 구합니다.

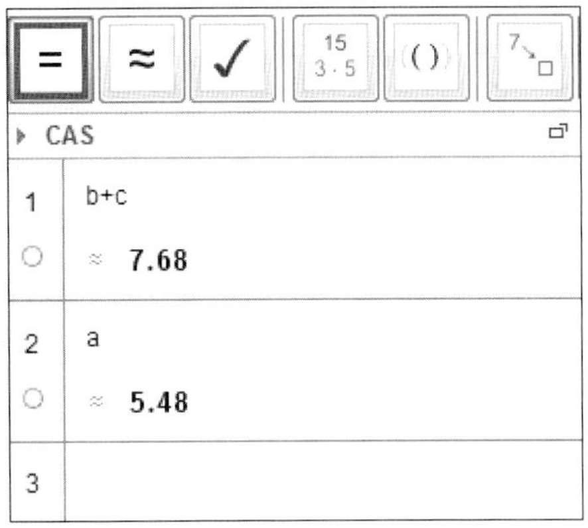

⑥ 이동 도구 를 이용하여 점을 드래그하면서 두 값을 비교합니다.

1. 두 변의 길이의 합과 다른 한 변의 길이를 비교했을 때, 어떤 특징을 발견할 수 있습니까?

2. 이번에는 CAS창을 이용하여 '1'에서 발견한 사실이 a+c와 b를 비교했을 때도 그대로인지 확인해 봅시다. 또 a+b와 c의 길이도 비교해 봅시다.

3. 삼각형에서 한 변의 길이가 다른 두 변의 길이보다 더 길어지면 두 변이 붙지 못해 삼각형을 만들 수 없습니다. 따라서 삼각형에서는 항상 두변의 길이가 다른 한 변의 길이보다 깁니다.

탐구하기 3

삼각형의 세 각과 각 각의 대변의 관계를 탐구해 봅시다.

- **지오지브라 활동**

① 다각형 도구를 이용하여 삼각형 하나를 작도합니다.

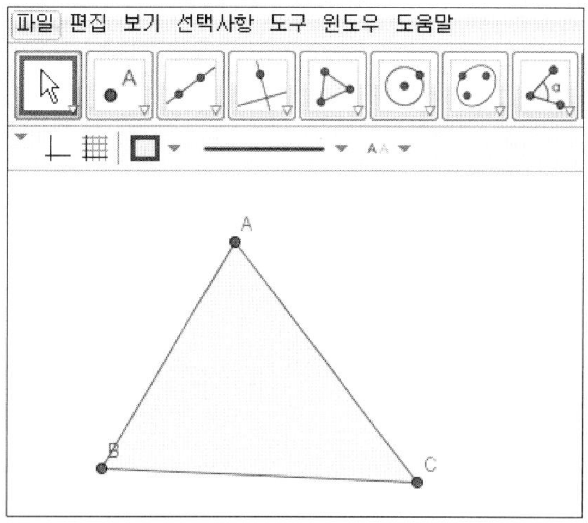

② 각 도구를 이용하여 삼각형의 세 각의 각도를 측정합니다.

③ 거리 또는 길이 도구를 선택하여 삼각형의 세 변의 길이를 측정합니다.

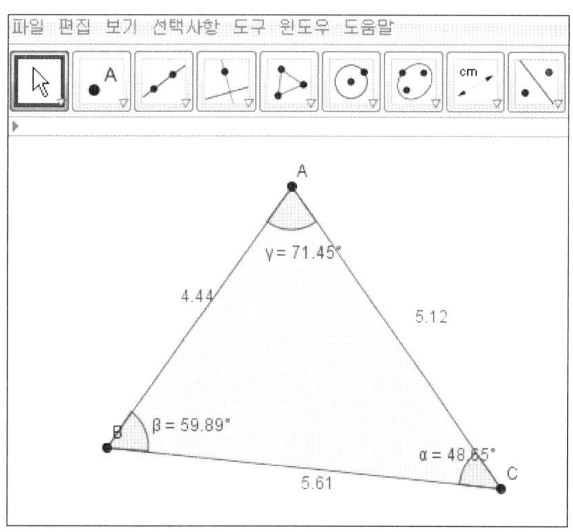

④ 이동 도구를 이용하여 삼각형의 한 꼭짓점을 드래그하면서 각과 그 대변의 길이를 관찰합니다.

1. 각의 크기에 따라 대변의 길이를 '가장 길다', '중간 크기이다', '가장 짧다'로 표시하시오.

각	가장 큰 각	중간 크기의 각	가장 작은 각
대변			

위에서 알 수 있듯이 삼각형의 세 각 중 가장 큰 각에 대응하는 대변의 길이가 가장 깁니다.

탐구하기 4

삼각형의 세 각의 크기의 합에 대해 탐구해 봅시다.

• **지오지브라 활동 1**

① 다각형 도구를 이용하여 삼각형 하나를 작도합니다.

② 각 도구를 이용하여 삼각형의 세 각의 크기를 모두 측정합니다.

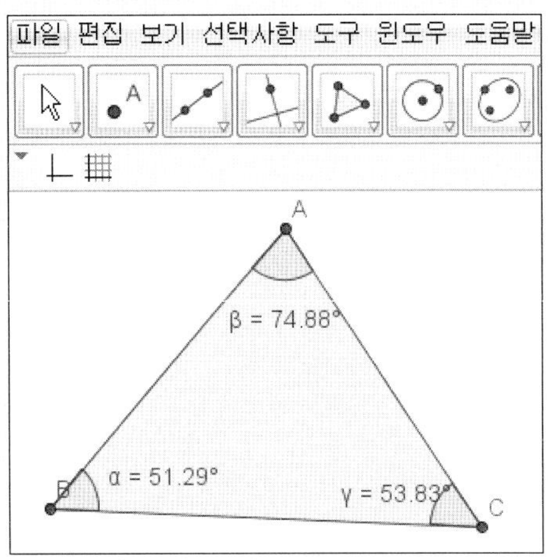

③ 메뉴창 중 '보기-CAS'를 선택하여 CAS창을 엽니다.

④ CAS창의 1번 입력칸에 $\alpha+\beta+\gamma$를 입력하고 수치 연산 도구 ≈ 을 클릭하여 세 각의 크기의 합을 구합니다.

※ 키보드에는 α, β, γ자판이 없기 때문에 CAS 대화창의 오른쪽에 있는 α 버튼을 클릭하여 입력합니다.

⑤ 이동 도구를 이용하여 삼각형의 꼭짓점을 드래그하면서 세 각의 크기의 합을 관찰합니다.

1. 삼각형의 모양이 변할 때, 삼각형의 세 각의 합은 어떤지 써 봅시다.

- **지오지브라 활동 2**

① 평행선 도구를 이용하여 위에서 작도한 삼각형의 밑변 BC에 평행하고 점 A를 지나는 평행선을 작도합니다.

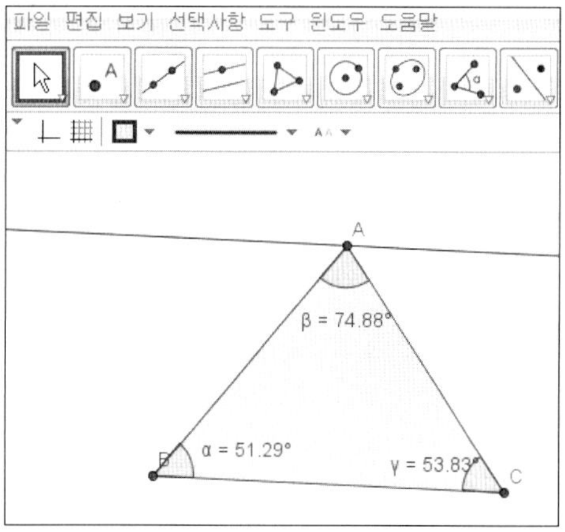

② 새로운 점 도구를 이용하여 점 A의 오른쪽과 왼쪽에 점을 1개씩 찍습니다.

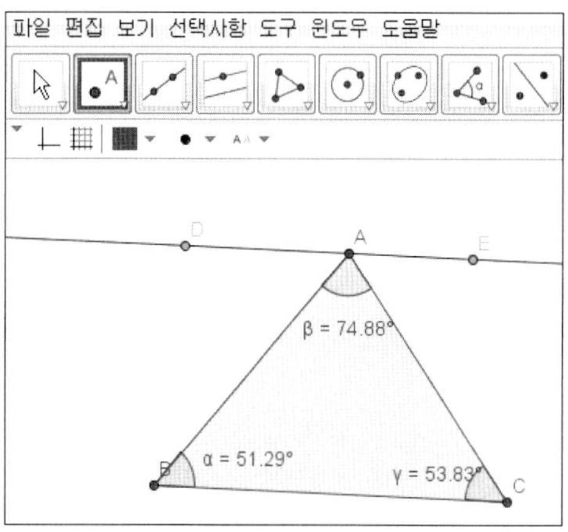

③ 각 도구를 이용하여 각 DAB, 각 CAE를 측정합니다.

④ 이동 도구를 이용해서 삼각형의 한 꼭짓점을 드래그하면서 앞의 지오지브라 활동 1의 ⑤에서 관찰한 것과 같은 결과를 얻을 수 있는지 각의 변화를 관찰합니다.

2. 각 DAB와 각 CAE는 각각 어떤 각과 같습니까?

각 DAB = 각 (   )

각 CAE = 각 (   )

3. 위의 두 활동으로부터 삼각형의 세 각의 합은 항상 180도임을 알 수 있습니다.

직접 해보기

다각형 도구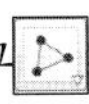를 이용하여 사각형과 오각형을 그린 후 두 점 사이의 선분 도구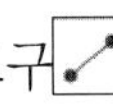를 이용하여 각각 삼각형 2개와 3개로 나누고 사각형과 오각형의 각의 합을 구해 봅시다.

소주제 2 변의 길이에 따른 삼각형의 분류

키가 같은 두 학생이 무거운 물건을 양쪽에 줄을 연결하여 옮기고 있습니다. 어떻게 들면 두 사람이 같은 힘을 쓰면서 이동할 수 있을까요? 물건과 두 사람의 손을 세 꼭짓점으로 하는 삼각형을 만들었을 때, 그 삼각형의 두 변이 같으면 이 문제는 해결할 수 있습니다. 즉, 줄의 길이를 똑같이 해야겠지요. 이렇게 두 변의 길이가 같은 삼각형을 이등변삼각형이라고 합니다. 삼각형은 어떻게 분류하느냐에 따라 다양한 이름을 가질 수 있습니다. 이번 시간에는 변의 길이에 따라 삼각형을 분류해 보고 그 성질을 알아보도록 하겠습니다.

탐구하기 1

삼각형을 변의 길이에 따라 분류해 봅시다.

- **지오지브라 활동**

  ① 부록 CD에 있는 '1-4(2)-1.ggb01.ggb'를 불러옵니다.

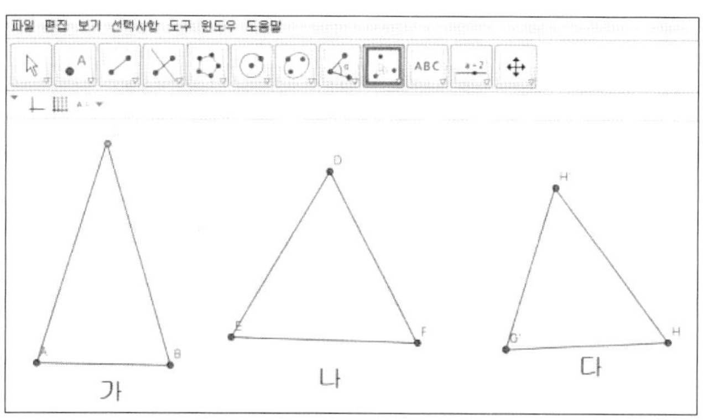

② 거리 또는 길이 도구를 선택한 후 세 삼각형의 각 변을 클릭하여 모든 변의 길이를 측정합니다.

③ 이동 도구를 이용해서 각 꼭짓점을 자유롭게 움직이면서 변의 길이를 살펴봅니다.

1. 세 삼각형의 꼭짓점을 움직였을 때 변의 길이의 특징을 써 봅시다.

	가	나	다
변의 길이의 특징			

2. 아래 분류기준을 보고 삼각형 가, 나, 다의 이름을 써봅시다.

① 세 변의 길이가 모두 같은 삼각형: 정삼각형

② 두 변의 길이가 같은 삼각형: 이등변삼각형

③ 세 변의 길이가 모두 다른 삼각형 : 부등변삼각형

	가	나	다
이름			

작도하기 1

이등변삼각형을 3가지 방법으로 작도해 봅시다.

• 지오지브라 활동 1

① 고정된 길이의 선분 도구를 이용해서 길이가 3인 선분을 하나 작도합니다.

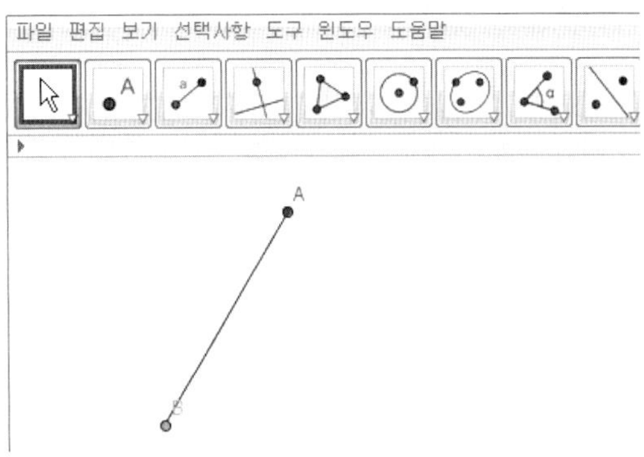

② ①에서 작도한 선분의 한 끝점에서 고정된 길이의 선분 도구를 이용해서 길이가 3인 선분을 하나 더 작도합니다.

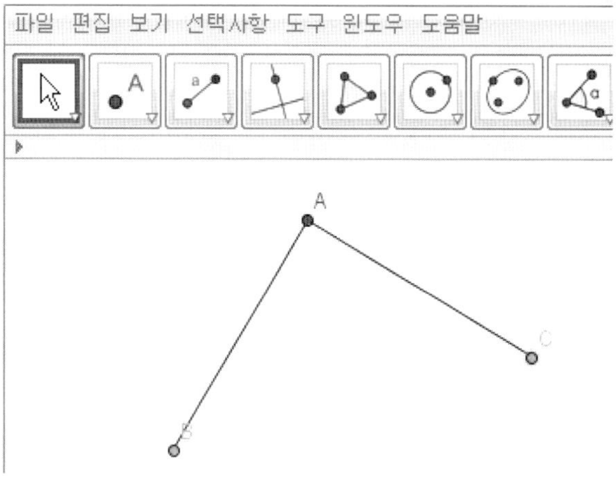

③ 이동 도구를 이용해서 ②에서 작도한 선분의 꼭짓점을 이동한 후, 두 점 사이의 선분 도구를 이용해서 이어지지 않은 두 점에 선분을 작도하여 삼각형을 작도합니다.

④ 거리 및 길이 도구를 이용해서 ③에서 작도한 세 선분의 길이를 측정하고, 이 삼각형이 이등변삼각형인지 확인합니다.

⑤ 이동 도구를 이용해서 삼각형의 꼭짓점을 움직이면서 삼각형의 세 변 중 두 변의 길이가 늘 같은지 관찰합니다.

- **지오지브라 활동 2**

① 두 점 사이의 선분 도구를 이용해서 선분을 하나 작도합니다.

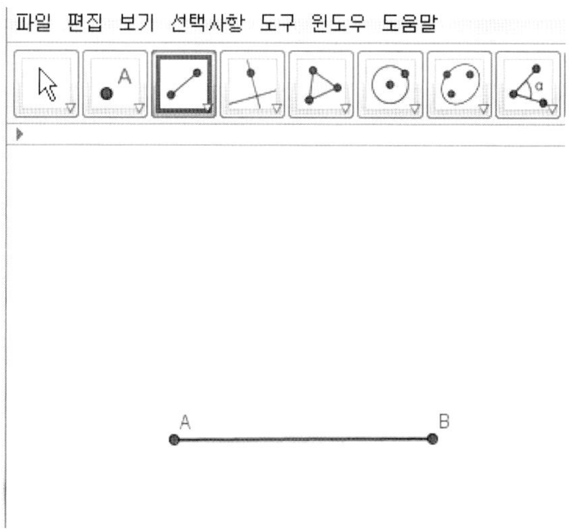

② 수직이등분선 도구를 이용해서 ①에서 작도한 선분에 수직이등분선을 작도하고, 대상 위의 점 도구를 이용해서 수직이등분선 위에 점을 하나 찍습니다.

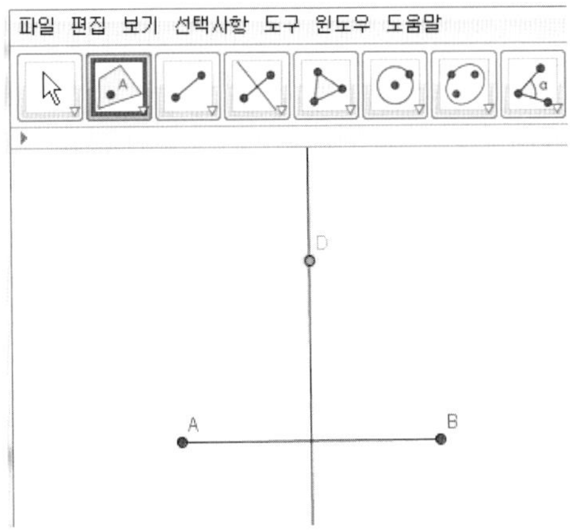

③ 수직이등분선을 클릭한 후 마우스를 우클릭하고 대상보이기를 선택합니다. 두 점 사이의 선분 도구를 이용해서 삼각형을 완성합니다.

④ 길이 및 거리 도구를 이용해서 삼각형의 세 선분의 길이를 측정합니다.

⑤ 이동 도구를 이용해서 삼각형의 꼭짓점을 움직이면서 삼각형의 세 변 중 두 변의 길이가 늘 같은지 관찰합니다.

• **지오지브라 활동 3**

① 중심이 있고 한 점을 지나는 원 도구를 이용하여 원을 작도합니다.

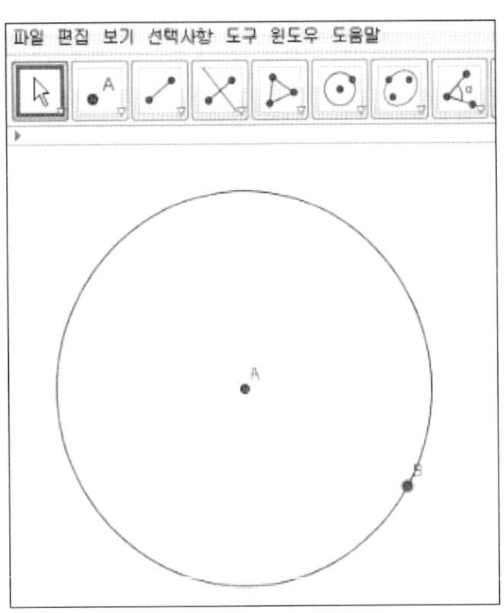

② 대상 위의 점 도구를 이용하여 원 위에 점을 하나 더 찍습니다.

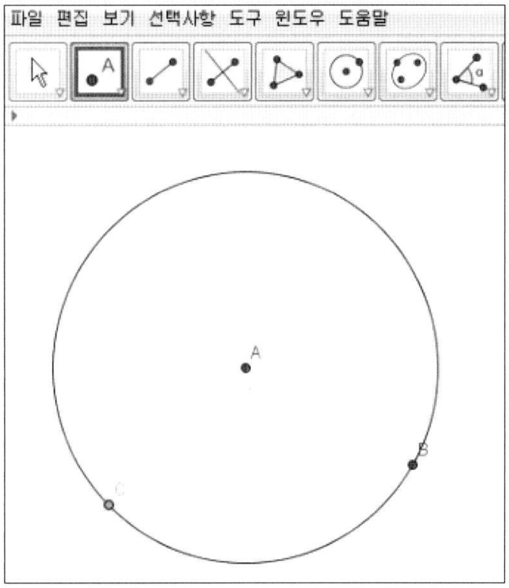

③ 두 점 사이의 선분 도구를 이용하여 원의 중심과 원 위의 두 점을 연결하여 삼각형을 작도합니다.

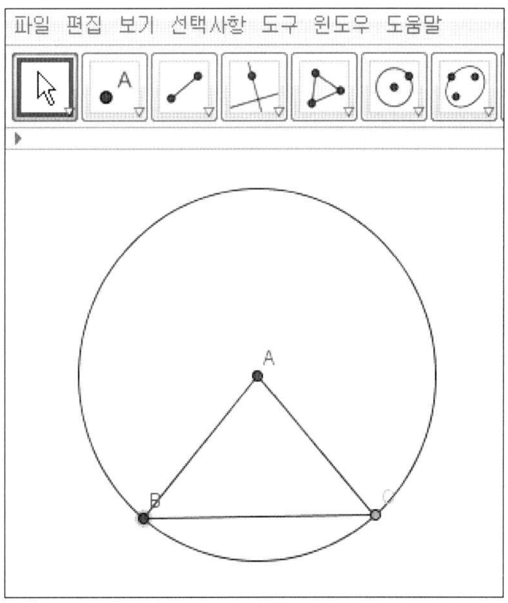

④ 원을 우클릭 한 후 대상보이기를 선택하여 원을 숨기고 삼각형만 남깁니다.

⑤ 거리 및 길이 도구를 이용해서 삼각형의 세 변의 길이를 측정합니다.

⑥ 이동 도구를 이용해서 삼각형의 꼭짓점을 드래그하면서 삼각형의 변의 길이의 변화의 특징을 관찰합니다.

1. 위 활동에서 원을 이용하여 그린 삼각형은 이등변삼각형입니다. 왜 이것이 이등변삼각형이 되는지 그 이유를 써봅시다.

탐구하기 2

이등변삼각형의 성질을 탐구해 봅시다.

- **지오지브라 활동 1: 이등변삼각형의 변의 성질 탐구하기**

① 위에서 작도한 이등변삼각형을 그대로 이용하거나, 부록 CD의 '1-4(2)-ggb02.ggb' 파일을 불러옵니다.

② 거리 또는 길이 도구를 이용하여 삼각형의 세 변의 길이를 측정하고, 같은 길이를 가진 선분을 찾아봅시다.

③ 이동 도구를 이용해서 ②에서 작도한 삼각형의 꼭짓점을 드래그하면서 ②에서 찾은 길이가 같은 두 선분의 길이가 계속해서 같은지 관찰합니다.

1. 위 활동에서 알게 된 이등변삼각형의 성질을 써 봅시다.

- **지오지브라 활동 2: 이등변삼각형의 각의 성질 탐구하기 1**

① 위에서 작도한 이등변삼각형을 그대로 이용하거나, 부록 CD의 '1-4(2)-ggb02.ggb'를 불러옵니다.

② 각 도구를 이용해서 삼각형의 세 각을 측정합니다. 두 각의 크기가 같은 것을 알 수 있습니다. 이동 도구를 이용해서 삼각형의 꼭짓점을 드래그하면서 두 각의 크기가 여전히 같은지 관찰해 보세요.

2. 위 활동에서 찾은 이등변삼각형의 성질을 써 봅시다.

- **지오지브라 활동 3: 이등변삼각형의 각의 성질 탐구하기 2**

① 위에서 작도한 이등변삼각형을 그대로 이용하거나, 부록 CD의 '1-4(2)-ggb02.ggb' 파일을 불러옵니다.

② 각의 이등분선 도구를 선택하고 점 C, 점 A, 점 B를 차례대로 클릭하여 각 CAB의 이등분선을 작도합니다.

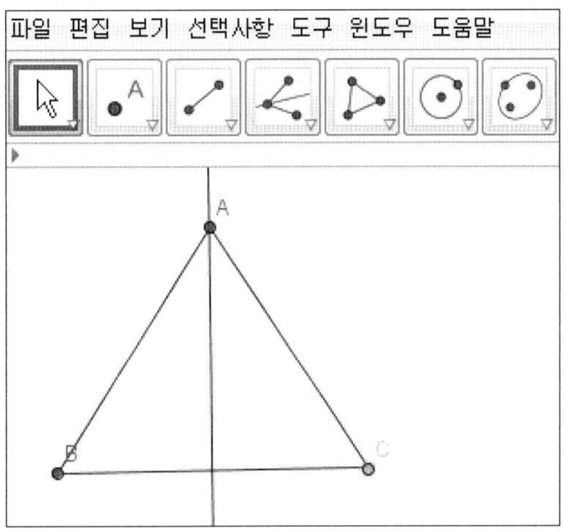

③ 대상 위의 점 도구를 이용하여 각의 이등분선과 밑변이 만나는 점을 찍고, 각의 이등분선을 우클릭 한 후 대상보이기를 선택하여 숨깁니다.

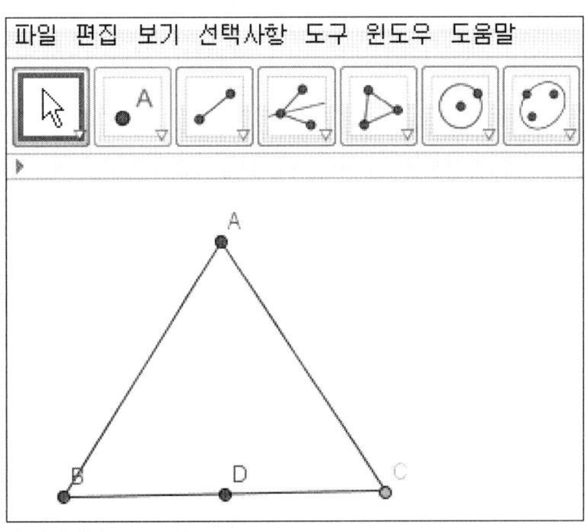

⑤ 두 점 사이의 선분 도구를 이용하여 ②에서 찍은 교점과 점 A를 연결합니다.

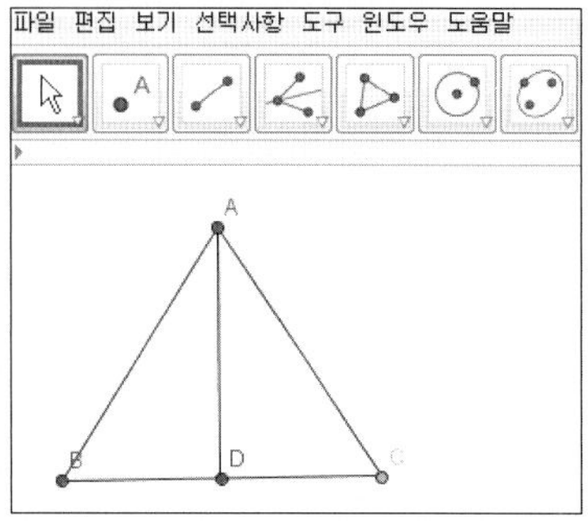

3. 각 도구를 이용하여 각 ADB와 각 ADC를 측정한 후 이동 도구를 이용해서 점 A를 드래그하면서 변하지 않는 것을 찾아 쓰시오.

---

4. 거리 또는 길이 도구를 이용하여 선분 BD와 선분 DC의 길이를 측정한 후, 이동 도구를 이용해서 점 A를 드래그하면서 관찰한 선분 ED와 선분 DC의 길이의 특징을 적으세요.

탐구하기 3

지오지브라를 이용하여 특정한 각도를 가진 이등변삼각형을 작도해 봅시다.

- **지오지브라 활동**

① 두 점 사이의 선분 도구를 이용하여 한 변을 작도합니다.

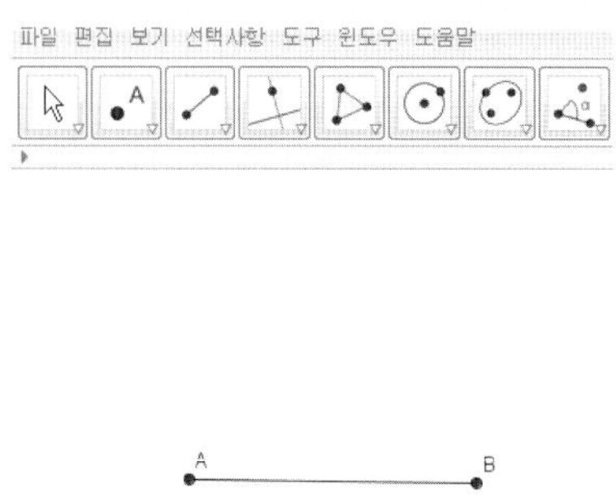

② 주어진 크기의 각 도구를 선택한 후 점 B와 점 A를 차례대로 선택한 후 나타나는 대화창에 40을 입력합니다.

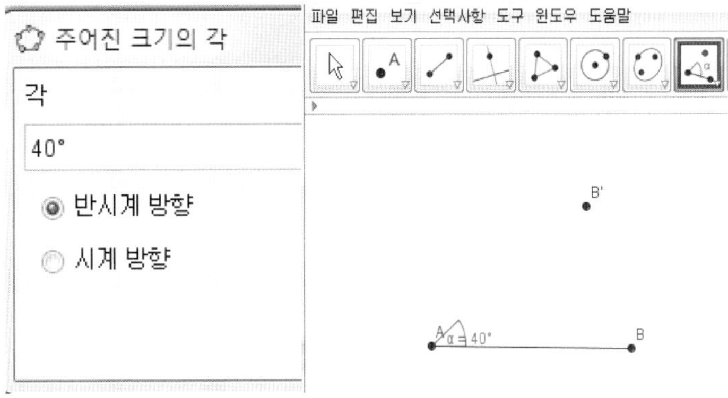

③ 두 점 사이의 선분 도구를 이용해서 세 점을 연결하여 이등변삼각형을 완성합니다.

④ 각 도구를 이용해서 삼각형의 세 각의 각도를 측정합니다.

⑤ 거리 또는 길이 도구를 이용하여 삼각형의 세 변의 길이를 측정합니다.

⑥ 이동 도구를 이용해서 삼각형의 한 점을 드래그하면서 세 각의 각도와 길이의 변화를 살펴봅시다.

1. 위 활동 결과를 생각해 보았을 때, 같은 길이의 변 사이의 각이 40도인 이등변삼각형은 몇 개나 있을까요?

탐구하기 4

탐구하기 3과 달리 단 하나 뿐인 이등변삼각형을 작도해 봅시다.

- **지오지브라 활동**

① 주어진 길이의 선분 도구를 이용하여 한 변을 작도합니다.

② 탐구하기 3의 ②~⑥과 똑같은 과정으로 작도합니다.

③ 이동 도구를 이용해서 삼각형의 한 점을 드래그하면서 삼각형의 모양이 변하는지 살펴봅시다.

이번에 작도한 이등변삼각형은 길이가 변하지 않습니다. 탐구하기 3과 탐구하기 4의 차이는 탐구하기 4는 선분의 길이가 정해져 있고 탐구하기 3은 선분의 길이가 정해져 있지 않습니다. 즉, 두 각의 크기와 그 각 사이의 길이가 정해지면 그 삼각형은 하나 밖에 없습니다.

해보기 1

지오지브라를 이용하여 두 변의 길이가 4이고, 두 각이 각각 35도인 이등변삼각형을 작도해 봅시다.

작도하기 2

정다각형 도구를 이용하여 정삼각형을 작도해 봅시다.

- **지오지브라 활동**

① 정다각형 도구를 선택하고 한 변의 길이만큼 거리를 두고 두 점을 찍습니다.

② 대화창이 나타나면 “3”을 입력합니다.

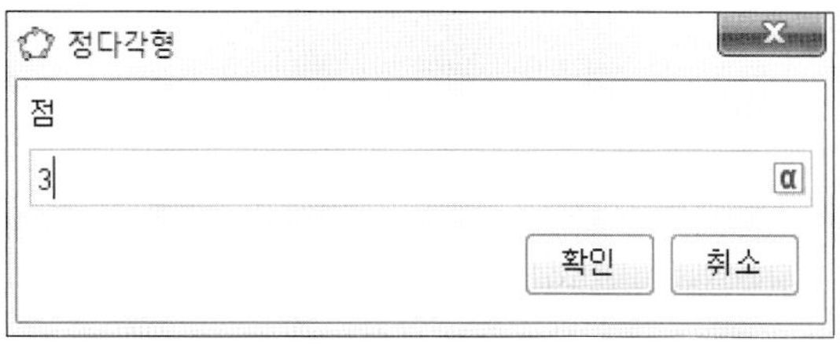

③ 정삼각형이 맞는지 확인하기 위해 거리 또는 길이 도구를 이용하여 세 변의 길이를 측정해서 세 변의 길이가 같은지 확인합니다.

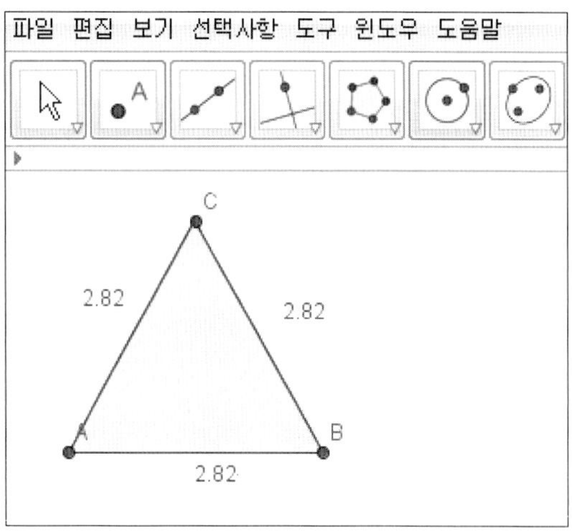

④ 각 도구 를 이용하여 위에서 작도한 삼각형의 세 각을 모두 측정합니다. 세 각의 각도는 모두 60도로 같습니다.

⑤ 이동 도구 를 이용해서 ④에서 작도한 정삼각형을 드래그하면서 각도와 변의 길이의 변화를 관찰합니다. 정삼각형은 세 각의 각도는 항상 60도이고 세 변의 길이는 항상 같습니다.

작도하기 3

각의 크기를 이용하여 정삼각형을 작도해 봅시다.

- **지오지브라 활동**

① 두 점 사이의 선분 도구 를 이용하여 밑변을 작도합니다.

② 점 주위로 대상을 회전 도구 를 선택한 후 ①에서 작도한 선분과 회전의 중심인 점 A을 차례로 클릭하고, 대화창이 나타나면 60을 입력하여 회전 이동합니다.

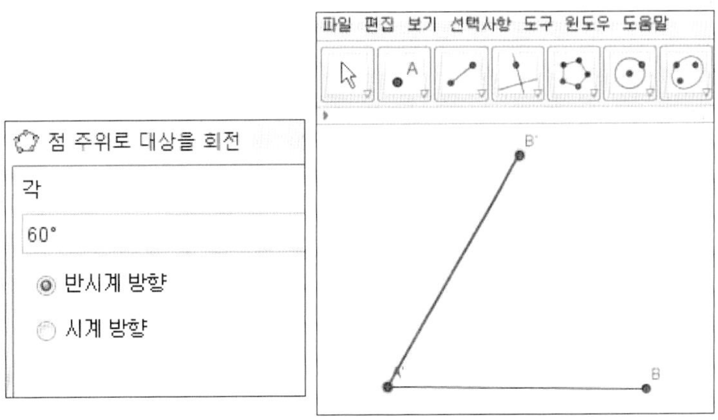

③ 점 주위로 대상을 회전 도구 를 선택한 후 ①에서 작도한 선분과 회전의 중심인 점 B을 차례로 클릭하고, 나타난 대화창에 60을 입력하고, 시계반향을 선택한 후 확인버튼을 클릭합니다.

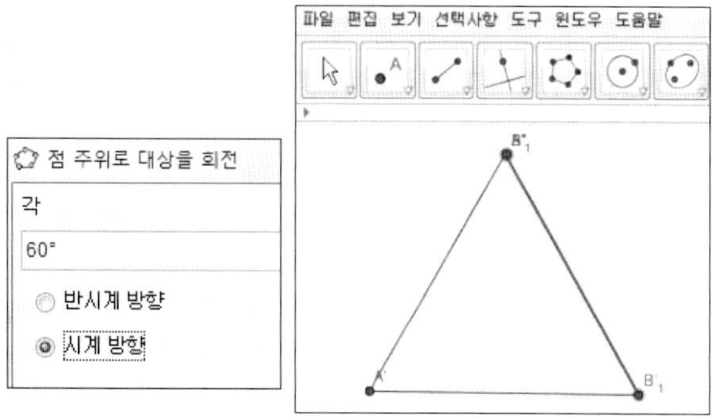

④ 정삼각형이 맞는지 확인하기 위해 거리 또는 길이 도구를 이용하여 세 변의 길이를 측정합니다.

해보기 2

지오지브라를 이용하여 한 변의 길이가 3인 정삼각형을 작도해 봅시다.

작도하기 4

두 원을 이용해서 정삼각형을 작도해 봅시다.

- **지오지브라 활동**

① 두 점 사이의 선분 도구를 이용하여 선분을 작도합니다.

② 중심이 있고 한 점을 지나는 원 도구를 선택하고 중심이 점 A이고, 점 B를 지나는 원을 작도합니다.

③ 이번에는 중심이 점 B이고, 점 A를 지나는 원을 작도합니다.

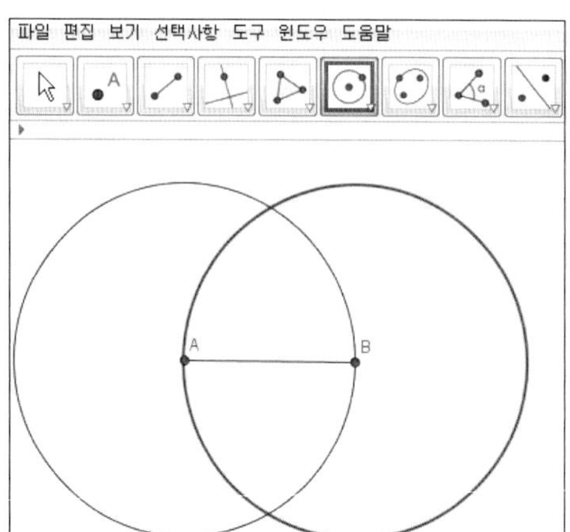

④ 대상 위의 점 도구 를 이용하여 두 원이 만나는 곳에 교점을 찍고, 교점과 선분 AB를 연결하는 두 선분을 작도합니다.

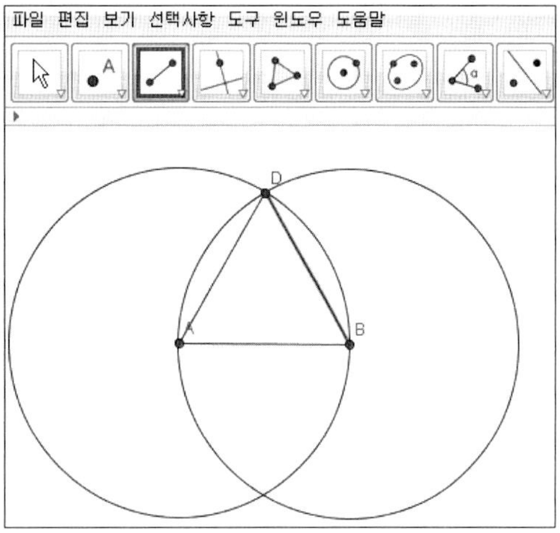

⑤ 두 원을 각각 선택한 후 우클릭을 해서 대상보이기를 선택하여 각 원을 숨깁니다.

1. 위의 방법으로 삼각형을 만들면, 만든 도형이 왜 정삼각형이 되는지 써 봅시다.

각에 따른 삼각형의 분류

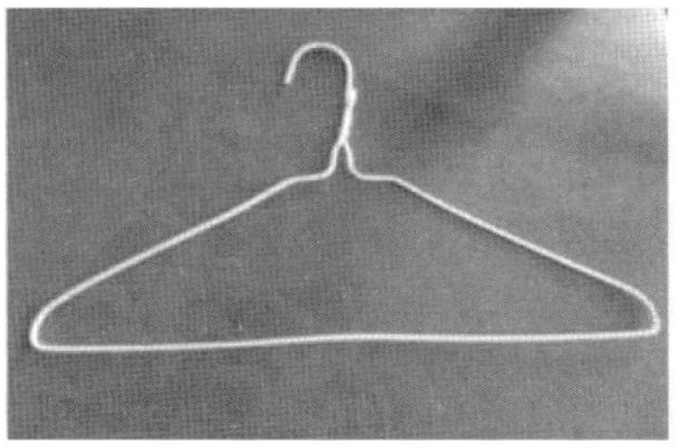

오른쪽 그림은 여러분의 집의 옷장에 흔히 있는 옷걸이입니다. 이 옷걸이 모양 또한 삼각형입니다. 이 옷걸이를 잘 살펴보면 옆으로 길쭉하다는 것을 알 수 있습니다. 바로 위쪽에 있는 각이 직각보다 더 크기 때문이지요. 옷걸이처럼 생긴 삼각형을 어떻게 부를까요? 이번 시간에는 각도에 따른 삼각형의 다양한 이름을 살펴보고 각 삼각형의 성질을 알아보도록 하겠습니다.

탐구하기 1

여러 가지 삼각형을 각도에 따라 분류해 봅시다.

- **지오지브라 활동**

① 부록 CD에 있는 '1-4(3)-ggb01.ggb'를 엽니다.

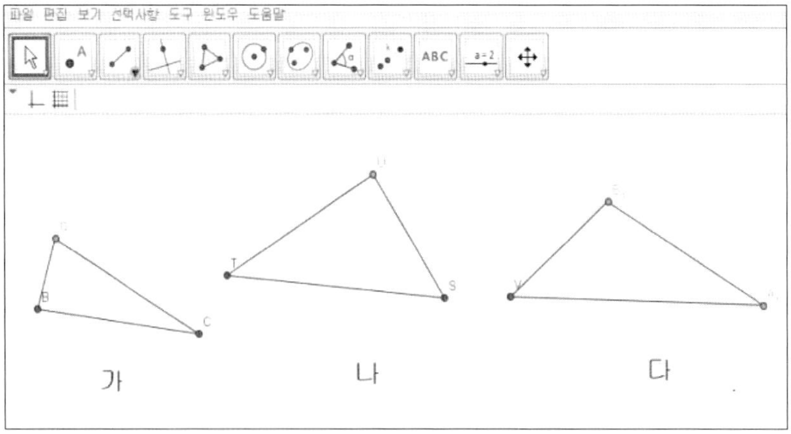

② 각 도구를 이용하여 세 삼각형의 모든 각을 측정합니다.

③ 이동 도구를 이용해서 각 꼭짓점을 자유롭게 움직이면서 각 각의 각도를 관찰합니다. 이때 90도 즉 직각이 있는지 없는지 관찰합니다.

1. 아래 분류기준을 보고 삼각형 가, 나, 다의 이름을 써 봅시다.

■ **각도에 따른 삼각형의 분류**

① 세 각의 크기가 모두 90도 보다 작은 삼각형: 예각삼각형

② 세 각 중 한 각의 크기가 90도인 삼각형: 직각삼각형

③ 한 각의 크기가 90도 보다 큰 삼각형: 둔각삼각형

	가	나	다
이름			

작도하기 1

격자를 이용하여 예각, 둔각, 직각삼각형을 그려봅시다.

• **지오지브라 활동**

① 이동 도구 아래에 있는 스타일바(▼)의 격자보이기/숨기기를 클릭해 격자가 나타나도록 합니다.

② 두 점 사이의 선분 도구를 이용하여 예각삼각형, 직각삼각형, 둔각삼각형을 작도합니다.

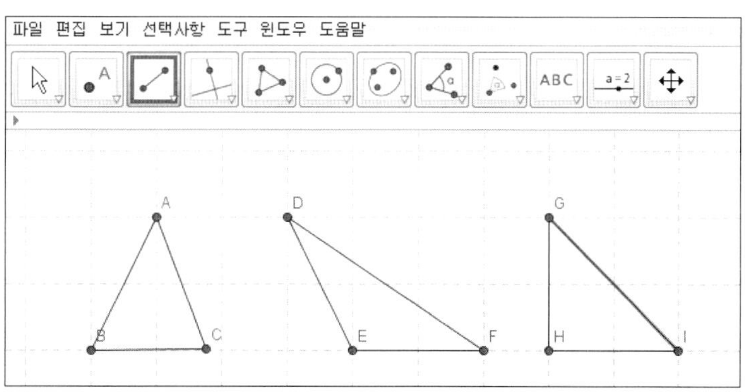

※ 격자는 정사각형으로 이루어져 있습니다. 정사각형의 한 각도는 90도이므로 이보다 큰 각이면 둔각, 작은 각이면 예각입니다. 이를 이용해서, 세 종류의 삼각형을 작도합니다.

탐구하기 2

각도에 따른 삼각형의 모양을 살펴봅시다.

• **지오지브라 활동**

① 다각형 도구를 이용하여 삼각형을 하나 작도합니다.

② 각 도구를 이용하여 ①에서 작도한 삼각형의 세 각을 모두 측정합니다.

③ 이동 도구를 이용해서 삼각형의 한 꼭짓점을 드래그하면서 예각삼각형, 둔각삼각형, 직각삼각형을 만들어 봅니다.

④ ③에서 관찰한 것을 참고해서 아래 질문에 답하시오.

1. 각의 크기에 따른 삼각형들의 모양은 어떤지 써 봅시다.

각의 크기에 따른 삼각형의 종류	모양의 특징
예각삼각형	
둔각삼각형	
직각삼각형	

2. 둔각삼각형의 한 각의 크기는 최대 몇 도 인가요? 그리고 그 이유는 무엇인가요?

____

____

작도하기 2

여러 가지 방법으로 직각삼각형을 작도해 봅시다.

• **지오지브라 활동 1: 회전이동을 이용하여 직각삼각형 그리기**

① 두 점 사이의 선분 도구를 이용하여 밑변(선분)을 작도합니다.

② 점 주위로 대상을 회전 도구를 이용하여 ①에서 작도한 선분을 90도 회전이동 시킵니다.

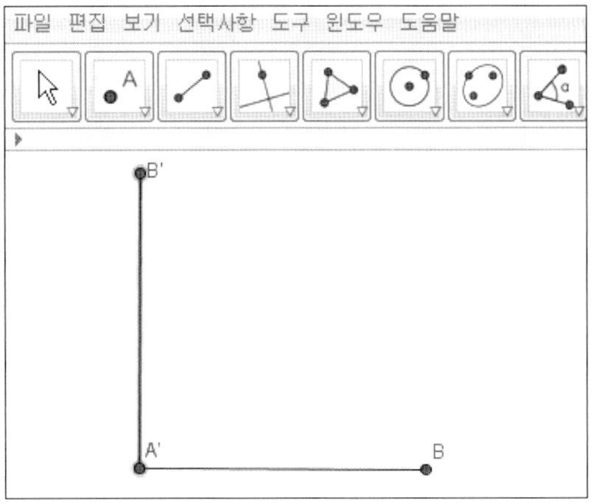

③ 새로운 점 도구를 이용하여 ②에서 작도한 선분 위에 점을 하나 찍습니다.

④ 두 점 사이의 선분 도구를 이용하여 ③에서 찍은 점을 연결합니다.

- **지오지브라 활동 2: 수직선을 이용하여 직각삼각형 그리기**

① 두 점 사이의 선분 도구를 이용하여 밑변(선분)을 작도합니다.

② 수직선 도구를 이용하여 ①에서 작도한 선분의 한 끝점을 지나는 수선을 작도합니다.

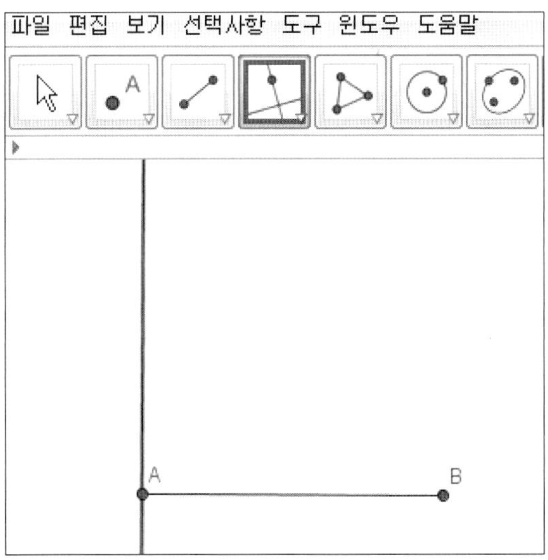

③ 대상 위의 점 도구를 이용하여 수선 위에 점 하나를 찍습니다.

④ ②에서 작도한 수선 위에 마우스를 올리고 우클릭한 후 대상보이기를 선택합니다.

⑤ 두 점 사이의 선분 도구를 이용하여 ③에서 찍은 점을 연결합니다.

• 지오지브라 활동 3: 원을 이용하여 직각삼각형 그리기

① 두 점 사이의 선분 도구를 이용하여 밑변(선분)을 작도합니다.

② 중점 또는 중심 도구를 이용하여 ①에서 작도한 선분의 중점을 찍습니다.

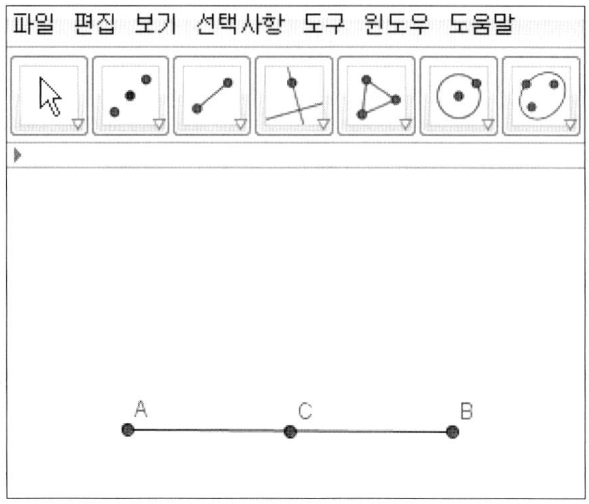

③ 중심이 있고 한 점을 지나는 원 도구를 이용하여 ②에서 찍은 중점을 중심으로 하고 ①에서 작도한 선분의 두 끝점을 지나는 원을 작도합니다.

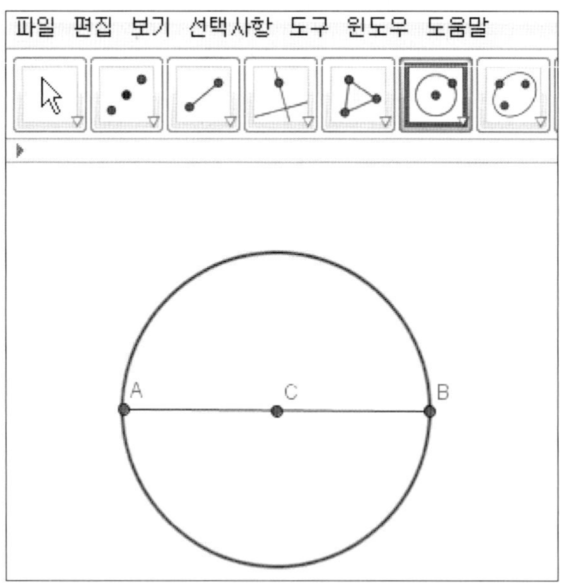

④ 대상 위의 점 도구를 이용하여 ③에서 작도한 원 위에 점을 하나 찍습니다.

⑤ 두 점 사이의 선분 도구를 이용하여 ④에서 찍은 원 위의 점과 ①에서 작도한 밑변의 두 끝점을 연결합니다.

⑥ 직각삼각형인지 확인하기 위해 각 도구를 이용하여 ④에서 찍은 점에 생긴 각의 각도를 측정합니다.

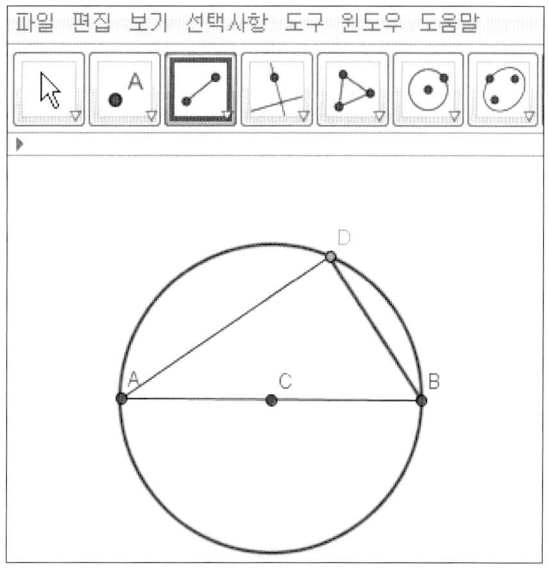

⑦ 이동 도구를 이용해서 ④에서 찍은 점을 드래그하면서 각도가 변하는지 변하지 않는지 관찰합니다.

Quiz

1. 수직이등분선 도구를 이용하여 이등변삼각형을 작도해 봅시다.

2. 한 변의 길이가 5이고 두 각의 크기가 35도인 이등변삼각형을 작도해 봅시다.

3. 중심과 반지름이 있는 원 도구를 이용하여 세 변의 길이가 3, 4, 5인 삼각형을 작도해 보시오.

4. 정삼각형도 이등변삼각형입니다. 왜 그런지 써봅시다.

5

다각형과 정다각형

프로그램 개요

- **적용대상** : 초등 4학년 수학
- **프로그램 목적** : 정다각형의 성질을 탐구하여 도형을 덮어보는 활동을 통해 공간감각을 기릅니다.
- **프로그램 시간** : 3차시

학습목표와 지도 내용

학습목표

- 정다각형을 작도할 수 있습니다.
- 정다각형의 성질을 알 수 있습니다.
- 정다각형을 이용하여 평면을 덮을 수 있습니다.
- 칠교판을 이용하여 여러 가지 모양을 만들 수 있습니다.

주제 1. 정다각형 세상

- 여러 가지 정다각형을 작도하기
- 정다각형의 변의 개수와 대각선 사이의 규칙을 탐구하기
- 정다각형과 각의 변화를 탐구하기

주제 2. 정다각형으로 바닥덮기

- 정다각형을 이용하여 바닥덮기하기
- 두 가지 이상 정다각형을 이용하여 바닥덮기 하기
- 바닥덮기를 할 수 있는 도형의 조건을 알아보기

주제 3. 칠교판 놀이

- 칠교판 작도하기
- 칠교조각을 이용하여 여러 가지 모양을 만들기

소주제 1

정다각형 세상

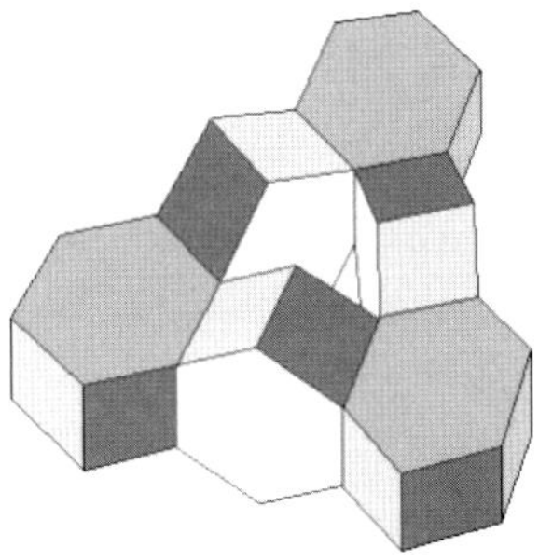

평면도형 중에는 삼각형이나 사각형뿐만 아니라 변의 개수에 따라 다양한 도형이 존재합니다. 그 중에서 변의 길이가 모두 같고 각의 크기도 모두 같은 평면도형을 정다각형이라고 합니다. 오른쪽 그림은 정다각형을 가지고 만든 입체도형입니다. 정다각형은 모든 변의 길이가 같고, 각의 크기도 같기 때문에 안정감을 줍니다. 이런 이유에서 우리 주변에는 정다각형으로 만들어진 건축물이나 물건들이 많이 있습니다. 정사각형 또한 대표적인 정다각형입니다.

알아두기

- 다각형 : 셋 이상의 선분으로 둘러싸인 도형을 다각형이라고 부릅니다. 예를들어, 도형의 변의 수에 따라 변이 3개이면 삼각형, 변이 4개이면 사각형이라고 부릅니다.
- 정다각형 : 변의 길이가 모두 같고 각의 크기가 모두 같은 다각형을 정다각형이라고 부릅니다.

작도하기 1

삼각형, 사각형, 오각형으로 이루어진 그림을 그려 봅시다.

- **지오지브라 활동**

① 다각형 도구를 이용하여 자유롭게 모양을 만들어 봅시다.

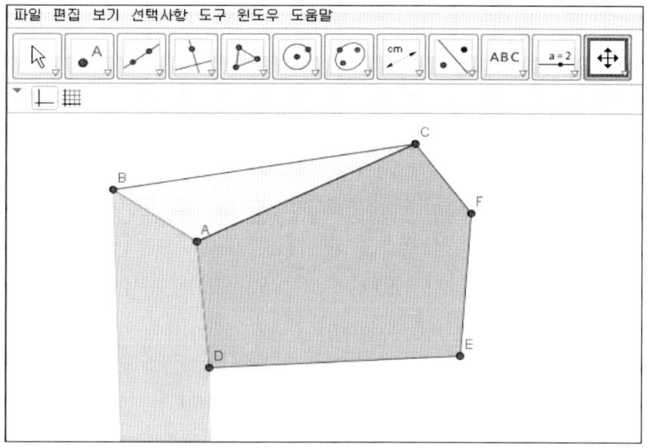

작도하기 2

정다각형을 작도해 봅시다.

- **지오지브라 활동**

① 정다각형 도구를 이용하여 정삼각형, 정사각형, 정오각형, 정육각형, 정칠각형, 정팔각형, 정구각형, 정십각형을 작도해 봅시다.

② 정다각형 도구를 선택하고 변의 길이만큼 거리를 두고 두 점을 찍으면 대화창이 나옵니다. 이 대화창에 정다각형의 변의 개수를 입력하면 해당 정다각형이 작도됩니다.

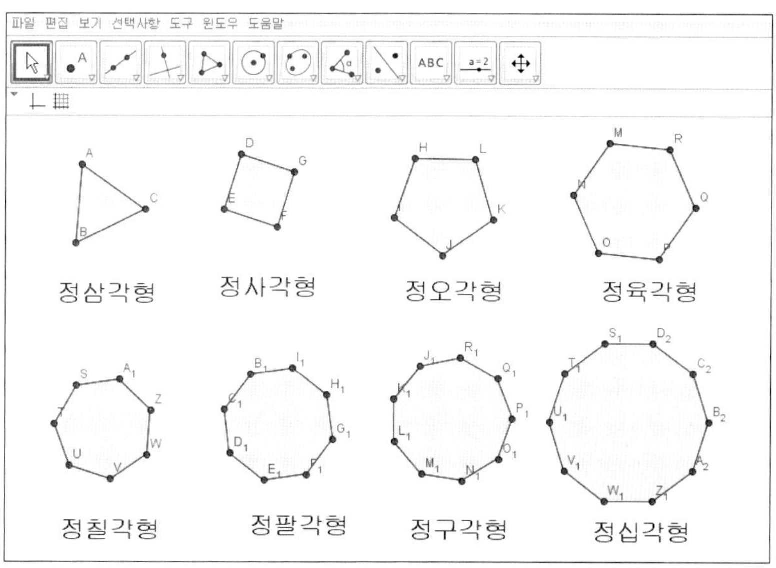

탐구하기 1

정다각형의 성질을 찾아봅시다.

- **지오지브라 활동**

① 작도하기 2에서 그린 정다각형을 사용하거나 부록 CD의 '1-5(1)-ggb01.ggb'를 불러옵니다.

② 거리 또는 길이 도구와 각 도구를 이용하여 정삼각형의 변의 길이와 각의 크기를 측정합니다.

③ 이동 도구를 이용하여 점을 드래그하면서 변하지 않는 성질을 찾아봅시다.

1. 이동 도구를 이용해서 정삼각형의 한 점을 드래그했을 때, 정삼각형의 세 변의 길이는 모두 어떻습니까?

2. 이동 도구를 이용해서 정삼각형의 한 점을 드래그했을 때, 정삼각형의 세 각의 크기는 모두 어떻습니까?

④ 거리 또는 길이 도구와 각 도구를 이용하여 다른 정다각형의 변의 길이와 각의 크기를 측정합니다.

⑤ 이동 도구를 이용하여 정다각형의 한 점을 드래그하면서 변하지 않는 성질을 찾아봅시다.

3. 이동 도구를 이용해서 정다각형의 한 점을 드래그했을 때, 정다각형의 변의 길이는 모두 어떻습니까?

4. 이동 도구를 이용해서 정다각형의 한 점을 드래그했을 때, 정다각형의 각의 크기는 모두 어떻습니까?

5. 위의 지오지브라 활동 ①부터 ⑤까지 그리고 여러분이 '1'~'4'까지 대답한 답을 참고하면, 정다각형의 변의 길이와 각의 크기에 대해 어떤 결론을 내릴 수 있을까요?

탐구하기 2

정다각형에서 평행하는 변을 찾아봅시다.

- **지오지브라 활동**

① 작도하기 2에서 그린 정다각형을 사용하거나 부록 CD의 '1-5(1)-ggb01.ggb'를 불러옵니다.

② 평행선 도구를 선택한 후 정다각형의 한 변을 드래그하여 어떤 변과 평행한지 조사해 봅시다.

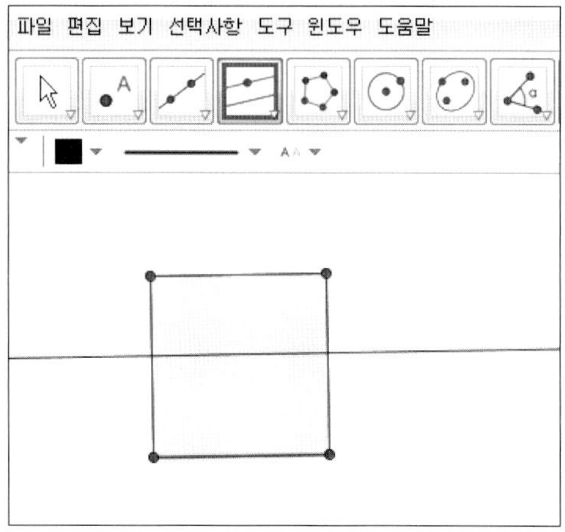

1. 아래 표를 완성해 봅시다.

	정삼각형	정사각형	정오각형	정육각형	정칠각형	정팔각형
변의 수						
평행한 변의 쌍						

2. 표를 보고 정다각형의 변의 수와 평행하는 변의 쌍은 어떤 관계가 있는지 써 보세요.

3. '2'에서 찾은 관계가 정구각형과 정십각형에서도 성립하는지 확인해 봅시다.

탐구하기 3

정다각형에 대각선을 작도한 후 대각선의 특징을 살펴봅시다.

1. 정다각형의 대각선을 작도해 봅시다.

- **지오지브라 활동 1**

① 작도하기 2에서 그린 정다각형을 사용하거나 부록 CD의 '1-5(1)-ggb01.ggb'를 불러옵니다.

② 두 점 사이의 선분 도구를 이용하여 각 정다각형에 대각선을 작도해 봅시다.

2. 대각선의 길이를 탐구해 봅시다.

① 거리 또는 길이 도구를 이용하여 대각선의 길이를 잰 후 이동 도구를 이용해서 꼭짓점을 움직이며 변화를 관찰합니다. 길이가 같은 대각선이 있나요?

② 각 정다각형에서 가장 긴 대각선은 몇 개 있습니까? 가장 긴 대각선의 개수는 꼭짓점의 수와 관련이 있습니까?

3. 정다각형의 대각선의 개수를 구해봅시다.

- **지오지브라 활동 2**

① 작도하기 2에서 그린 정다각형을 사용하거나 부록 CD의 '1-5(1)-ggb01.ggb'를 불러옵니다.

② 두 점 사이의 선분 도구를 이용해서 정오각형의 꼭짓점 A에서 그릴 수 있는 대각선을 모두 긋습니다.

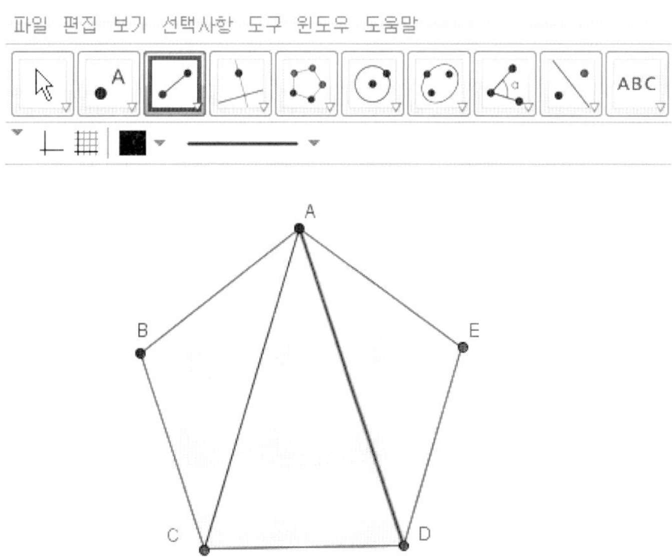

③ 이번에는 ②에서 선택한 꼭짓점의 왼쪽 옆에 있는 꼭짓점 B에서 작도할 수 있는 최대의 대각선을 작도합니다. ②에서 그린 대각선의 수와 같은 수의 대각선을 작도할 수 있습니다.

④ 마찬가지로 ③에서 선택한 꼭짓점의 왼쪽에 있는 꼭짓점에서 작도할 수 있는 최대의 대각선을 모두 작도해봅시다.

① 오각형의 각 꼭짓점에서 그을 수 있는 대각선의 수는 몇 개 입니까?

	점 A	점 B	점 C	점 D	점 E
대각선의 수	2				

② 이번에는 정육각형의 각 꼭짓점에서 그릴 수 있는 대각선의 수를 조사해 봅시다.

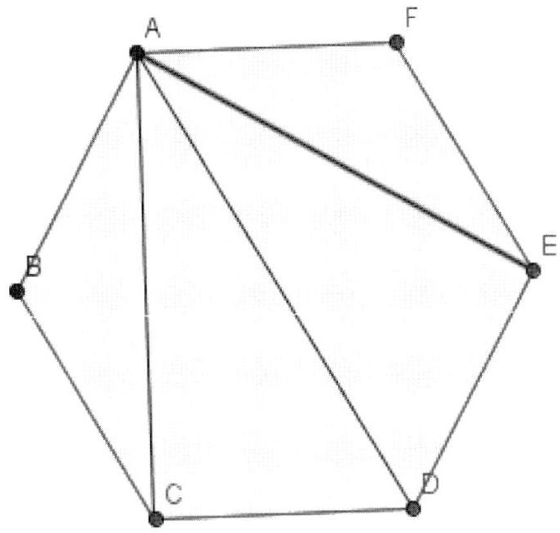

	점 A	점 B	점 C	점 D	점 E	점 F
대각선의 수	3					

③ 이번에는 정칠각형의 각 꼭짓점에서 그릴 수 있는 대각선의 수를 조사해 봅시다.

	점 A	점 B	점 C	점 D	점 E	점 F	점 G
대각선의 수	4						

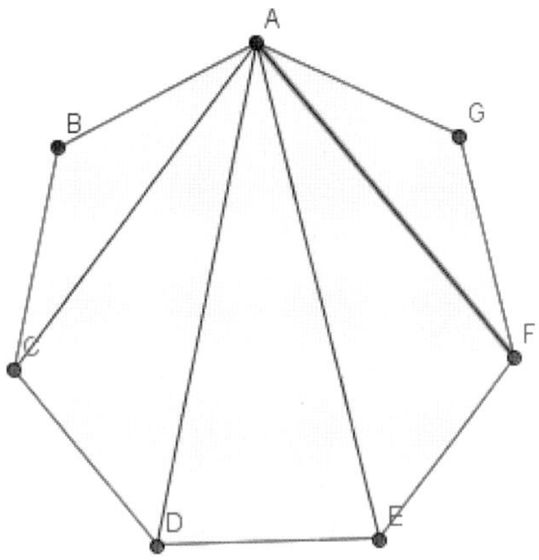

④ ①에서 ③까지의 활동에서 어떤 규칙성을 찾을 수 있었나요?

규칙:

4. '2'에서 찾은 규칙을 응용하여 정다각형의 대각선 수를 계산해 봅시다.

정다각형	꼭짓점의 수	대각선의 수
정삼각형	3	0
정사각형	4	2
정오각형		
정육각형		
정칠각형		
정팔각형		
정구각형		
정십각형		

탐구하기 4

정다각형과 원의 관계를 조사해 봅시다.

• **지오지브라 활동**

① 작도하기 2에서 그린 정다각형을 사용하거나 부록 CD의 '1-5(1)-ggb01.ggb'를 불러옵니다.

② 세 점을 지나는 원 도구 를 선택한 후 정다각형의 세 점을 클릭하여 원을 작도합니다. 아래는 정사각형으로 하는 예를 제시한 것입니다.

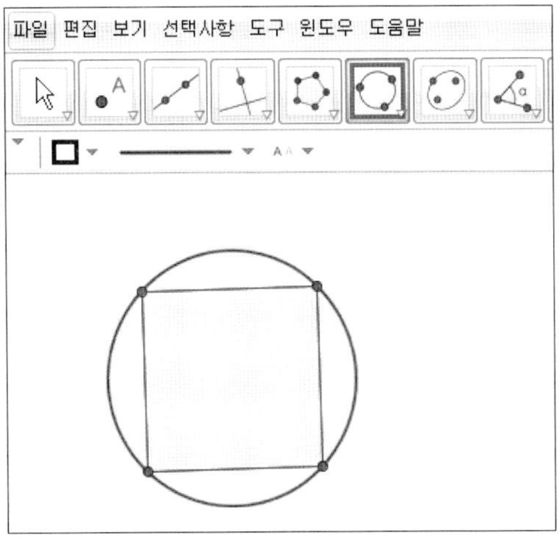

1. 정다각형의 꼭짓점을 연결하는 원을 그려본 결과를 생각해 보면 정다각형은 어떤 특징이 있었습니까?

____

____

탐구하기 5

정다각형의 각을 조사해 봅시다.

• **지오지브라 활동 1**

① 작도하기 2에서 그린 정다각형을 사용하거나 부록 CD의 '1-5(1)-ggb01.ggb'를 불러옵니다.

② 먼저 정삼각형의 각 각의 크기는 60도이고, 정사각형의 각 각의 크기가 90도라는 것은 이미 알고 있습니다. 각 도구 를 이용하여 정삼각형과 정사각형의 각 각의 크기가 우리가 알고 있는 값과 같은 값인지 확인해 봅시다.

③ 정오각형의 다섯 각의 크기를 측정합니다.

④ ①~③으로부터 각 정다각형에 있는 모든 각들의 각도가 같다는 것을 알 수 있습니다.

각 도구를 이용해서 각 정다각형의 한 각도를 측정하고, 아래표를 완성하시오.

정다각형	한 각의 크기	각의 개수	각의 합
정삼각형			
정사각형			
정오각형			
정육각형			
정칠각형			
정팔각형			
정구각형			
정십각형			

소주제 2

정다각형으로 바닥덮기

오른쪽 그림은 19세기 네덜란드 출신의 미술가 에셔가 그린 작품입니다. 그림을 잘 살펴보면 똑같은 모양으로 평면을 덮은 것을 알 수 있습니다. 도마뱀모양을 반복해서 사용하여 빈곳이 없도록 평면을 메웠습니다. 그림에 똑같은 모양을 반복해서 사용하여 신비한 느낌을 줍니다. 이처럼 미술 분야에서도 수학이 많이 사용되고 있습니다.

알아두기

- 바닥덮기 : 마루나 욕실 바닥에 깔려 있는 타일처럼 빈틈이나 포개짐이 없이 평면이나 공간을 도형으로 완벽하게 덮는 것을 바닥덮기라고 합니다. 바닥덮기는 평면덮기 또는 테셀레이션(tessellation)이라고 부르기도 합니다.

작도하기

변의 길이가 일정한 정다각형 작도하기

- **지오지브라 활동 1: 정다각형 도구를 이용해서 정다각형 작도하기**

① 고정된 길이의 선분 도구를 이용하여 길이가 5인 선분을 작도합니다.

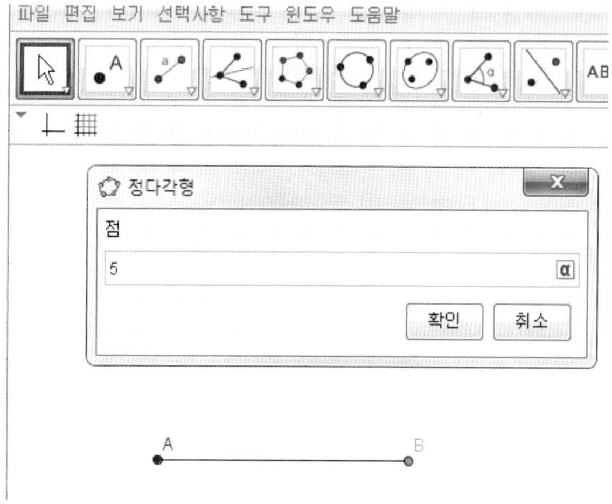

② 정다각형 도구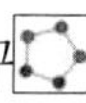를 선택하고 ①에서 작도한 선분의 양 끝점을 클릭한 후 작도하려는 정다각형에 해당하는 숫자를 입력합니다.

③ 아래는 입력창에 5을 입력해서 한 변의 길이가 5인 정오각형을 작도한 것입니다.

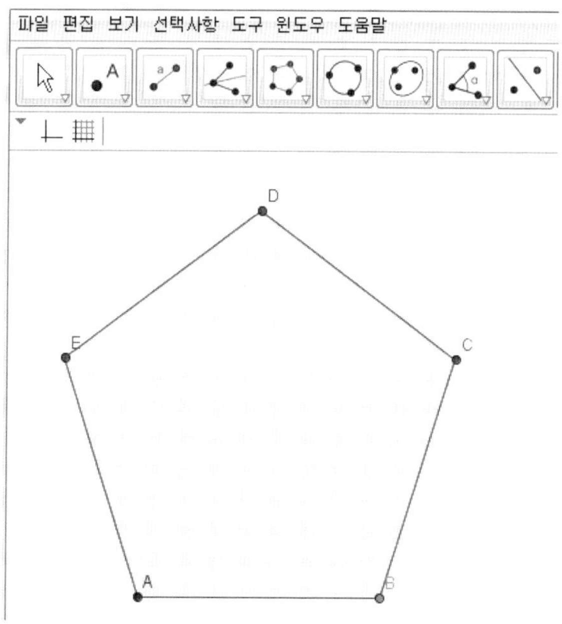

④ ①~③과정을 하면서 한 변의 길이가 정해진 정다각형을 5개 더 작도합니다.

- **지오지브라 활동 2: 점 주위로 대상을 회전 도구를 이용해 정다각형 작도하기**

▶ 정삼각형 작도

① 고정된 길이의 선분 도구를 이용하여 길이가 4인 선분을 작도합니다.

② 점 주위로 대상을 회전 도구를 이용하여 ①에서 작도한 선분을 60도 회전이동 시킵니다.

③ 점 주위로 대상을 회전 도구를 선택한 후 ①에서 작도한 선분을 선택하고 회전이동 중심점을 선택하면 대화창이 나타납니다. 이 대화창에 정삼각형의 각도를 입력합니다.

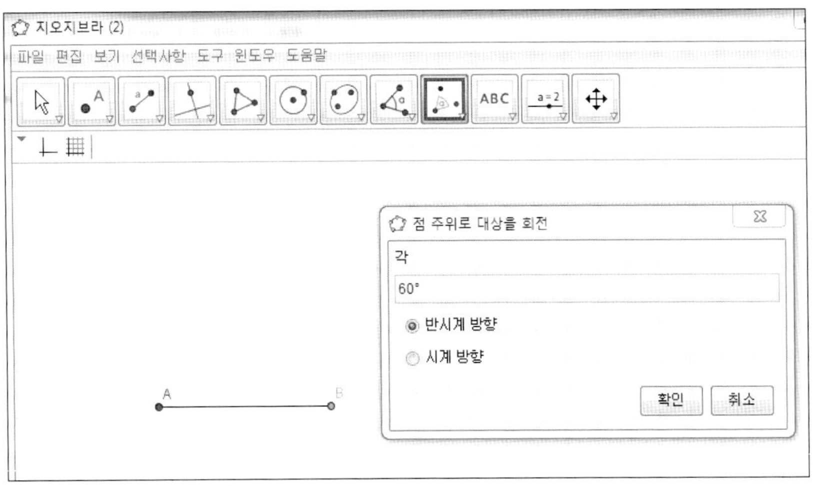

④ 새로 작도한 선분을 선택한 후 점 주위로 대상을 회전 도구를 선택해서 정삼각형의 나머지 한 변을 작도합니다.

▶ 정사각형 작도

① 고정된 길이의 선분 도구를 이용하여 길이가 3인 선분을 작도합니다.

② 점 주위로 대상을 회전 도구를 이용하여 90도씩 회전이동시켜 한 변의 길이가 3인 정사각형을 완성합니다.

▶ 정오각형 작도(155쪽 표 참고)

① 고정된 길이의 선분 도구를 이용하여 길이가 4인 선분을 작도합니다.

② 점 주위로 대상을 회전 도구를 이용하여 108도씩 회전이동시켜 정오각형을 완성합니다.

▶ **정육각형 작도**(155쪽 표 참고)

① 고정된 길이의 선분 도구를 이용하여 선분을 작도합니다.

② 점 주위로 대상을 회전 도구를 이용하여 120도씩 회전이동시켜 정육각형을 완성합니다.

탐구하기 1

작도한 정다각형을 이용하여 바닥덮기를 해 봅시다.

- **지오지브라 활동 1: 정육각형을 이용하여 바닥덮기 해보기**

① 작도하기 1에서 만든 정다각형을 이용하거나 부록 CD의 '1-5(2)-ggb01.ggb' 파일을 불러 옵니다.

② 이동 도구를 이용하여 바닥덮기를 하려는 정육각형을 선택하고 키보드의 "Ctrl+c"를 클릭해 복사를 한 후 "Ctrl+v"를 클릭해 붙여넣기를 합니다.

③ 꼭짓점을 드래그해서 빈틈이 없도록 각 정다각형을 붙여봅시다.

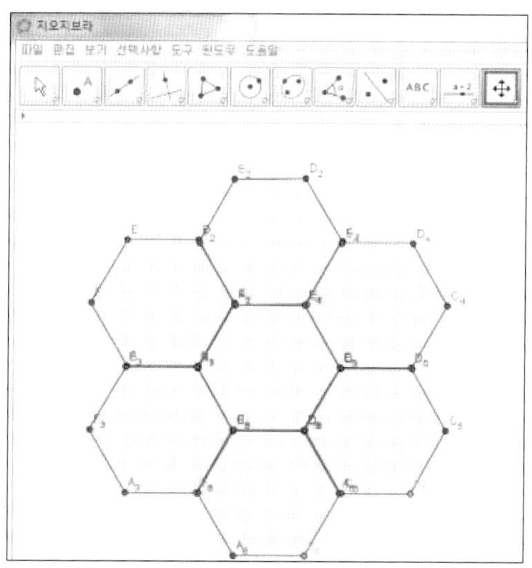

1. 정육각형으로 평면을 덮기 위해서는 정다각형을 어떻게 이동하면 되나요?

• **지오지브라 활동 2: 삼각형을 이용하여 바닥덮기 해보기**

① 이번에는 정삼각형으로 바닥덮기를 해 봅니다. 이동 도구를 이용하여 바닥덮기를 할 정삼각형을 선택하고 키보드의 'Ctrl+c'를 클릭해 복사를 한 후 'Ctrl+v'를 클릭해 꼭짓점끼리 만나도록 붙여넣기를 합니다.

② 홀수개의 변을 가진 정다각형의 경우 그 다각형을 복사해서 이동하여도 변과 변이 만나지 않습니다.

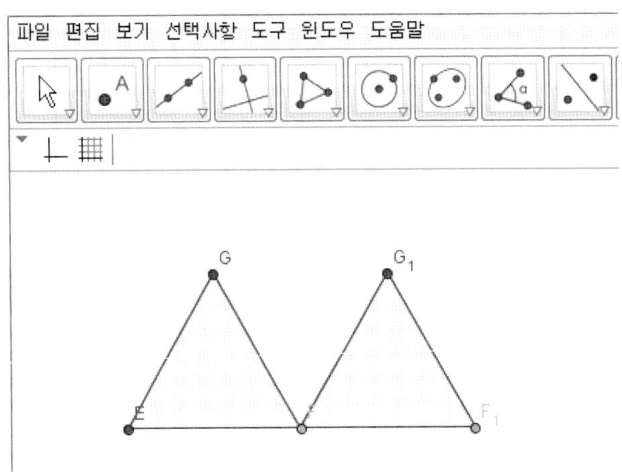

③ 이용도구를 이용해서 정삼각형의 다른 꼭짓점을 드래그하여 변과 변이 만나도록 돌려봅시다.

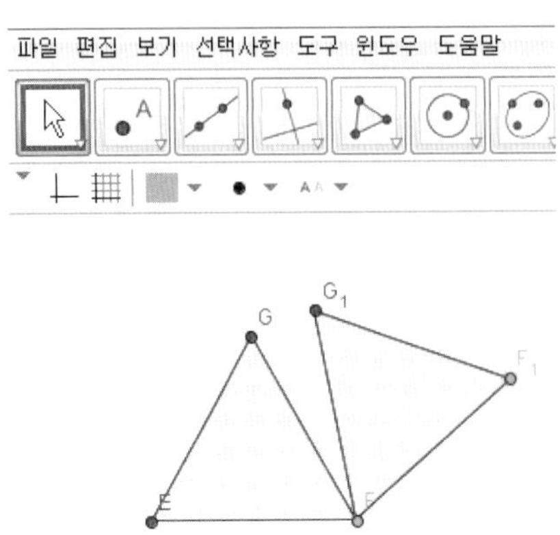

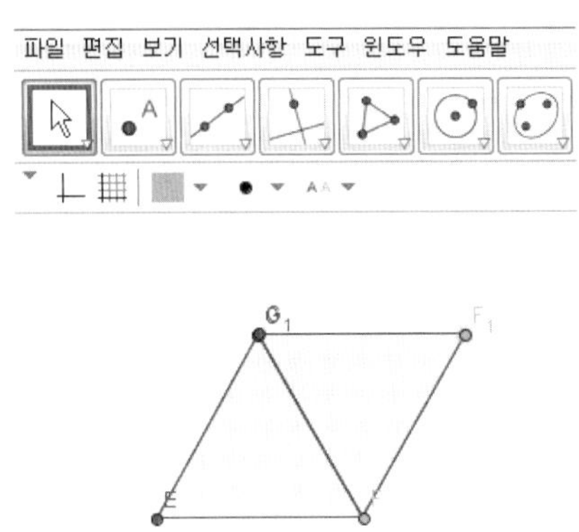

1. 홀수개의 변을 가진 정다각형을 가지고 평면을 덮기 위해서는 정다각형을 어떻게 이동하면 되나요?

---

2. 바닥덮기가 되는 정다각형과 안 되는 정다각형 조사하여 다음 표를 완성해 보세요.

정다각형	한 각의 크기	바닥덮기 가능 유무
정삼각형		
정사각형		
정오각형		
정육각형		

바닥덮기가 안 되는 경우:

탐구하기 2

두 개의 다른 정다각형을 이용하여 바닥덮기를 해 봅시다.

- **지오지브라 활동 1: 정삼각형과 정육각형을 이용하여 바닥덮기를 해봅시다.**

① 고정된 길이의 선분도구 를 이용하여 같은 길이의 선분을 2개 작도한 후 정다각형도구 를 이용하여 선분의 양끝 점을 선택하여 정삼각형과 정육각형을 작도합니다.

② 키보드의 'Ctrl+c'를 클릭해 복사를 한 후 'Ctrl+v'를 클릭해 붙여넣기를 하여 여러 개의 정삼각형과 정육각형을 만든 후 바닥덮기를 해봅시다.

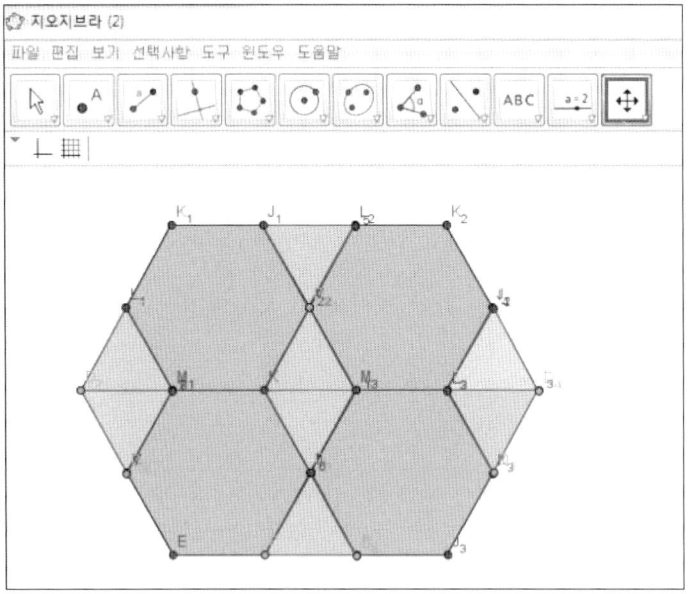

※ 만들 수 있는 모양은 한 가지가 아닙니다. 정삼각형과 정육각형을 어떻게 배치하는지에 따라 다양한 모양을 만들 수 있습니다.

1. 정삼각형과 정육각형을 이용하면 바닥덮기가 가능한 이유는 무엇인가요?

- **지오지브라 활동 2: 정삼각형, 정사각형, 정육각형을 이용하여 바닥덮기를 해봅시다.**

① 고정된 길이의 선분 도구를 이용하여 선분을 작도한 후 정다각형 도구를 이용하여 선분의 양끝 점을 선택하여 정삼각형, 정사각형, 육각형을 작도합니다.

② 키보드의 'Ctrl+c'를 클릭해 복사를 한 후 'Ctrl+v'를 클릭해 붙여넣기를 하여 여러 개의 정다각형을 만든 후 바닥덮기를 해봅시다.

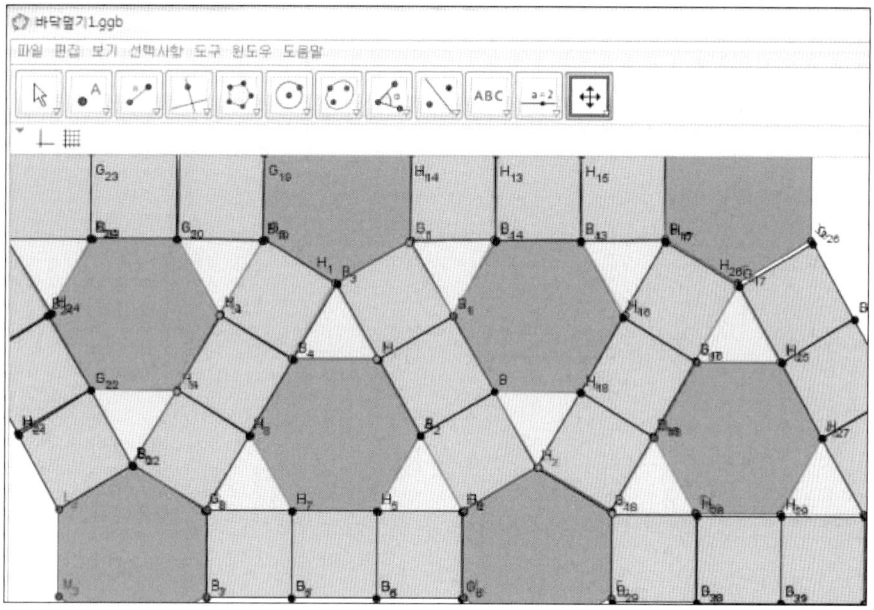

※ 만들 수 있는 모양은 한 가지가 아닙니다. 정다각형을 어떻게 배치하는지에 따라 다양한 모양을 만들 수 있습니다.

2. 정삼각형과 정사각형, 정육각형을 이용하면 바닥덮기가 가능한 이유는 무엇인가요?

3. 바닥덮기가 가능한 정다각형들의 조합은 어떤 경우가 있습니까?

4. 여러 가지 정다각형을 이용하여 나만의 바닥덮기를 만들어 봅시다.

소주제 3 칠교판 만들기

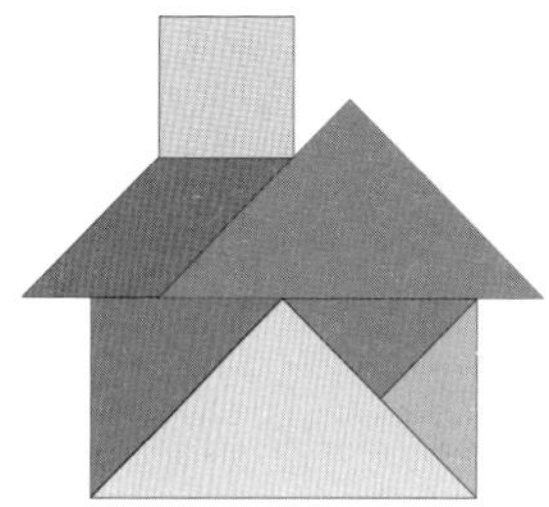

정사각형을 일곱 조각으로 나누어 다양한 모양을 만들 수 있는 칠교판은 중국에서 “지혜판”이라는 이름으로 처음 사용되었습니다. 그 후 탱그램(tangram)이라는 이름으로 여러 나라에 전파되었습니다.

탱그램으로 인물, 동물, 건축물, 지형, 글자 등 매우 다양한 모양을 만들 수 있어 많은 사람들이 칠교판으로 놀이를 해 왔습니다. 이번 시간에는 칠교판을 만들어 보고 직접 퍼즐놀이를 해 봅시다.

알아두기

- 칠교판 : 큰 정사각형을 직각이등변삼각형과 정사각형 등의 총 7개의 조각으로 만들어 놓은 판을 칠교판이라고 합니다.

작도하기 1

칠교판을 작도해 봅시다.

- **지오지브라 활동**

① 고정된 길이의 선분 도구를 이용하여 길이가 6인 선분을 작도한 후 정다각형 도구를 이용하여 방금 작도한 선분의 양 끝점을 선택하여 정사각형을 작도합니다.

② 두 점 사이의 선분 도구를 이용하여 ①에서 작도한 정사각형에 한 대각선을 작도합니다.

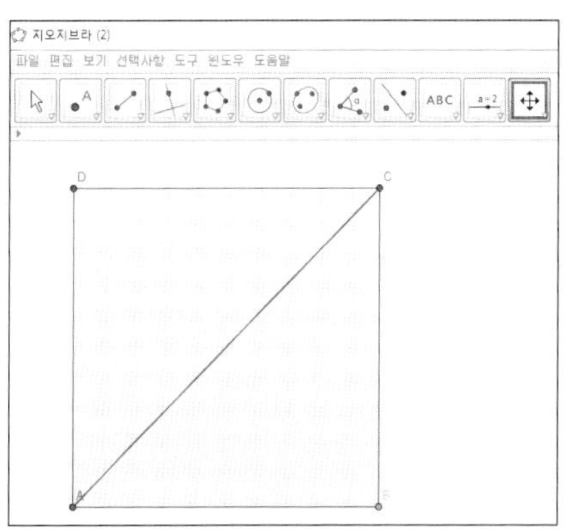

③ 중점 또는 중심 도구를 정사각형의 이웃하는 두 변에 중점을 작도한 후 두 점 사이의 선분 도구를 이용해서 연결합니다.

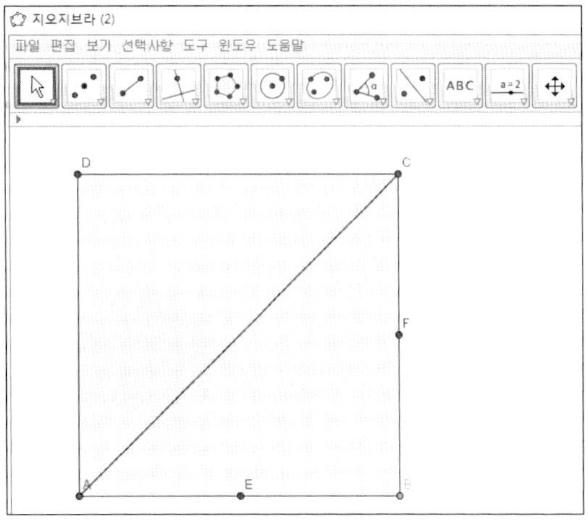

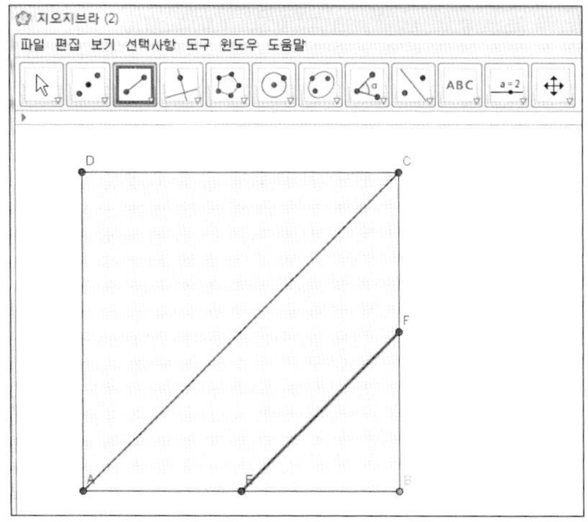

④ 새로 작도한 선분 EF에 중점 또는 중심 도구를 이용하여 중점(G)을 작도한 후 두 점 사이의 선분 도구를 이용해서 이 점과 정사각형의 꼭지점 D을 연결합니다. 이때 대상 위의 점 도구를 이용해서 대각선과 만나서 생긴 점에 교점 H를 찍습니다.

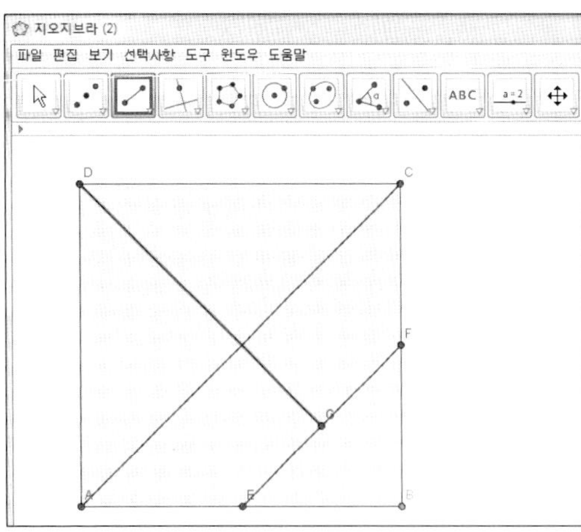

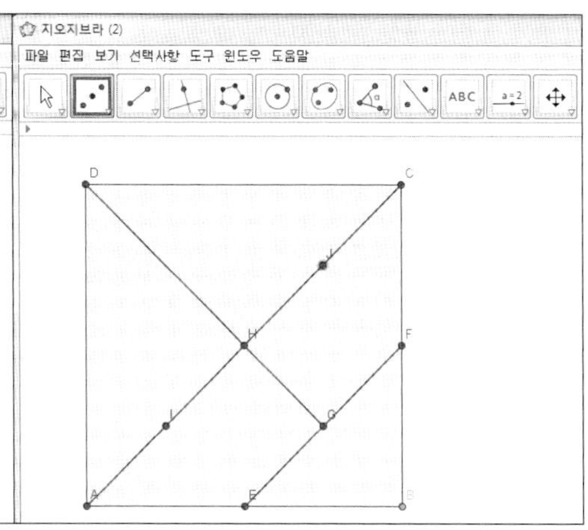

⑤ 중점 또는 중심 도구를 선택한 후, 점 A와 점 H를 클릭해서 선분 AH의 중점 I을 찍고, 점 H와 점 C를 클릭해서 선분 HC의 중점 J를 찍습니다.

⑥ 두 점 사이의 신분 도구를 이용해서 점 I와 점 E를 이어 선분 IE와 점 J와 점 G를 이어 선분 JG를 작도합니다.

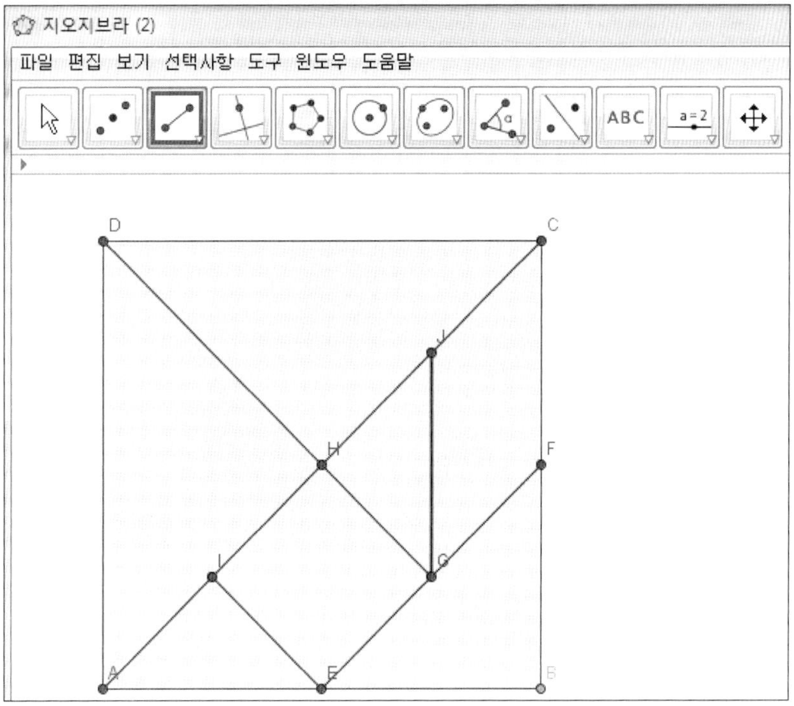

작도하기 2

작도한 칠교판을 바탕으로 7조각을 만들어 봅시다.

- **지오지브라 활동**

① 작도하기 1에서 작도한 칠교판을 그림파일로 저장합니다.

※ 그림파일로 저장하는 방법 : 지오지브라 창을 칠교판 크기에 맞춘 후 메뉴창의 '파일-내보내기-기하창을 그림으로 저장'을 선택합니다.

② '파일-새 윈도우'를 선택하여 새로운 창을 띄운 후 '편집-이미지 불러오기'를 선택하여 ①에서 저장한 그림파일을 불러들입니다.

③ 불러온 그림파일의 크기를 적당하게 조절합니다.

④ 고정된 다각형 도구 를 이용하여 불러온 그림파일의 7개 조각을 본떠서 작도합니다.

※ 한 조각을 작도한 후 조금 이동시켜 놓아야 합니다. 그렇지 않으면 다음 도형과 연결되어 따로 떨어지지 않습니다.

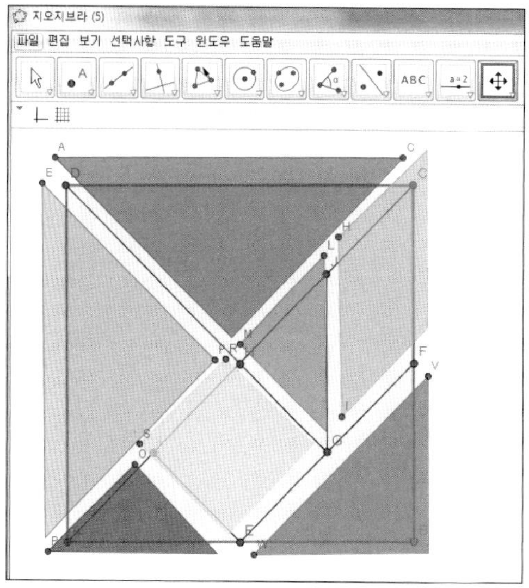

탐구하기 1

작도한 칠교조각을 다양하게 조작해 보면서 어떤 관계가 있는지 탐구해 봅시다.

1. 같은 모양의 조각을 찾아봅시다.

- **지오지브라 활동**

① 작도하기 2에서 만든 칠교조각을 사용하거나 부록 CD의 '1-5(3)-ggb01.ggb'파일을 불러 옵니다.

② 이동 도구를 선택한 후 점을 드래그하여 칠교조각을 겹쳐보며 크기를 비교해 봅시다.

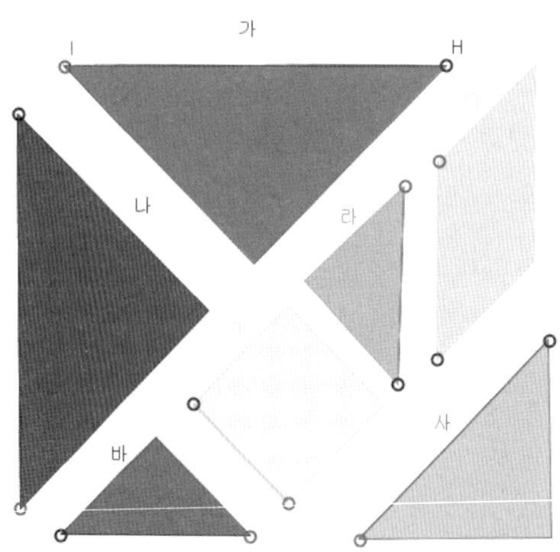

2. 만약 삼각형 가의 넓이가 4라면 다른 칠교 조각의 넓이는 무엇일까요? 도형을 직접 드래그하면서 비교해 봅시다.

칠교조각	넓이
가	4
나	(　　　　　)
다	(　　　　　)
라	(　　　　　)
마	(　　　　　)
바	(　　　　　)
사	(　　　　　)

3. 넓이 도구  를 이용하여 실제 넓이를 구해봅시다.

탐구하기 2

작도한 칠교조각을 이용하여 칠교놀이를 해 봅시다.

1. 칠교조각을 이동시켜 칠교놀이를 해봅시다.

- **지오지브라 활동**
  - ① '편집-열기'를 선택하여 부록 CD에 있는 지오지브라 파일을 불러옵니다.
  - ② 이동 도구  를 이용하여 그림을 채워 봅시다.

△ 7조각을 이용하여 다음 모양을 만들어 봅시다. 부록 CD의 '1-5(3)-ggb02.ggb'를 불러 옵니다.

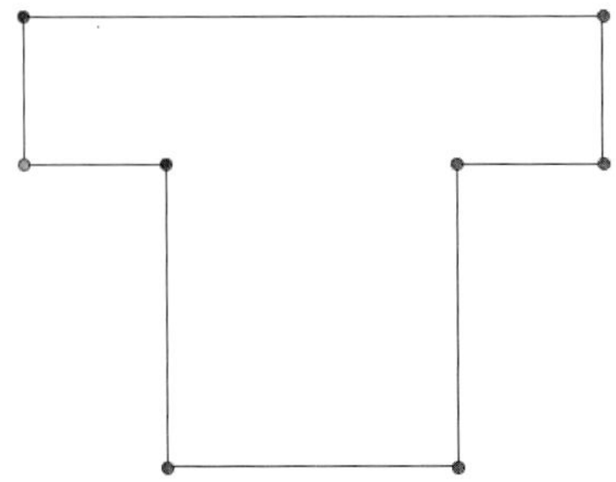

△ 7조각을 이용하여 다음 모양을 만들어 봅시다. CD의 '1-5(3)-ggb03.ggb'를 불러 옵니다.

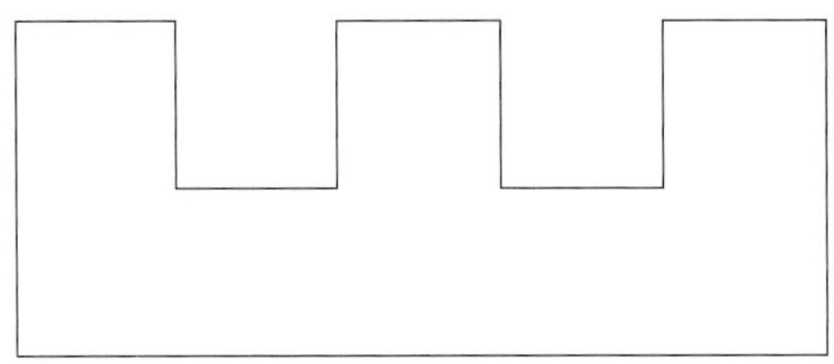

△ 7조각을 이용하여 다음 모양을 만들어 봅시다. CD의 '1-5(3)-ggb04.ggb'를 불러 옵니다.

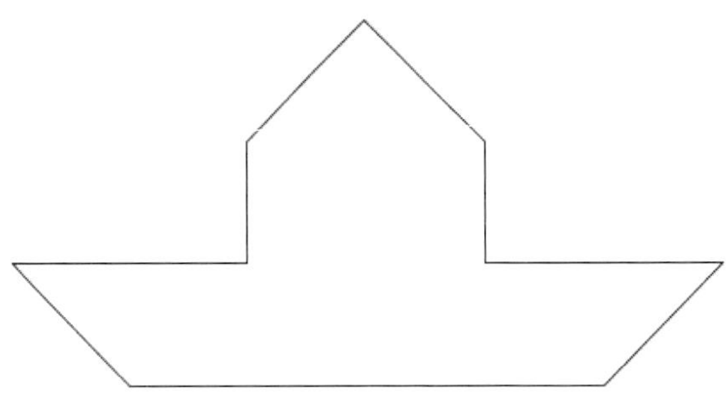

△ 7조각을 이용하여 다음 모양을 만들어 봅시다. CD의 '1-5(3)-ggb05.ggb'를 불러 옵니다.

Quiz

1. 마름모를 이용하여 펜로즈타일링을 만들어 봅시다. (부록 CD의 '1-5(3)-ggb01.ggb'파일을 연 후 마름모를 ctrl+c로 복사해서 활동하세요.)

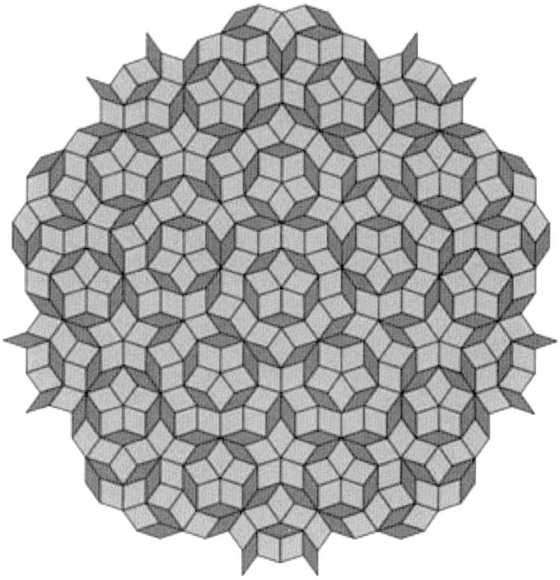

2. 평행사변형과 사다리꼴은 바닥덮기가 가능할까요?
   지오지브라로 확인해 보고 그 이유를 설명해 보시오.

6

평면도형의 이동

프로그램 개요

- **적용대상** : 초등 3학년 수학
- **프로그램 목적** : 평면도형을 다양하게 이동해 보는 경험을 통해 추론능력과 공간감각을 기릅니다.
- **프로그램 시간** : 3차시

소주제 및 목표와 지도 내용

학습목표

- 평면도형을 밀 수 있습니다.
- 평면도형을 뒤집을 수 있고, 뒤집힌 모양을 예상할 수 있습니다.
- 평면도형을 돌릴 수 있고, 회전한 모양을 예상할 수 있습니다.

주제 1. 평면도형 밀기

- 평면도형을 밀었을 때의 모습을 그리기
- 원하는 방향으로 밀기
- 밀기를 이용하여 무늬를 꾸미기

주제 2. 평면도형 돌리기

- 평면도형을 돌렸을 때의 모습을 그려보고 확인하기
- 돌리기를 이용하여 무늬를 꾸미기
- 밀기와 돌리기를 연속으로 하기

주제 3. 평면도형 뒤집기

- 평면도형을 뒤집었을 때의 변화를 살피기
- 평면도형을 뒤집고, 돌린 모습을 그려보고 확인하기
- 평면도형을 밀고, 돌리고, 뒤집어 퍼즐을 해결하기

소주제 1

평면도형 밀기

어떤 평면도형 하나를 밀면 어떤 변화가 일어날까요? 도형의 이동 중에서도 미는 것은 가장 간단한 이동입니다. 하지만 미는 이동을 잘 이용하면 여러 가지 모양을 만들 수도 있습니다. 예를 들어, 오른쪽 그림은 어느 집의 벽에 벽돌이 가득 찬 모습입니다. 이 모양은 직사각형 모양을 계속 밀어서 만들 수 있는 모양 중 하나입니다. 이번 시간에는 평면도형을 밀었을 때 모습을 탐구해 봅시다.

탐구하기 1

평면도형을 하나 그린 후 드래그하여 도형을 밀어 봅시다.

• **지오지브라 활동**

① 격자 보이기/숨기기 도구를 클릭하여 기하창에 격자가 나타나도록 합니다.

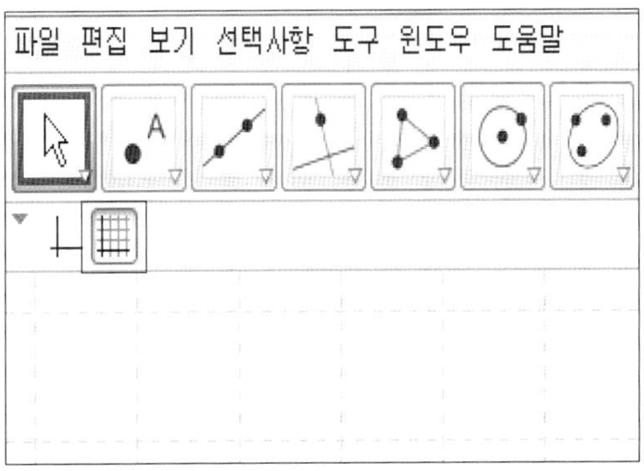

② 다각형 도구를 이용하여 격자 위에 아래와 같이 평면도형을 그립니다.

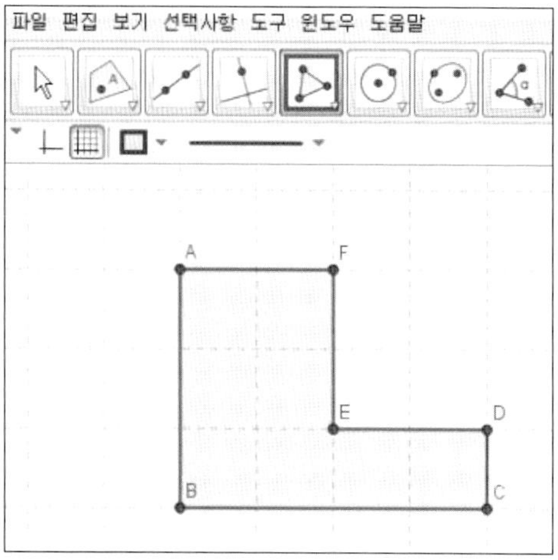

1. 이동 도구 를 이용하여 ②에서 만든 다각형을 드래그해서 밀어봅시다. 도형은 어떻게 변하나요?

위치	
모양	

2. 위에서 만든 평면도형을 오른쪽, 왼쪽, 위, 아래 등 여러 방향으로 밀어 봅니다.

3. 위의 도형으로 무늬를 꾸며 봅시다.

- **지오지브라 활동**

① 위에서 만든 평면도형의 꼭짓점들을 우클릭하여 대상보이기를 선택하면 점들이 모두 사라집니다.

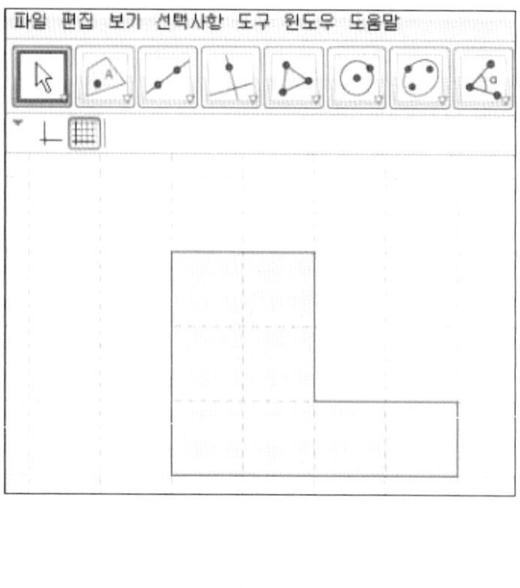

② 평면도형을 선택한 후 키보드의 Ctrl+c를 눌러 위의 도형을 복사합니다.

③ 키보드의 Ctrl+v를 누르면 ②에서 복사한 도형이 나타납니다. 마우스를 드래그하여 여러 방향으로 민 후 클릭하면 도형이 옮겨집니다.

④ 다시 Ctrl+v를 누르면 또 복사한 도형이 나타나고, 적당한 위치로 민 후 클릭하는 과정을 반복하여 모양을 만듭니다.

※ 다각형을 우클릭한 후 '설정사항 - 색상'을 선택하면 색을 바꿀 수 있습니다.

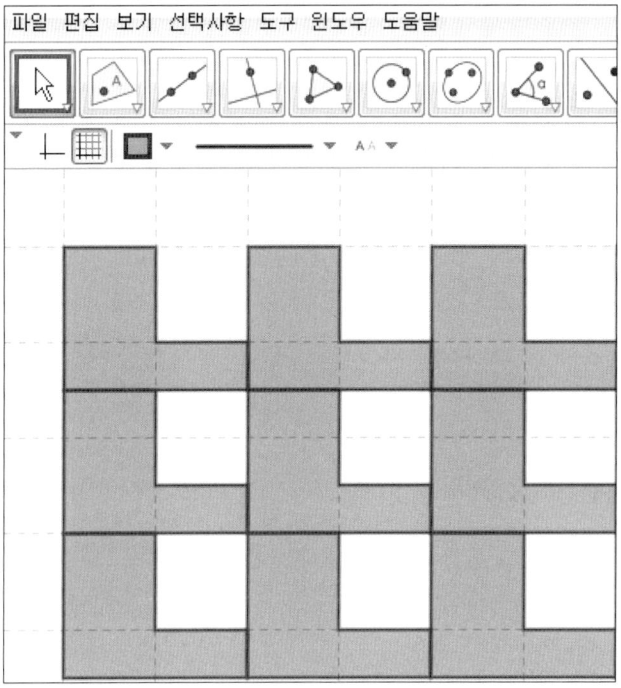

※ 위 그림은 기하창을 축소한 것입니다. 창을 작게하는 방법은 기하창 관련 도구의 크게보기 도구와 작게보기 도구를 이용하면 됩니다.

탐구하기 2

평행이동 도구를 이용하여 도형을 밀어 봅시다.

• 지오지브라 활동

① 격자를 보이게 하고, 다각형 도구를 이용하여 아래와 같이 평면도형을 만듭니다.

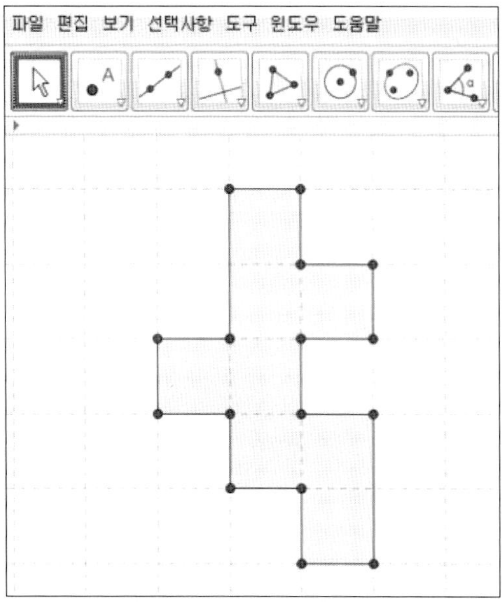

② 백터에 의한 평행이동 도구를 선택한 후, ①에서 만든 평면도형을 클릭하고, 점 A와 점 B를 차례대로 선택합니다.

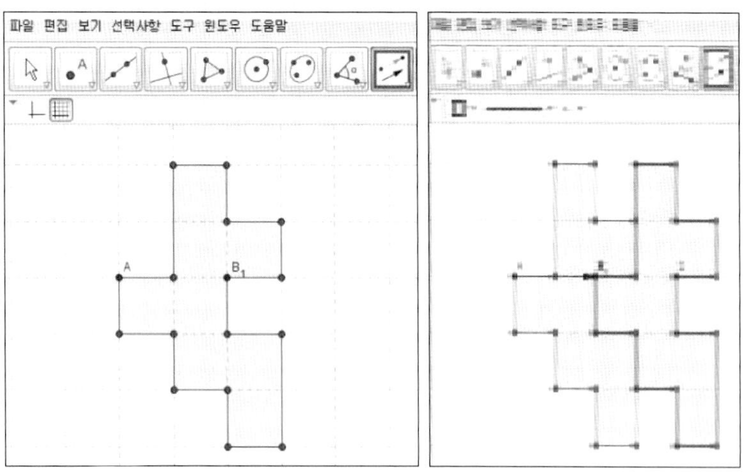

③ 아래와 같이 ②와 같은 방법으로 계속하여 도형을 다양하게 밀어 붙이기를 하고 색도 바꾸어 봅니다.

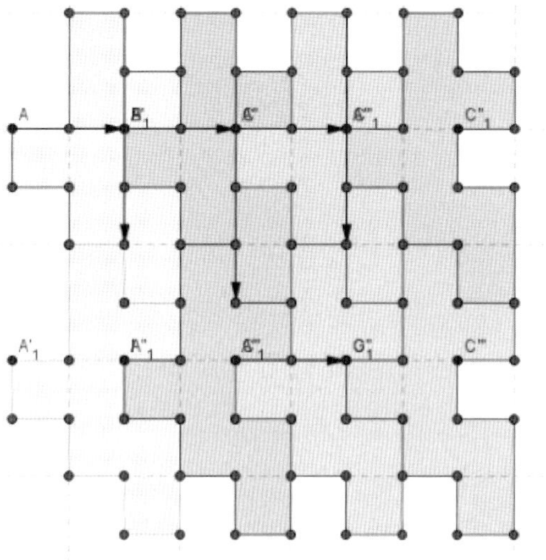

해보기

지오지브라를 이용하여 자신만의 도형을 만들고 밀기를 이용하여 문양을 꾸며 봅시다.

소주제 2

평면도형 돌리기

오른쪽 그림은 애니메이션 CD입니다. 만약 이 CD를 CD플레이어에 넣어서 재생하면 CD가 돌아갈 것입니다. CD가 돌아갈 때 그 위에 그려진 캐릭터는 어떤 모양이 될까요? 얼마나 돌아갔느냐에 따라 그 모양은 다를 것입니다.

이번 시간에는 평면도형을 돌려보고 어떤 변화가 생기는지 관찰해 볼 것입니다. 평면도형을 밀고 돌려서 아름다운 모양을 만들어 봅시다.

알아두기

- 돌리기에 대한 기호

 시계방향으로 지각만큼 돌리기

 시계 방향으로 직각의 2배만큼 돌리기

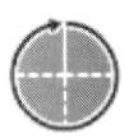 시계 방향으로 직각의 3배 만큼 돌리기

 시계 방향으로 직각의 한 바퀴 돌리기

탐구하기 1

평면도형을 하나 그린 후 돌려 봅시다.

- **지오지브라 활동**

① 격자 보이기/숨기기 도구를 클릭하여 기하창에 격자가 나타나도록 합니다.

② 다각형 도구를 이용하여 격자 위에 아래와 같이 직각삼각형을 작도합니다.

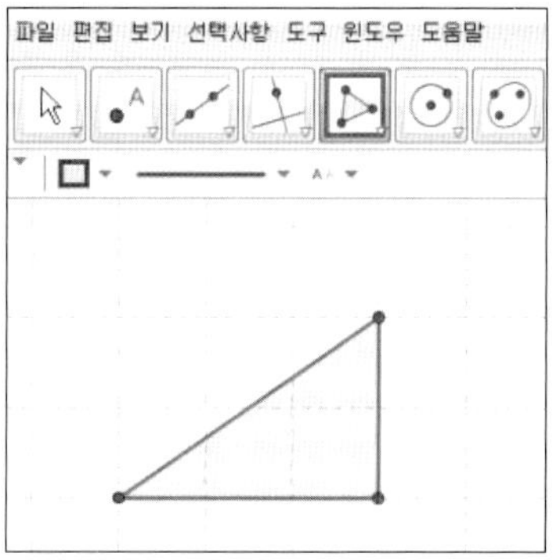

③ 대상 위의 점 도구를 이용하여 직각삼각형 안에 점 하나를 찍습니다.

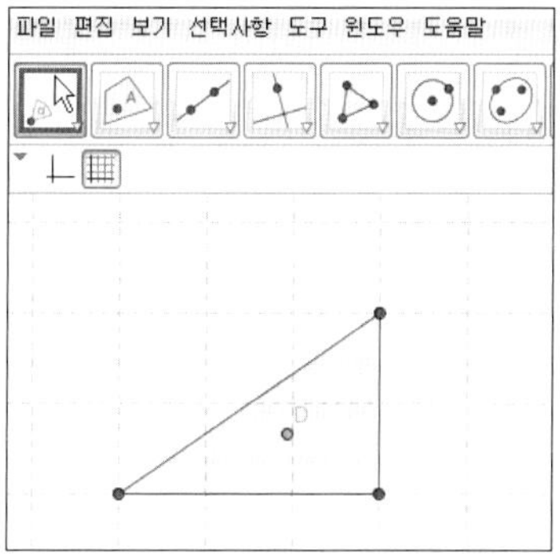

④ 점 주위에서 이동 도구를 선택하고 ③에서 찍은 점을 선택한 후, 직각삼각형을 드래그해서 돌려봅니다.

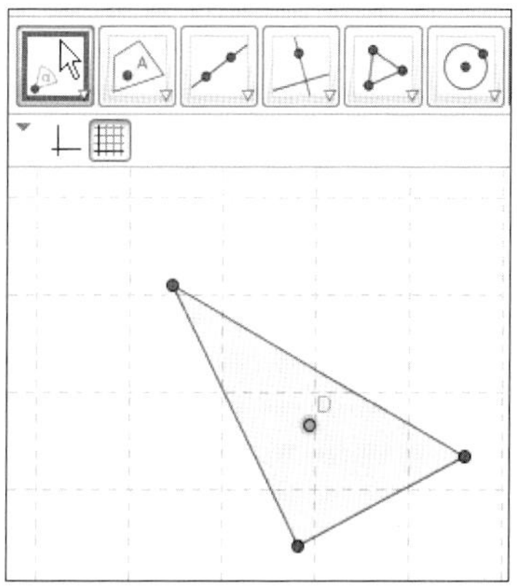

1. 도형을 시계방향으로 직각만큼 돌려 봅시다. 어떻게 바뀌었나요?

2. 도형을 한 바퀴 돌려 봅시다. 어떻게 되었나요?

3. 이번에는 도형을 2직각 3직각만큼 돌려 봅시다.

4. 시계방향으로 돌릴 때와 비교하면서 반시계반향으로 돌려 봅시다.

탐구하기 2

일정한 각만큼 회전이동을 해 봅시다.

- **지오지브라 활동**

① 격자 보이기/숨기기 도구를 클릭하여 기하창에 격자가 나타나도록 합니다.

② 다각형 도구를 이용하여 아래와 같은 평면도형을 그립니다.

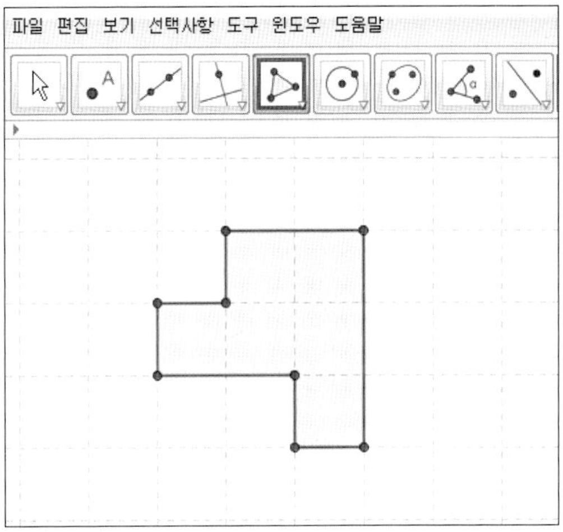

③ 대상 위의 점 도구 를 이용하여 직각삼각형 안에 점 하나를 찍습니다.

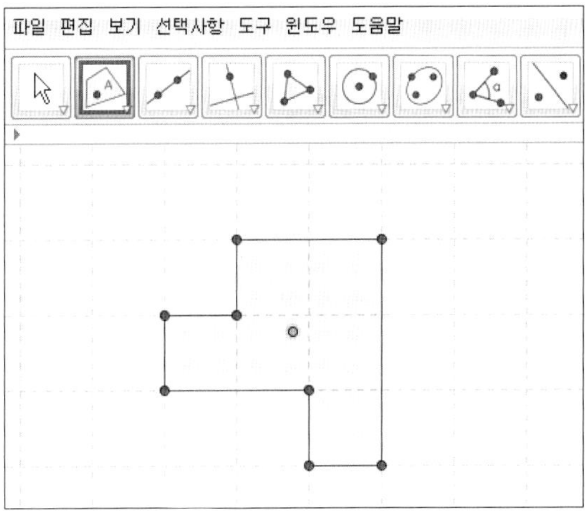

④ 점 주위로 대상을 회전 도구 를 선택한 후 위에서 그린 다각형을 선택하고 도형 내부의 점을 클릭합니다.

⑤ 대화창에 90을 입력하여 도형을 회전시킵니다.

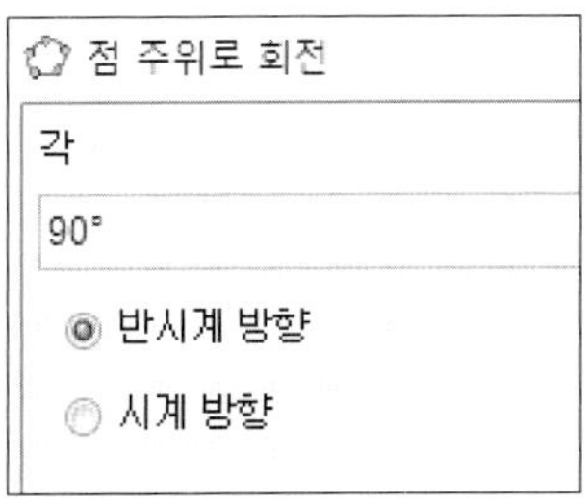

1. 위에서 그린 도형을 시계방향으로 회전한 모양을 그려본 후 지오지브라로 확인해 봅시다.

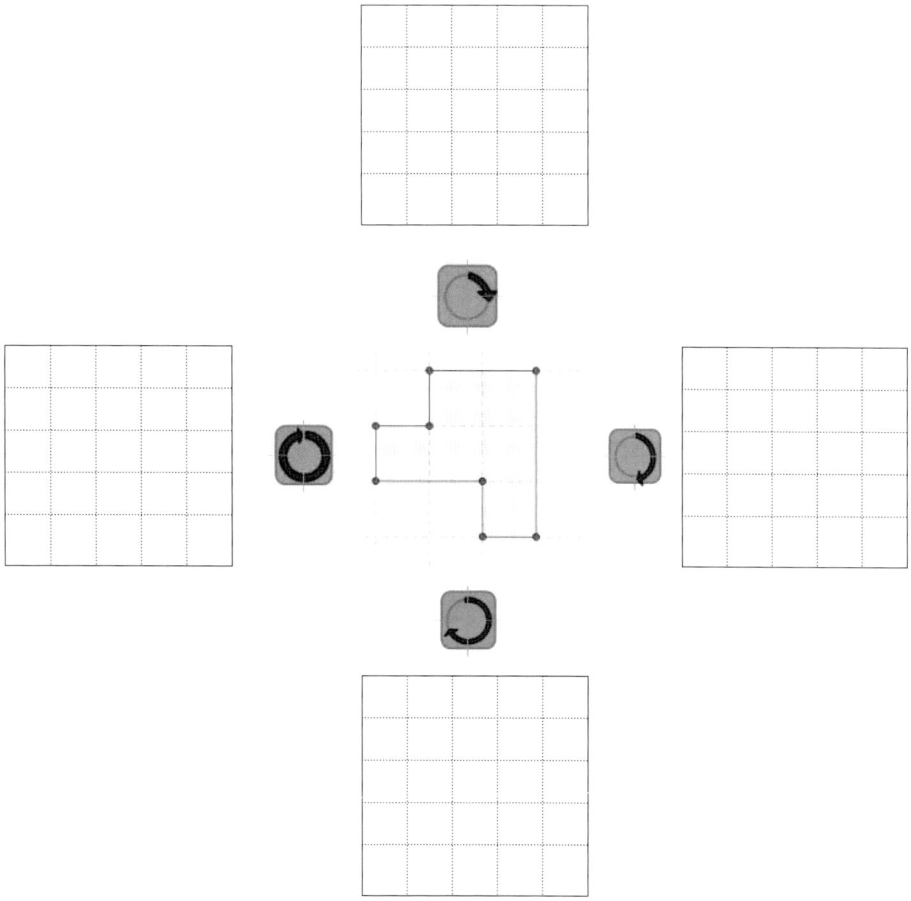

2. 위에서 그린 도형을 반시계방향으로 회전한 모양을 그려본 후 지오지브라로 확인해 봅시다.

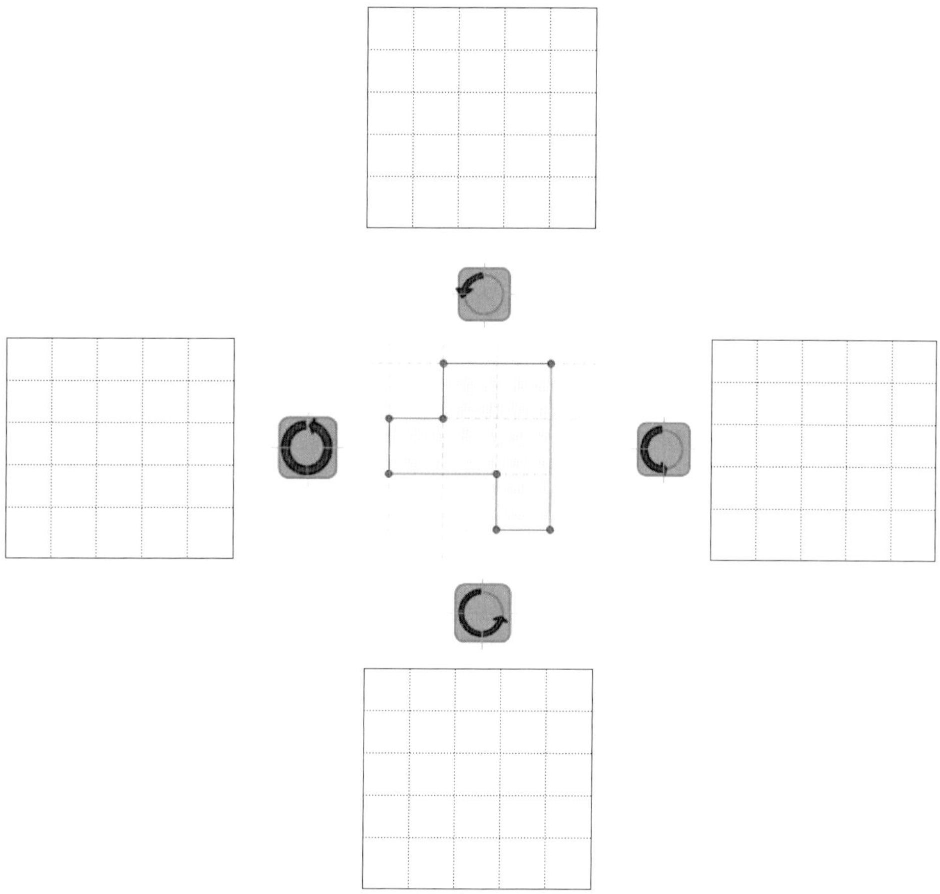

3. 시계방향으로 돌릴 때와 반시계반향으로 돌릴 때 모양이 같아지는 경우가 있습니까? 있다면 어떤 경우입니까?

____

____

탐구하기 3

도형 회전하기를 이용하여 무늬를 꾸며봅시다.

• 지오지브라 활동

① 격자 보이기/숨기기 도구를 클릭하여 기하창에 격자가 나타나도록 합니다.

② 중심이 있고 한 점을 지나는 원 도구를 선택하여 반지름이 격자의 4칸 만큼되는 원을 그립니다.

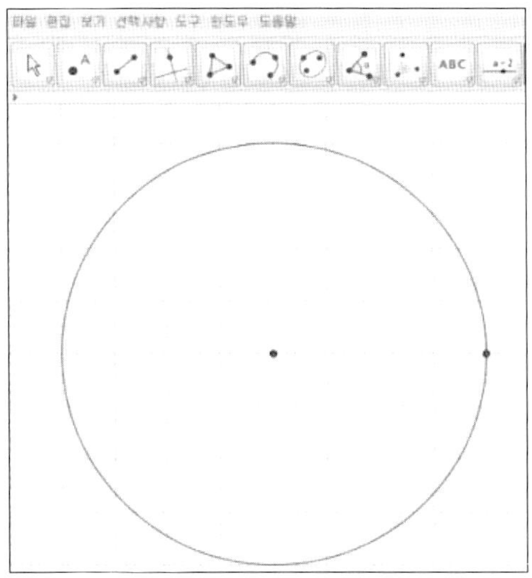

③ 다각형 도구를 이용하여 원의 중심과 원 위의 한 점을 꼭지점으로 하는 마름모를 그립니다.

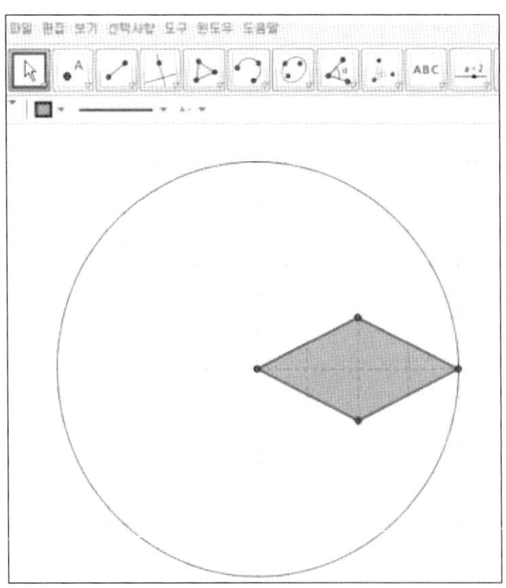

④ 점 주위로 대상을 회전 도구 를 선택한 후 위에서 그린 마름모를 선택하고 원의 중심을 클릭한 후 입력창에 90을 입력합니다.

⑤ 계속해서 90도 만큼 회전시켜 무늬를 완성합니다.

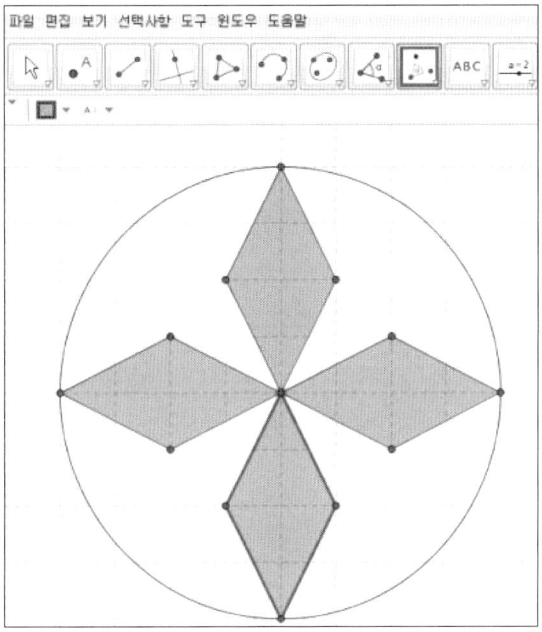

1. 직접 평면도형을 그리고, 도형돌리기를 이용하여 무늬를 만들어 봅시다.

소주제 3 평면도형 뒤집기

오른쪽 그림은 도화지의 한 쪽에 물감으로 그림을 그린 후 겹쳐 다른 쪽에 옮기는 회화기법인 데칼코마니를 활용한 작품입니다. 데칼코마니기법을 사용하면 왼쪽 모양이 오른쪽에 뒤집혀 나타나게 됩니다. 그렇다면 왼쪽에서 오른쪽뿐만 아니라 위아래도 뒤집을 수 있습니다. 이렇게 대칭되는 문양은 아름답게 보입니다. 이번 시간에는 평면도형을 뒤집었을 때 생기는 모양을 관찰해 보고 직접 뒤집힌 모양을 작도해 봅시다.

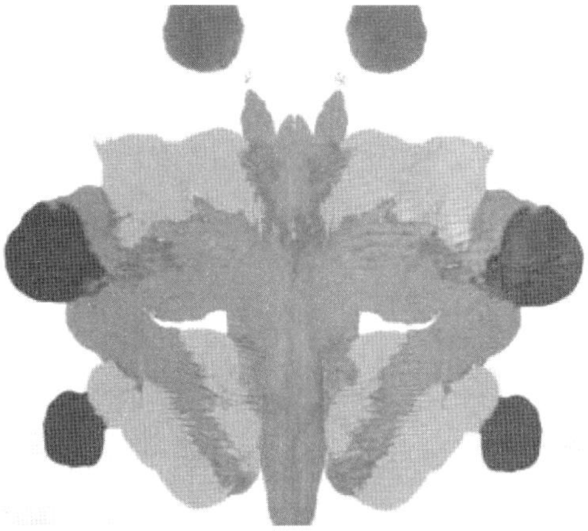

탐구하기 1

평면도형을 그린 후 다양한 방향으로 뒤집어 봅시다.

- **지오지브라 활동 1: 뒤집기를 할 평면도형 그리기**

  ① 격자 보이기/숨기기 도구를 클릭하여 기하창에 격자가 나타나도록 합니다.

  ② 다각형 도구를 이용하여 격자 위에 아래와 같이 평면도형을 그린 후 위, 아래, 왼쪽, 오른쪽에 선분을 작도합니다.

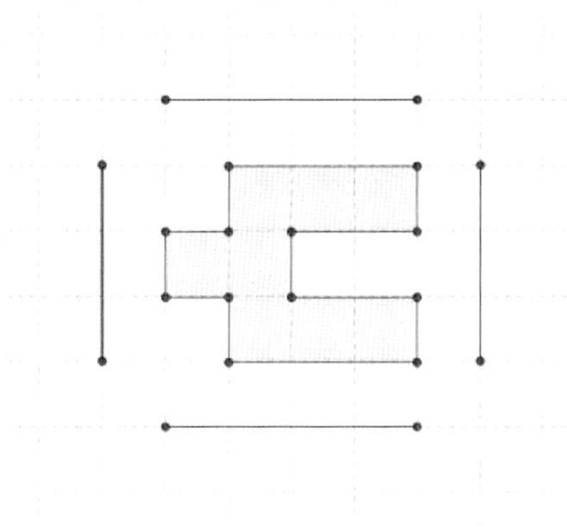

1. 위에서 작도한 도형을 머릿속으로 뒤집어 보고 그 모양을 그려봅시다.

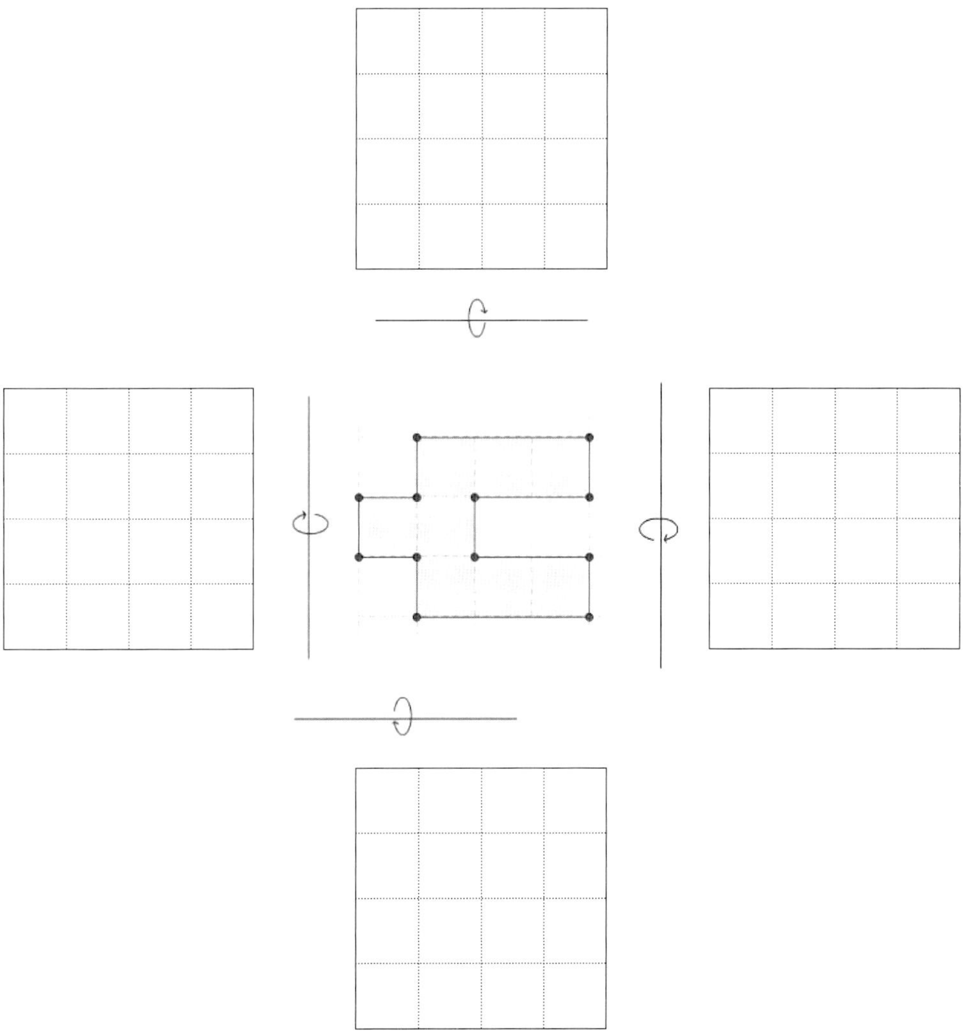

2. 지오지브라로 직접 뒤집어 '1'에서 한 나의 활동과 비교해 봅시다.

- **지오지브라 활동 2: 평면도형 뒤집기**

  ③ 직선에 대하여 대칭 도구를 선택한 후 위에서 그린 평면도형과 뒤집을 때 중심이 되는 선분을 차례대로 선택하여 뒤집습니다.

3. 아래 위로 뒤집을 때와 좌우로 뒤집을 때 뒤집혀진 모양은 어떻게 다른가요?

해보기

아래 도형을 오른쪽으로 뒤집으면 어떤 모양이 되는지 지오지브라를 이용해 확인해 봅시다.

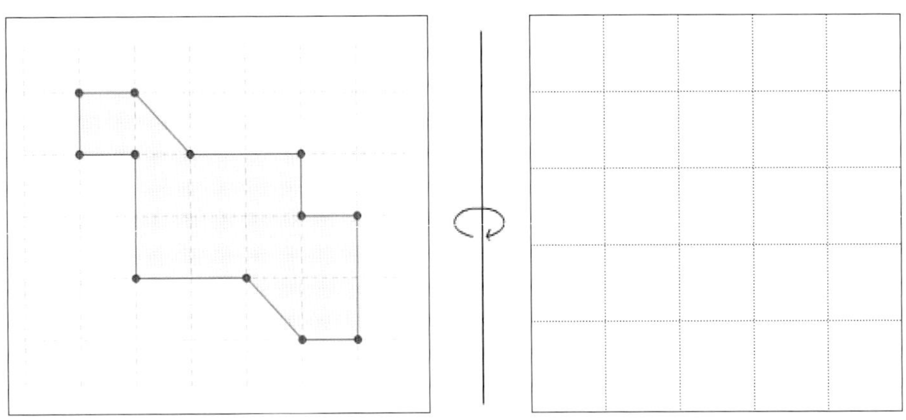

해보기

지오지브라를 이용하여 자신만의 평면도형을 그리고 다양한 방향으로 뒤집기를 해 봅시다. 또 지오지브라의 직선에 대하여 대칭 도구를 이용하여 그린 그림이 맞는지 확인해 봅시다.

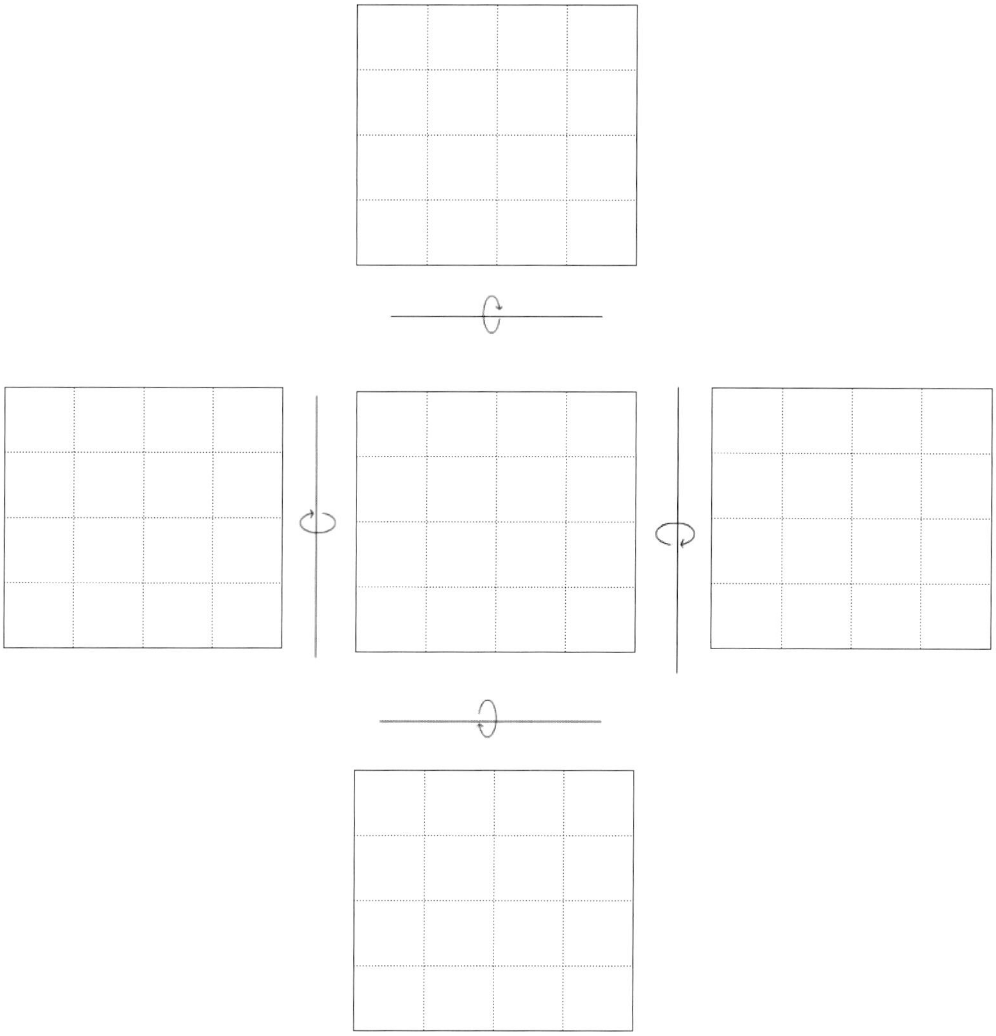

탐구하기 2

돌리기와 뒤집기를 연속해서 해 봅시다.

- **지오지브라 활동 1: 돌리기와 뒤집기를 연속으로 할 도형 그리기**

① 격자 보이기/숨기기 도구를 클릭하여 기하창에 격자가 나타나도록 합니다.

② 다각형 도구를 이용하여 격자 위에 아래와 같은 평면도형을 그립니다.

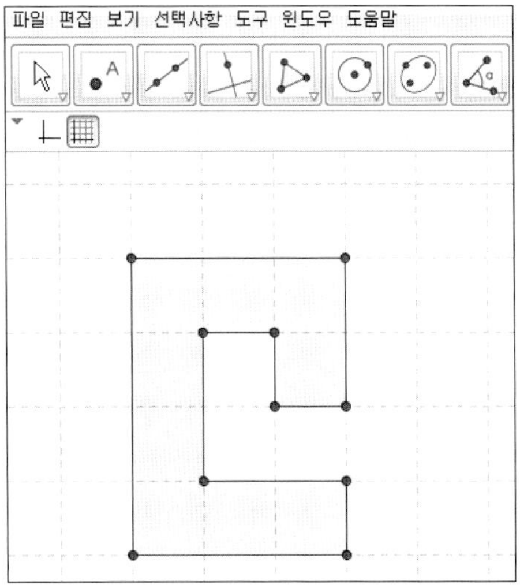

1. 아래 도형을 3직각만큼 돌린 후 뒤집으면 어떤 모양이 되는지 그려 봅시다.

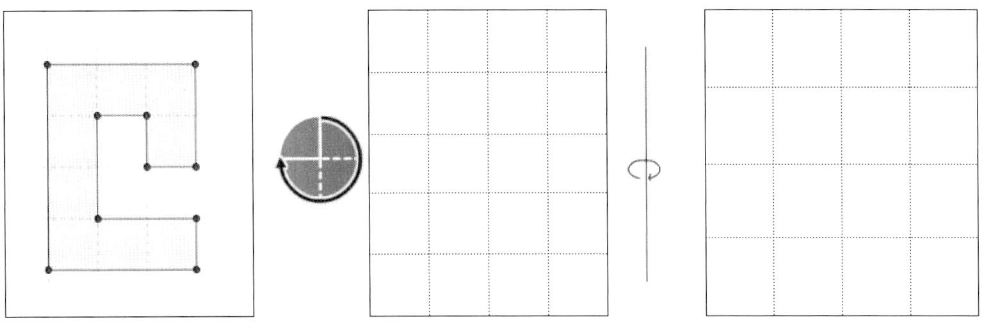

- **지오지브라 활동 2: 뒤집기와 돌리기를 연속으로 해보기**

③ 대상 위의 점 도구를 이용하여 위에서 작도한 도형내부에 한 점을 찍습니다.

④ 점 주위로 대상을 회전 도구를 선택하고, ③에서 찍은 점을 선택한 후, 평면도형을 직각의 3배만큼 드래그해서 돌립니다.

※ 보다 정확한 각도로 돌리기 위해서는 점 주위로 대상을 회전 도구를 선택한 후 위에서 그린 다각형을 선택하고 도형 내부의 점을 클릭하여 나타나는 대화창에 270을 입력합니다.

⑤ 도형 돌리기가 끝났다면, 오른쪽으로 뒤집기 위해서 오른쪽에 선분을 긋습니다.

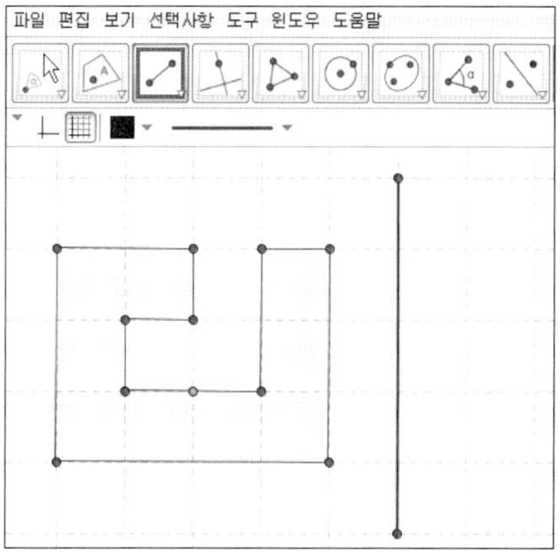

⑥ 직선에 대하여 대칭 도구를 선택한 후 평면도형과 오른쪽 선분을 차례대로 선택하여 뒤집기를 합니다.

탐구하기 3

뒤집기와 돌리기를 연속해서 해 봅시다.

• **지오지브라 활동 1: 돌리기와 뒤집기를 할 평면도형 그리기**

① 격자 보이기/숨기기 도구를 클릭하여 기하창에 격자가 나타나도록 합니다.

② 다각형 도구를 이용하여 격자 위에 아래와 같이 평면도형을 그립니다.

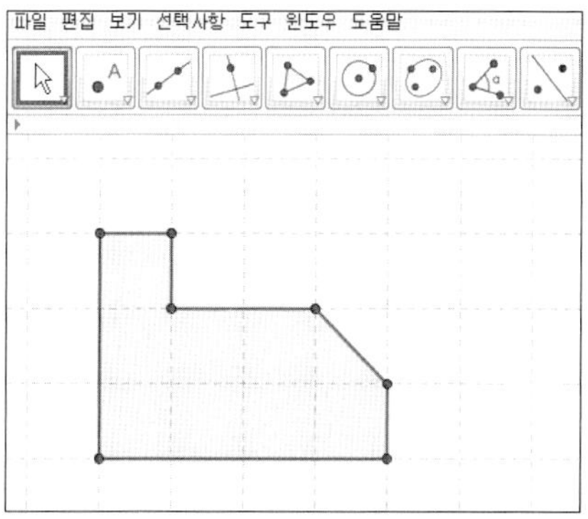

1. 아래 도형을 아래로 뒤집은 후 직각만큼 돌리면 어떤 모양이 되는지 그려 봅시다.

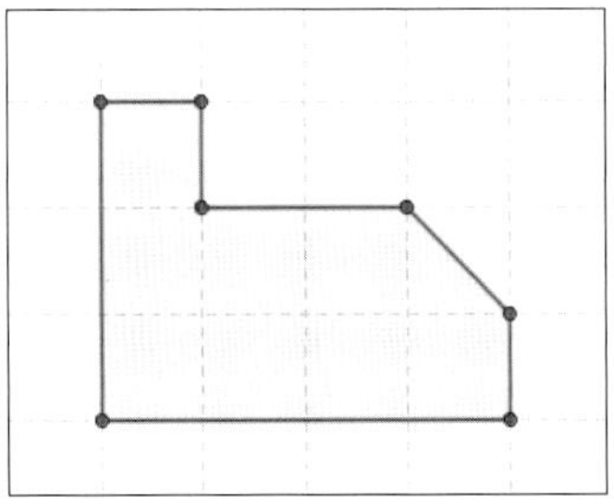

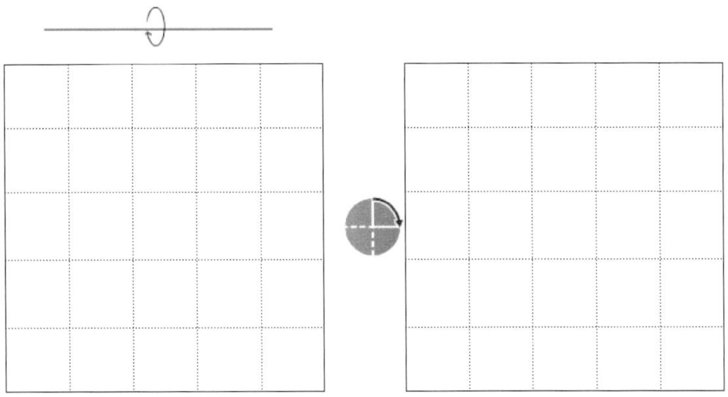

- **지오지브라 활동 2: 뒤집기와 돌리기를 차례대로 해보기**

  ③ 평면도형 아래에 선분을 하나 긋고, 직선에 대하여 대칭 도구를 선택한 후 평면도형과 아래 선분을 차례대로 선택하여 뒤집기를 합니다.

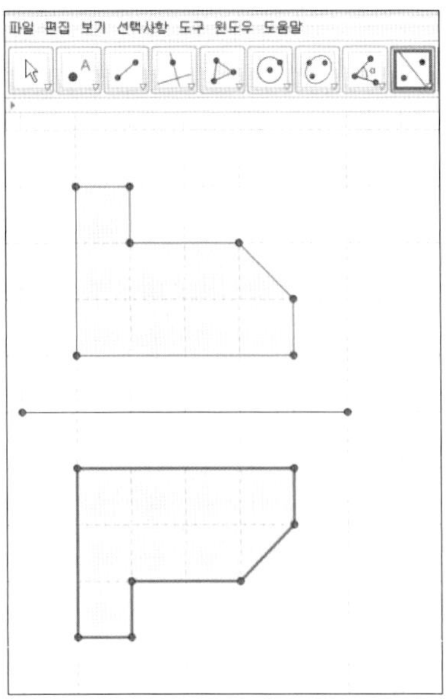

④ 처음 도형과 뒤집힌 도형을 모두 선택하여 우클릭한 후 '설정사항- 고급기능-선택가능'을 선택하여 체크를 해제합니다.

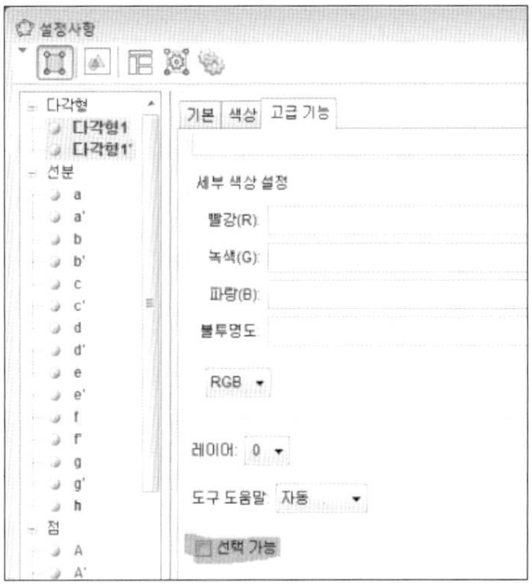

※ 뒤집기를 한 도형은 선택할 수 없기 때문에 뒤집은 도형과 똑같은 도형을 새로 그려야 합니다.

⑤ 다각형 도구를 이용하여 뒤집힌 도형 위에 똑같은 평면도형을 다시 그린 후, 새로 그린 도형을 우클릭한 후 '설정사항-색상'을 선택하여 색과 불투명도를 조절하여 다른 색으로 바꿉니다.

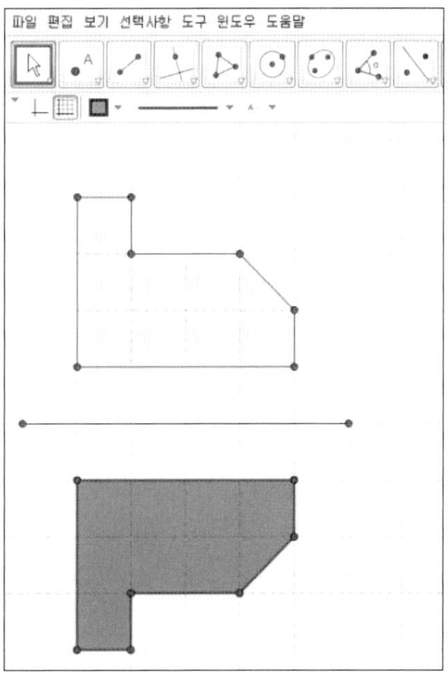

⑥ 대상 위의 점 도구를 이용하여 위에서 다시 작도한 뒤집힌 도형안에 점 하나를 찍습니다.

⑦ 점 주위에서 이동 도구를 선택하고, ⑥에서 찍은 점을 선택한 후, 평면도형을 직각만큼 드래그해서 돌립니다.

※ 보다 정확한 각도로 돌리기 위해서는 점 주위로 대상을 회전 도구를 선택한 후 위에서 그린 다각형을 선택하고 도형 내부의 점을 클릭하여 나타나는 대화창에 90을 입력합니다.

해보기

자신만의 평면도형을 그리고 뒤집기와 돌리기를 연속해서 해 봅시다. 그리고 지오지브라를 이용하여 확인해 봅시다.

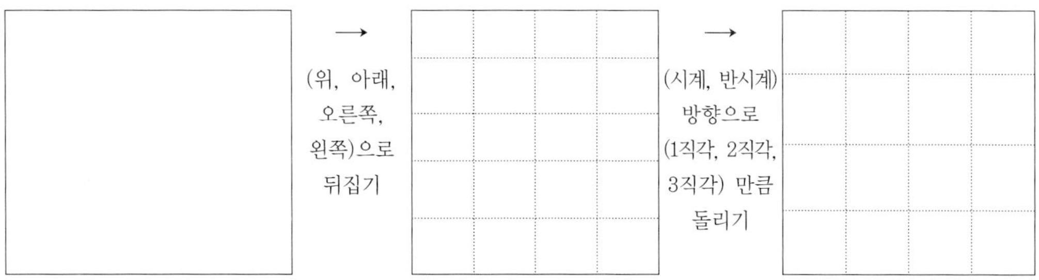

탐구하기 4

밀기, 돌리기, 뒤집기를 활용하여 펜토미노 퍼즐을 해봅시다.

평명도형의 이동_펜토미노게임, 열어서 아래 퀴즈를 해결해 봅시다.

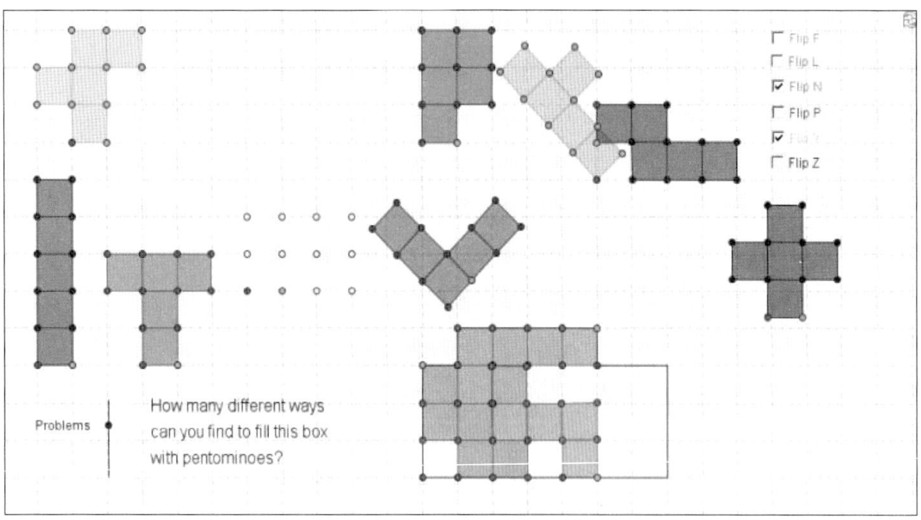

Quiz

1. 어떤 도형을 뒤집은 후 돌리는 것과, 돌린 후 뒤집는 것의 결과는 똑같을까요? 지오지브라로 탐구해 봅시다.

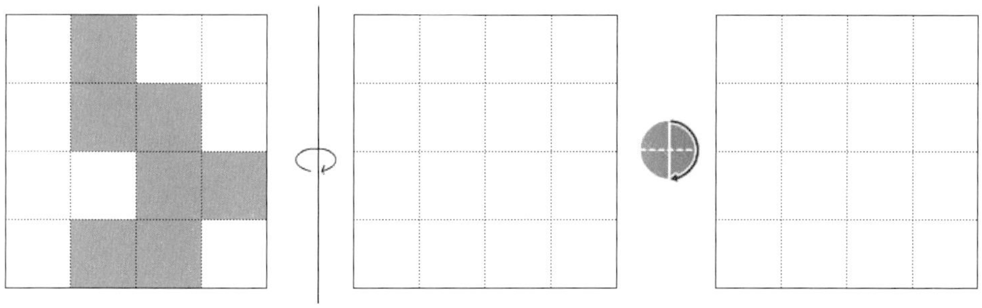

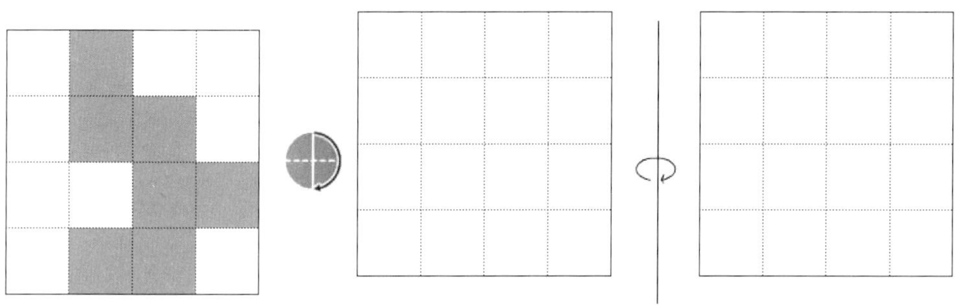

2. 아래와 같은 모양을 2번 뒤집으면 어떤 결과가 나타나는지 알아보고, 왜 그렇게 되는지 설명해 봅시다.

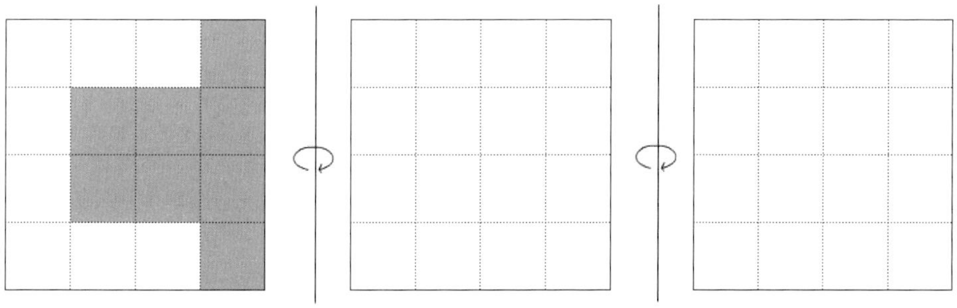

① 두 번 뒤집은 것과 네 번 뒤집은 것은 같은 모양일까요? 다른 모양일까요?

2부 : 심화

1 생활 속 선과 각의 탐구

프로그램 개요

- **적용대상** : 초등 3, 4학년 수학
- **프로그램 목적** : 기본적인 도형을 바탕으로 실생활 속에서 찾을 수 있는 선과 각에 대해 탐색합니다.
- **프로그램 시간** : 2차시

학습목표와 지도 내용

학습목표

- 실생활 속에서 직선과 곡선을 구분할 수 있습니다.
- 실생활 속에서 선분의 중점, 교점, 수선, 평행선을 활용할 수 있습니다.
- 실생활에서 찾은 상황에서 각도를 측정하고, 관련된 성질을 탐색할 수 있습니다.

소주제 1. 점과 선

- 직선과 곡선을 구분하고 그 차이를 구분하기
- 실생활 속에서 선분, 원을 그리기
- 선분, 원 도구를 이용하여 다양한 선의 모양을 그리기
- 실생활 주변의 소재를 이용하여 선분의 중점, 수선, 평행선을 그리기

소주제 2. 각과 각도

- 각의 크기를 이해하고 여러 가지 종류의 각을 측정하기
- 실생활 속에서 다양한 종류의 각을 찾고 구분하기
- 자신의 주변에서 찾은 다양한 상황 속에서 각을 측정하고 그 각의 종류 구분하기
- 문화유산과 같은 유명한 소재 속에서 각을 측정하고 의미를 생각하기

소주제 1

점과 선

우리 주변을 잠시 둘러봅시다. 생활 속 어디를 보아도 점과 선을 볼 수 있습니다. 어린이들이 좋아하는 놀이동산의 롤러코스트는 다양한 종류의 선들이 고스란히 드러나 있습니다. 청룡열차는 원 모양, 휘어진 곡선 모양에다가 쭉 뻗은 직선 모양까지 있습니다. 구석구석을 급격하게 휘어지는 다양한 모양의 선들이 어린이들의 마음을 설레게 합니다.

일상생활에서는 수업시간에 학습한 직선과 선분도 많이 있지만, 곧지 않는 곡선도 많이 존재합니다. 오늘은 생활 속에서 쉽게 볼 수 있는 점과 선을 이용하여 기본적인 도형을 활용하는 내용에 대해 학습해 봅시다.

탐구하기 1

직선(선분)과 곡선에 따라 실물을 구분하여 봅시다.

1. 지오지브라를 열고 부록 CD에 있는 그림 파일 '2-1(1)-fig01.jpg'을 불러와서 다음과 같은 탐구 활동을 해 봅시다.

- **지오지브라 활동 1**

① 메뉴창에서 '편집-이미지 불러오기-파일'을 선택합니다.

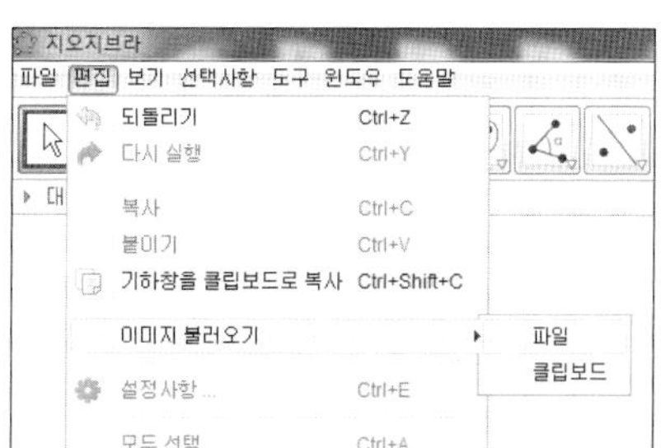

② '파일-열기' 창에서 부록 CD의 '2-1(1)-fig01.jpg'를 열기 봅니다.

③ 새로운 점 도구, 두 점 사이의 선분 도구, 두 점을 통과하는 반직선 도구, 두 점을 지나는 반원 도구, 세 점을 지나는 원호 도구, 세 점을 지나는 원 도구 등을 이용하여 여러 가지 선을 ②에서 불러온 그림에 그려봅니다.

1) 사진은 고전양식의 건축물 사진입니다. 이 건물은 미국 캘리포니아에 있는 한 대학교의 건물 중 일부입니다. 이 사진을 보면 직선, 반직선, 선분, 곡선 등 다양한 모양의 선이 눈에 들어옵니다. 지오지브라 화면에 원하는 지점에 점을 찍고 직선, 반직선, 선분, 꺾인선, 곡선 등을 찾아 그려 봅니다. 각각의 직선, 반직선, 선분, 곡선 등에 이름을 붙여 봅시다.

- 직선:

- 반직선:

- 선분:

- 곡선:

2) 가장 많이 보이는 도형은 무엇인가요? 이유는 무엇이라고 생각하나요?

- 도형:
- 이유:

3) 가장 찾아보기 어려운 도형은 무엇인가요? 이유는 무엇이라고 생각하나요?

- 도형:
- 이유:

4) 다른 건축물 사진을 가지고 위와 같은 활동을 하고 동일한 질문을 받으면 같은 대답을 할까요? 다른 대답을 할까요? 여러분이 사진 한 장(또는 부록CD에 있는 사진 '2-1(1)-fig02.jpg')을 인터넷이나 디지털 카메라에서 찾아서 위와 같은 활동을 진행해 봅시다.

2. 볼록하게 보이는 도형과 오목하게 보이는 도형의 특성에 대해 살펴봅시다. 다음 사진은 국립진주 박물관에서 찍은 가야 시대의 도자기입니다. 도자기 겉면의 곡선을 지오지브라를 이용하여 그려 봅시다.

- **지오지브라 활동 2: 복잡한 곡선 그리기**

  ① 메뉴창에서 부록 CD의 '2-1(1)-fig03.jpg' 파일을 선택하여 불러옵니다.

② 새로운 점 도구, 두 점 사이의 선분 도구, 두 점을 지나는 반원 도구, 세 점을 지나는 원호 도구 를 이용하여 불러 온 파일에 있는 도형의 테두리 모양을 그립니다.

1) 가야 도자기의 테두리 모양을 만들기 위해 새로운 점 도구를 이용해서 점을 몇 개 작도하였습니까?

- 사용한 점의 개수:

2) 가야 도자기의 테두리 모양을 만들기 위해 두 점 사이의 선분 도구, 두 점을 지나는 반원 도구, 세 점을 지나는 원호 도구 를 이용해서 작도한 선분, 반원, 원호는 각각 몇 개입니까?

- 사용한 선분의 개수:
- 두 점을 지나는 반원의 개수:
- 세 점을 지나는 원호의 개수:

3) 또한 서로 다른 두 선(곡선)이 겹치도록 선(곡선)을 그린 곳도 있습니까? 왜 그렇게 해야 했나요?

- 두 도형이 서로 겹치는 부분:
- 이유:

- **지오지브라 활동 3: 그림 확인하기**

① 메뉴창에서 '파일-새 윈도우'를 선택하여 새로운 지오지브라 창을 불러옵니다. 불러온 프로그램에서 대수창과 좌표축을 없애면 아래 그림과 같습니다.

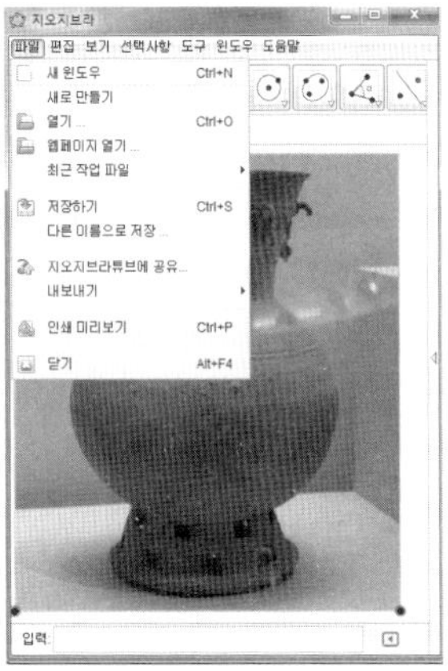 ⇒  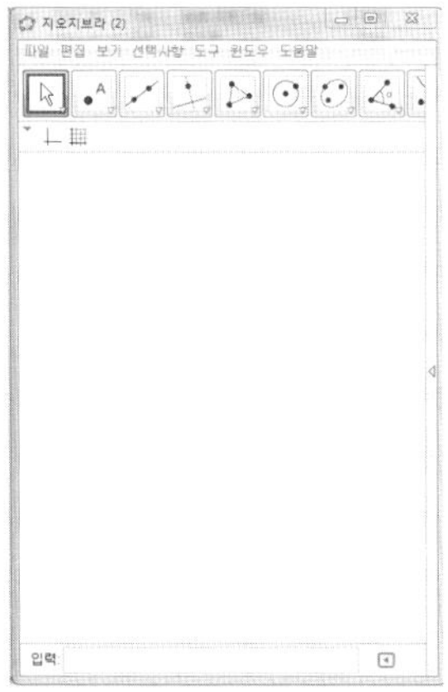

② 새로 불러 온 지오지브라 프로그램에서 부록 CD의 '2-1(1)-ggb01.ggb' 파일을 불러옵니다.

4) 이동 도구를 이용하여 지오지브라 활동 3에서 불러온 파일 '2-1(1)-ggb01.ggb'의 곡선의 모양과 자신이 여러 도구를 이용해 그린 가야 도자기의 곡선의 모양을 비교해 봅니다. 자신이 그린 곡선과 불러온 파일의 곡선의 차이를 기록해 봅니다. 예를 들어, 선분의 개수, 점의 개수, 곡선의 모양 등을 관찰하고 결과를 기록합니다.

____

____

____

____

생각하기

자신이 가지고 있는 카메라를 이용하여 자신의 생활주변에서 예쁜 곡선이나 선이 있는 것에 대한 사진을 부모님 혹은 주변의 어른들과 함께 찍어 보세요. 찍은 사진 혹은 인터넷에서 검색한 사진을 지오지브라에 불러와서 여러 가지 도구를 사용해서 곡선과 선분 모양을 그려봅니다. 그린 결과물은 프린트해서 아래에 붙이세요(디지털카메라에서 찍은 사진을 컴퓨터로 옮길 때에는 주변 여러 분들의 도움을 받으세요).

탐구하기 2

중점, 교점, 수선, 평행선에 대한 탐구활동을 진행해 봅시다.

1. 지오지브라 프로그램에서 부록 CD의 그림 파일 '2-1(1)-fig04.jpg'을 불러와서 중점과 수선을 탐구해 봅시다. 아래 사진은 서울에 있는 덕수궁 안에 있는 중화전이란 건물의 현판입니다. 중화전은 왕이 직무를 보던 곳입니다.

- **지오지브라 활동 4: 중점과 수선 탐구하기**

① 메뉴창에서 부록 CD의 그림 파일 '2-1(1)-fig04.jpg'를 선택하여 불러옵니다 ('2-1(1)-ggb02.ggb' 파일 참조).

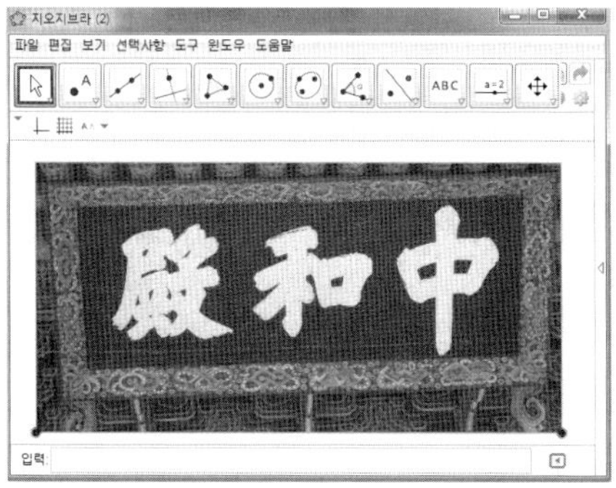

② 새로운 점 도구를 이용해서 현판의 네 꼭짓점을 선택합니다. 또한 두 점 사이의 선분 도구를 이용하여 네 꼭짓점을 지나는 직사각형을 만듭니다.

③ 중점 또는 중심 도구를 이용해서 두 가로 선분의 중점을 작도하고, 수직이등분선 도구를 이용해서 두 가로 선분 중 한 선분 위에 수직이등분선을 작도합니다.

1) 위의 현판의 서로 다른 두 개의 가로 선분이 평행한지 알아보시오. 그리고 그 이유를 적으시오.

2) 수직선 도구를 이용해서 두 개의 가로 선분 사이에 수직선을 3개 작도하시오. 두 개의 가로 선분 사이의 수직선을 선분으로 하는 서로 다른 세 선분의 길이를 측정하고, 그 값을 적으시오. 그 결과를 통해 알 수 있는 사실을 적으시오.

- 세 선분의 길이:
- 알 수 있는 사실:

3) 앞에서 그은 세로선이 가로선과 만나서 이루는 각의 크기가 얼마인 각 도구를 이용하여 구하고 그 결과를 기록해 봅시다.

- 각의 크기:

생각하기

디지털 카메라 혹은 휴대폰 카메라를 이용하여 자신의 얼굴을 찍어서 저장하고, 그 파일을 지오지브라 프로그램에서 불러오기를 합니다. 새로운 점 도구, 중점 또는 중심 도구, 두 점 사이의 선분 도구 등을 이용해서 자신의 얼굴의 테두리를 만듭니다. 그리고 지금까지 배운 내용들을 이용해서 자신의 얼굴의 중앙 부분을 찾아 점을 찍습니다. 그 결과를 출력하여 아래에 붙여 봅니다(디지털 카메라로 찍어서 저장할 때 주위 사람들의 도움을 받아서 진행합니다).

2. 아래 사진은 우리나라 국보 제 1호인 숭례문의 사진입니다. 이 사진은 최근 복원한 숭례문을 찍은 것입니다.

- **지오지브라 활동 5: 평행선에 대한 탐구**

① 메뉴창에서 '편집–이미지 불러오기–파일'을 선택하여 부록 CD에 있는 그림 파일 '2-1(1)-fig05.jpg'를 선택하여 불러옵니다.

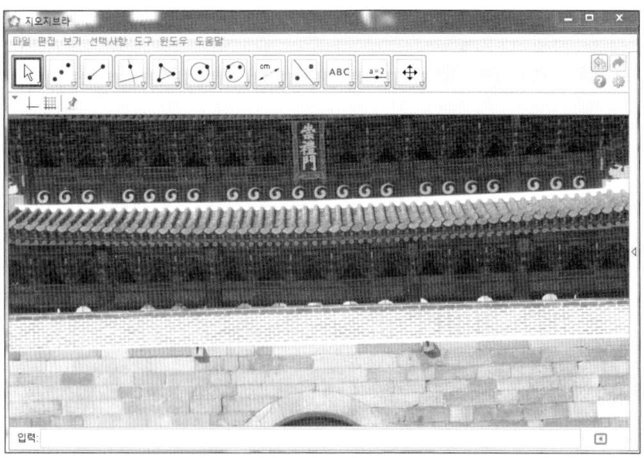

② 새로운 점 도구, 두 점 사이의 선분 도구, 평행선 도구를 이용하여 숭례문을 쌓아 올린 화강석들이 평행하게 쌓여져 있는지 확인해 보도록 합니다.

③ 새로운 점 도구를 이용해서 성벽의 위쪽에 두 점을 잡고, 두 점 사이의 선분 도구를 이용해서 이 두 점을 연결한 선분을 작도합니다. 또한, 연결한 선분 아래쪽에 있는 성벽의 돌과 돌 사이에 점을 하나씩 찍습니다.

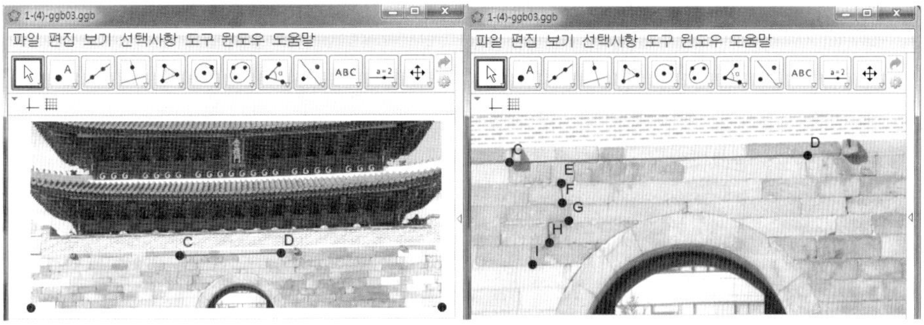

④ 평행선 도구를 이용해서 ③에서 작도한 선분과 평행이면서 각각의 점을 지나는 평행선을 긋습니다('2-1(1)-ggb03.ggb' 참조).

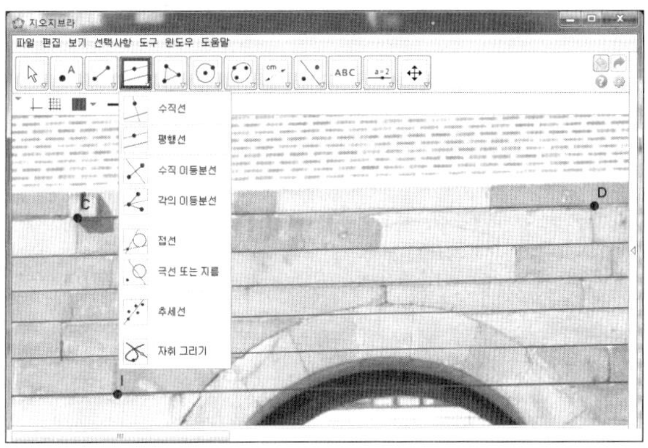

1) 위의 활동에서 숭례문의 돌은 어떻게 쌓여졌다고 결론을 내릴 수 있는지 적어 봅시다.

____

____

2) 주변에 있는 건축물이나 아래 주어진 사진을 이용하여 어떤 곳에 평행선이 있는지 기록해 봅시다.

- 주변의 건축물: ______________________________
- 주어진 사진: ______________________________

3. 아래 활동은 경복궁의 근정전 뒤에 있는 돌담의 사진입니다. 이 사진을 통해 평행선에 대해 탐구해 봅시다. 바깥쪽에 큰 정사각형을 만들면서 쌓여진 벽돌과 안쪽에 작은 정사각형을 만들면서 쌓여진 벽돌이 있습니다. 안쪽 정사각형 모양의 벽돌이 바깥쪽 정사각형 벽돌 가운데에 잘 배치되었는지 확인해 봅시다.

- **지오지브라 활동 6: 평행선에 대한 탐구**

  ① 부록 CD에서 '2-1(1)-fig06.jpg'를 불러옵니다('2-1(1)-ggb04.ggb'파일 참조).

  ② 새로운 점 도구를 이용해서 바깥쪽 큰 정사각형의 네 꼭짓점을 점으로 찍고, 두 점 사이의 선분 도구를 이용해서 사각형을 그립니다.

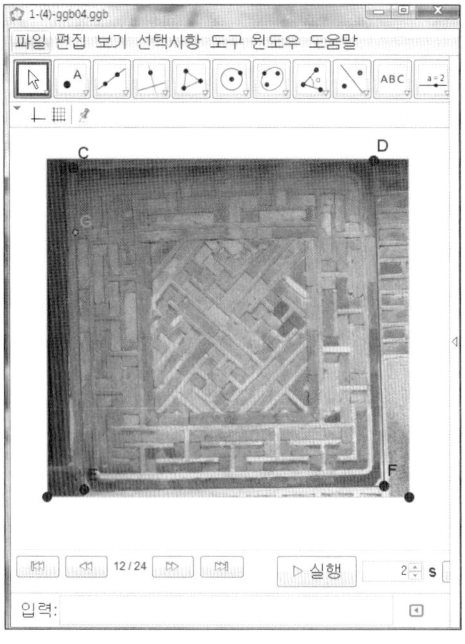

③ 새로운 점 도구를 이용해서 사각형의 세로선에 한 점(G)을 찍고, 평행선 도구를 이용해서 이 점을 지나면서 가로선에 평행인 직선을 작도합니다. 두 대상의 교점 도구를 이용해서 이 평행선과 또 다른 세로선과의 교점(H)을 찍습니다. 두 점 사이의 선분 도구를 이용하여 선분 GH를 긋습니다.

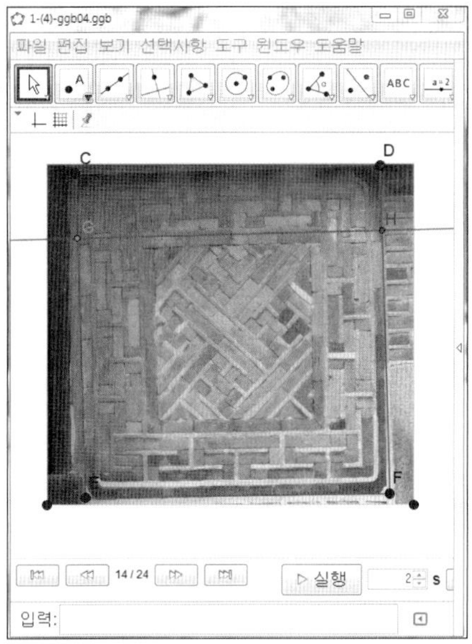

④ 중점 또는 중심 도구를 이용해서 선분 GH의 중점(K)을 잡습니다.

1) 새로운 점 도구를 이용해서 안쪽 작은 정사각형의 네 꼭짓점을 잡고, 거리 또는 길이 도구를 이용하여 각 점들 사이의 길이를 구하고, 그 값을 기록해 봅시다.

---

2) 앞에서 그은 선분 GK과 선분 KH의 중점을 잡고, 점 K에서 수직이등분선을 그어 봅니다. 여러 도구 즉, , , , 를 이용하여 길이를 구해보고, 큰 정사각형의 중심에 작은 정사각형이 위치하는지 그 이유와 함께 기록해 봅시다('2-1(1)-ggb04.ggb'파일 참조).

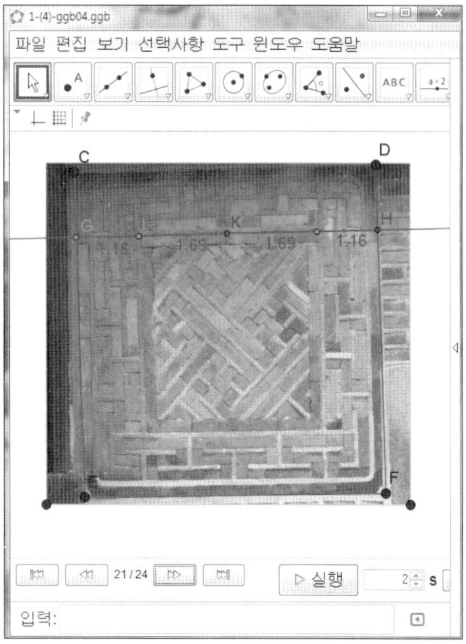
1-(4)-ggb04.ggb
파일 편집 보기 선택사항 도구 윈도우 도움말
C
D
G
K
H
1.16
1.69
1.69
1.16
E
F
21 / 24
▷ 실행
입력:

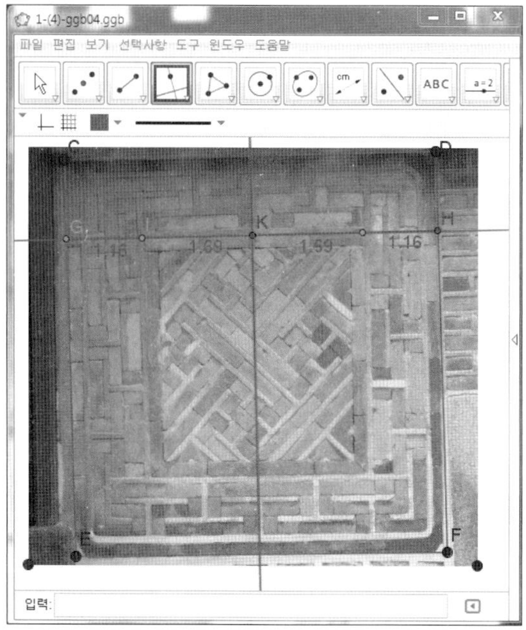
1-(4)-ggb04.ggb
파일 편집 보기 선택사항 도구 윈도우 도움말
C
D
G
K
H
1.16
1.69
1.69
1.16
E
F
입력:

소주제 2

각과 각도

우리 주변에 있는 여러 가지 도형에 대해 살펴보았습니다. 선분, 원, 다양한 곡선, 평행, 수선 등이 그것입니다. 이번 시간에는 선분을 이용하여 선분과 선분이 한 점에서 만나는 각에 대해 살펴보고자 합니다.

평소에는 가볍게 스쳐 지나갔던 사물에 대해 지오지브라를 이용하여 이들에 존재하는 각의 속성과 크기, 성질들을 함께 살펴봅시다.

탐구하기

여러 가지 각 만들기

1. 지오지브라를 이용하여 여러 가지 각을 만드는 활동을 해 봅시다.

- **지오지브라 활동 1: 각 만들기**

① 메뉴창에서 '편집-이미지 불러오기'를 통해 두 종류의 보도 블록의 사진 '2-1(2)-fig01.jpg', '2-1(2)-fig02.jpg'를 불러옵니다.

② 새로운 점 도구와 두 점 사이의 선분 도구를 이용해서 여러 가지 각을 만들어 봅니다.

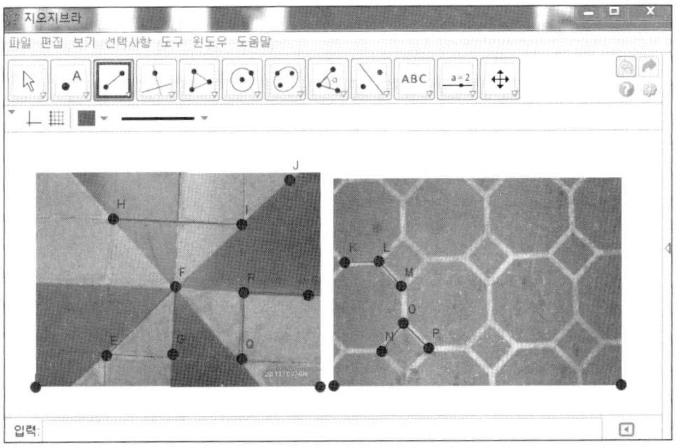

③ 주어진 크기의 각 도구를 이용해서 앞에서 만든 각들의 각도를 측정합니다.(참고: 구하고 싶은 각을 읽는 순서대로 클릭하면 각의 크기를 구할 수 있습니다. '2-1(2)-ggb01.ggb' 파일 참조)

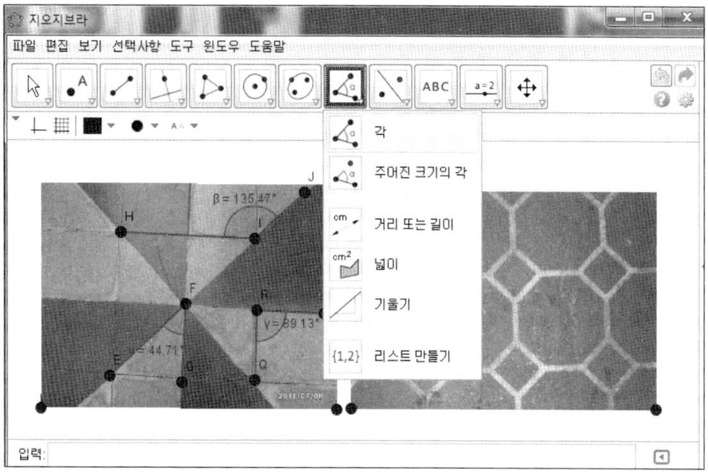

1) 위의 활동에서 얻을 수 있는 각도를 모두 기록해 봅시다.

____

____

2) 위의 활동을 통해 평각, 직각은 각각 어떻게 만들어지는지 기록해 봅시다.

- 평각:
- 직각:

3) 앞에서 얻은 각도들을 아래 표에 제시된 기준에 따라 분류하시오.

기준	90°보다 작은 각	직각 (90°)	90°보다 크고 180°보다 작은 각	평각 (180°)	180°보다 큰 각
위의 활동에서 얻은 각					

2. 생활 주변의 소재를 통해 여러 가지 각을 만들어 보고, 각의 크기를 예측하고 확인하는 활동을 진행해 봅시다.

1) 자신의 생활 주변, 학교 교실 주변 등 다양한 장소에 있는 사물들을 사진을 찍어 모아 옵니다. 찾기 어려운 경우, 아래 사진을 이용합니다('2-1(2)-fig03.jpg', '2-1(2)-fig04.jpg'파일 참조).

2) 이제 자신의 사진 혹은 주어진 사진을 지오지브라로 불러 와서 다음 활동을 진행해 봅시다.

- **지오지브라 활동 2: 각의 크기 예상과 확인**
  ① 메뉴창에서 '편집-이미지 불러오기'를 통해 자신이 구한 사진 혹은 부록 CD에 주어진 사진 '2-1(2)-fig03.jpg' 또는 '2-1(2)-fig04.jpg'를 불러옵니다.
  ② 새로운 점 도구와 두 점 사이의 선분 도구를 이용해서 여러 가지 각을 만들어 봅니다.

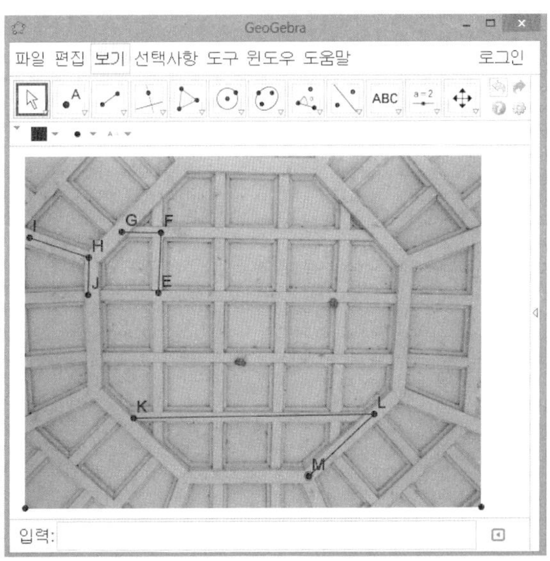

3) 지오지브라에 표시한 각의 크기가 얼마나 되는지 예측해 봅시다. 그리고 실제로 각의 크기가 얼마인지 각 도구를 이용하여 측정해 봅시다. 자신이 예측한 각의 크기와 실제의 각의 크기를 바탕으로 아래 표를 완성해 봅시다.

번호	사진을 붙이고 사진 속에 한 개의 각 표시하기	표시한 각의 크기 예측하기	측정한 결과	예측한 각과 실제의 각의 차
1				
2				
3				
4				

- 가장 큰 차이를 보인 각: ____________________

  그 이유는? ____________________

  ____

- 가장 작은 차이를 보인 각: ____________________

  그 이유는? ____________________

  ____

■ **유의사항**

① 생활주변에서 가장 흥미로운 곳에서 사진을 찍어 봅시다.

② 내가 예측한 각의 크기와 실제 크기가 얼마나 차이가 있는지 생각해 봅시다.

심화활동 : 다보탑의 변의 길이와 각도의 측정

1. 다보탑 사진을 지오지브라로 불러와서 각도와 변의 길이를 측정해 봅시다.

- **지오지브라 활동 3: 다보탑에서 본 각과 변의 크기**

  ① 메뉴창에서 '편집-이미지 불러오기'를 통해서 부록 CD의 '2-1(2)-fig05.jpg' 파일을 불러옵니다.

  ② 각 도구와 거리 또는 길이 도구를 이용해서 다보탑의 1층을 올라가는 계단의 변의 길이와 각도를 구해 봅시다('2-1(2)-ggb02.ggb'파일 참조).

1) 올라가는 계단의 각도는 몇 도입니까?

2) 위의 그림에서 만들어지는 삼각형의 세 변의 길이를 구합니다. 세 변 사이의 길이를 잘 관찰해 보고 어떤 관련성이 있는지 기록해 봅시다.

2. 피라미드 사진을 지오지브라로 불러와서 각의 크기를 측정해 봅니다.

- **지오지브라 활동 4: 피라미드의 경사각 측정하기**

① '편집-이미지 불러오기'를 통해 부록 CD의 '2-1(2)-fig06.jpg'파일을 불러옵니다.

② 새로운 점 도구와 두 점 사이의 선분 도구를 이용해서 피라미드의 아래쪽에 선분을 하나 작도합니다.

③ 수직선 도구를 이용해서 피라미드의 맨 위 꼭짓점을 지나도록 수직선을 작도합니다.

④ 두 대상의 교점 도구를 이용해서 선분과 수직선이 만나는 점을 작도합니다.

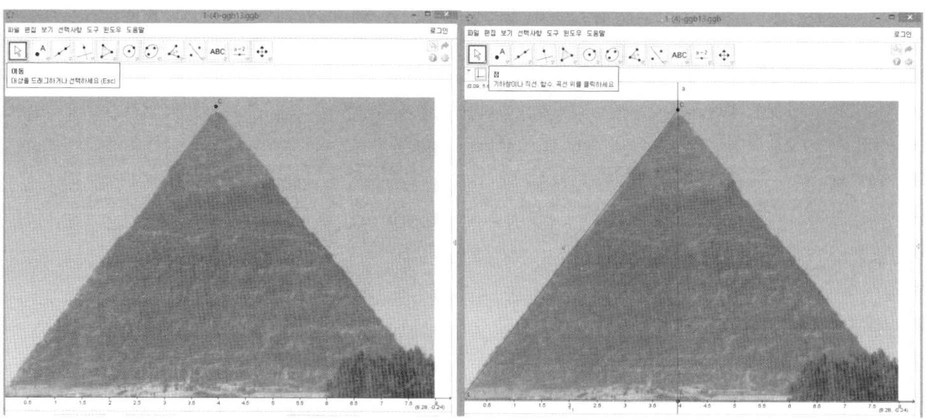

1) 주어진 크기의 각 도구를 이용해서 피라미드가 밑면과 기울어진 각의 크기 즉, 피라미드의 경사각의 각도를 구해봅니다.

2) 앞에서 구한 다보탑의 각도와 피라미드의 경사각의 각도를 비교해 봅시다.

3) 피라미드의 경사각, 다보탑의 기단부 계단의 경사각의 크기는 수학적으로 어떤 의미를 가지고 있는지 인터넷을 통해 찾고 그 결과를 기록해 봅시다.

프로젝트 수행

1. 우리나라 국기인 태극기를 그리는 방법을 소개한 그림입니다. 아래 그림에서 가로의 길이를 3, 세로의 길이를 2라고 할 때, 나머지 태극 무늬와 줄 무늬의 길이 및 폭의 길이를 분수의 값으로 나타내고 있습니다.

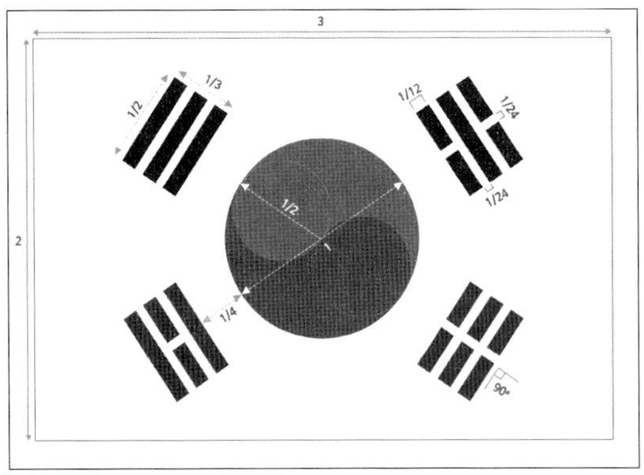

- **지오지브라 활동 5: 태극기 측정 활동**

  ① 메뉴창에서 '편집-이미지 불러오기-파일'을 선택합니다.

  ② 열기창에서 '2-1(2)-fig07.jpg' 혹은 '2-1(2)-fig08.jpg'을 선택하여 '열기'를 선택합니다.

  ③ 새로운 점 도구, 두 점 사이의 선분 도구, 반직선 도구, 각 도구, 수직선 도구, 다각형 도구 등을 이용하여 각의 크기를 구합니다.

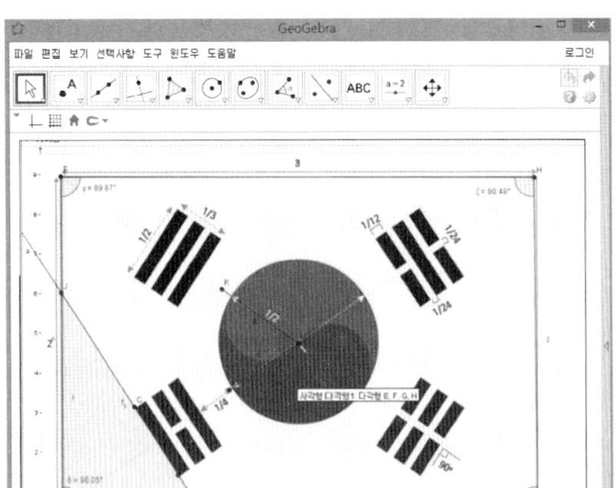

아래 표에 측정한 지점과 그 지점에서의 각의 크기를 기록하시오.

번호	측정한 지점	각의 크기
1		
2		
3		
4		
5		
6		

2 몇 개의 점을 지나는 원

프로그램 개요

- **적용대상** : 초등 3, 4학년 수학
- **프로그램 목적** : 우리 일상생활에서 가장 흔하게 볼 수 있는 동그라미 모양에 대해 새로운 관점에서 익히고, 세 점 혹은 네 점을 지나는 원을 어떻게 그릴 수 있는지 살펴봅니다.
- **프로그램 시간** : 2차시

학습목표와 지도 내용

학습목표

- 원의 성질을 활용할 수 있습니다.
- 세 점을 지나는 원을 그릴 수 있고, 이를 활용한 원의 성질을 알 수 있습니다.
- 네 점을 지나는 원을 그릴 수 있는 경우를 경험적으로 찾을 수 있습니다.

소주제 1. 세 점을 지나는 원

- 단원 소개 및 문제 상황 제시
- 원을 그리는 것이 무엇인지 인식하기
- 선분의 수직이등분선 그리기
- 원의 중심을 찾는 방법 찾기
- 세 점을 지나는 원을 그리는 방법 찾기

소주제 2. 네 점을 지나는 원

- 단원 소개 및 문제 상황 제시
- 실생활의 원 모양을 보고 원 그리기
- 실생활의 구체적 예에서 원의 중심 찾기
- 네 점을 지나는 원이 존재하는지 탐구하기
- 원 위에 있는 네 점을 이은 사각형이 가지는 성질 탐구하기

소주제 1 세 점을 지나는 원

과학자 갈릴레이는 정다각형의 관점에서 원을 바라보았습니다. 그는 정삼각형, 정사각형, 정오각형 … 등 이렇게 무한히 진행하다가 무한한 정다각형에 대해 다음과 같은 말을 남겼다고 합니다.

'무한 정다각형은 바로 원입니다. 원은 변의 개수가 무한히 많은 정다각형입니다.'

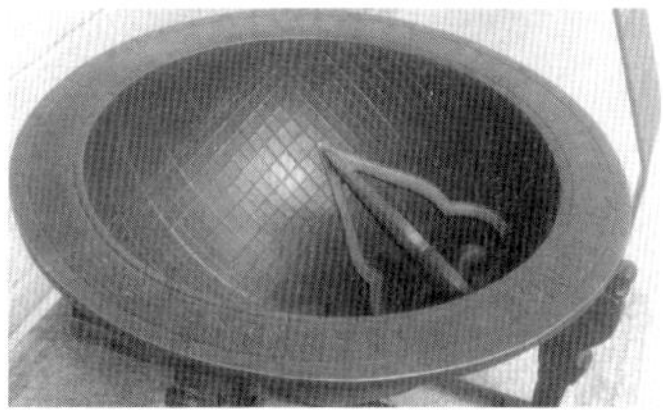

이 말의 의미를 정확하게 이해하는 것은 쉽지 않지만, 원은 신비한 측면이 있는 도형임을 암시해 주는 듯 합니다. 우리가 동그라미라는 말을 통해 처음으로 원에 대해 인식하고 원을 매우 부드러운 도형으로 인식하고 있습니다. 어떤 면에서는 매우 친숙하지만 매우 정교한 도형이라는 생각도 있는 듯 합니다.

예로부터 우리 조상들도 원 모양을 매우 다양하게 활용하고 있었습니다. 세종대왕께서 만든 해시계도 원 모양을 하고 있고, 경복궁이나 덕수궁의 계단 부분에 있는 태극 무늬도 모두 원 모양입니다.

이번에는 이러한 원에 대해 살펴봅시다.

생각하기: 원 그리기

1. 원에 대해 생각해 보고 아래 물음에 답하시오.

1) 원의 의미가 무엇인지 기록해 봅시다.

---

2) 원의 구성 요소가 무엇인지 기록하고, 원의 성질에는 어떤 것이 있는지 적어 봅시다.

- 구성요소:

- 원의 성질:

---

2. 선분의 수직이등분선 그리기

- **지오지브라 활동 1**

① 윈도우창에서 두 점 사이의 선분 도구를 선택합니다.

② 마우스를 이용하여 선분을 그립니다.

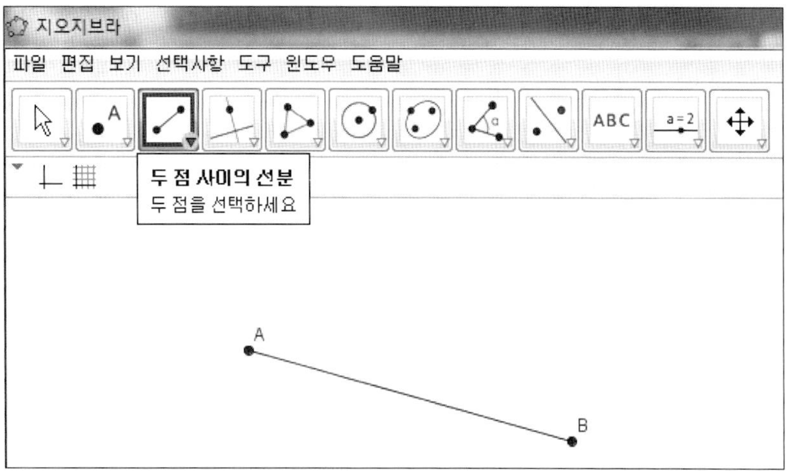

③ 수직이등분선 도구를 이용해서 선분 AB의 수직이등분선을 작도하고, 수직이등분선 위에 한 점(C)를 찍습니다.

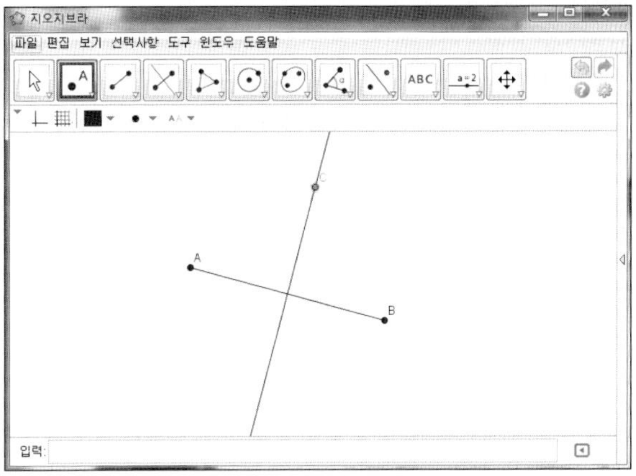

④ 선분 AC의 길이와 선분 BC의 길이를 구합니다.

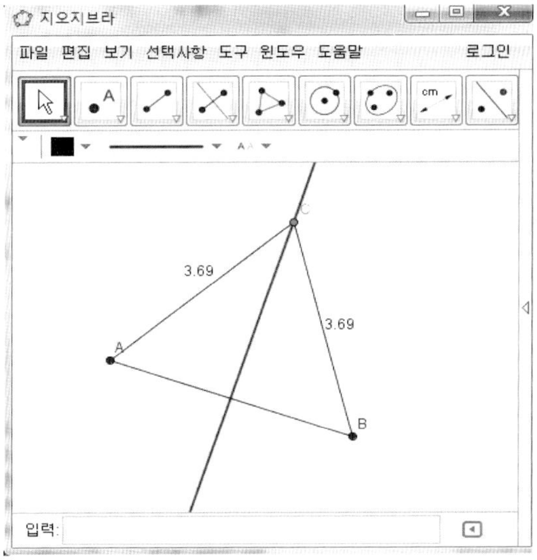

1) 이동 도구를 이용해서 점 C를 이동하면서 선분 AC의 길이와 선분 BC의 길이의 변화를 관찰합니다.

2) 1)에서 관찰한 것으로 부터 얻을 수 있는 결론은 무엇입니까?

탐구하기 1: 원의 중심 찾기

1. 원 위의 한 선분에서 수직이등분선을 긋는 활동을 해 봅시다.

• **지오지브라 활동 2**

① 새로운 점 도구를 이용해서 세 점을 찍습니다.

② 세 점을 지나는 원 도구를 선택하고, ①에서 찍은 세 점을 마우스로 클릭합니다.

③ 원 위의 두 점 A, B를 지나는 선분을 긋습니다.

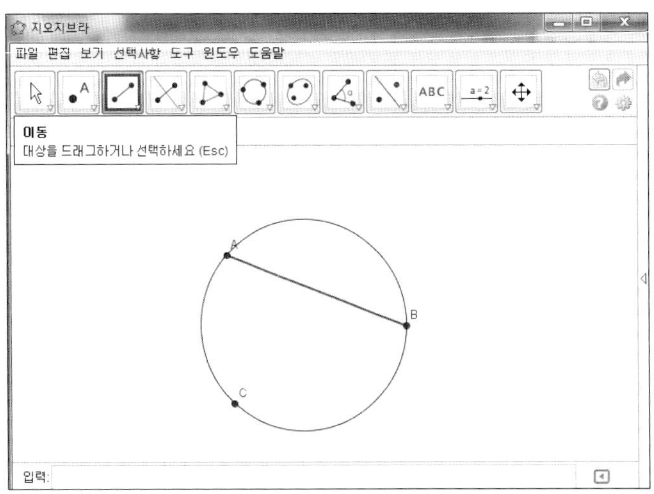

1) 원의 중심은 점 A와 점 B로부터 같은 거리에 있는 점이어야 합니다. 그 이유는 무엇이라고 생각합니까?

____

____

2) 점 A와 점 B로부터 같은 거리에 있는 점은 어떻게 찾을 수 있을까요? 위에서 활동한 선분의 수직이등분선을 이용하여 설명해 보세요.

____

____

2. 다음 활동을 통해 원의 중심이 가지는 특성을 생각해 봅시다.

- **지오지브라 활동 3**

① 선분 AB의 수직이등분선 위에 한 점 D를 찍습니다.

② 거리 또는 길이 도구를 선택하고, 선분 AD의 길이와 선분 BD의 길이를 구합니다.

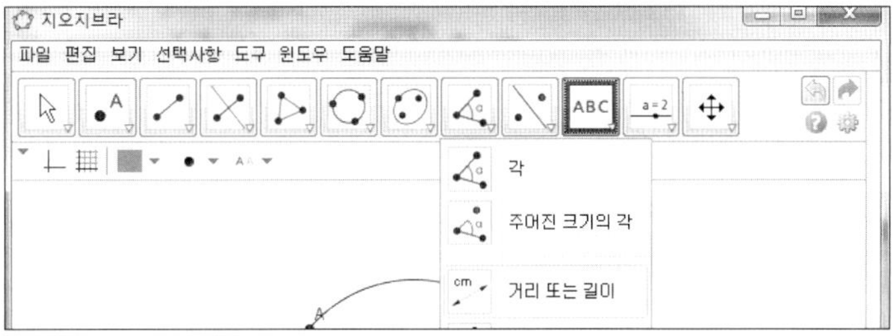

③ 이동 도구를 이용해서 점 D의 위치를 이동하면서, 선분 AD와 선분 BD의 길이의 변화를 관찰합니다.

④ 원 위의 두 점 A와 C를 지나는 선분을 긋고, 선분 AC의 수직이등분선을 그립니다. 선분 AC의 수직이등분선 위의 한 점 E를 잡고, 선분 AE와 선분 CE의 길이를 구합니다.

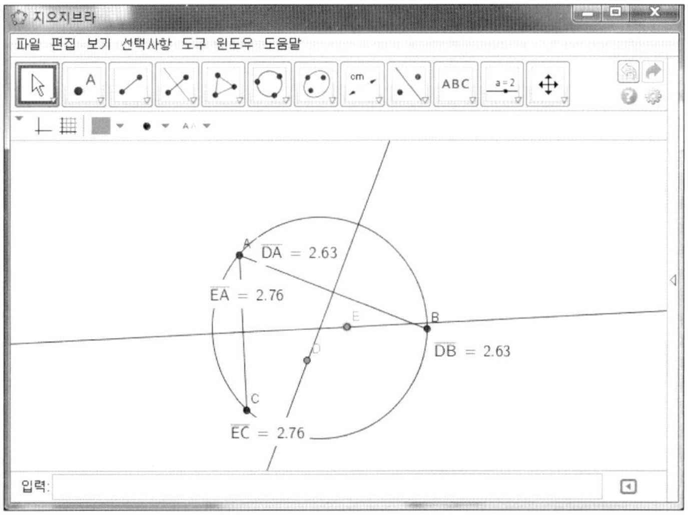

1) 선분 AB의 수직이등분선 위의 점 D에서 원 위의 점 C까지 거리를 구합니다. 이 거리와 선분 AC와 선분 BC의 길이를 비교합니다. 원의 중심에 대해 어떤 결론을 내릴 수 있는지 기록해 봅시다.

2) 선분 AC의 수직이등분선 위의 점 E에서 원 위의 점 B까지 거리를 구합니다. 이 거리와 선분 AE와 선분 BE의 길이를 비교합니다. 원의 중심에 대해 어떤 결론을 내릴 수 있는지 기록해 봅시다.

3) 위의 두 사실로부터 원의 중심은 어느 위치에 있어야 하는지 생각해 보고, 그 결과를 기록해 봅시다.

- **지오지브라 활동 4**

선분 AB의 수직이등분선과 선분 AC의 수직이등분선의 교점을 F라고 합시다. 점 F에서 원 위의 세 점까지의 거리를 구합니다.

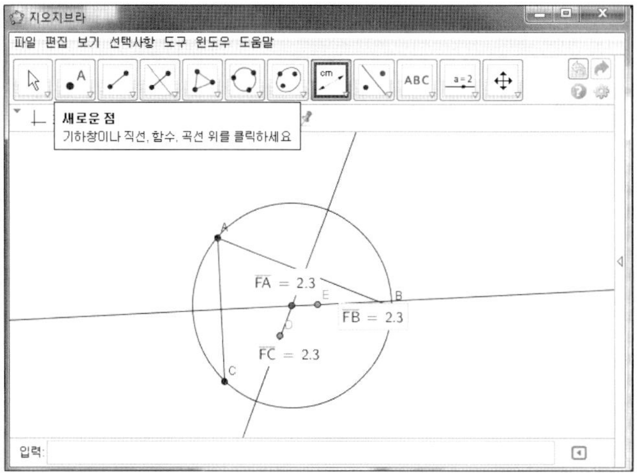

3. 지오지브라 활동 3과 지오지브라 활동 4를 관찰하여 원의 중심은 어떻게 찾을 수 있는지 그 결과를 기록해 봅시다.

탐구하기 2: 세 점을 지나는 원

1. 두 점을 지나는 원에 대한 다음 활동을 수행하고 물음에 답하시오.

- **지오지브라 활동 5**

① 새로운 점 도구를 이용해서 두 점을 찍습니다.

② 두 점을 지나는 선분을 긋고, 이 선분의 수직이등분선을 작도하고, 선분의 수직이등분선 위의 한 점 C를 잡습니다.

③ 중심이 있고 한 점을 지나는 원 도구를 선택하여 점 C를 중심으로 하고, 선분 AC를 반지름으로 하는 원을 그립니다.

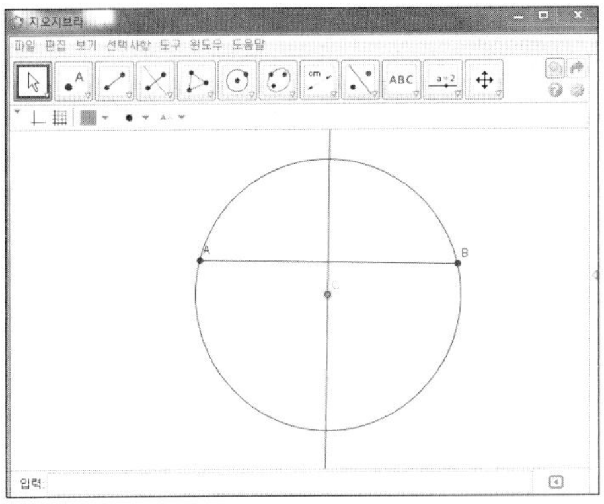

④ 점 C의 위치를 이동하며 원이 어떻게 되는지 관찰합니다.

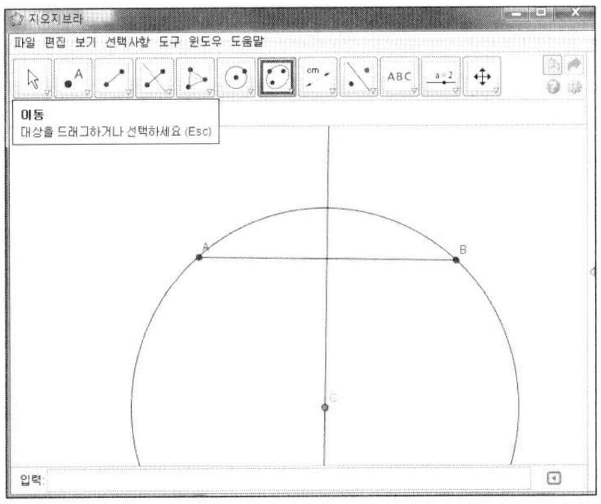

1) 두 점을 지나는 원은 몇 개 존재하는가? 그 이유는 무엇이라고 생각하는지 기록해 봅시다.

2) 두 점을 지나는 원은 어떻게 그릴 수 있는지 기록해 봅시다.

2. 세 점을 지나는 원에 대한 다음 활동을 수행하고 물음에 답하시오.

- **지오지브라 활동 6**

  ① 새로운 점 도구를 이용해서 세 점 A, B, C를 찍습니다.

  ② 두 점 A와 B를 지나는 선분을 긋고, 선분 AB의 수직이등분선을 긋고, 이 수직이등분선 위에 한 점 D를 잡습니다. 먼저 점 D를 중심으로 하고 두 점 A와 B를 지나는 원을 그립니다.

  ③ 두 점 A와 C를 지나는 선분을 긋고, 이 선분의 수직이등분선 위에 한 점 E를 잡습니다. 점 E를 중심으로 하여 두 점 A와 C를 지나는 원을 그립니다.

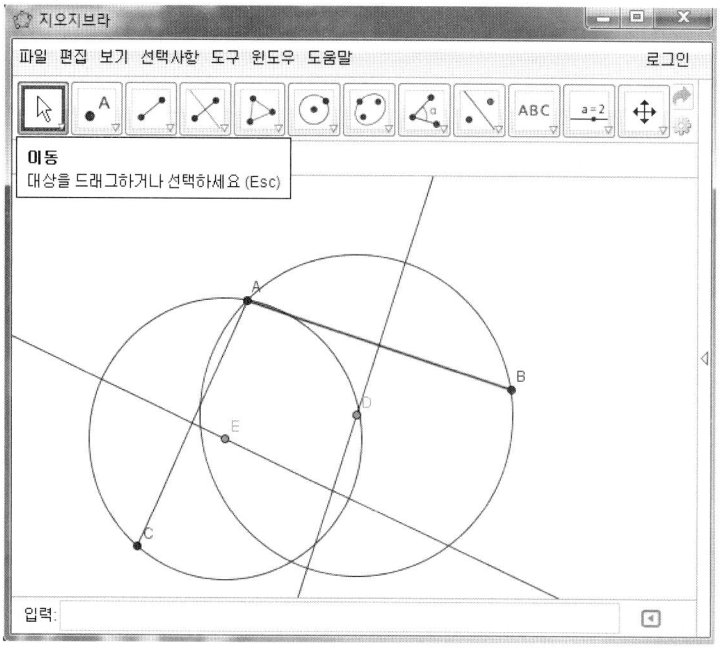

1) 점 D와 점 E의 위치를 이동시켜 세 점 A, B, C를 지나는 원의 성질을 찾아 봅시다.

2) 점 D를 이동하여 선분 AC의 수직이등분선 위에 놓아 봅시다. 그리고 점 E를 이용하며 세 점 A, B, C를 지나는 원이 생기는지 관찰하고 그 결과를 기록해 봅시다.

3) 점 E를 이동하여 선분 AB의 수직이등분선 위에 놓아 봅시다. 그리고 점 D를 이용하며 세 점 A, B, C를 지나는 원이 생기는지 관찰하고 그 결과를 기록해 봅시다.

4) 앞의 2)와 3)의 활동을 통해 세 점을 지나는 원은 어떻게 그릴 수 있는지 기록해 봅시다.

5) 두 점 A와 B를 지나는 원은 몇 개 존재하는지 생각해 봅시다. 또한 두 점 A와 C를 지나는 원은 몇 개 존재하는지 생각해 봅시다. 그럼, 세 점을 지나는 원은 몇 개 존재할까요? 그 이유는 무엇이라고 생각하는지 기록해 봅시다.

소주제 2 네 점을 지나는 원

앞에서 세 점을 동시에 지나는 원이 항상 존재한다는 것을 알았습니다. 게다가 그 원은 오직 하나 뿐임을 관찰과 활동을 통해 확인할 수 있었습니다.

그렇다면 그 다음으로 떠오르는 자연스런 질문은 바로 '네 점을 지나는 원'에 대한 의문입니다. 두 점을 지나는 원은 무수히 많고, 세 점을 지나는 원은 오직 하나 뿐이었다는 사실로부터 네 점을 지나는 원은 어떻게 될 것으로 상상이 됩니까? 상상한 결과를 가족 그리고 주변의 친구와 선생님과 함께 이야기 해 보세요.

이제 궁금증을 가지고 실제로 네 점을 지나는 원에 대한 탐구의 세계로 들어가 봅시다.

확인하기: 주어진 원의 중심 구하기

1. 아래 주어진 사진에서 원을 찾고 물음에 답하시오.

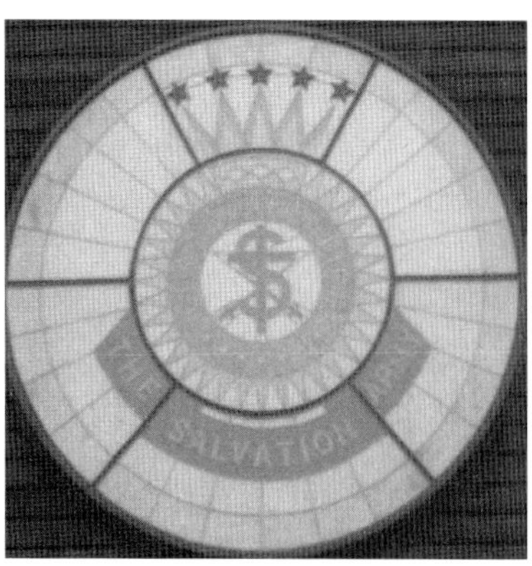

- **지오지브라 활동 1**

① 메뉴창에서 '편집-이미지 불러오기-파일'을 선택합니다. 열기창에서 부록 CD의 '2-2(2)-fig01.jpg'과 '2-2(2)-fig02.jpg'를 선택하여 '열기'를 선택합니다.

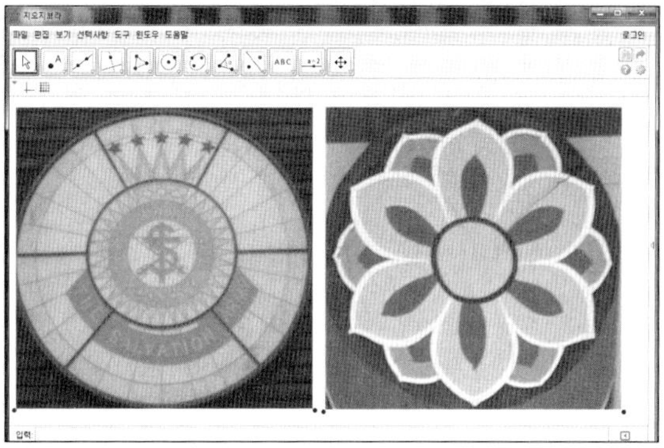

② 세 점을 지나는 원 도구를 이용하여 원을 그립니다('2-2(2)-ggb01.ggb' 참조).

③ 지오지브라 화면에 세 점을 잡아 삼각형을 그리고, 세 점을 지나는 원 도구를 사용하지 않고, 이 세 점을 지나는 원을 그립니다.

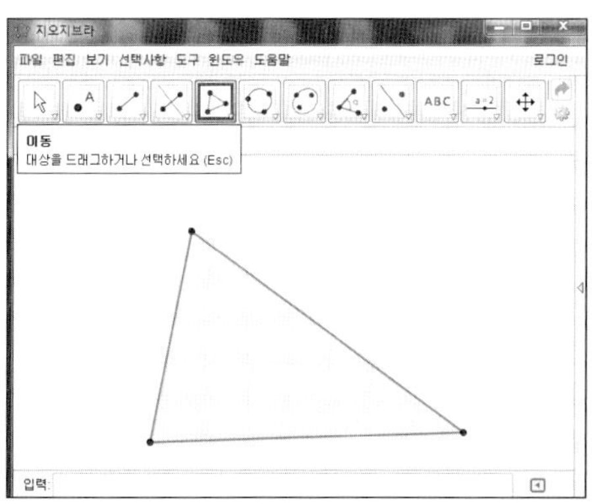

1) 주어진 원의 중심을 구하는 방법을 구체적으로 설명하시오.

2) 세 점을 지나는 원을 그리는 방법을 구체적으로 설명하시오.

2. 아래 활동을 통해 주어진 원의 중심을 어떻게 찾을 수 있는지 생각해 봅시다.

- **지오지브라 활동 2**

① 새로운 점 도구를 이용해서 세 점을 찍습니다.

② 윈도우창에서 세 점을 지나는 원 도구를 선택하고, 주어진 세 점을 마우스로 클릭합니다.

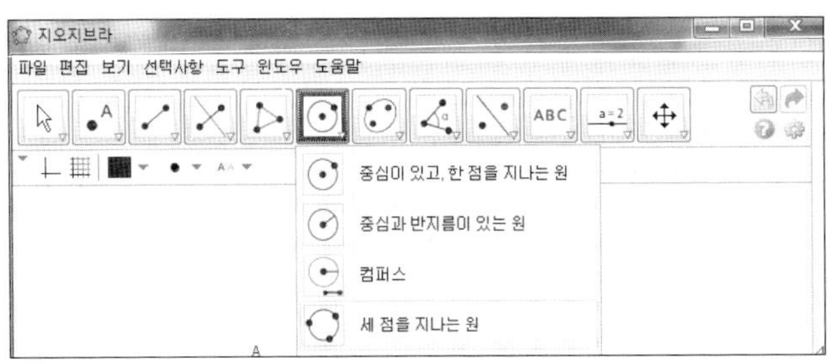

③ 원 위의 두 점 A와 B를 지나는 선분을 긋습니다.

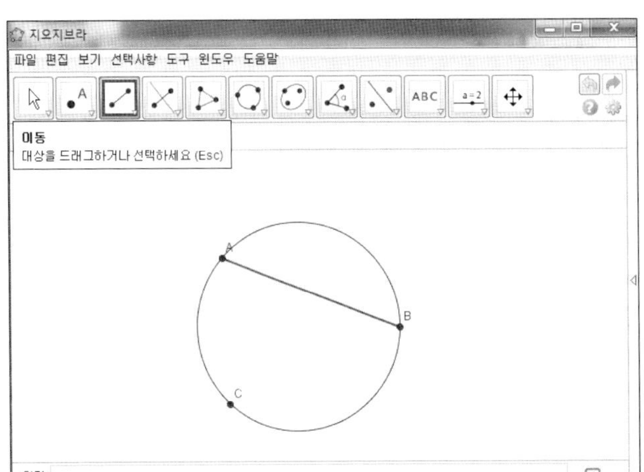

1) 원의 중심은 점 A와 점 B로부터 같은 거리에 있는 점이어야 합니다. 그 이유는 무엇이라고 생각합니까?

2) 점 A와 점 B로부터 같은 거리에 있는 점은 어떻게 찾을 수 있을까요? 선분의 수직이등분선을 이용하여 설명해 보세요.

탐구활동: 네 점을 지나는 원

1. 두 선분 AB와 BC의 수직이등분선이 만나는 점 E는 어떤 성질을 가지는지 아래 활동을 통해 생각해 봅시다.

- **지오지브라 활동 3**

① 새로운 점 도구를 이용해서 네 점을 찍습니다. 편의상 네 점(A, B, C, D)을 지나는 사각형을 그립니다.(파일 '2-2(2)-ggb02.ggb' 참조)

② 먼저 세 점 A, B, C를 선택하여 이 세 점을 지나는 원을 그립니다(230쪽 참조).

③ 임의의 두 점(A, B)을 지나는 선분을 긋고, 이 선분의 수직이등분선을 긋습니다. 또 다른 한 점(C)과 B를 지나는 선분을 긋고, 이 선분의 수직이등분선을 긋습니다.

④ ③에서 만든 두 수직이등분선의 교점(E)을 찍습니다.

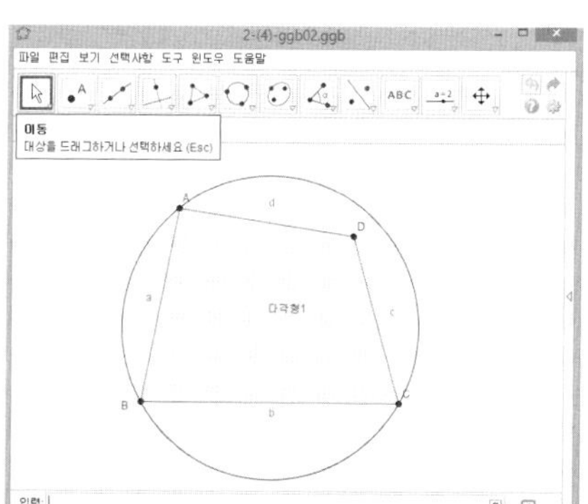

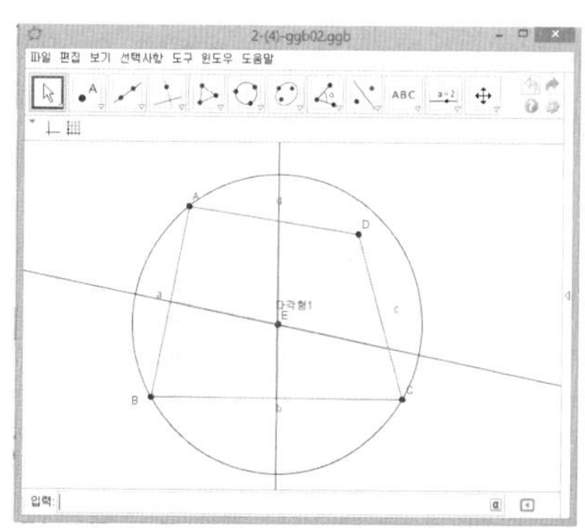

⑤ 거리 또는 길이 도구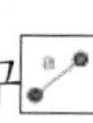를 이용하여 교점(E)에서 각 꼭짓점까지의 거리를 구합니다.

1) 점 E에서 세 점 A, B, C까지의 거리를 측정해 보고 기록해 봅시다.

2) 위의 측정 결과를 통해 어떤 사실을 알 수 있는지 그 결론을 자신의 관찰과 측정결과를 바탕으로 기록해 봅시다.

2. 아래의 활동을 통해 네 점을 지나는 원에 대해 생각해 봅시다.

- **지오지브라 활동 4**

  ① 앞에서 얻은 점 E를 중심으로 하고 한 점 A를 지나는 원을 원 도구를 이용하여 그립니다.

  ② 앞에서 얻은 점 E에서 또 다른 꼭짓점(D)까지의 거리를 측정해 봅시다.

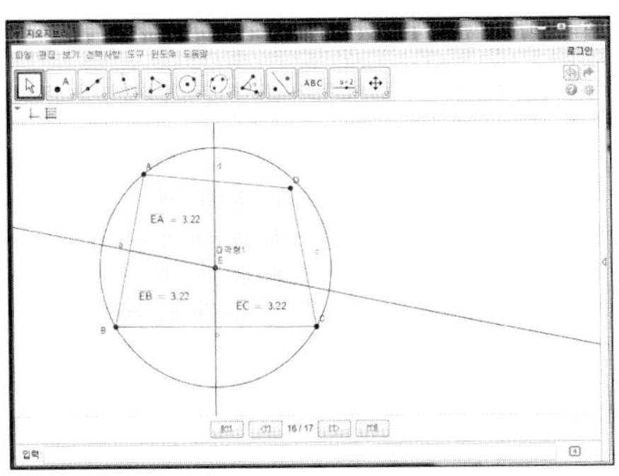

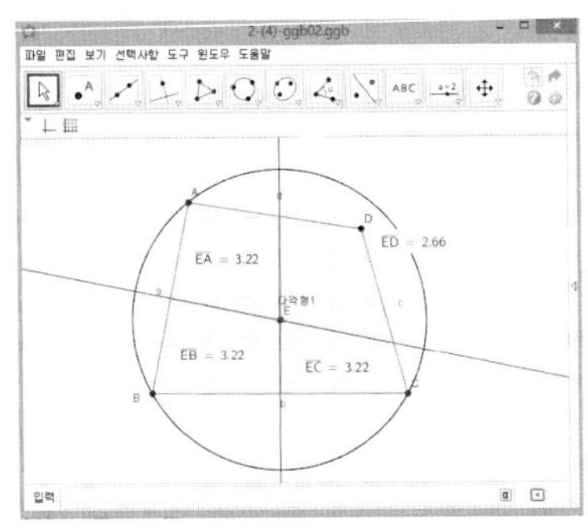

1) 점 E에서 세 점 A, B, C까지의 거리와 점 E에서 점 D까지의 거리를 비교해 보고, 그 결과를 기록해 봅시다.

2) 점 E를 중심으로 하고, 점 A를 지나는 원이 점 D를 지납니까?

3) 위의 1)과 2)로부터 네 점을 지나는 원에 대해서 어떤 결론을 도출할 수 있을까요?

____

____

3. 다음 활동을 통해 네 점 A, B, C, D 중에 세 점을 선택하고, 이 세 점을 지나는 원이 또 다른 한 점을 지날 수 있는지 확인해 보도록 합시다.

• **지오지브라 활동 5**

① 이번에는 세 점 B, C, D를 선택하여 이 세 점을 지나는 원을 그려봅시다. 이 세 점을 지나는 원의 중심을 E라고 합시다.

② ①에서 얻은 점 E를 중심으로 하고 한 점 D를 지나는 원을 그리고, 점 E로부터 또 다른 점 A까지의 거리를 측정합니다.

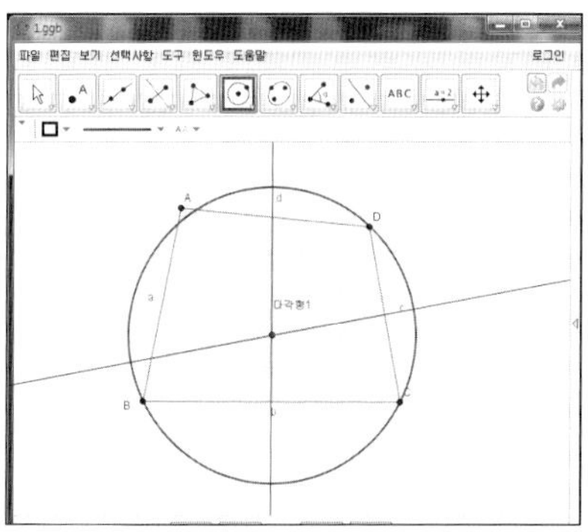

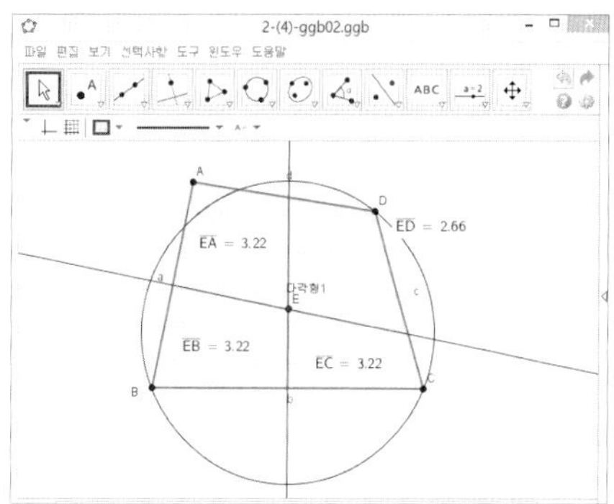

③ 마지막으로 또 다른 세 점 A, B, D를 선택하여 이 세 점을 지나는 원을 그립니다. 이 세 점을 지나는 원의 중심을 E라고 합시다.

④ ③에서 얻은 점 E를 중심으로 하고 한 점 A를 지나는 원을 그리고, 점 E로부터 또 다른 점 C까지의 거리를 측정합니다.

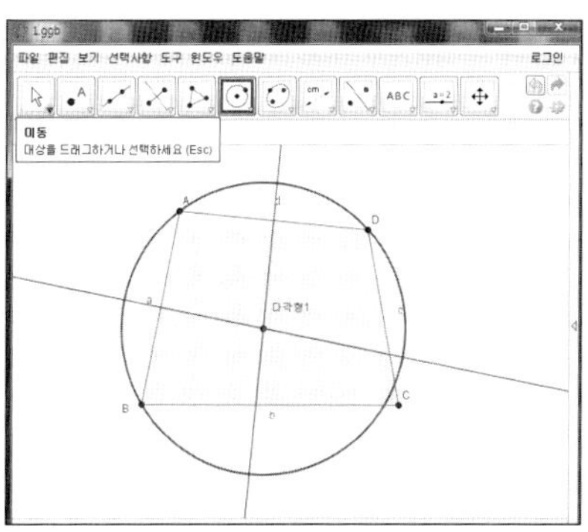

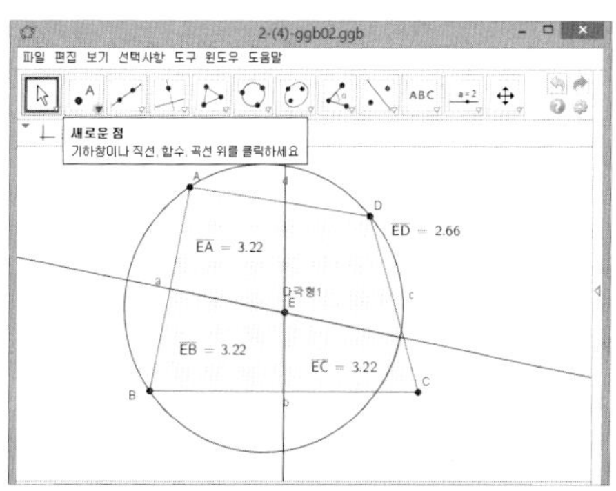

1) 네 점 중에서 자신이 마음에 드는 세 점을 선택하고, 이 세 점을 지나는 원을 그립니다.

2) 이 원이 나머지 한 점을 지나는지 생각해 봅시다.

3) 지금까지의 관찰결과를 기록하고 최종적으로 어떤 결론을 내릴 수 있는지 기록해 봅시다.

- 선택한 점:
- 결론:

- 선택한 점:
- 결론:

- 선택한 점:
- 결론:

- 선택한 점:
- 결론:

- 최종결론:

심화활동: 원 위의 네 점을 선택하고, 이 선택한 네 점으로 만든 사각형 탐구

- **지오지브라 활동 6**

① 화면에 원을 하나 그립니다.

② 이 원 위에 네 점 A, B, C, D를 잡습니다.

③ 이 네 점을 꼭짓점으로 하는 사각형을 그립니다.

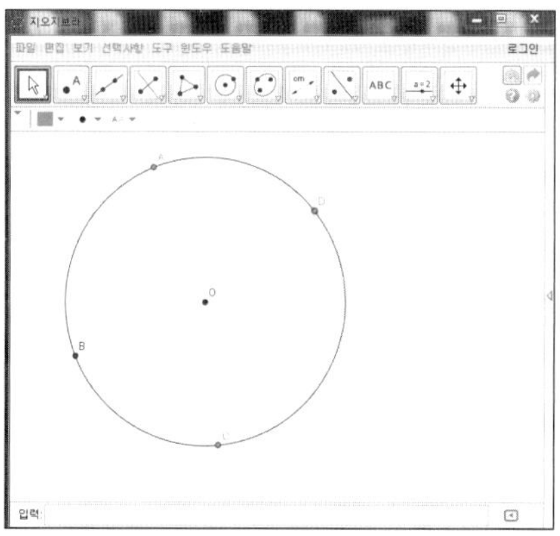

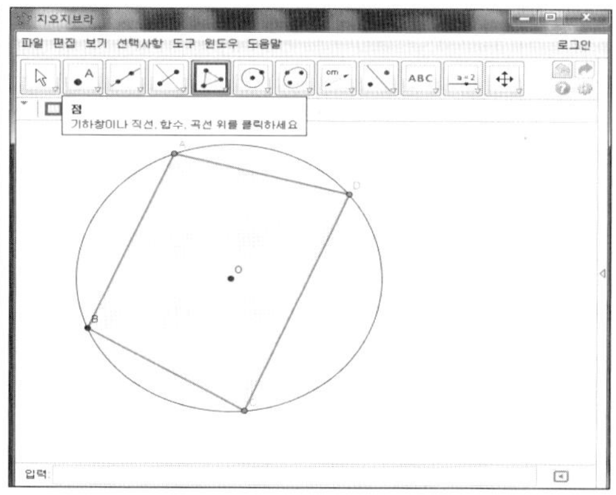

④ 각 도구를 이용해서 ③에서 그린 사각형의 네 각의 크기를 측정합니다.

⑤ 이동도구를 이용해서 사각형의 꼭짓점을 드래그하면서, 마주보는 두 각의 합을 관찰합니다.

1. 위의 활동을 통해 원 위에 있는 네 점을 연결한 사각형이 가지는 성질은 무엇인지 기록해 봅시다.

- **지오지브라 활동 7**

① 화면에 사각형 ABCD를 그립니다.

② 각 A, 각 B, 각 C, 각 D의 크기를 측정합니다.

③ 이제 점의 위치를 이동하여 $\angle A + \angle C = 180°$가 되도록 위치를 이동합니다.

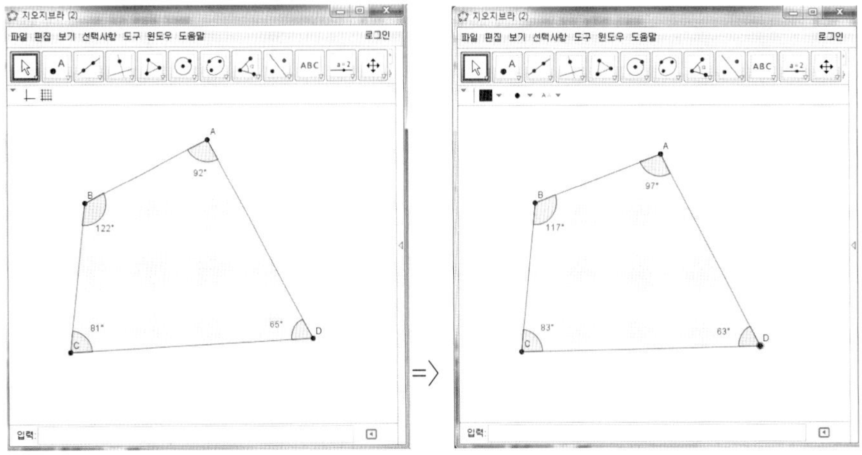

④ 세 점을 지나는 원 도구를 이용하여 점 A, B, C를 지나는 원을 그립니다.

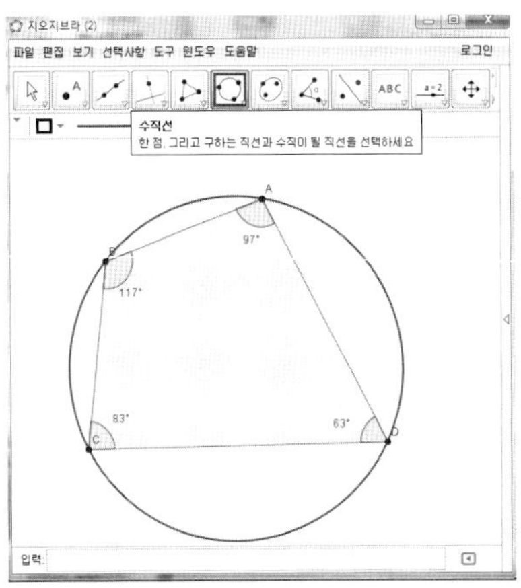

3. 세 점을 지나는 원이 나머지 한 점 D를 지나게 됩니까? 원의 중심을 찾고, 중심에서 네 점 A, B, C, D 까지의 거리를 구해 보고, 어떤 사실을 알수 있는지 기록해 봅시다.

3

사각형 여행

프로그램 개요

- **적용대상** : 초등 3, 4학년 수학
- **프로그램 목적** : 학생들의 사각형에 대한 감각을 익히고, 유사점과 차이점을 인식하는 능력을 계발하는데 활용할 수 있습니다.
- **프로그램 시간** : 2차시

학습목표와 지도 내용

학습목표

- 사각형의 개념을 알 수 있습니다.
- 여러 종류의 사각형의 성질을 알고 구별할 수 있습니다.
- 다각형의 대각선의 성질을 알고 규칙을 찾아 낼 수 있습니다.
- 다각형의 각의 크기의 합을 찾을 수 있습니다.

소주제 1. 오목과 볼록 여행

- 단원 소개 및 문제상황 제시
- 지오지브라를 이용하여 여러 가지 도형 만들기
- 오목도형과 볼록도형 구분하기
- 별모양의 도형 그리기

소주제 2. 사각형 나라 여행

- 단원 소개 및 문제상황 제시
- 지오지브라를 이용하여 사각형 모양 만들기
- 사각형의 각과 길이 측정하기
- 오목, 볼록 사각형 구분하기
- 공통점이 있는 사각형끼리 이름짓기

소주제 1 오목과 볼록 여행

미술시간에 판화를 해 본 경험이 있나요?

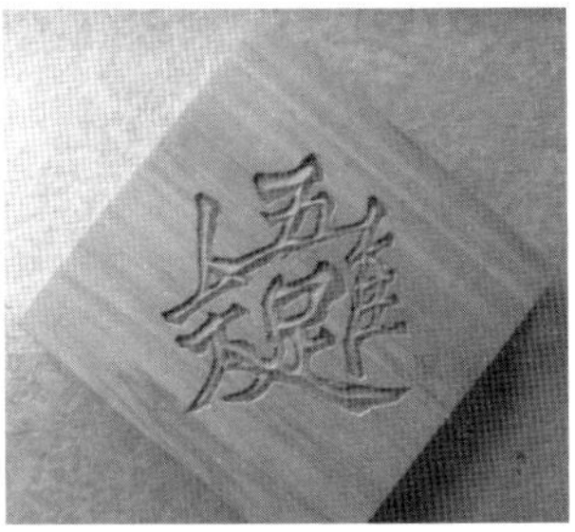

옛날부터 음각 혹은 양각이라는 이름으로 많은 조각 작품이 만들어졌습니다. 음각이란 조각 도구를 이용하여 파 내어진 부분이 모양을 만들고, 글씨를 만드는 것을 의미합니다. 오른쪽 그림에서 위의 작품이 음각에 해당합니다. 양각이란 음각과 반대의 것으로, 파내지 않고 남은 부분이 그림이나 글씨가 되는 것을 의미합니다. 오른쪽 그림의 아래의 작품이 이에 해당합니다.

우리가 가장 흔하게 볼 수 있는 판화 혹은 도장 등에서 양각과 음각을 쉽게 접할 수 있습니다. 판화에 양각과 음각이 있듯이 다각형에도 이와 유사한 개념이 있습니다. 양각에서는 글씨 부분이 볼록하게 올라와 보이고, 음각에서는 오목하게 들어가 보입니다. 이처럼 다각형에서도 오목하게 들어가 보이는 도형이 있고, 볼록하게 나와 보이는 도형이 있습니다. 이번에는 이 두 도형에 대해 살펴보기로 합니다.

알아두기

- 오목도형 : 오목이란 움푹 패인 것을 말합니다. 도형에서 오목이라는 것은 볼록하지 않은 꼭짓점이 한 개라도 있으면 오목도형이라고 합니다.
- 볼록도형 : 볼록이란 툭 튀어 나온 것을 말합니다. 우리가 일반적으로 생각하는 모든 도형을 볼록도형이라고 생각하면 됩니다.

탐구하기

아래 도형을 관찰하여 볼록한 도형과 오목한 도형을 구분해 봅시다.

1. 지오지브라를 열고 격자를 이용하여 아래 도형을 그려봅니다.

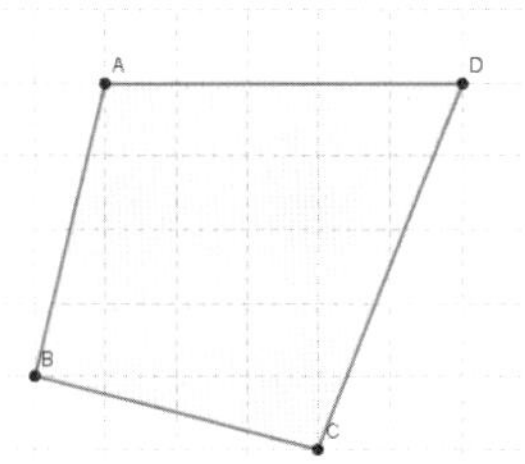

(1)

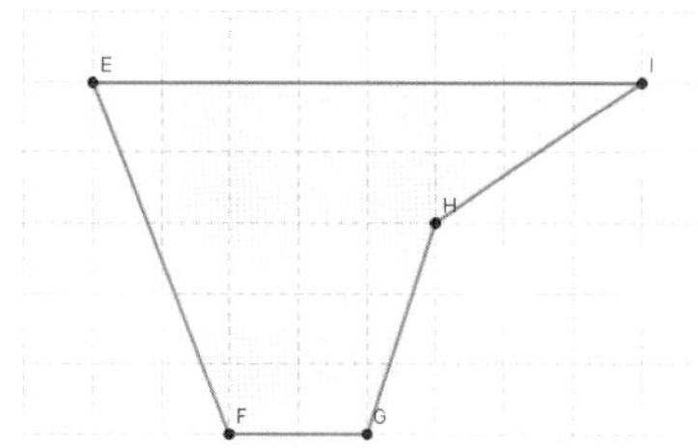

(2)

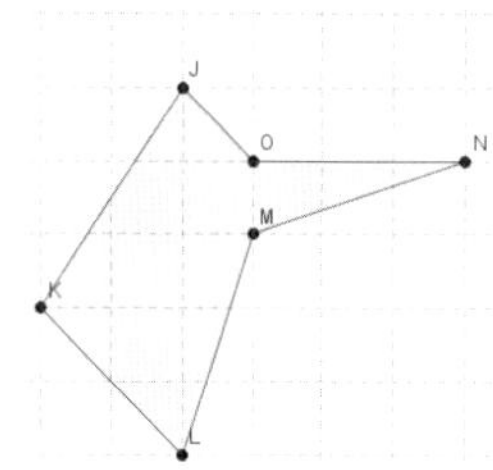

(3)

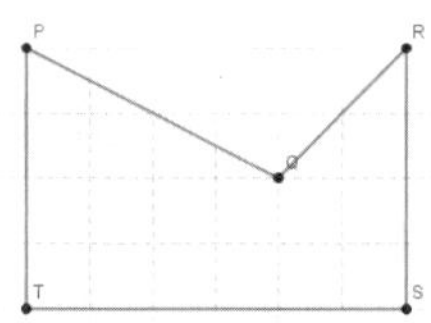

(4)

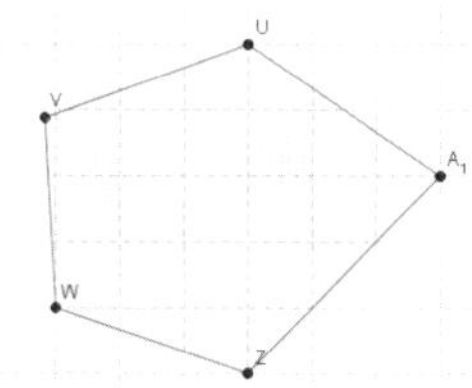

(5)

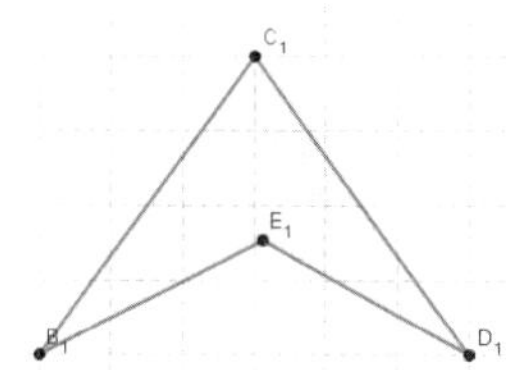

(6)

- **지오지브라 활동 1**

① 윈도우창에서 다각형 도구를 선택합니다.

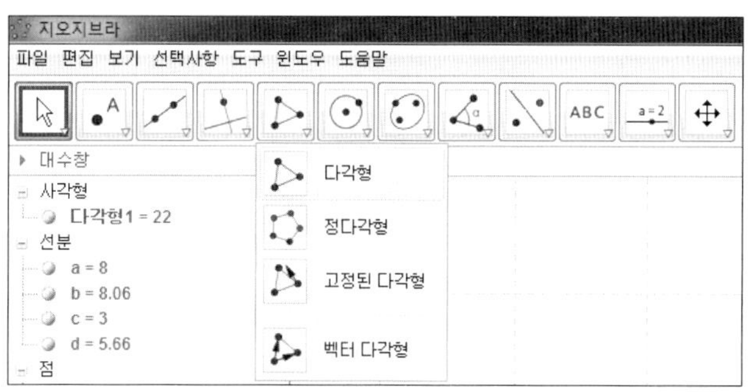

② 마우스를 이용하여 주어진 도형 6개를 모두 그립니다.

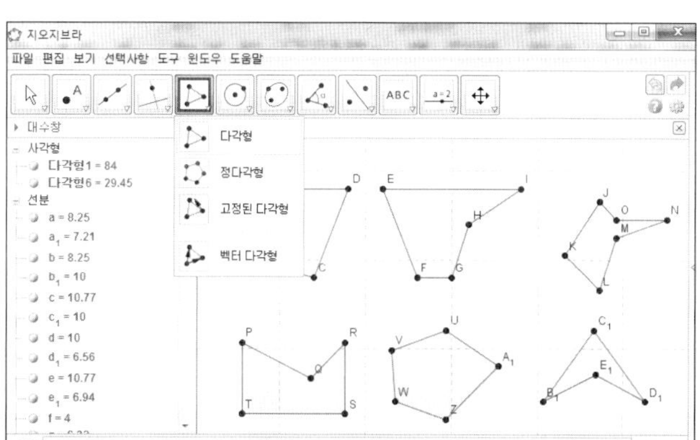

1) 위의 여섯 개의 도형을 보고 아래 표를 완성하시오.

구분	(1)	(2)	(3)	(4)	(5)	(6)
꼭짓점의 수						
모서리의 수						
도형이름						

2) 위의 여섯 개의 다각형 중에서 볼록하게 보이는 다각형과 오목하게 보이는 다각형을 찾고 그 이유를 적어 봅시다.

- 볼록하게 보이는 다각형:
- 이유:

- 오목하게 보이는 다각형:
- 이유:

2. 볼록하게 보이는 도형과 오목하게 보이는 도형의 특성에 대해 살펴봅시다.

- **지오지브라 활동 2**

① 주어진 도형의 각 꼭짓점을 찾습니다.

② 앞에서 만든 도형들의 각 꼭짓점을 연결하여 대각선을 긋습니다.

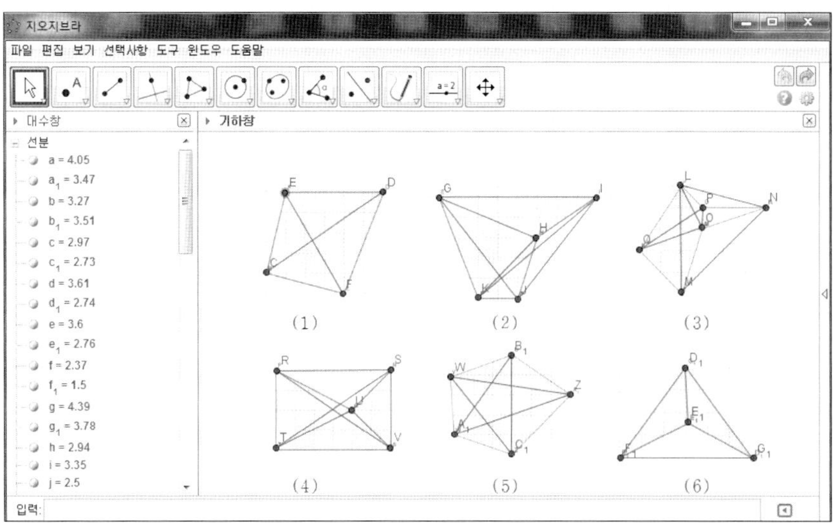

1) 위의 활동을 통해 얻을 수 있는 사실을 아래 표에 기록해 봅시다.

번호	대각선의 개수	도형의 내부와 외부 및 대각선의 위치
(1)		
(2)		
(3)		
(4)		
(5)		
(6)		

2) 위의 사실을 통해 볼록하게 보이는 다각형(볼록다각형)과 오목하게 보이는 다각형(오목다각형)을 어떻게 구분할 수 있는지 기록해 봅시다.

• 볼록다각형:

• 오목다각형:

3. 다각형의 한 각과 그 이웃하고 있는 바깥쪽 각의 각도를 측정합니다.

• **지오지브라 활동 3**

① 앞에서 만든 도형들의 한 꼭짓점을 선택하고, 그 꼭짓점에서 변의 연장선을 작도합니다.

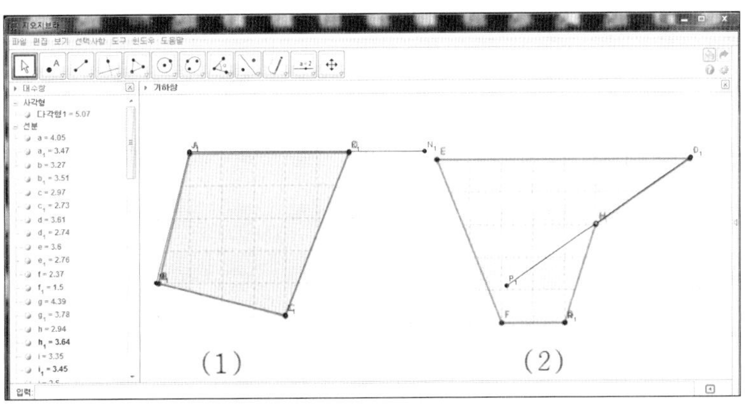

② 각 도구를 선택하여 앞에서 만든 도형들의 각 꼭짓점에서 도형의 내부에 만들어지는 각과 도형 외부에 만들어지는 각의 크기를 조사합니다.

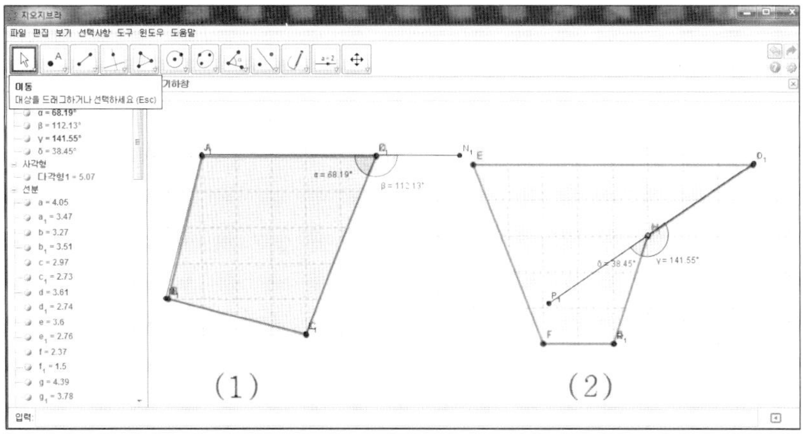

③ 모든 꼭짓점에서 각 도구를 이용하여 각의 크기를 측정합니다.

1) 위의 활동을 통해 얻을 수 있는 사실을 아래 표에 기록해 봅시다.

꼭짓점	내부의 각의 크기	외부의 각의 크기	두 크기의 합	알 수 있는 사실
볼록한 꼭짓점				
오목한 꼭짓점				

2) 위의 사실을 통해 볼록다각형과 오목다각형을 어떻게 구분할 수 있는지 기록해 봅시다.

• 볼록다각형:

• 오목다각형:

활동하기: 격자판을 이용하여 다양한 오목한 다각형 모양 만들기

1. 지오지브라를 열고 격자를 이용하여 자신이 원하는 다양한 모양의 오목다각형을 10개 그립니다.

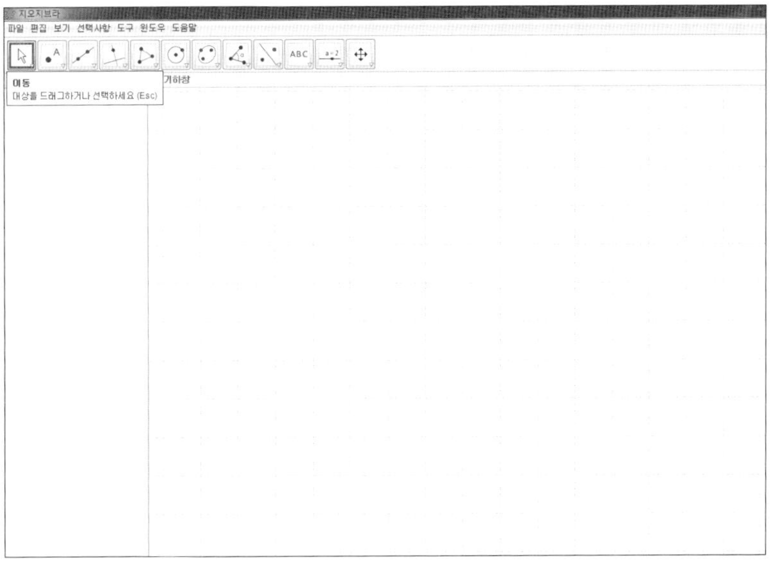

2. 아래의 두 가지 방법으로 오목다각형이 되는 이유를 기록해 봅니다.

• 대각선을 긋는 방법: ______________________

____

• 각각의 꼭짓점에서 각의 크기를 구하는 방법: ______________________

____

생각하기: 아래 별모양의 도형을 그리고, 물음에 답해 봅시다.

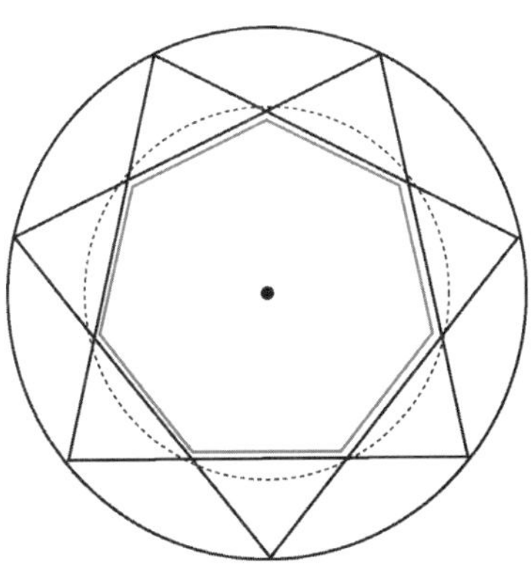

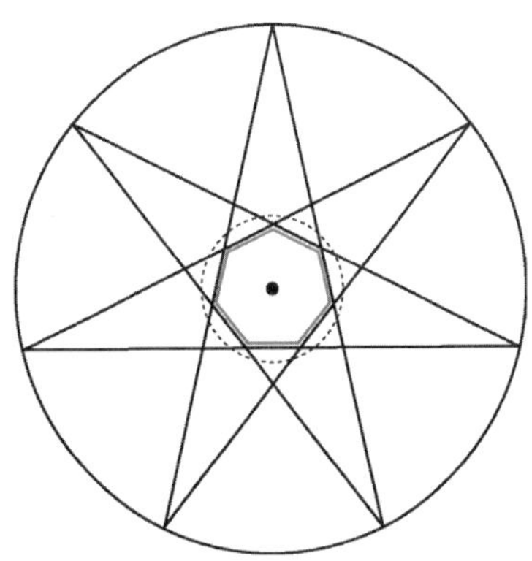

- **지오지브라 활동 4**

① 정다각형 도구를 이용하여 정칠각형을 그립니다.

② 세 점을 지나는 원 도구를 이용하여 정칠각형의 꼭짓점을 지나는 원을 그립니다.

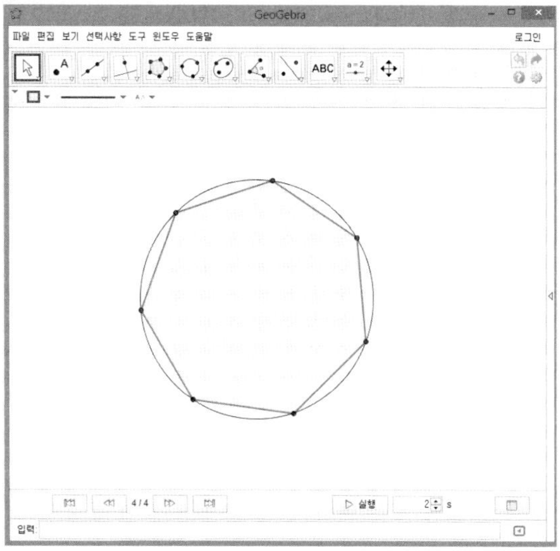

③ 정칠각형의 각각의 변을 만드는 꼭짓점을 선택하여, 두 점을 지나는 직선 도구로 일곱 개의 직선을 긋습니다.

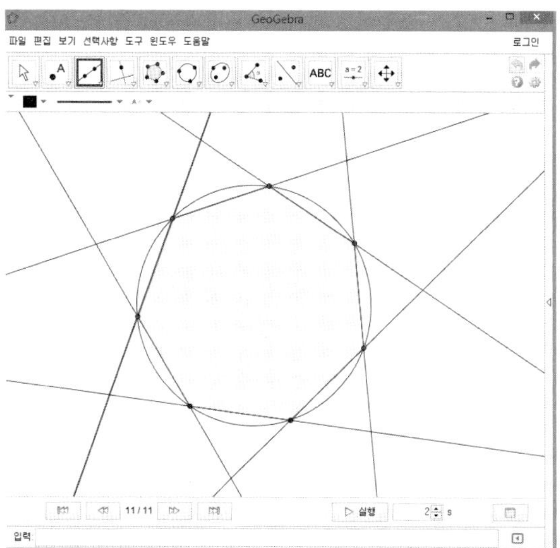

④ 각각의 직선이 원의 중심과 가장 가까운 곳에서 만나는 점 7개를 선택하여 원을 그립니다. 그리고 일곱 개의 점을 연결하여 별모양을 완성합니다('2-3(1)-ggb01.ggb'파일 참조).

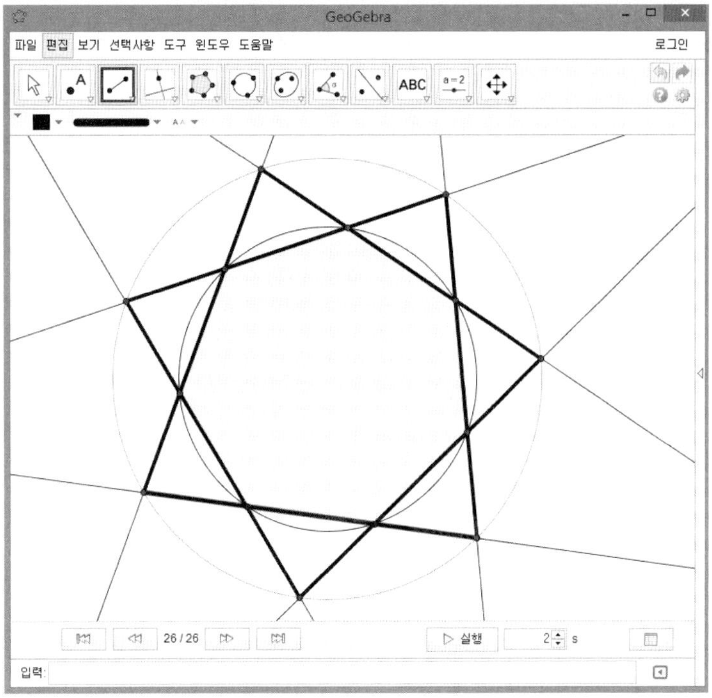

1. 위의 별모양에서 꼭짓점과 변을 찾아 봅시다. 꼭짓점은 처음 정칠각형에서의 꼭짓점만 꼭짓점이 될 수 있고, 변은 꼭짓점과 꼭짓점을 연결한 선분만 변이 된다는 것을 참고합니다.

- 꼭짓점:
- 변:

2. 별모양의 각각의 선분의 길이와 각의 크기를 측정하고 기록해 봅시다. 어떤 결론을 얻을 수 있습니까?

- 선분의 길이:
- 각의 크기:
- 얻을 수 있는 결론:

3. 동일한 방법으로 아래의 별모양을 지오지브라로 그립니다.

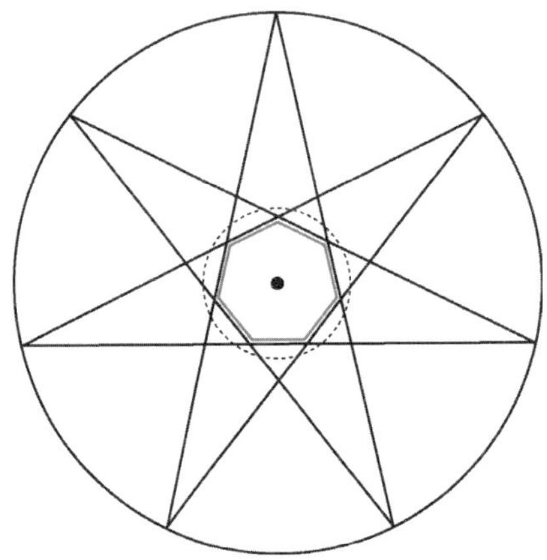

1) 선분의 길이, 각의 크기를 구하고 얻을 수 있는 결론을 적어 봅시다.

- 선분의 길이:
- 각의 크기:
- 얻을 수 있는 결론:

2) 두 개의 별모양을 통해 볼록한 정다각형과 비교해서 어떤 차이점과 공통점이 있는지 기록해 봅시다.(다음 장의 290쪽을 학습한 다음 이 과제를 수행해 봅니다)

- 차이점:
- 공통점:

소주제 2

사각형 나라 여행

오른쪽 그림은 무슨 그림입니까?

물론 쉽게 맞출 수 있을 것입니다. 우리 생활에서 아이들이 가장 먼저 가장 쉽게 접하는 평면도형이 삼각형과 사각형일 것입니다. 그러나 이런 도형을 접하면서도 거의 느끼지 못하고 생활합니다. 학교생활을 하다 보면 사각형의 예를 여러 곳에서 발견할 수 있습니다. 예를 들면 창문, 책상, 책, 공책, 운동장, 축구골대, 배구장, 필통, 시계 등 많은 물건들이 사각형으로 만들어졌음을 알 수 있습니다. 우리는 이렇듯 사각형의 홍수 속에서 살고 있다고 해야 할 것입니다.

이번 시간에서는 이러한 다양한 사각형을 우리들이 직접 만들어 보고, 직접 이름을 붙여 봄으로써 우리들의 창의성을 계발하고, 공간감각 발달에도 크게 기여할 것입니다. 또한 사각형에 숨어있는 수학적인 성질을 찾아보고 개인별로 창의적으로 만든 도형을 이용하여 학습을 진행해 봅니다.

탐구하기: 격자판을 이용하여 다양한 사각형 모양 만들기

1. 지오지브라를 열고 격자를 이용하여 아래 사각형을 그립니다.

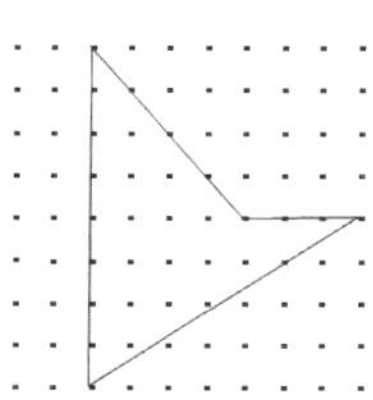

①

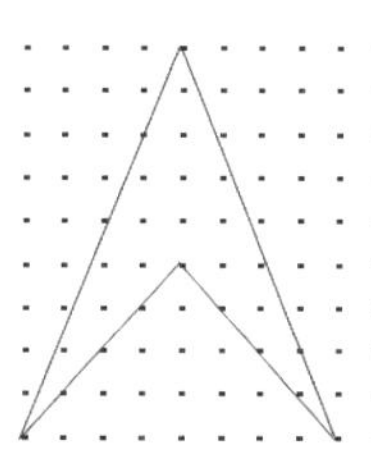

②

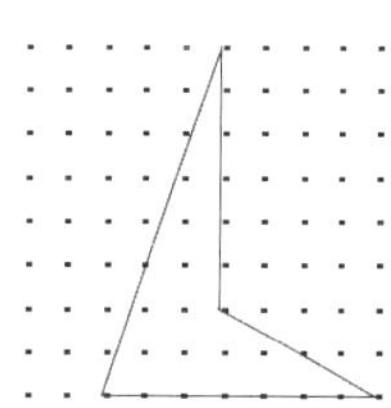

③

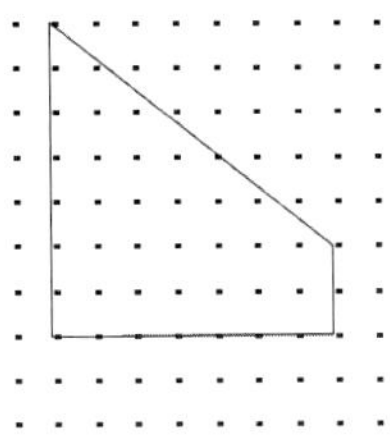

④

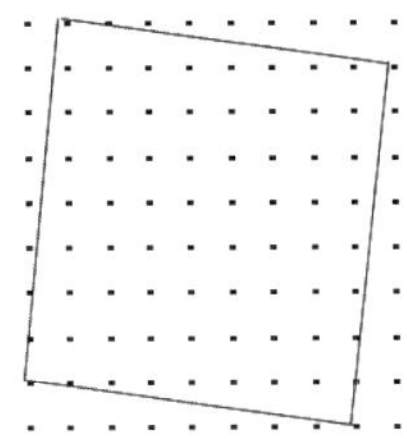

⑤

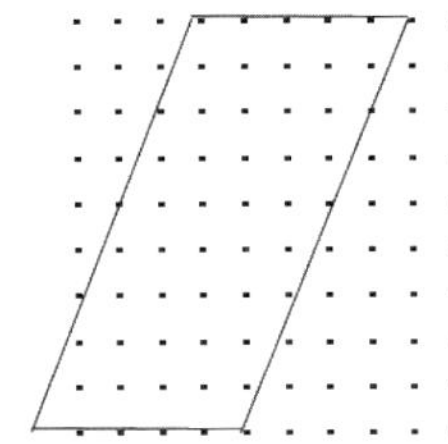

⑥

• 지오지브라 활동 1

① 기하창 화면에 마우스를 올려 놓고 오른쪽 마우스를 클릭하면, 격자, 좌표축을 선택할 수 있습니다. 격자가 보이도록 격자를 선택합니다.

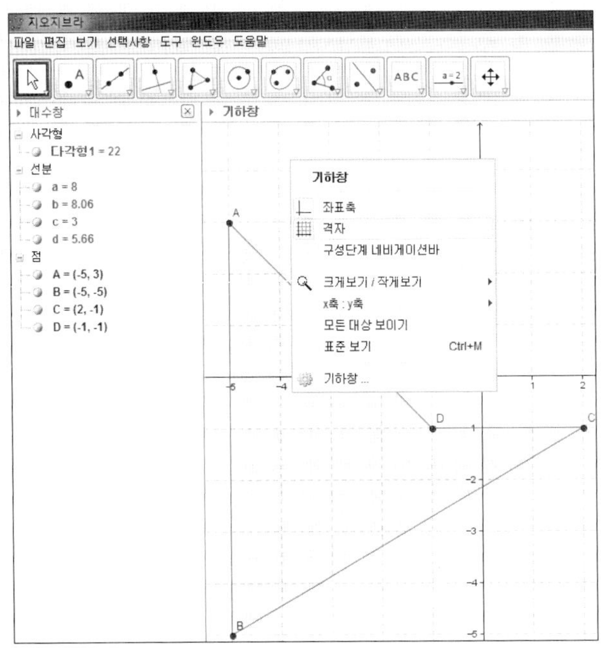

② 툴바에서 다각형 도구를 선택합니다.

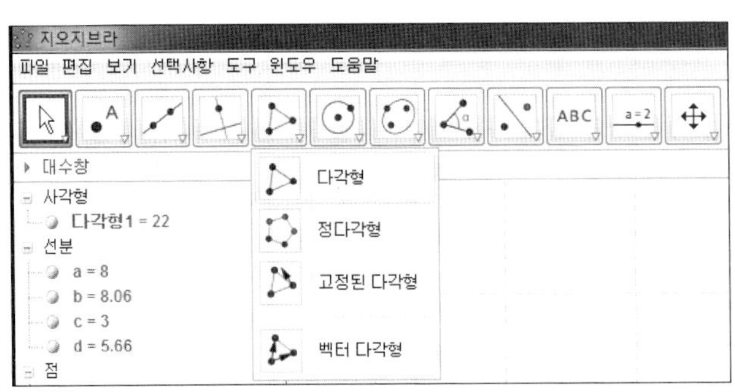

③ 마우스를 이용하여 주어진 도형 6개를 모두 그립니다.

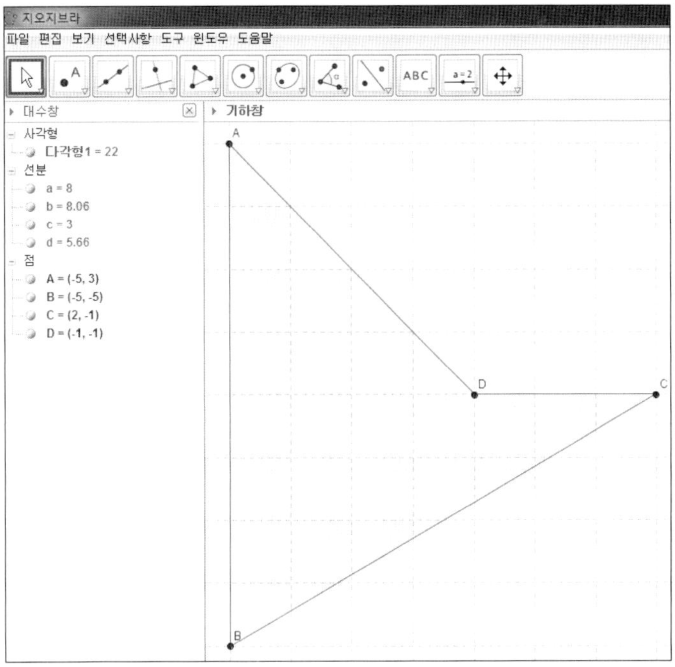

2. 아래 활동을 수행하고 물음에 답하시오.

- **지오지브라 활동 2**

  ① 앞에서 만든 도형에서 변의 길이를 측정합니다. 거리 또는 길이 도구를 선택하고, 해당 선분을 클릭하여 길이를 측정합니다.

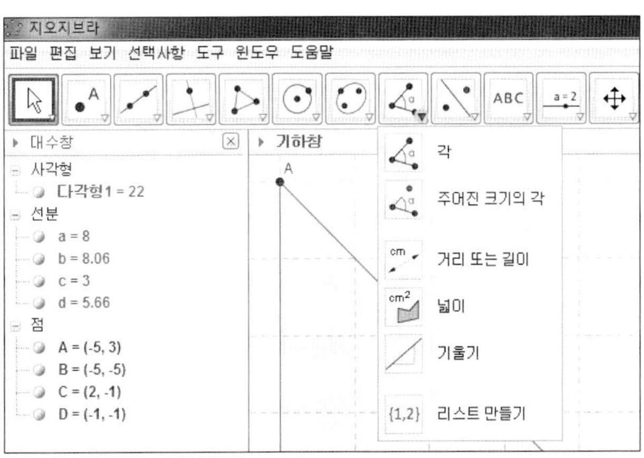

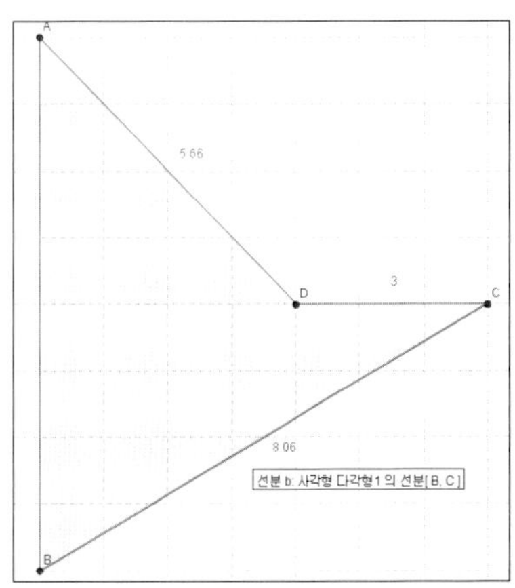

② 앞에서 만든 그림에서 각의 크기를 측정합니다. 각 도구를 선택하고, 구하고 싶은 각을 읽는 순서대로 클릭합니다.

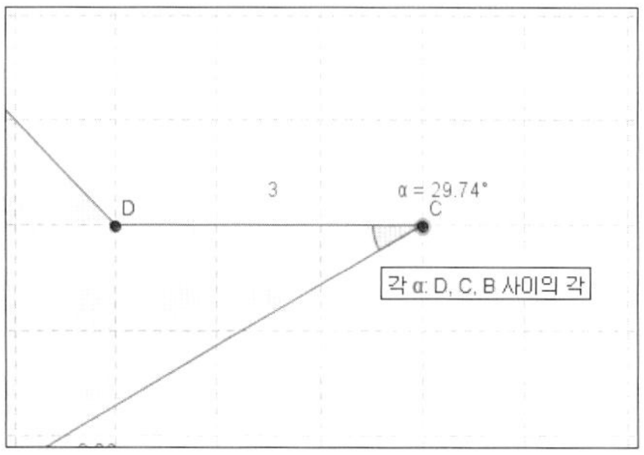

1) 앞의 여러 가지 사각형을 보면서 아래의 표를 정리해봅시다. 우리가 알고 있는 도형의 이름을 붙여 보고, 각자의 결론을 아래 표에 기록해 봅시다.

번 호	이름 짓기	이유
①	예)새 모양	날아가는 새의 모양처럼 보이기 때문에
②		
③		
④		
⑤		
⑥		

2) 자신이 정한 분류 기준에 따라, 위의 도형을 분류해 봅니다.

활동하기: 격자판을 이용하여 내가 원하는 다양한 사각형 모양 만들기

1. 지오지브라를 열고 격자를 이용하여 자신이 원하는 다양한 모양의 사각형 10개를 그립니다.

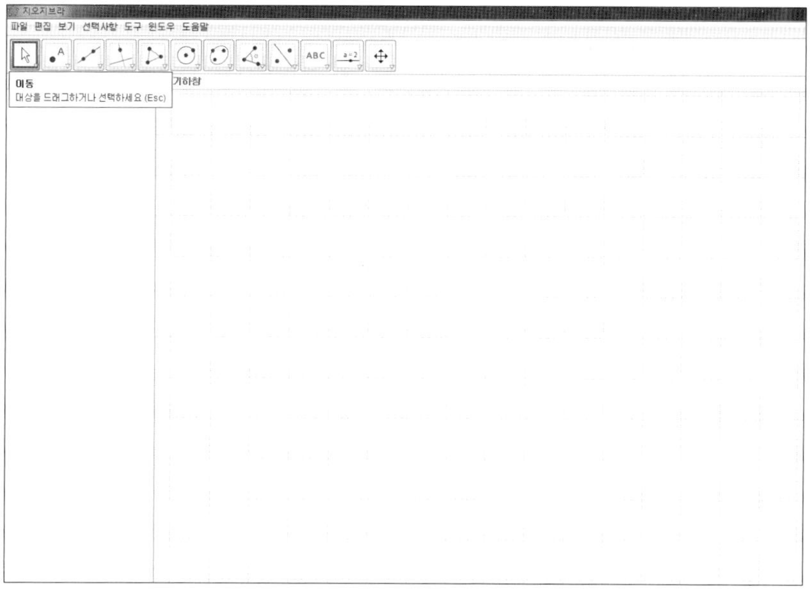

2. '1'에서 그린 여러 가지 사각형을 보면서 아래의 표에 정리해봅시다. 우리가 알고 있는 도형이더라도 창의적으로 이름을 짓고 그 이유를 써봅시다.

번호	이름 짓기	이유
1		
2		
3		
4		
5		
6		
7		
8		
9		
10		

3. '1.'과 '2.'의 결과를 바탕으로 분류기준을 각자 정하고, 정한 기준에 의해서 분류하여 봅시다.

※ 유의사항

① 각자 창의적으로 이름을 지을 때는 타당한 이유가 있어야 합니다.

② 분류할 때에도 타당한 이유가 있어야 합니다.

심화활동: 오목사각형과 볼록사각형 구분하기

1. 지오지브라를 열고, 아래의 지오지브라 활동을 수행합니다.

• 지오지브라 활동 3

① 메뉴창에서 '파일-열기'를 선택하여 부록 CD의 '2-3(2)-ggb01.ggb' 파일을 불러 옵니다.

② 불러온 파일을 보고 이동 도구를 이용해서 움직여 보고, 각의 크기와 길이 등을 구해 봅니다.

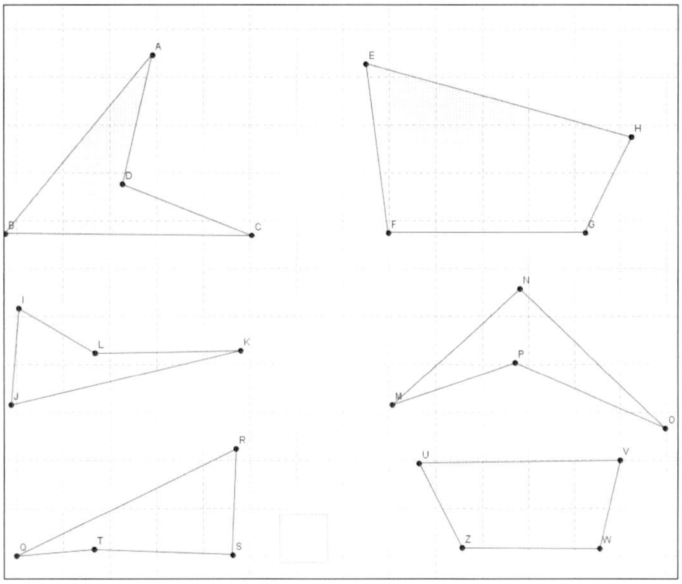

2. 파일에 있는 다각형의 특성을 살펴보고 아래 물음에 답하시오.

1) 볼록한 사각형에 나타나 있는 성질이 무엇인지 기록해 봅시다.

2) 오목한 사각형의 공통된 특징을 기록해 봅시다.

3) 이것을 통해 볼록사각형이라는 말의 의미가 무엇인지 기록해 봅시다.

4) 이것을 통해 오목사각형이라는 말의 의미가 무엇인지 기록해 봅시다.

읽기자료: 사각형

건축물은 왜 대부분 사각형일까?

그뿐 아니라 바둑판은 왜 사각형으로 생겼을까?

사실 대부분의 경기장은 사각형 모양입니다. 여러분이 좋아하는 야구 경기장, 축구 경기장, 농구 경기장 모두 사각형 모양입니다. 게다가 어린이들이 많이 보는 동화책도 사각형이고, 여러분의 침대, 책상, 도서 대출증, 컴퓨터 모니터 등도 사각형입니다.

눈에 보이는 도형은 아니지만 4라는 숫자와 관련된 많은 일화도 전해지고 있습니다. 고대 그리스의 수학자인 플라톤은 네 개의 정다면체 즉, 정사면체, 정팔면체, 정이십면체, 정육면체를 만물의 가장 기본적인 단위로 생각하였고, 이 네 정다면체를 '흙', '물', '불', '공기'와 대비시켰습니다. 동양에서는 사람의 체질을 4가지로 구분하였는데, 태양인, 태음인, 소양인, 소음인이 그것이고, 인도에서는 브라만(머리), 크샤트리아(팔), 바이샤(배), 수드라(발) 네 개의 계급으로 신분을 차등화하였습니다. 중세의 사람들은 '지구는 네모 모양처럼 생겼다'고 믿었고, 우리 조상들도 하늘은 둥글고 땅은 사각형 모양(天圓地方)이라고 생각하였습니다. 이러한 생각이 동서남북이라는 방향의 표시도 네 가지로 표시하였을 것입니다.

이러한 모든 생각들이 모여 이 세상의 근본은 사각형이라는 의식이 자연스럽게 자리매김한 것으로 보입니다. 이러한 사상은 근대사회가 되면서 더욱 많이 등장하게 되고, 사각형 모양의 도구들이 더 많이 만들어졌습니다. 결국 우리의 눈은 둥그스럽하지만, 세상을 바라보는 눈은 사각형인 것입니다. 우리 속에 들어와 있는 사각형의 세계는 매우 안정적이고, 체계적이며, 규범적인 것으로 인식되어집니다. 왠지 사각형이 아니면 법칙에서 벗어난 듯한 인상까지 주는 것입니다.

어린이 여러분, 우리 눈에 보이는 사각형이 왠지 대단해 보이지 않나요? 우리 주변에 보이는 많은 사각형들을 다시 한 번 바라보세요. 우리의 세상을 지배하고 있는 도형이 있다면 바로 사각형입니다. 사각형의 아름다운 세상 속에서 안정적인 우리의 예쁜 생활을 꿈꿔 보세요.

4

패턴블록

프로그램 개요

- **적용대상** : 초등 3, 4학년 수학
- **프로그램 목적** : 학생들의 삼각형 및 사각형에 대한 감각을 바탕으로 다양한 모양을 덮을 수 있는 방법을 탐구합니다. 이를 바탕으로 평면 도형에 대한 시각적 인식 능력을 향상시키는데 활용할 수 있습니다.
- **프로그램 시간** : 2차시

학습목표와 지도 내용

학습목표

- 패턴블록의 특징을 알고 이를 능숙하게 다룰 수 있습니다.
- 다양한 방법으로 도형덮기 활동을 통하여 확산적 사고력을 기릅니다.
- 패턴블록의 특성을 이용하여 다각형을 만들 수 있습니다.
- 구성의 아름다움 알고 새로운 구성을 시도하려는 의지를 갖습니다.

소주제 1. 패턴블록과 친해지기

- 패턴블록의 종류와 특성 알기
- 지오지브라를 이용해서 패턴블록 만들기
- 자유롭게 패턴블록을 이용하여 다양한 모양 만들기

소주제 2. 활동으로 패턴블록에 다가가기

- 패턴블록간의 크기 비교하기
- 패턴블록으로 다각형 만들기
- 패턴블록으로 주어진 도형덮기
- 변의 길이와 넓이

소주제 1

패턴블록과 친해지기

패턴블록은 이름에서도 알 수 있듯이 변의 길이, 각 등에서 일정한 패턴이 있는 블록입니다.

이번 주제에서는 먼저 패턴블록과 친해지는 시간을 갖기 위해 블록을 많이 만지고, 블록의 특성을 알아볼 수 있도록 내용을 구성하였습니다. 6개의 블록들이 서로 어우러져 아름다운 모양을 만들고, 이러한 모양을 만들면서 여러분들은 수학적 원리를 발견하게 될 것입니다.

이러한 취지에서 패턴블록의 수학적 특성 알아보기, 수학적 특성을 이용한 도형덮기 활동, 변의 특성을 이용한 다각형 만들기 활동을 하게 되며, 조건을 만족하는 도형덮기 활동도 하게 됩니다.

알아두기

- 정삼각형: 세 선분으로 둘러싼 도형으로, 세 변의 길이가 같고 세 각의 크기가 모두 같은 삼각형을 정삼각형이라고 부릅니다.
- 정사각형: 네 선분으로 둘러싼 도형으로, 네 변의 길이가 같고 네 각의 크기가 모두 같은 사각형을 정사각형이라고 부릅니다.
- 정오각형: 다섯 선분으로 둘러싼 도형으로, 다섯 변의 길이가 같고 다섯 각의 크기가 모두 같은 오각형을 정오각형이라고 부릅니다.
- 정육각형: 여섯 선분으로 둘러싼 도형으로, 여섯 변의 길이가 같고 여섯 각의 크기가 모두 같은 육각형을 정육각형이라고 부릅니다.

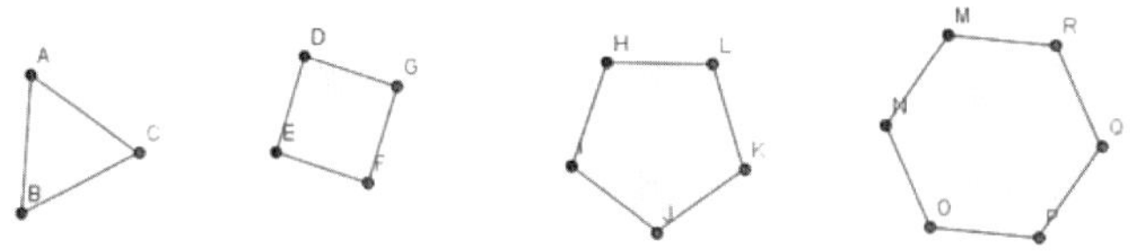

정삼각형 정사각형 정오각형 정육각형

작도하기

• 지오지브라 활동 1

① '편집-이미지 불러오기'에서 파일 '2-4(1)-fig01.jpg'을 불러냅니다.

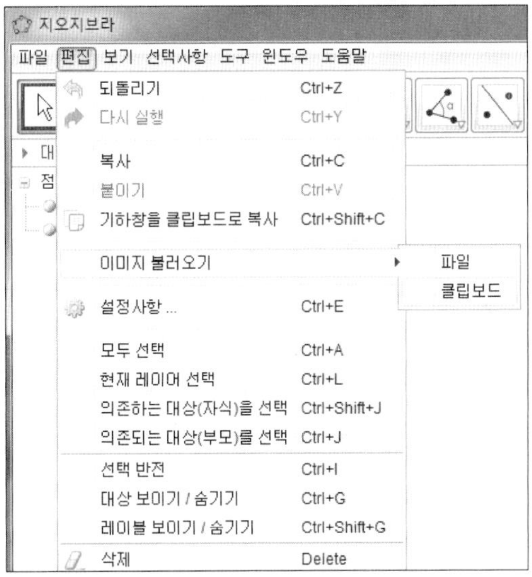

② 아래 그림을 부록 CD에서 찾아 붙여 봅니다.('2-4(1)-ggb01.ggb' 참조)

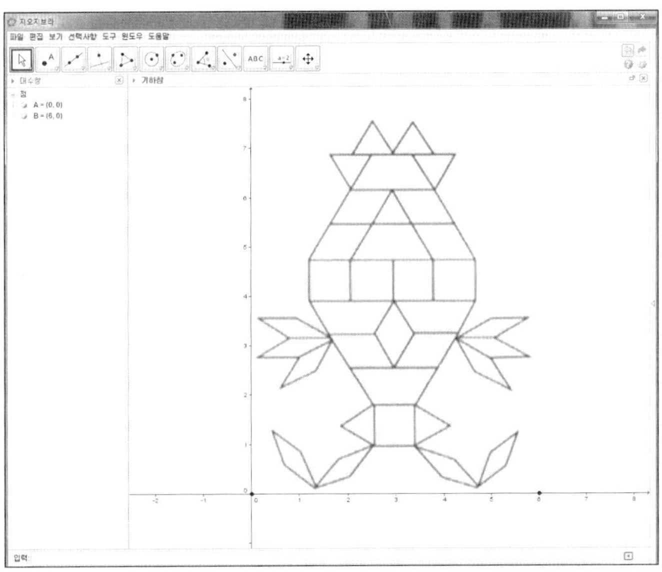

③ ②에서 불러온 도형의 모양을 만드는데 사용된 서로 다른 도형을 찾아봅니다.

1. 사용된 서로 다른 도형의 모양을 모두 그립니다.

2. '1'에서 그린 모든 도형의 이름을 붙입니다.

탐구하기: 패턴블록에 대하여 알아보기

여기서는 패턴블록의 속성에 대해 살펴봅시다. 패턴블록이란 일정한 모양과 색깔을 가지고 있는 도형입니다.

- **지오지브라 활동 2**

① 패턴블록 파일을 불러옵니다('2-4(1)-ggb03.ggb'파일 참조).

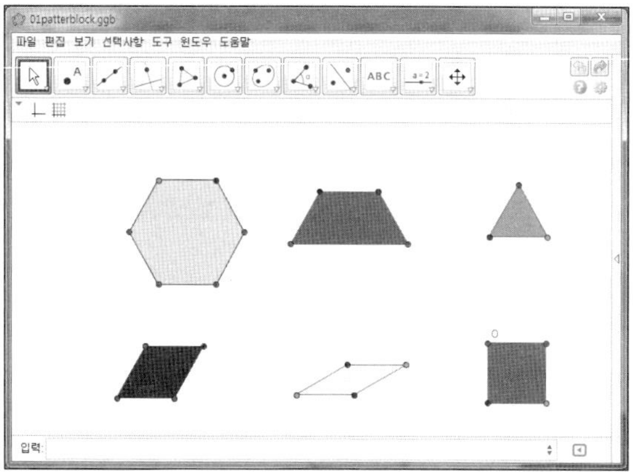

② 6개의 도형을 마우스로 움직여 보고, 변의 길이를 모두 구합니다.

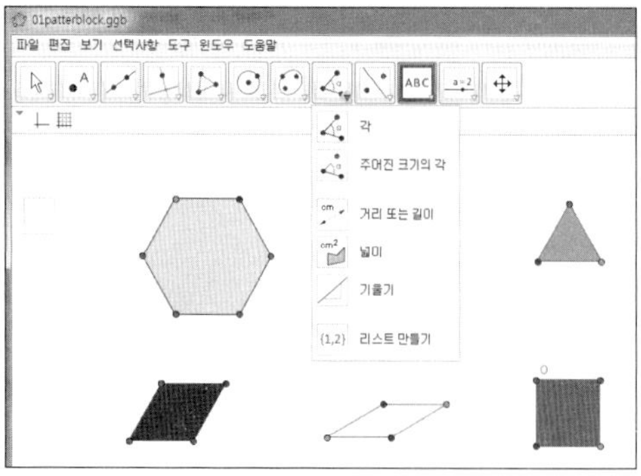

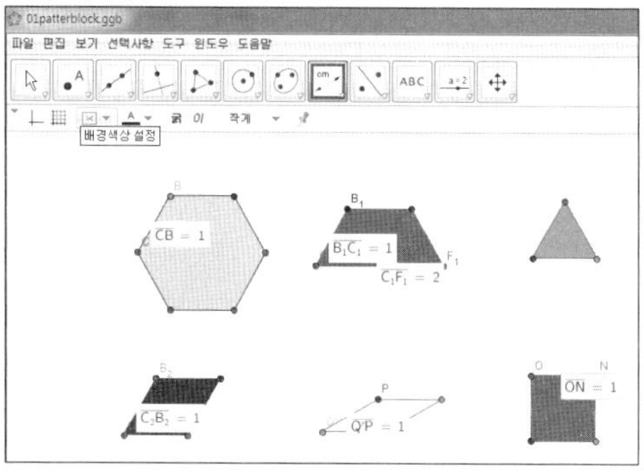

1. 패턴블록은 몇 종류의 블록과 몇 종류의 색으로 되어 있나요? 패턴블록의 색깔과 이름이 무엇인지 적어 봅시다.

2. 패턴블록 도형의 변의 길이를 모두 기록해 보고, 공통적인 특성이 무엇인지 기록해 봅시다.

• 변의 길이:

• 공통적인 성질:

• 지오지브라 활동 3

① 부록 CD에서 '2-4(1)-ggb03.ggb' 파일을 불러옵니다.

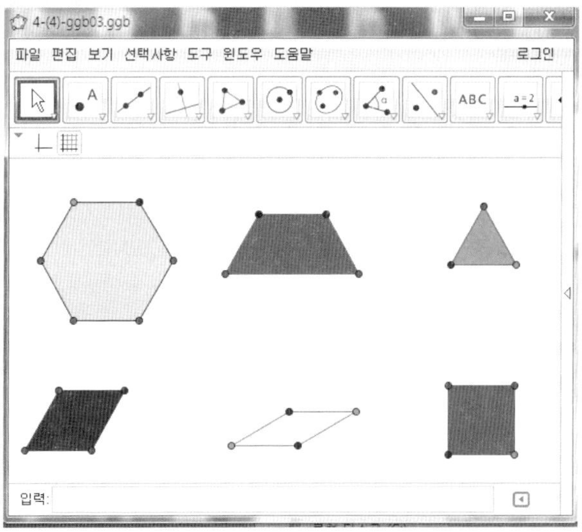

② 툴바에서 넓이 도구 를 선택합니다.

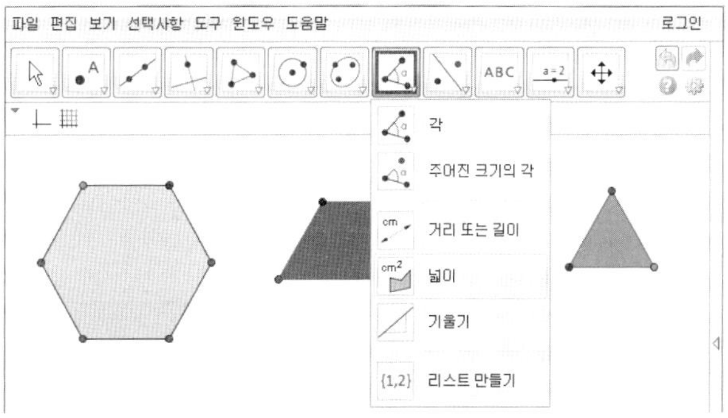

③ 마우스를 이동하여 넓이를 구하고 싶은 도형을 클릭합니다. 그러면 도형의 넓이를 구할 수 있습니다.

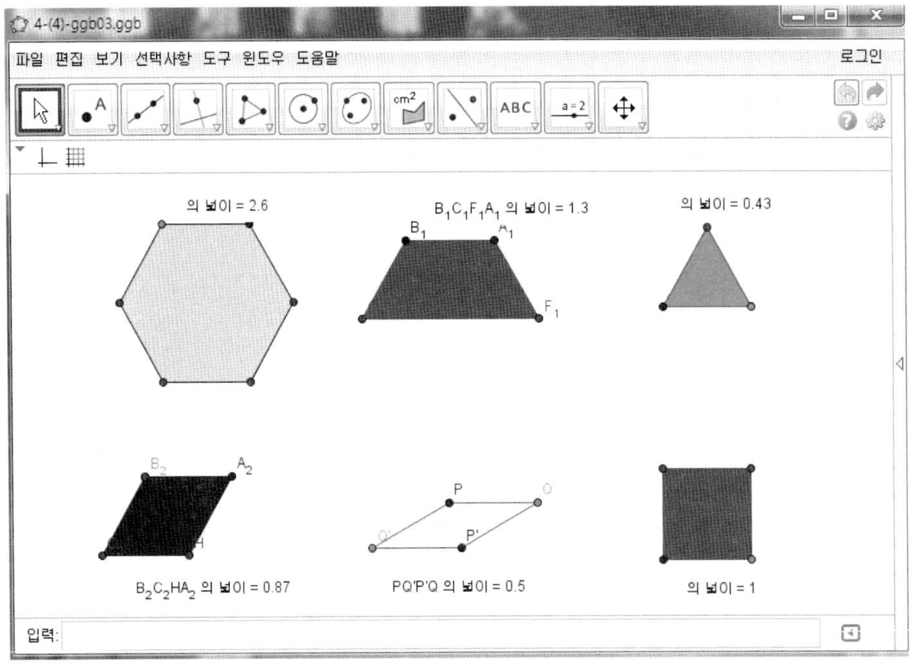

④ 툴바에서 각 도구를 선택하고 각의 크기를 구합니다.

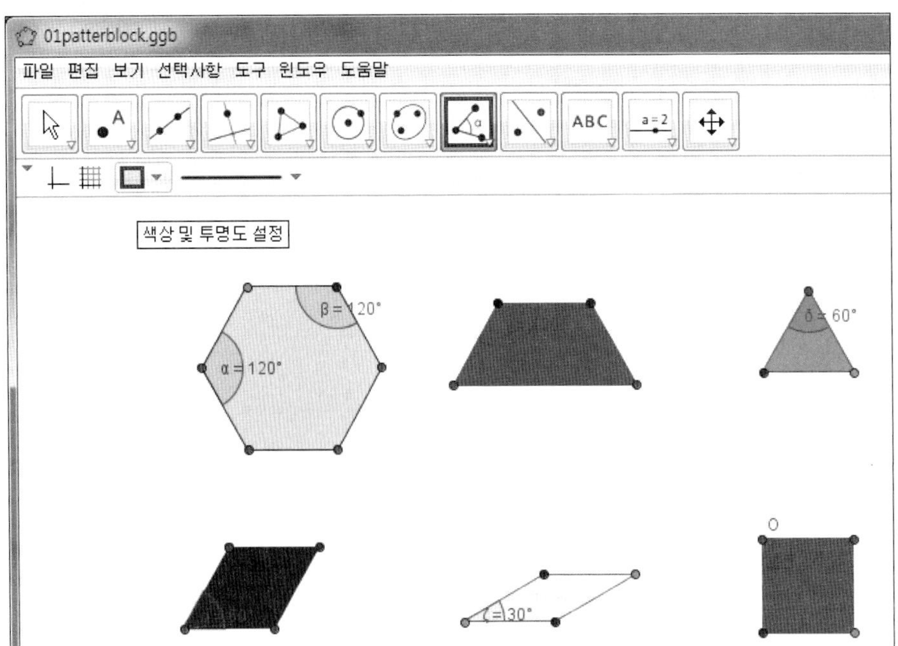

3. 패턴블록 도형의 넓이를 모두 기록해 봅시다. 넓이의 크기가 큰 순서대로 이름을 기록해 봅시다.

- 넓이:
- 넓이의 순서:

4. 패턴블록 도형의 각의 크기를 모두 기록해 봅시다.

활동하기 1: 패턴블록 직접 작도하기

여기에서는 지오지브라를 이용하여 패턴블록을 직접 작도해보는 활동을 합니다. 앞에서 찾은 성질을 이용하여 직접 6가지의 패턴블록을 지오지브라에서 만들어 봅시다.

1. 정육각형 패턴블록 만들기

※ 세 가지 원칙

① 변의 길이가 1인 도형을 만듭니다.

② 도형을 움직이더라도 변의 길이가 변하지 않도록 만듭니다.

③ 회전하더라도 도형의 모양이 유지되도록 합니다.

- **지오지브라 활동 4**

① 툴바에서 주어진 길이의 선분 도구를 선택한다. 화면에 마우스로 클릭을 하면 아래 그림과 같은 대화창이 생깁니다.

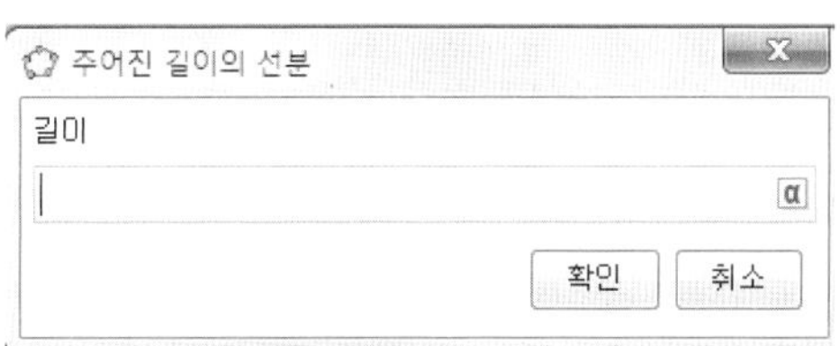

② 새로운 대화창에 숫자 1을 입력합니다. 그러면 길이가 1인 선분이 그려집니다.

③ 윈도우창에서 정다각형 도구를 선택하고, ②에서 만든 선분의 양 끝점을 차례로 클릭하면 아래 오른쪽 그림의 창이 나타나는데, 여기서 6을 입력합니다.

④ 아래와 같이 항상 한 변이 1인 정육각형이 만들어집니다.

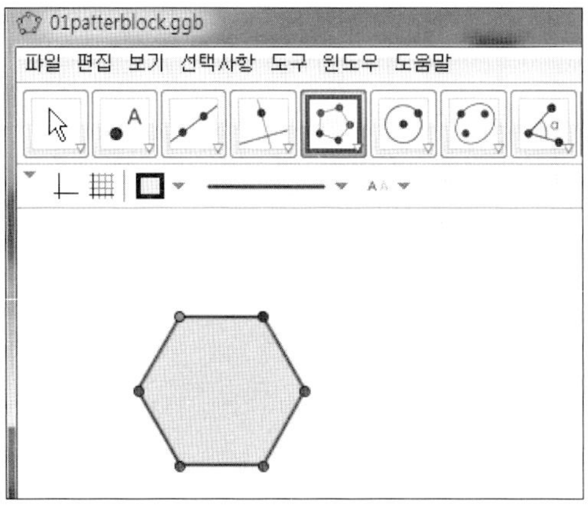

1) 만들어진 정육각형에 노란 색을 칠합니다.

2) 정육각형의 여섯 개의 선분의 길이를 측정해 봅니다. 또한 여섯 개의 각의 크기를 측정해 봅니다. 그 결과를 기록해 봅시다. 정육각형이라고 부를 수 있는지 그 이유를 기록해 봅니다.

2. 정삼각형, 정사각형 패턴블록 만들기

※ 세 가지 원칙

① 변의 길이가 1인 도형을 만든다.

② 도형을 움직이더라도 변의 길이가 변하지 않도록 만듭니다.

③ 회전하더라도 도형의 모양이 유지되도록 합니다.

- **지오지브라 활동 5**

  ① 툴바에서 주어진 길이의 선분 도구를 선택합니다. 화면에 마우스로 클릭을 하면 아래 그림과 같은 대화창이 생깁니다.

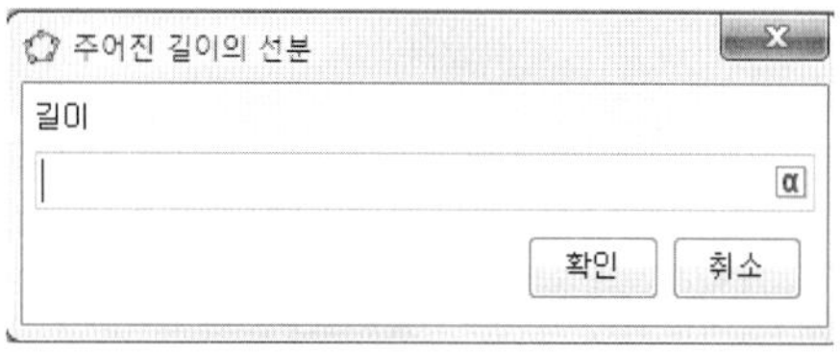

  ② 새로운 대화창에 숫자 1을 입력합니다. 그러면 길이가 1인 선분이 그려집니다.

  ③ 툴바에서 정다각형 도구를 선택하고, 위에서 만든 선분의 양 끝점을 차례로 클릭하면 새로운 창이 나타나는데, 여기서 3(4)을 입력합니다.

  ④ 아래와 같이 항상 한 변이 1인 정삼각형(정사각형)이 만들어집니다.

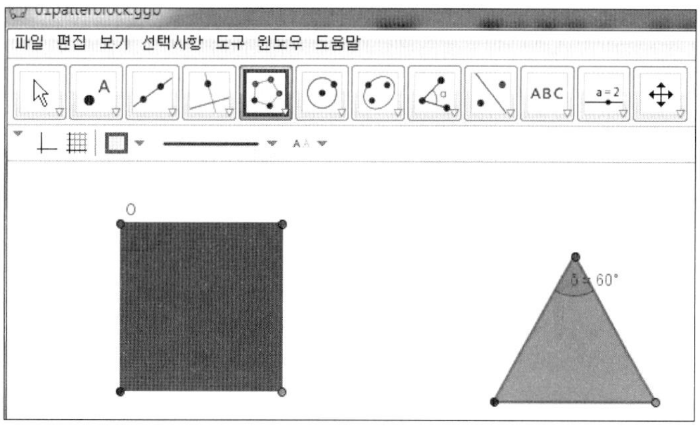

1) 만들어진 정삼각형에 초록색, 정사각형에 갈색을 칠합니다.

2) 정삼각형(정사각형)의 세(네) 개의 선분의 길이를 측정해 봅니다. 또한 세 개(네 개)의 각의 크기를 측정해 봅니다. 그 결과를 기록해 봅시다. 정삼각형(정사각형)이라고 부를 수 있는지 그 이유를 설명해 봅니다.

3. 사다리꼴 패턴블록 만들기

• 지오지브라 활동 6

① 툴바에서 주어진 길이의 선분 도구를 이용하여 길이가 1인 선분을 그립니다.

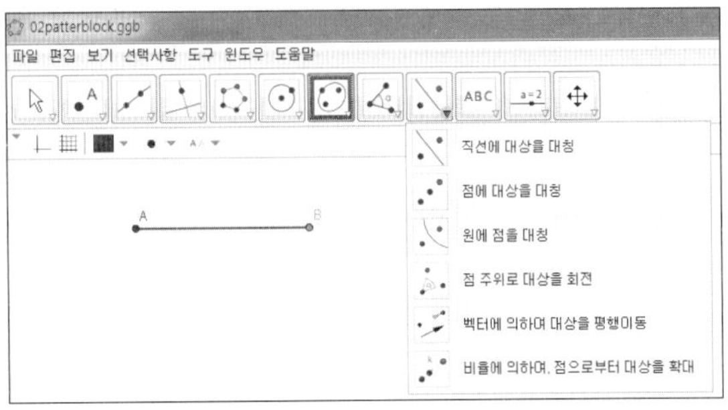

② 툴바에서 점 주위로 대상을 회전 도구를 선택합니다. 이동할 점을 선택한 뒤, 중심이 되는 점을 클릭하면, 대화창이 뜨고 회전각 120을 입력해서 새로운 점을 찍습니다.

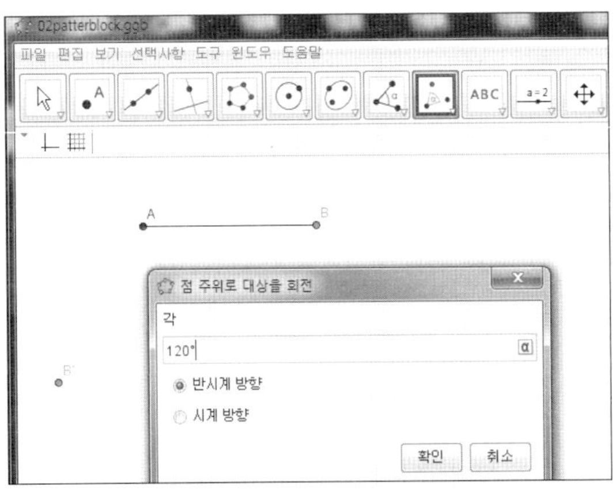

③ ②의 과정을 두 번 반복해서 생긴 점들을 연결하면 사다리꼴 패턴 블록을 얻습니다.

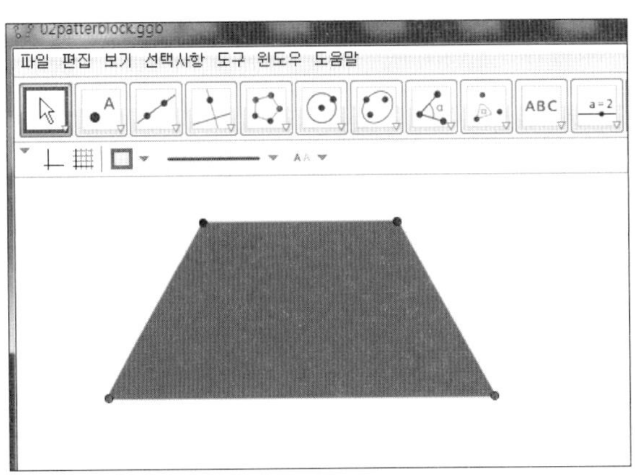

1) 만들어진 사다리꼴에 붉은 색을 칠합니다.

2) 사다리꼴의 네 개의 선분의 길이를 측정해 봅니다. 또한 네 개의 각의 크기를 측정해 봅니다. 그 결과를 기록해 봅시다. 사다리꼴이 맞는지 설명하고, 특별히 어떤 추가적인 성질을 가지는 사다리꼴인지 기록해 봅시다.

---

4. 평행사변형(마름모) 패턴블록 만들기

※ 네 가지 원칙

① 모든 변의 길이가 1로 일정한 도형을 만듭니다.

② 이웃한 두 각의 크기가 60°, 120°(30°, 150°)가 되도록 도형을 구성합니다.

③ 도형을 움직이더라도 변의 길이가 변하지 않도록 만듭니다.

④ 회전하더라도 도형의 모양이 유지되도록 합니다.

- **지오지브라 활동 7**

① 툴바에서 주어진 길이의 선분 도구를 이용하여 길이가 1인 선분을 그립니다.

② 툴바에서 점 주위로 대상을 회전 도구를 선택합니다. 이동할 점을 선택한 뒤, 중심이 되는 점을 클릭하면 아래에 대화창이 뜨고, 이 창에 회전각을 120°(150°)를 입력하여 새로운 점을 찍습니다.

③ ②의 과정을 반복한 다음 점들을 연결하면 원하는 아래와 같은 평행사변형(마름모)패턴블록을 얻습니다.

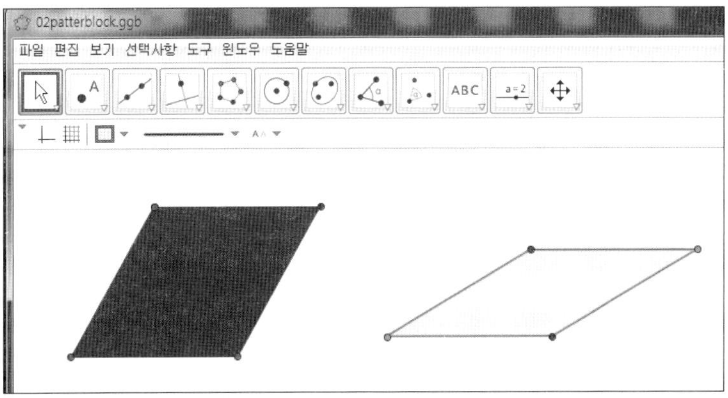

1) 만들어진 평행사변형(마름모)을 파란색(살구색)을 칠합니다.

2) 두 도형의 네 개의 선분의 길이를 측정합니다. 또한 네 개의 각의 크기를 측정합니다. 그 결과를 기록해 봅시다. 평행사변형(마름모)이 맞는지 설명하고, 두 평행사변형(마름모)의 공통점과 차이점을 기록해 봅시다.

- 네 선분과 네 각의 크기:
- 공통점:
- 평행사변형(마름모)인 이유:
- 차이점:

활동하기 2: 패턴블록과 친해지기

패턴블록을 사용하여 꽃 모양, 별 모양, 길 모양, 배 모양이나 로봇 모양 등 자신이 만들고 싶은 모양을 만들어 봅시다.

- **지오지브라 활동 8**

① 지오지브라에 패턴블록을 불러옵니다('2-4(1)-fig02.jpg' 참조).

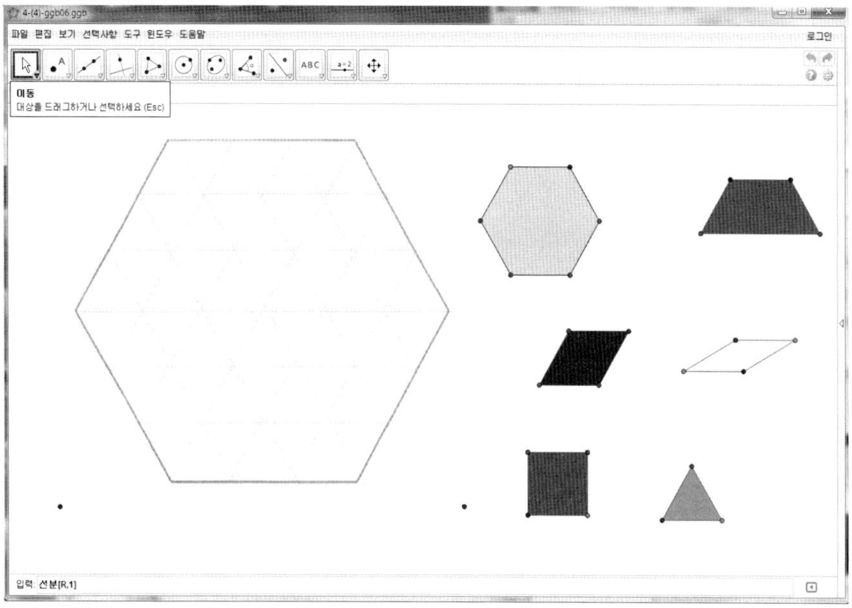

② 복사하고 싶은 도형을 마우스로 드래그하여 선택합니다.

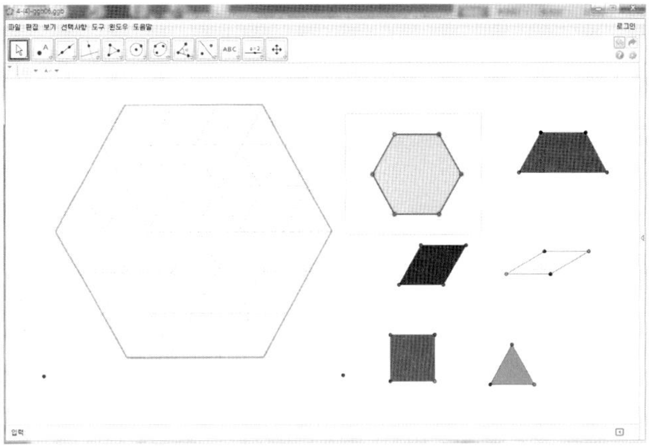

③ 편집에서 복사(혹은 Ctrl+C)를 선택합니다.

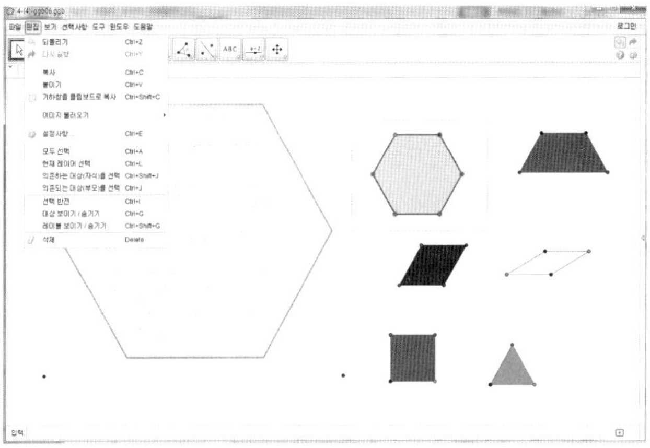

④ 편집에서 붙이기(혹은 Ctrl+V)를 선택합니다. 이러한 작업을 반복하여 원하는 만큼의 패턴블록을 복사하여, 여러 가지 그림에 붙여봅니다.

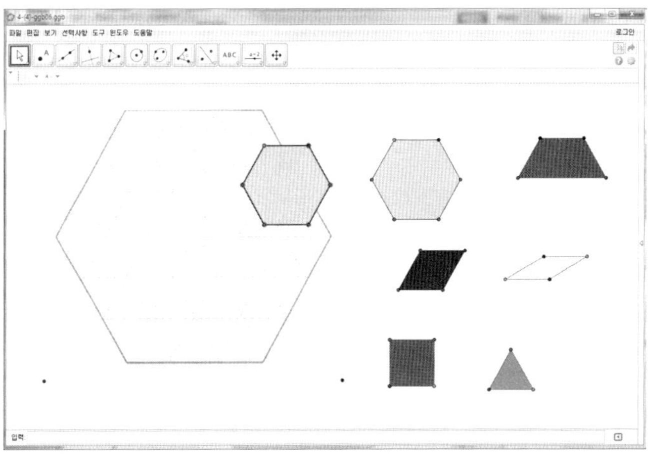

1. 앞에서 만든 패턴블록을 이용하여 아래와 같은 모양을 만들어 봅니다.

2. 평행사변형 패턴블록을 6개 복사하여 자유롭게 이동하면서 만듭니다. 또한 개인적으로 만들 수 싶은 예쁜 도형을 만들어 봅시다.

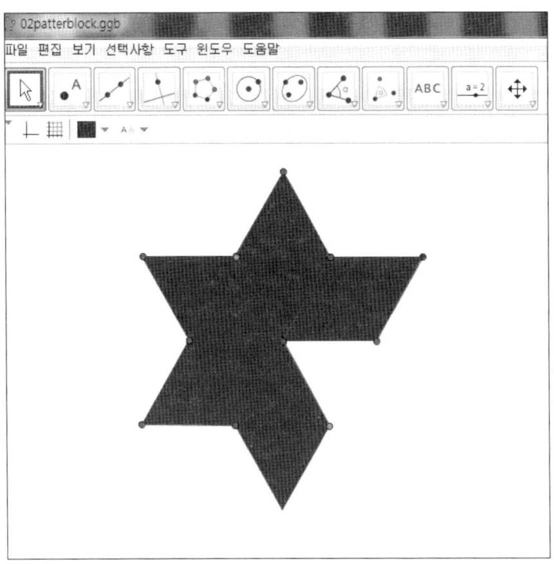

정리하기

모양 만들기를 하면서 느낀 점을 적고 잘 정리하여 봅니다.

소주제 2

활동으로 패턴블록에 다가가기

패턴블록에 대해 살짝 알아보았습니다. 앞에서 언급하였듯이 패턴블록은 동일한 모양을 가지는 규칙성을 가진 블록입니다.

이번 주제에서는 친해진 패턴블록을 바탕으로 좀 더 심화된 활동을 통해 패턴블록에 먼저 다가갈 수 있는 내용으로 구성하였습니다. 심화된 활동을 바탕으로 학생들이 패턴블록에 담긴 수학적 의미를 구체적으로 내면화할 수 있을 것으로 기대됩니다.

이러한 취지에서 패턴블록간의 크기 비교하기, 패턴블록으로 다각형 만들기, 패턴블록으로 주어진 도형덮기, 변의 길이와 넓이 등의 활동을 하게 됩니다.

작도하기

- **지오지브라 활동 1**

① '편집-이미지 불러오기'에서 그림 '2-4(2)-fig01.jpg'를 불러내어 봅니다.

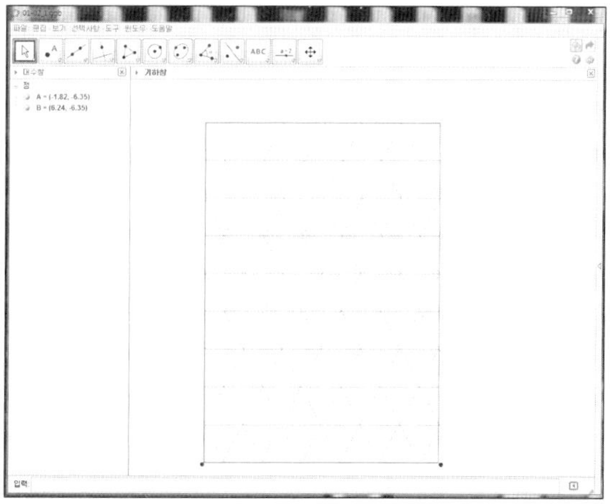

② 부록 CD에서 위의 그림을 찾아 붙여 봅니다.('2-4(2)-ggb01.ggb'파일 참조)

③ 부록 CD에서 패턴블록 파일 '2-4(1)-ggb03.ggb'을 불러옵니다.

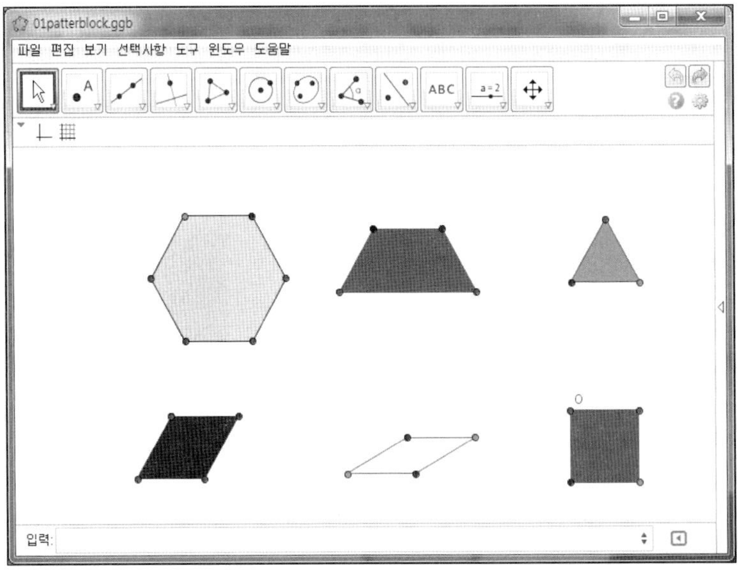

④ 그림 파일에 한 변의 길이가 3(혹은 4, 5)인 정삼각형(정사각형, 정오각형)을 그립니다.

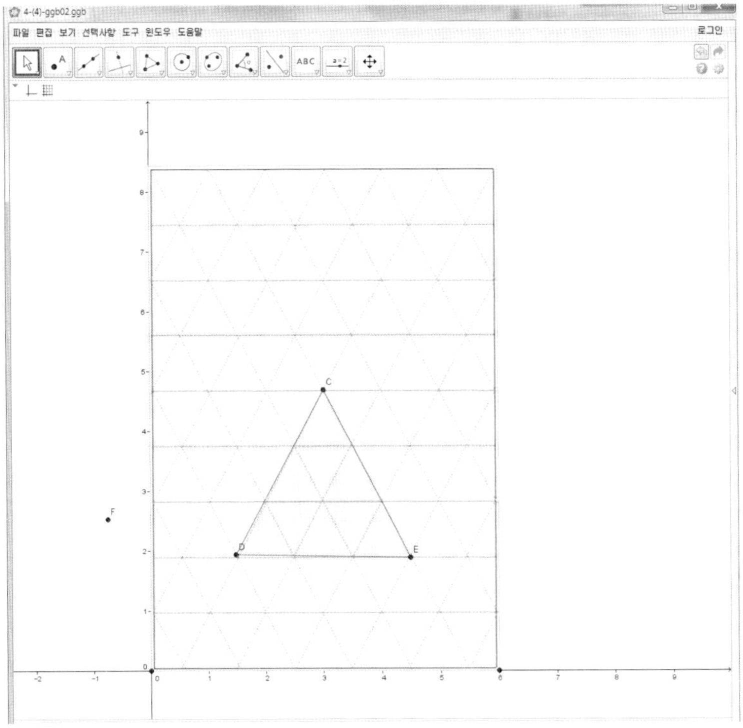

1. 패턴블록을 이용하여 '정삼각형 패턴블록의 3배 크기의 변을 가진 정삼각형'을 다양한 방법으로 만들어보고 아래 표를 완성해 봅시다.

사용한 전체 패턴블록의 수	각 블록의 수			
	정육각형	등변사다리꼴	평행사변형	정삼각형

• **지오지브라 활동 2**

① 부록 CD에서 패턴블록 파일 '2-4(1)-ggb03.ggb'파일을 불러옵니다.

② 원하는 크기의 정삼각형을 만듭니다.

③ 필요한 패턴블록을 복사합니다. 복사하고자 하는 대상을 마우스로 선택한 다음, 툴바에서 '편집-복사', '편집-붙이기'를 연속적으로 선택하여 복사합니다.

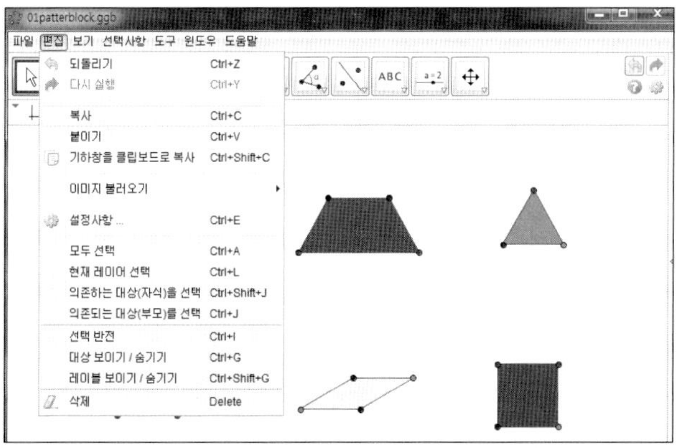

④ 원하는 개수만큼의 도형을 복사한 다음, 마우스를 이용하여 패턴블록을 이동하여 붙여 봅니다.('2-4(2)-ggb02.ggb'파일 참조)

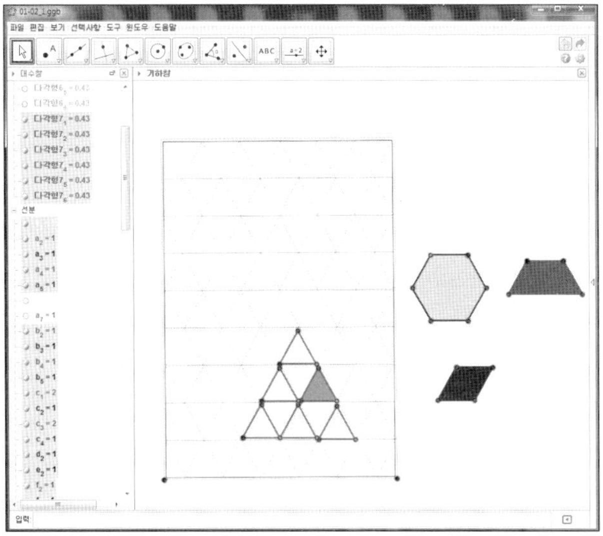

2. 다음 물음에 답하시오.

1) 만들 수 있는 방법은 모두 몇 가지가 있나요?

2) 같은 모양을 만들었는데도 사용된 블록의 개수가 다른 이유는 무엇인가요? 아래에 그림을 그려서 확인해 봅니다.

3) 패턴블록간의 크기를 비교해보고 아래 ( )에 알맞은 수를 넣고, 다른 방법도 찾아 적어 봅니다.

- 정육각형 1개 ⇒ 정삼각형 (   )개
- 등변사다리꼴 1개 ⇒ 정삼각형 (   )개
- 평행사변형 1개 ⇒ 정삼각형 (   )개

활동하기 1: 패턴블록으로 다각형 만들기

1. 6개의 패턴블록 모양 중에서 2개를 사용하여 아래 〈보기〉와 같이 다양한 방법으로 다각형을 만들어 보고, 빈칸에 연필로 그림을 그려 보세요.

세 변 모양 (삼각형)	네 변 모양 (사각형)	다섯 변 모양 (오각형)	여섯 변 모양 (육각형)	일곱 변 모양 (칠각형)	여덟 변 모양 (팔각형)
〈보기〉 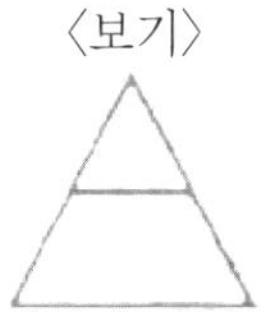					

- **지오지브라 활동 3: 다양한 다각형 만들기**

  ① 패턴블록 파일을 불러옵니다.('2-4(1)-ggb03.ggb')

  ② 패턴블록 두 개를 이용하여 다양한 모양을 만들어 봅니다.

  \- 먼저 필요한 패턴블록을 복사하고, 마우스를 이용하여 붙입니다.

  ③ 패턴블록을 이용하여 만들 수 있는 모든 경우의 모양을 만들어 봅니다.

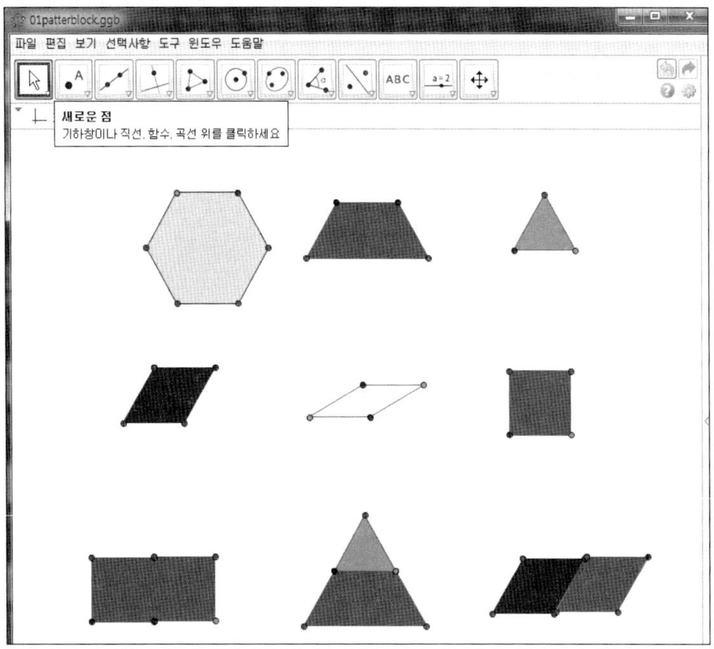

1. 지오지브라에서 활동한 결과를 아래 표에 그림을 그려 완성합니다.

	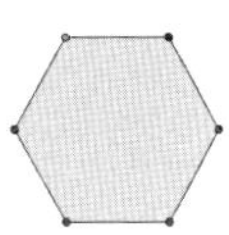					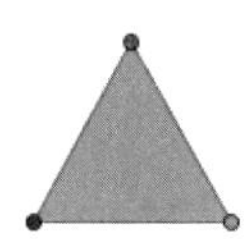
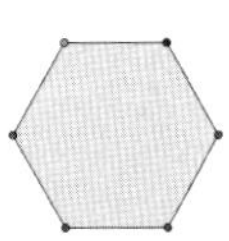						

	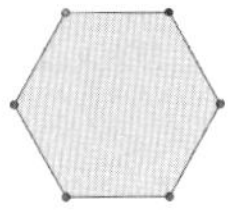					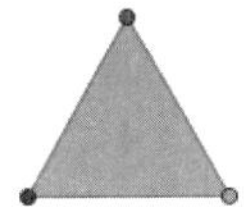

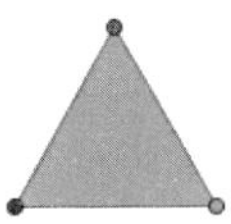						

2. 위의 활동을 바탕으로 다음 물음에 답하시오.

1) 패턴블록 2개를 사용하여 다각형을 만들 때 가장 많이 만들 수 있는 다각형은 무엇인가요?

2) '1)'의 이유는 무엇 때문이라고 생각하나요?

3) 만들 수 있는 모든 종류는 몇 가지인가요?

활동하기 2: 패턴블록으로 주어진 도형덮기

1. 아래 제시된 도형은 정육각형 패턴블록에서 마주보는 3쌍의 변 중에서 한 쌍의 변(윗변과 아랫변)이 2배 긴 육각형입니다.

- **지오지브라 활동 4**

① 정육각형 파일 및 패턴블록이 있는 파일을 불러옵니다.('2-4(2)-ggb03.ggb'파일 참조)

② 패턴블록 중에서 정육각형 그림을 복사해 와서 비교해 봅니다.

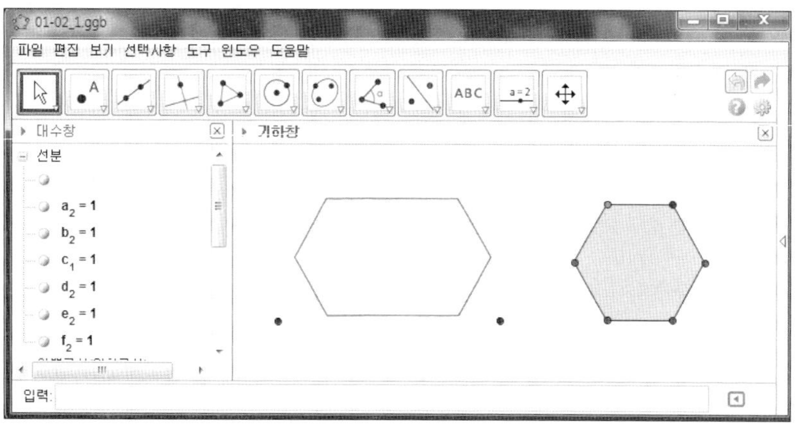

1) 정삼각형, 평행사변형, 등변사다리꼴, 정육각형 패턴블록 중 3개를 사용하여 아래 도형을 모두 덮고 그림으로 나타냅니다(두 가지 방법).

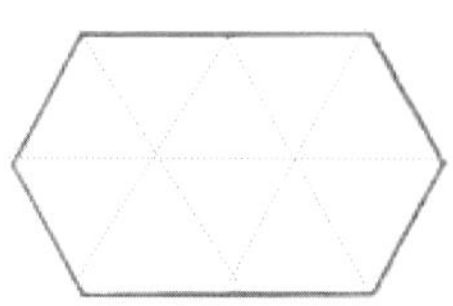 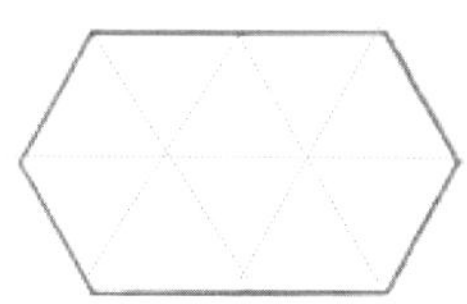

- **지오지브라 활동 5**

① 부록 CD에 있는 파일 '2-4(1)-ggb03.ggb'을 이용하여 그림에 맞도록 이동해 봅니다.

② 패턴블록을 적당히 복사하여 또 다른 방법으로 이동해 봅니다.

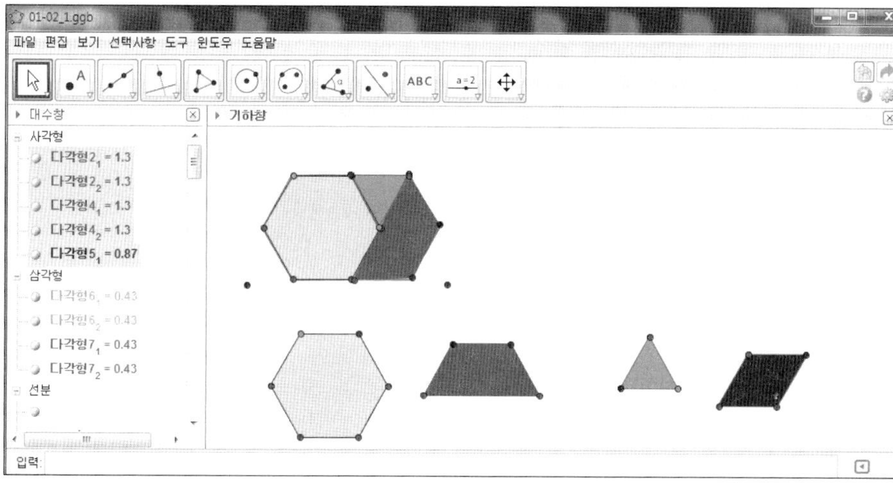

2) 정삼각형, 평행사변형, 등변사다리꼴, 정육각형 패턴블록 중 4개를 선택하여 아래 도형을 모두 덮는 그림을 그리시오(2가지 방법). 5개 혹은 6개를 사용하여 동일한 활동을 진행하여 그림으로 나타냅니다.

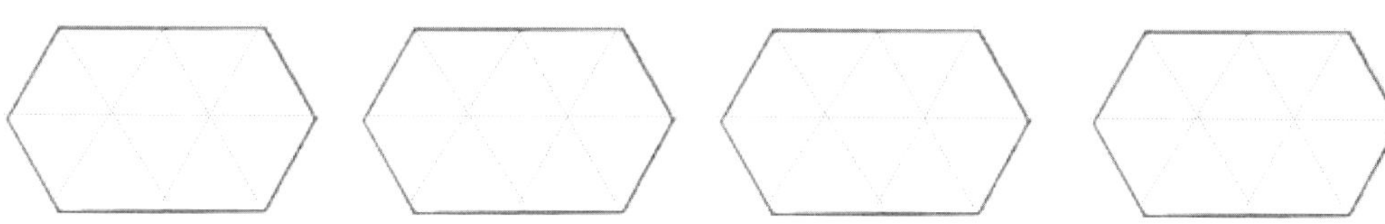

2. 그림에 제시된 도형은 정육각형 패턴블록의 3배 크기의 변을 가진 정육각형 도형입니다. 패턴블록 13개를 사용하여 정육각형을 가득채우는 활동을 진행하고, 물음에 답하시오.

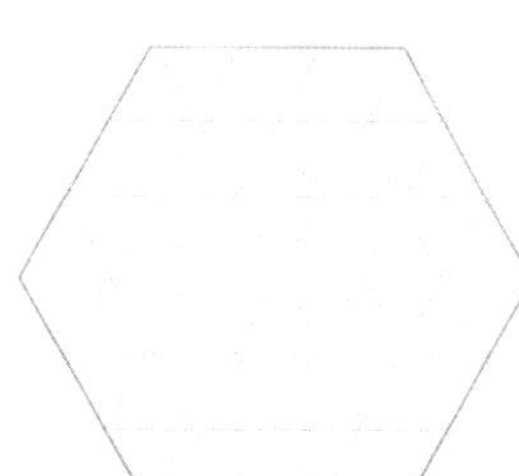

- **지오지브라 활동 6**

① '2-4(2)-ggb04.ggb'을 부록 CD에서 불러오고 패턴블록 조각을 새로운 지오지브라 창으로 이동합니다.

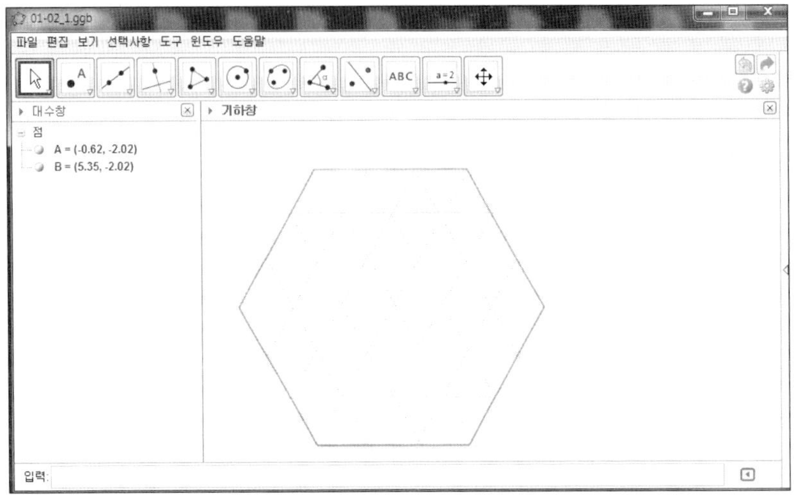

② 패턴블록을 사용하여 아래 그림과 같이 맞추어 봅니다.

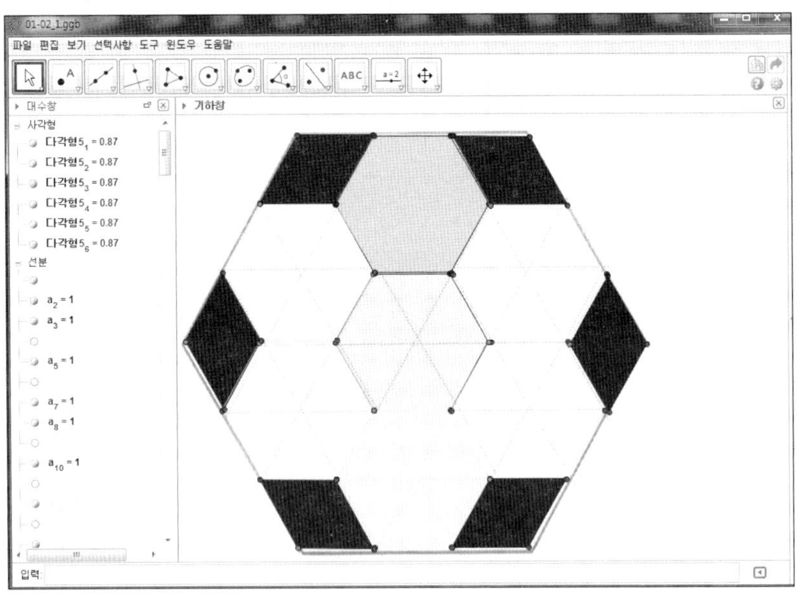

1) 패턴블록 13개를 이용하여 만든 도형의 모양을 앞의 정육각형 그림에 그리세요.

2) 어떤 패턴블록이 몇 개씩 사용되었나요?

3) 평행사변형 패턴블록 6개로 정육각형 패턴블록을 몇 개 만들 수 있나요?

4) 정육각형 패턴블록의 3배 크기의 변을 가진 도형은 정육각형 패턴블록과 비교하면 몇 배나 클까요?

3. 정육각형 패턴블록과 평행사변형 패턴블록의 관계를 알아봅시다. 아래 활동으로 어떤 결론에 도달할 수 있는지 기록해 봅시다.

- **지오지브라 활동 7**

① 정육각형 패턴블록 1개, 평행사변형 패턴블록 6개를 복사합니다('2-4(1)-ggb03.ggb'파일 참조)

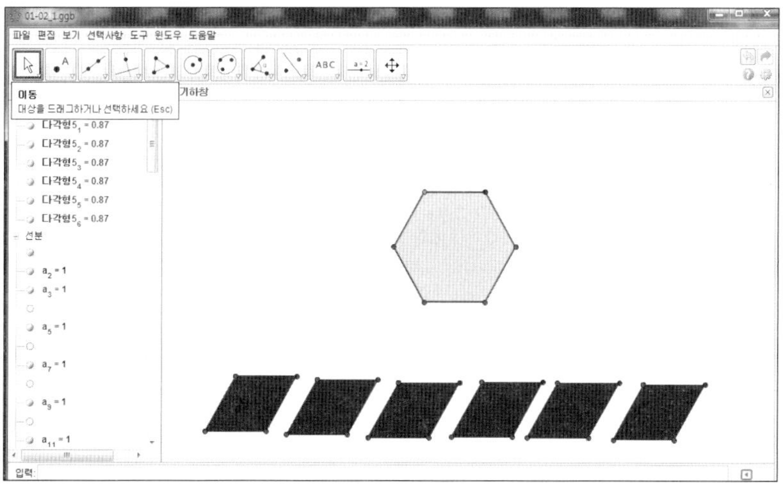

② 정육각형 패턴블록은 평행사변형 패턴블록 몇 개로 덮을 수 있는지 확인합니다.

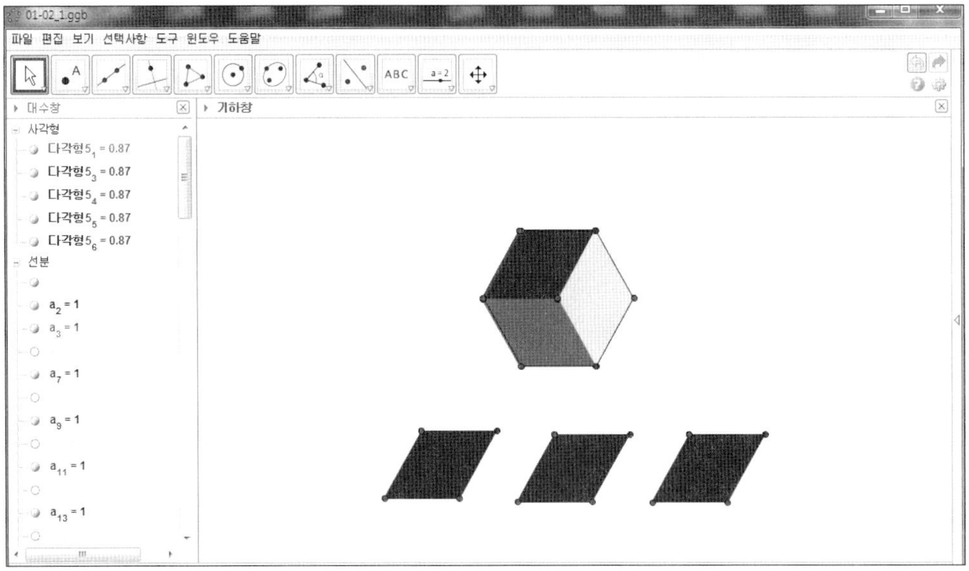

4. 평행사변형 패턴블록의 2배 크기의 변을 가진 평행사변형을 구성하여 위와 유사한 활동을 진행하고 물음에 답하시오.

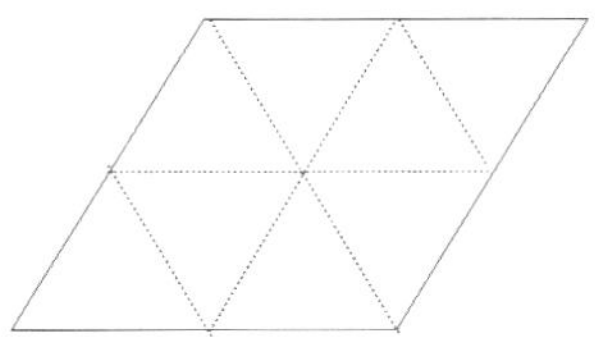

1) 여러 가지 방법으로 도형덮기를 합니다. 어떤 패턴블록들을 사용했을 때, 도형덮기가 가능한지 기록합니다.

2) 평행사변형 패턴블록의 2배 크기의 변을 가진 도형은 평행사변형 패턴블록과 넓이를 비교하면 몇 배나 클까요?

5

다각형의 대각선

프로그램 개요

- **적용대상** : 초등 3, 4학년 수학
- **프로그램 목적** : 학생들이 다각형에 대한 성질을 바탕으로 대각선을 긋는 활동을 수행하여 대각선의 개수를 구하고, 이를 통해 추론하는 능력을 계발합니다.
- **프로그램 시간** : 2차시

학습목표와 지도 내용

학습목표

- 대각선의 의미를 알 수 있습니다.
- 대각선을 직접 긋고 그 의미를 말할 수 있습니다.
- 다각형의 대각선의 개수를 정확하게 구할 수 있습니다.

소주제 1. 다각형의 대각선의 기초 탐구

- 단원 소개 및 문제상황 제시
- 대각선의 기초 성질 탐구하기
- 대각선 긋기와 서로 다른 길이의 대각선
- 정사각형의 크기를 두 배로 하기

소주제 2. 대각선의 개수

- 대각선의 개수 구하는 원리 탐구하기
- 다양한 다각형의 대각선 긋기
- 다각형의 대각선의 성질 탐구하기
- 정다각형에서 길이가 다른 대각선의 개수 구하기

소주제 1

다각형의 대각선 기초 탐구

이번에는 다각형의 대각선에 대해 탐구를 합니다. 우리가 기하학적 아이디어를 가지게 되는 것은 어린 시절의 경험에서 나오는 자연적 부산물이라고 말합니다. 우리는 보고, 만져 볼 수 있는 기하학적 대상의 세계에 있기 때문에 기하학적 아이디어에 대해 흥미와 호기심을 가지고 있는 것입니다. 간단한 다각형의 대각선에 대한 탐구와 이를 바탕으로 정사각형의 넓이를 두 배가 되도록 하는 새로운 정사각형을 만드는 방법에 대해 살펴보도록 합시다.

탐구하기 1: 대각선 탐구하기

1. 지오지브라를 열고, 오른쪽 마우스를 클릭합니다. 아래와 같은 새창이 나오면 격자를 선택합니다. 이 격자를 이용하여 아래 도형을 그려봅니다.(부록 CD의 파일 '2-5(1)-ggb02.ggb'참조)

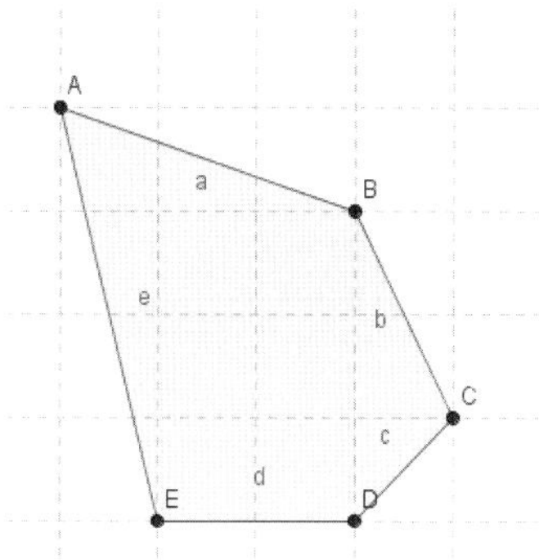

(1)

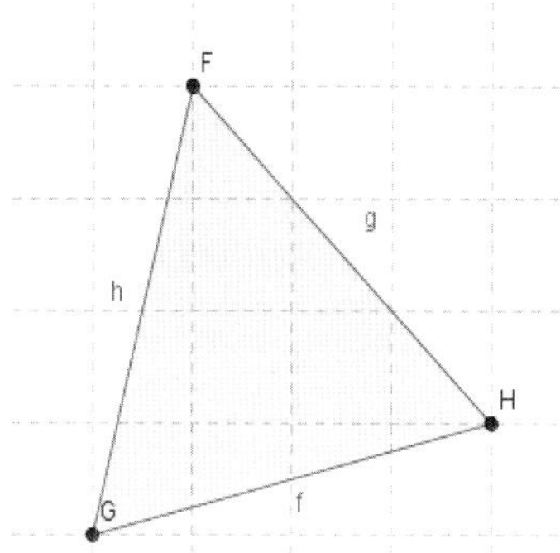

(2)

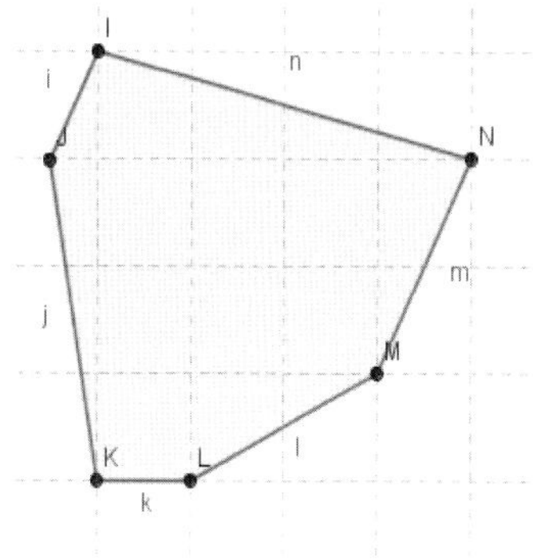

(3)

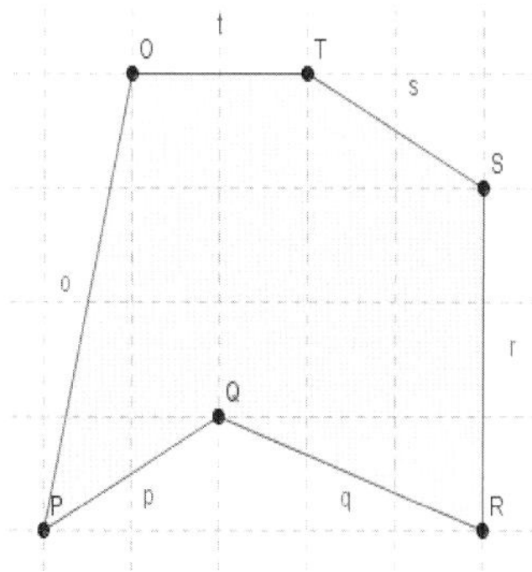

(4)

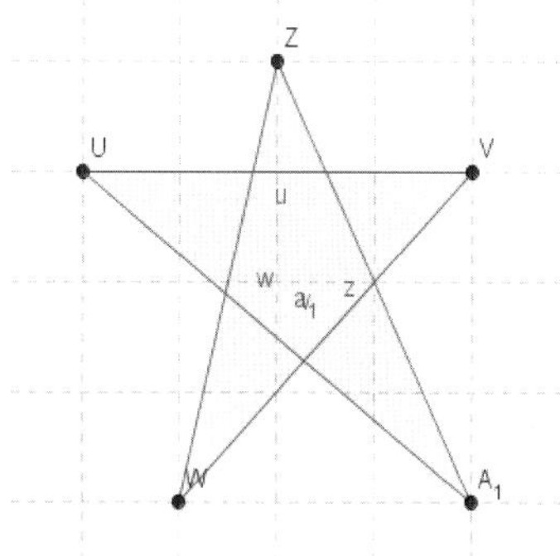

(5)

1) 위의 다각형에서 이웃하는 두 꼭짓점을 찾아 봅니다.

2) 위의 다각형의 이름을 적고, 다각형에서 이웃하지 않는 두 꼭짓점을 찾아 선분의 이름을 써 봅시다.

번호	이름	꼭짓점	이웃하지 않는 두 점을 이은 선분
(1)	오각형		
(2)			
(3)			
(4)			
(5)			

2. 다음 활동에서 얻은 결과를 이용하여 아래 물음에 답하시오.

• **지오지브라 활동 1**

① 윈도우창에서 '파일–열기'를 통해 부록 CD의 '2–5(1)–ggb01.ggb'파일을 불러옵니다.

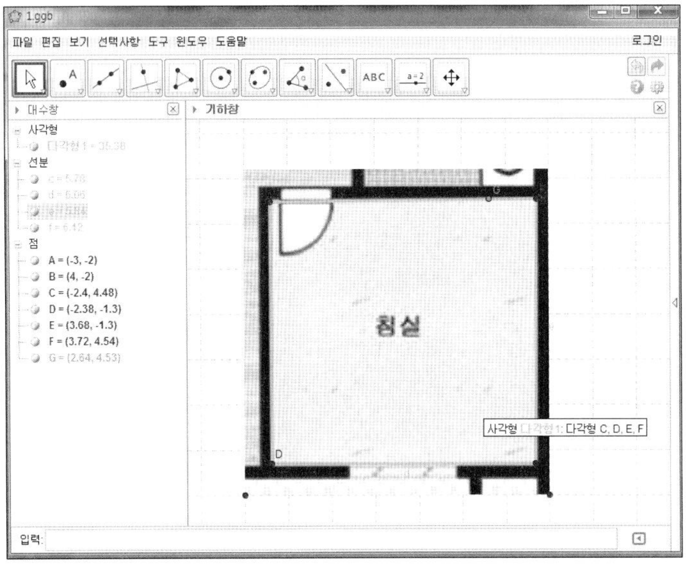

② 직사각형 모양의 방(침실)에 빨래 줄을 설치해야 합니다. 가장 길게 설치할 수 있는 방법을 선분으로 표시해 봅시다.

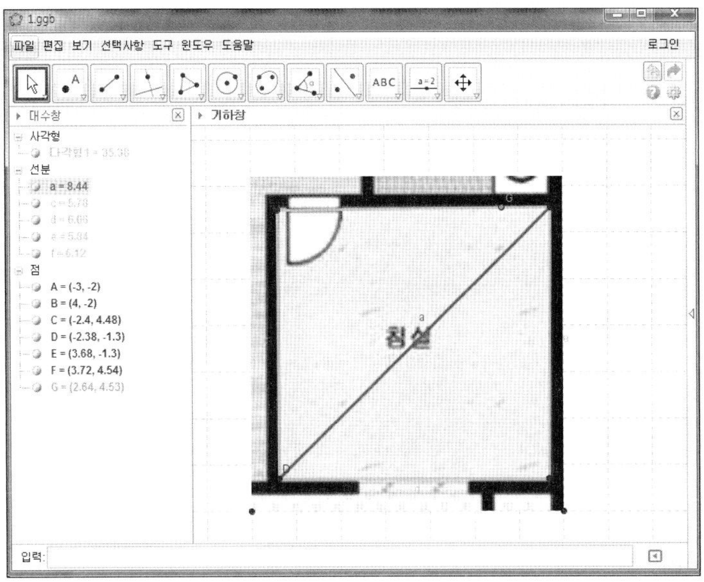

③ 메뉴창에서 '파일–열기'를 통해 부록 CD의 '2–5(1)–ggb02.ggb'파일을 불러옵니다. 각각의 도형에서 이웃하지 않는 두 꼭짓점을 모두 찾아 선분으로 연결해 봅시다(기본 5장 소주제 2 참조).

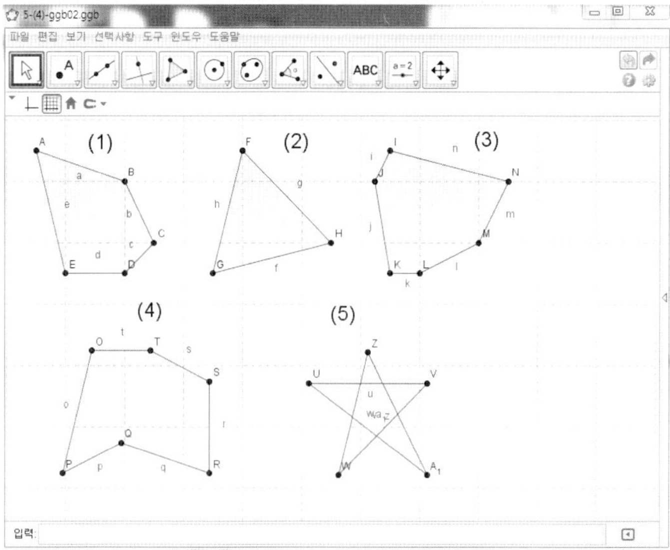

1) 다각형에서 대각선이란 무엇입니까?

2) 그러면 위 도형에서 대각선은 몇 개이고, 무엇인지 기록해 봅시다.

번호	이름	대각선	대각선의 개수
(1)	오각형		
(2)			
(3)			
(4)			
(5)			

3) 위의 '(2)'번 도형은 대각선이 없습니다. 그 이유는 무엇입니까?

탐구하기 2: 대각선 긋기와 서로 다른 길이의 대각선

1. 다음 활동을 바탕으로 아래 물음에 답하시오.

• 지오지브라 활동 2

① 메뉴창에서 '파일-열기'를 통해 부록 CD의 '2-5(1)-ggb03.ggb'파일를 불러옵니다.

② 주어진 도형의 대각선을 선분 도구를 이용하여 그립니다.

③ 모든 대각선의 길이를 거리 또는 길이 도구를 이용하여 구합니다.('2-5(1)-ggb04.ggb'파일 참조)

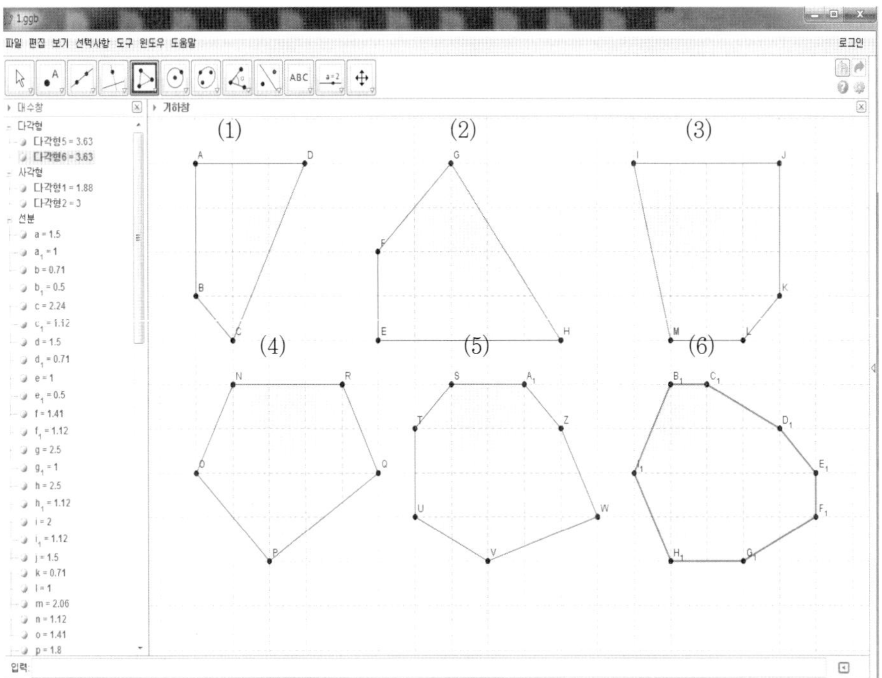

1) 각 도형의 대각선의 개수를 구하시오.

번호	대각선의 개수	번호	대각선의 개수	번호	대각선의 개수
(1)		(3)		(5)	
(2)		(4)		(6)	

2) 각 도형에서 대각선의 길이가 서로 다른 것은 모두 몇 가지가 있는지 구하시오.

구분	(1)	(2)	(3)	(4)	(5)	(6)
서로 다른 대각선의 길이의 개수						

2. 정사각형의 크기가 2배인 정사각형을 작도합니다.

• **지오지브라 활동 3**

① 메뉴창에서 정다각형 도구를 선택하여 정사각형을 그립시다.

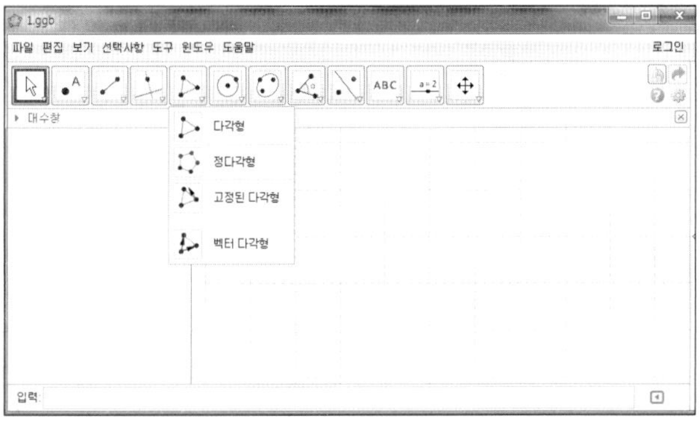

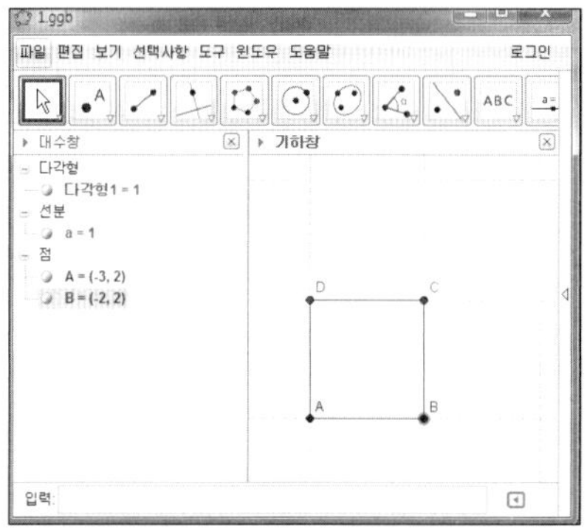

② 이제 주어진 정사각형의 한 변의 길이보다 2배 만큼 길이가 긴 새로운 정사각형을 그립니다.

③ 큰 정사각형의 네 변의 중점을 연결합니다. 작은 정사각형에 대각선 한 개를 긋습니다.

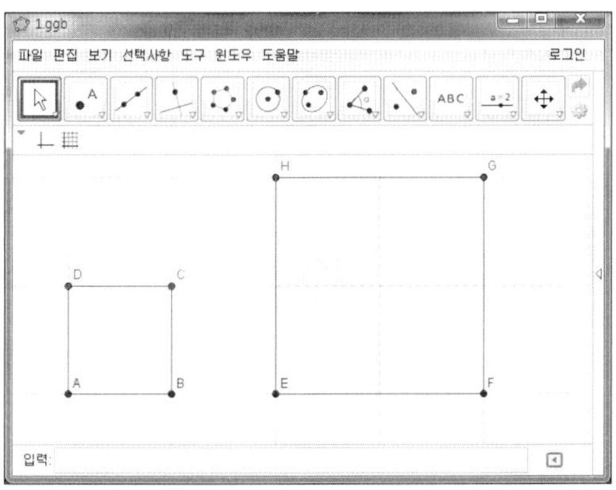

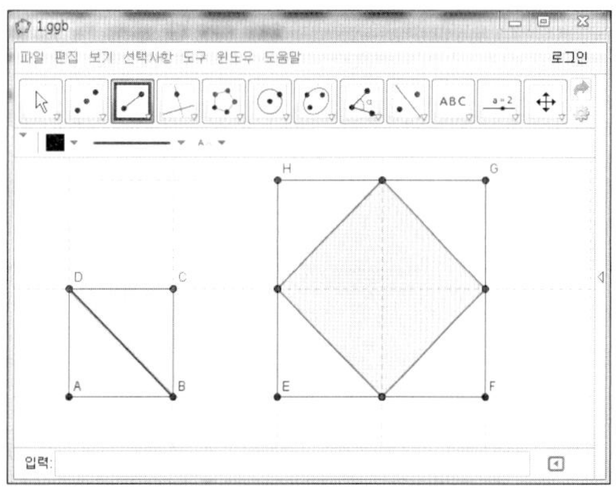

④ 큰 정사각형의 내부에 만들어진 사각형이 어떤 사각형인지 거리 또는 길이 도구와 각 도구를 이용하여 확인하여 봅시다.

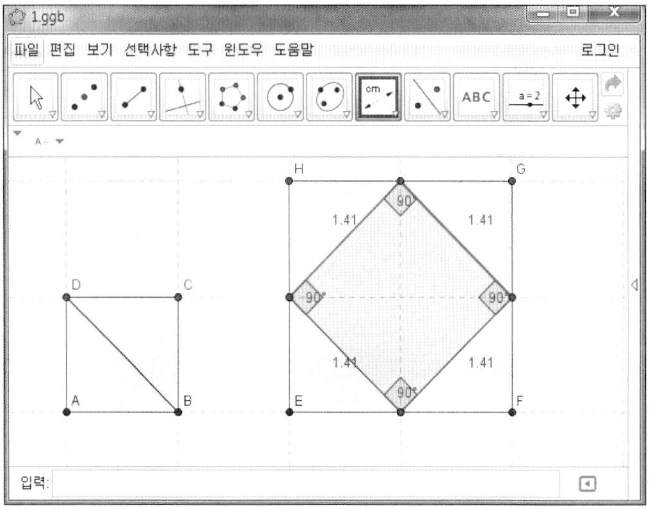

1) 작은 정사각형은 두 개의 직각이등변삼각형( )으로 나누어집니다. 세 가지 서로 다른 정사각형은 직각이등변삼각형 몇 개로 이루어져 있는지 세어 보고 아래 표를 완성하시오.

구 분		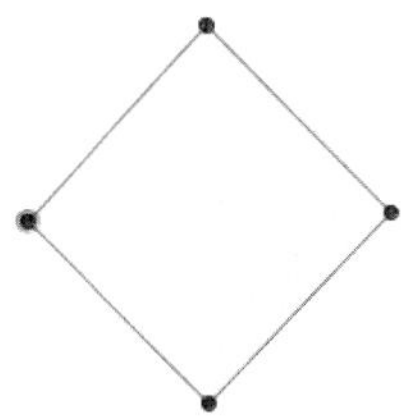	
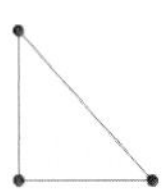			

2) 큰 정사각형은 작은 정사각형의 크기의 몇 배 입니까?

3) 큰 정사각형에서 '네 변의 중점을 연결하여 만든 사각형'은 어떤 사각형입니까?

- 사각형의 종류:

- 이유:

4) 큰 정사각형은 '네 변의 중점을 연결하여 만든 정사각형'의 몇 배입니까?

5) 거리 또는 길이 도구를 이용하여 대각선의 길이를 구해 봅니다. 위의 2)와 4)를 바탕으로 '주어진 정사각형의 크기를 두 배가 되게 하는 새로운 정사각형'을 만드는 방법이 무엇인지 적으시오.

6) 지오지브라에서 정사각형을 하나 그리고, 이 정사각형의 크기를 두 배가 되게 하는 새로운 정사각형을 그립니다.

3. 지오지브라를 이용하여 정사각형을 하나 그리고, 이 정사각형의 크기가 반인 새로운 정사각형을 그립니다.

4. 지오지브라를 이용하여 아래 무늬를 그립니다.

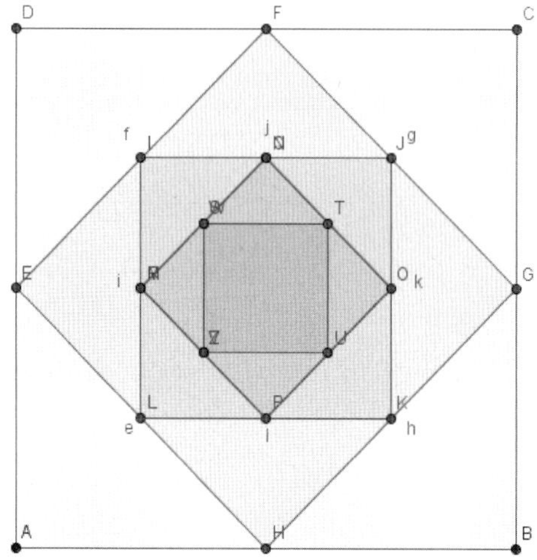

소주제 2

다각형의 대각선 개수

앞에서 간단하게 대각선에 대해 탐구하였습니다. 여기에서는 삼각형과 사각형의 대각선의 개수를 구하는 것을 바탕으로 일반적인 다각형의 대각선의 개수를 구하는 규칙을 발견합니다. 더 나아가 정다각형에서 길이가 다른 대각선이 모두 몇 개가 존재하는지 구합니다.

탐구하기: 대각선의 개수 구하기

1. 아래 활동을 진행하고 물음에 답하시오.

- **지오지브라 활동 1**

① 툴바에서 '파일-열기'를 통해 부록 CD의 '2-5(2)-ggb01.ggb'파일을 불러옵니다.

② 삼각형부터 십각형까지의 도형의 대각선을 모두 그립니다.

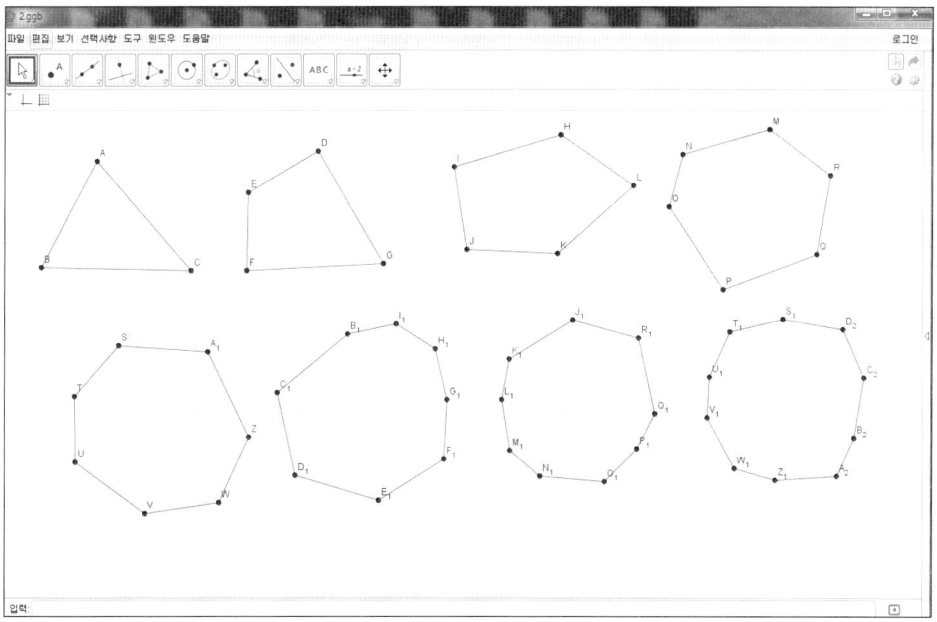

1) 각각의 도형의 대각선의 개수를 구하시오.

종류	삼각형	사각형	오각형	육각형	칠각형	팔각형	구각형	십각형
대각선 개수								

2) 위에서 구한 대각선의 개수를 살펴보고, 어떤 규칙이 있는지 적으시오.

____

____

2. 한 꼭짓점에서 그을 수 있는 대각선의 개수와 꼭짓점의 개수는 어떤 관계가 있는지 다음 활동을 통해 생각해 봅시다.

• **지오지브라 활동 2**

① 도구 중에서 다각형 도구를 활용하여 오각형, 육각형, 칠각형, 팔각형, 구각형을 그립니다.

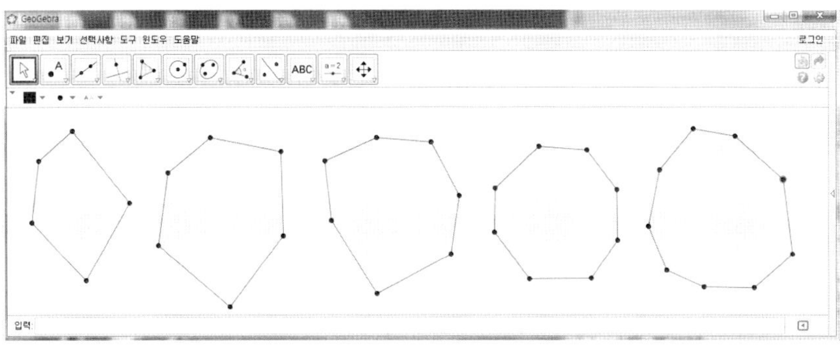

② 각각의 도형에서 한 꼭짓점에서 그을 수 있는 모든 대각선을 긋습니다.

1) 아래 표를 완성하고 그 결과를 기록합니다.

구분	5각형	6각형	7각형	8각형	9각형
한 꼭짓점에서 긋을 수 있는 대각선의 수 (가)					
전체 꼭짓점의 수 (나)					
(가) × (나)					
전체 대각선의 수					

2) (가)×(나)의 결과와 실제 대각선의 개수를 비교합니다. 얼마만큼의 차이가 납니까? 그 이유는 무엇인지 적어 봅시다.

3) 위에서 얻은 규칙을 적용하여 10각형의 대각선의 개수를 구하고, 실제로 10각형을 그린 후 개수를 세어 본 것과 동일한지 확인합니다.

- 규칙을 적용한 10각형의 대각선의 수:
- 10각형을 직접 그린 후 얻은 대각선의 수:

4) 위에서 구한 규칙을 적용하여 19각형, 20각형의 대각선의 개수를 구해 봅시다.

- 19각형:
- 20각형:

탐구활동 3: 정다각형에서 길이가 다른 대각선의 개수

- **지오지브라 활동**

① 정다각형 도구를 활용하여 한 변의 길이가 1인 정사각형, 정오각형, …, 정십각형을 그립니다.('2-5(2)-ggb04.ggb'파일 참조)

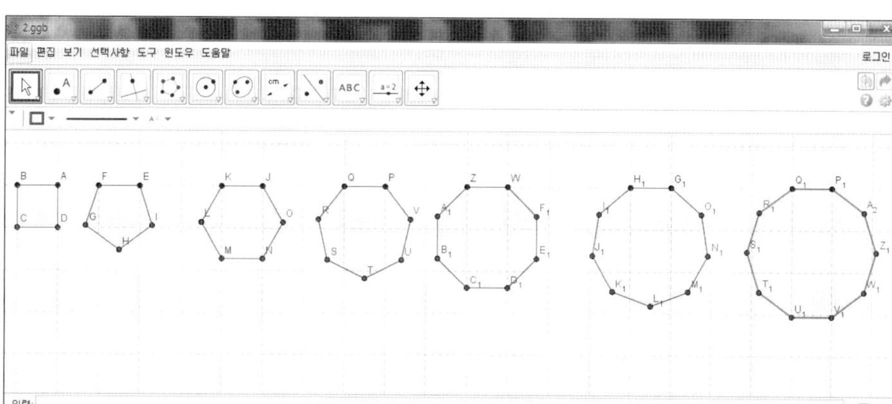

② 한 꼭짓점에서 그을 수 있는 모든 대각선을 두 점 사이의 선분 도구를 이용하여 그리고, 각 대각선의 길이를 거리 또는 길이 도구를 이용하여 구합니다.

1. 위 활동을 통해 다음 물음에 답하시오.

종류	정4각형	정5각형	정6각형	정7각형	정8각형	정9각형	정10각형
한 꼭짓점에서 그을 수 있는 대각선의 개수	1						
서로 다른 대각선의 길이 모두 기록하기	1.4						
길이가 다른 대각선의 개수	1						

2. 위에서 구한 대각선의 길이를 통해 서로 다른 대각선의 개수에는 어떤 규칙이 있는지 다음 물음에 대한 답을 쓰시오.

1) 4, 6, 8, 10과 같이 짝수개의 변을 가진 다각형에서 변의 개수와 서로 다른 길이의 대각선의 개수 사이에는 어떤 규칙이 있는지 기록해 봅시다.

2) 5, 7, 9, 11과 같이 홀수개의 변을 가진 다각형에서 변의 개수와 서로 다른 길이의 대각선의 개수 사이에는 어떤 규칙이 있는지 기록해 봅시다.

6

도형의 활용

프로그램 개요

- **적용대상** : 초등 3, 4학년 수학
- **프로그램 목적** : 학생들이 학습한 기본적인 도형을 통해 학교 교실에서는 학습할 수 없는 재미있는 활동을 진행합니다. 이를 통해 수학에 대한 직관능력과 양적 개념을 확장하는데 활용할 수 있습니다.
- **프로그램 시간** : 1차시

학습목표와 지도 내용

학습목표

- 도형의 반의 의미를 이해할 수 있습니다.
- 주어진 도형의 반을 정확하게 나눌 수 있습니다.

소주제 1. 도형의 반

- 단원 소개 및 문제상황 제시
- 반의 의미 파악하기
- 정삼각형을 반으로 분할하기
- 다양한 도형의 분할 활동하기

소주제 1 도형의 반

이번 주제는 직사각형을 반으로 나누는 활동을 하면서 도형의 반의 의미가 무엇인지 살펴봅니다. 또한, 다양한 도형을 정확하게 반으로 나누어 봄으로써 '반'의 본질에 대해 살펴볼 것입니다. 이를 확장하여 '반에 대한 반' 등으로 확장에 나가고자 합니다. 이러한 활동을 통해 초등학교 수준의 도형의 내용을 있는 대로 배우는 것만이 아니라, 도형 속에 내재되어져 있는 본질적인 뜻을 발견하는 학습 태도를 가져 보도록 합시다.

탐구하기 1: 전체의 반에 대한 의미 파악하기

1. 아래 직사각형 모양의 도형이 있습니다. 변 끼리 서로 겹치도록 접으려고 합니다. 여러 번 접을 수 있다고 할 때, 어떻게 접어야 하는지 아래 직사각형에 표시해 봅시다.

위의 활동을 지오지브라로 진행해 봅시다.

- **지오지브라 활동 1**

  ① 선분 AB를 그리고, 이 선분을 한 변으로 하는 직사각형을 그립니다.

  ② 선분 AB의 점 A를 지나고 선분 AB에 수직인 직선을 수직선 도구를 이용하여 그립니다.

  ③ 점 B를 지나고 선분 AB에 수직인 직선을 수직선 도구를 이용하여 그립니다.

④ 점 도구를 이용하여 점 A를 지나는 수직선 위에 임의의 한 점 C를 잡고, 점 C 지나고 선분 AB에 평행인 직선을 평행선 도구를 이용하여 그립니다.

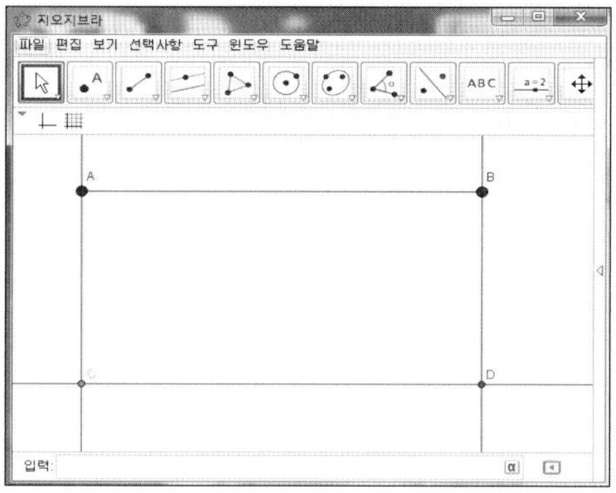

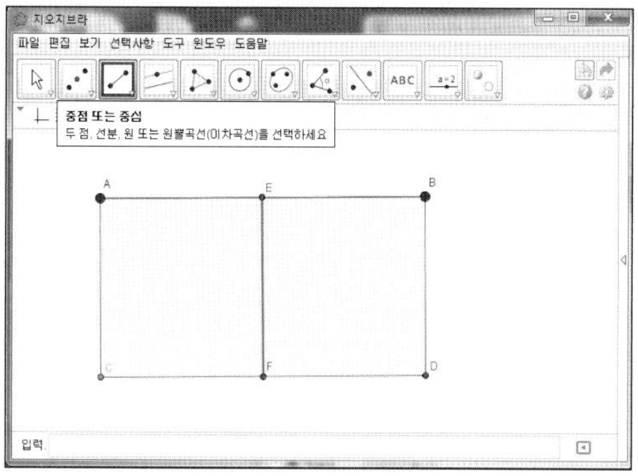

⑤ 이제 다각형 도구를 이용하여 사각형 ABCD를 그립니다. 그 다음 불필요한 선을 감추기 도구를 이용하여 보이지 않도록 작업을 합니다.

⑥ 주어진 직사각형을 이등분하는 직선을 하나 긋습니다. 먼저 선분 AB의 중점, 선분 CD의 중점을 중점 및 중심 도구를 이용하여 잡고, 두 중점을 서로 연결합니다. 그러면 이 직사각형을 이등분하는 직선이 됩니다.

1) 위와 같이 이등분하면 정확하게 동일한 것인지 어떻게 확인할 수 있는지 밀기, 뒤집기, 돌리기를 이용하여 설명합시다.

2) 지오지브라 활동으로 정확하게 동일한지 확인해 봅시다.

- **지오지브라 활동 2**

① 직사각형을 동일한 두 개의 직사각형으로 나눈 파일을 불러옵니다. 이름은 '2-6(1)-ggb01.ggb'파일 입니다.

② 벡터에 의해 대상을 평행이동 도구를 선택합니다.

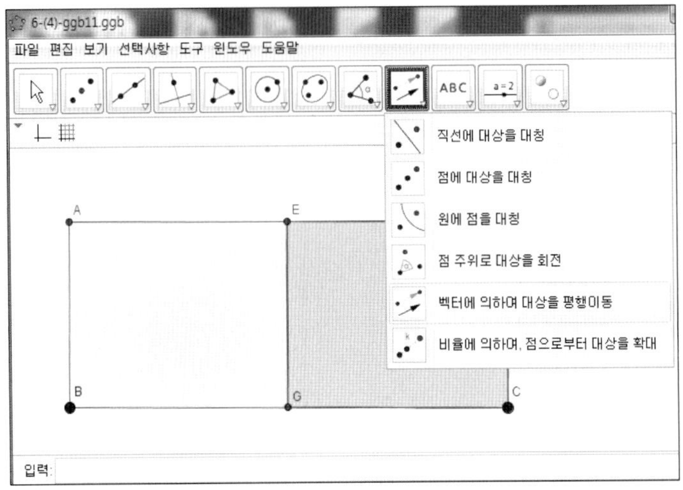

③ 마우스로 사각형 CDEG를 클릭하고, 아래 그림과 같이 점 H, 점 I를 순서대로 클릭합니다.

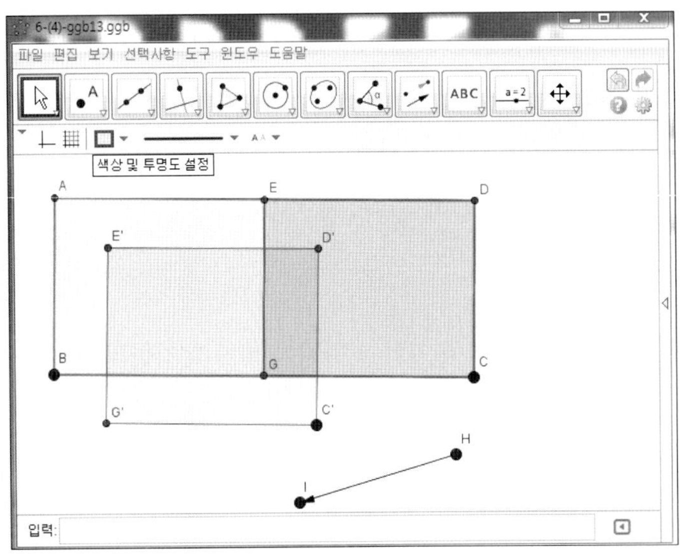

④ 이동 도구를 선택하고, 마우스로 점 I를 움직여 보고, 평행이동한 결과를 확인합니다.('2-6(1)-ggb02.ggb'참조)

2. 반으로 나누는 다른 방법이 있는지 생각해 봅시다. 그 방법을 직사각형에 그리고, 지오지브라 화면에 표현하고, 실제로 반으로 나누어졌는지 어떻게 확인할 수 있는지 그 이유를 적어 봅시다.

• **지오지브라 활동 3**

① 부록 CD의 파일에서 '2-6(1)-ggb03.ggb'를 불러옵니다.

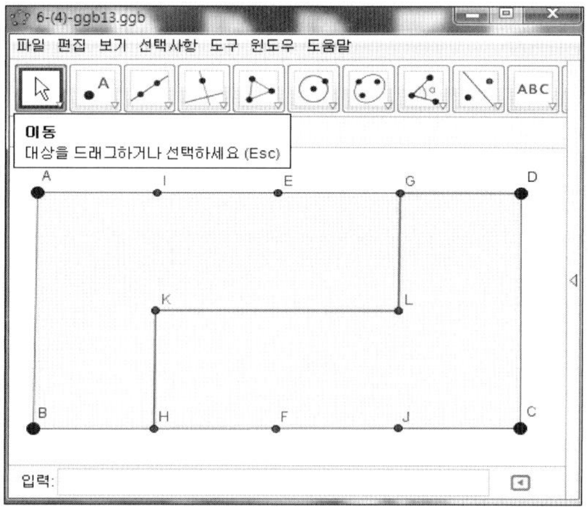

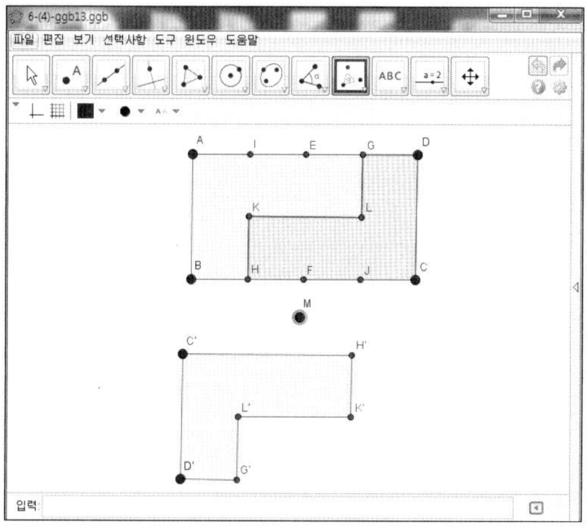

② 이 도형은 선분 AD의 중점 E, 선분 AE의 중점 I, 선분 ED의 중점 G, 선분 BC의 중점 F, 선분 BF의 중점 H, 선분 FC의 중점 J, 선분 IH의 중점 K, 선분 GJ의 중점 L을 순서로 잡았습니다.

③ 그 다음 선분 BH, 선분 HK, 선분 KL, 선분 LG, 선분 GD를 차례로 연결하여 직사각형을 두 부분으로 나눈 것입니다.

④ 다각형 도구를 선택하고, 다각형 HCDGLK를 그립니다.

- 점 M을 적당한 위치에 찍습니다.
- 점 주위로 대상을 회전 도구를 선택합니다. 먼저 점 M을 클릭하고, 다각형 HCDGLK를 클릭합니다. 위의 오른쪽 그림을 얻을 수 있습니다.
- 점 M을 마우스로 드래그하여 좌우의 도형이 정확하게 일치하는지 확인합니다. 도형이 동일한 모양인지 확인합니다.('2-6(1)-ggb03.ggb'파일 참조)

3. 지오지브라를 이용하여 또 다른 방법으로 직사각형을 반으로 나누는 방법을 진행해 봅시다.

• 지오지브라 활동 4

① 앞에서 그린 직사각형을 가지고 옵니다. 혹은 열기 창에서 부록 CD의 '2-6(1)-ggb04.ggb' 파일을 선택하여 '열기'를 선택합니다.

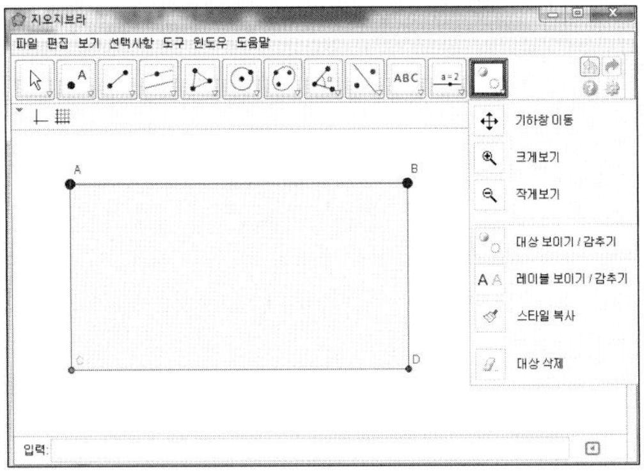

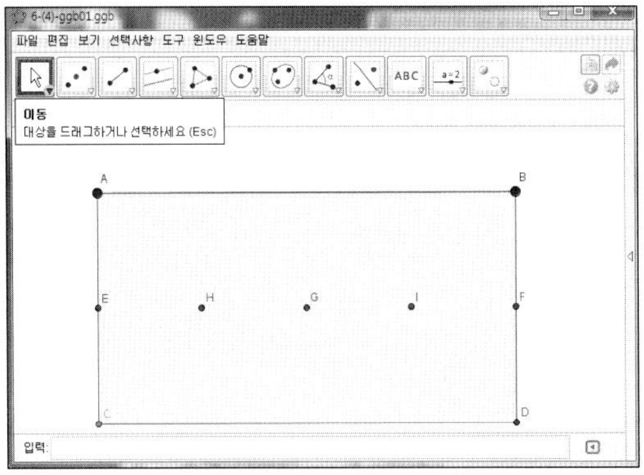

② 이제 선분 AC의 중점 E, 선분 BD의 중점 F를 잡습니다.

③ 그 다음 선분 EF의 중점 G, 선분 EG의 중점 H, 선분 GF의 중점 I를 잡습니다.

④ 이제 선분 EH, 선분 HG, 선분 GI, 선분 IF를 지름으로 하는 반원을 그려봅시다.

- 먼저 두 점을 지나는 원 도구를 선택하고, 점 E와 점 H를 차례로 클릭하면 반원이 그려집니다.
- 두 점을 지나는 원 도구를 선택하고, 점 G와 점 H를 차례로 클릭하면 반대 방향의 반원이 그려집니다.
- 같은 방법으로 나머지 반원을 더 그립니다('2-6(1)-ggb05.ggb'파일 참조).

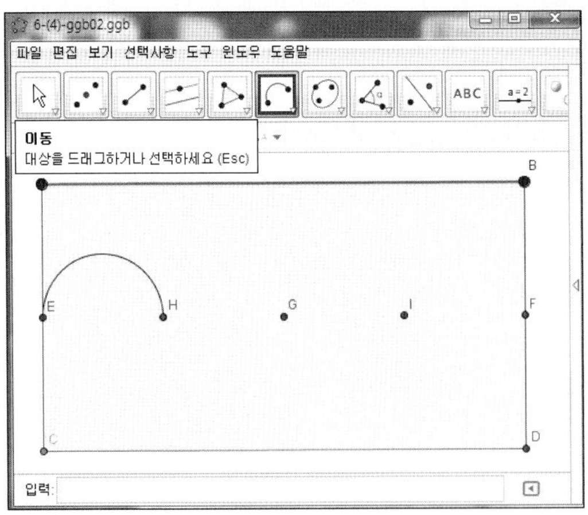

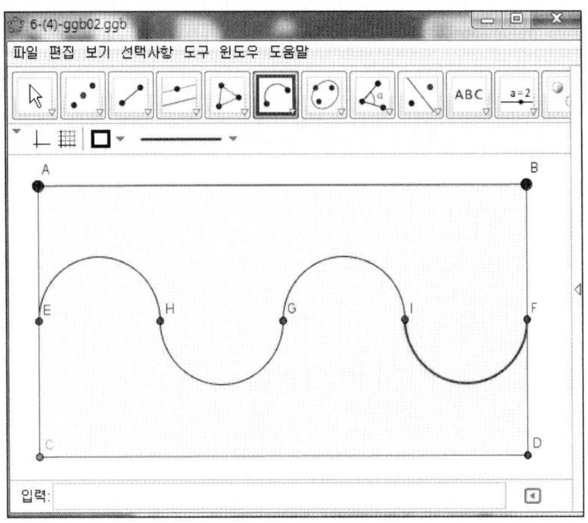

1) 위의 활동에서 반원 네 개에 의해 주어진 직사각형이 반으로 나누어지는지 확인하시오. 그리고 그 이유를 기록하여 봅시다.

2) 이제 또 다른 곡선을 이용하여 주어진 직사각형을 반으로 나누어 봅시다. 아래 직사각형에 그 방법을 대략적으로 그리고, 그 결과를 지오지브라에 표현하여 봅니다. 그리고 반으로 나누어지는 이유를 기록해 봅시다.

4. 지금까지 한 활동들을 통해서 얻은 결론에 대해 아래 물음에 대해 답해 봅시다.

1) 자른 모양들의 공통점과 차이점을 비교해 보고 기록해 봅시다.

- 공통점:

- 차이점:

2) 자신이 생각하는 '반'을 분수로 표현해 봅시다. 여기서 '반'이란 어떠한 의미를 가지고 있는지 기록해 봅시다.

5. 이제 도형이 아니라, 물건을 반으로 나누는 것에 대해 생각해 봅시다.

1) 바둑돌 12개를 반으로 나누어 봅시다. 바둑돌 12개의 반은 몇 개입니까?

---

2) 왜 그렇게 생각하였나요? 그 이유를 기록해 봅시다.

• **지오지브라 활동**

① 열기 창에서 부록 CD의 '2-6(1)-ggb06.ggb' 파일을 선택하여 '열기'를 선택합니다.

② 12개의 바둑돌을 반으로 나누도록 직선으로 구분해 봅시다. 예를 들어 아래 6개, 위 6개로 구분하거나, 왼쪽 6개, 오른쪽 6개로 나눌 수 있습니다.

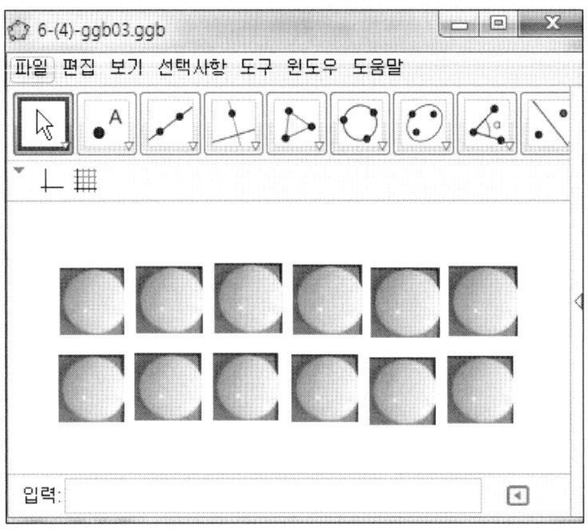

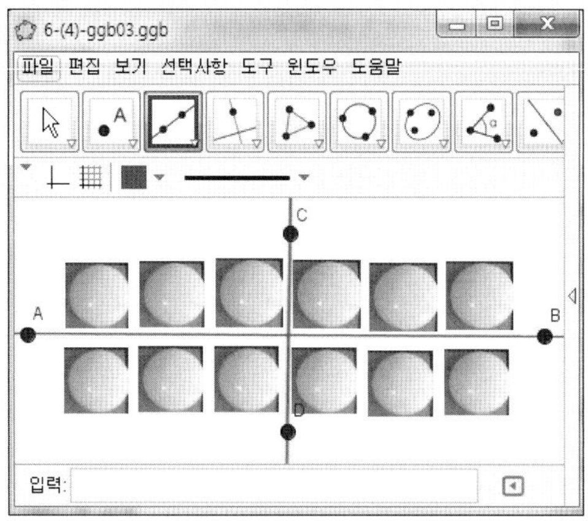

3) 바둑돌 12개를 여러분이 생각하는 방법으로 반으로 나누어 봅니다. 아래 그림에 그 방법을 표시하고, 지오지브라 화면에도 표시해 봅니다.

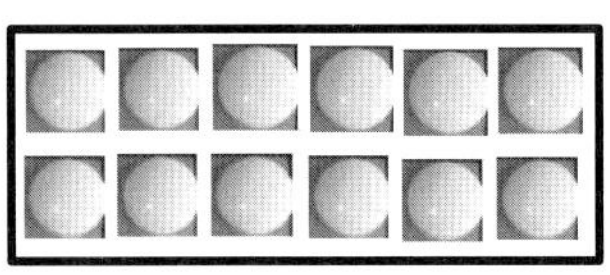
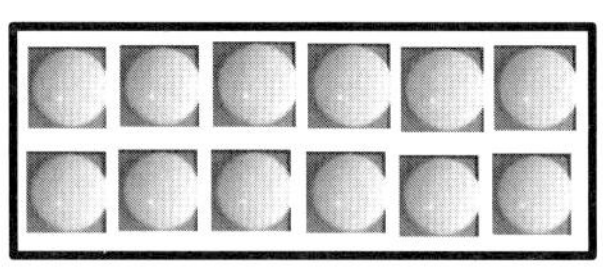
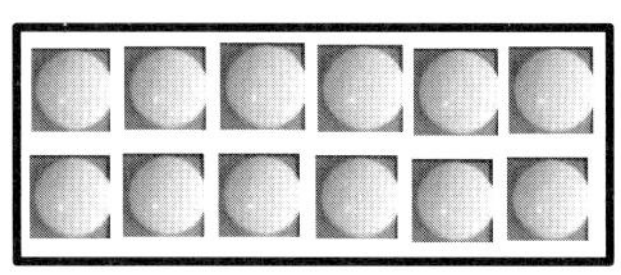

4) 이제 바둑돌이 놓여 있는 각각의 작은 정사각형을 생각해 봅시다. 바둑돌이 없다고 생각할 때, 큰 직사각형은 동일한 두 개의 부분으로 절단하는 방법을 모두 찾고, 지오지브라를 이용하여 실제로 동일한 부분이 되는지 확인해 봅니다. 뒤집기, 돌리기, 밀기를 이용하여 직접 그림을 그려 봅니다.

5) 위에서 반으로 나눈 방법의 공통점과 차이점을 기록해 봅니다.

- 공통점:

- 차이점:

6) 12의 반은 얼마인지 분수로 나타내고, 12의 반은 어떤 의미를 가지는지 쓰시오.

탐구하기 2: 반과 크기가 같은 분수 알아보기

- **지오지브라 활동 6**

① 열기 창에서 부록 CD의 '2-6(1)-ggb07.ggb' 파일을 선택하여 열어 봅니다.

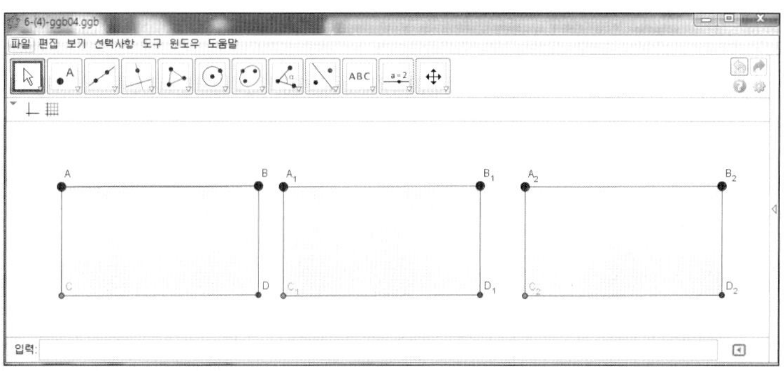

② 주어진 직사각형 모양을 4등분, 8등분, 16등분하여 봅니다.

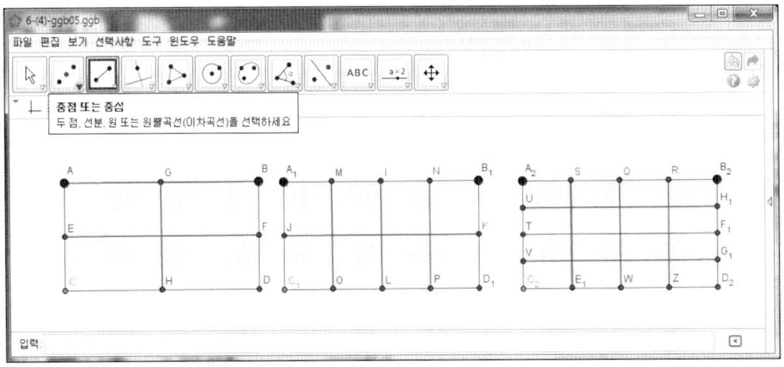

③ 이제 주어진 전체 넓이의 '반'만큼 부분에 파란색으로 색칠하여 봅니다. 색칠을 하기 위해서는 색칠할 부분을 사각형 도구 로 다시 그려줍니다.

- 색칠할 부분을 다각형 도구로 도형을 만듭니다.
- 그 부분에 색칠을 합니다. 먼저, 색칠한 도형 위에 마우스를 올려 놓고, 오른쪽 마우스를 클릭하면, '설정사항' 메뉴가 나옵니다. 여기서 '색상'-파란색 선택, 불투명도 100%를 선택합니다('2-6(1)-ggb08.ggb'참조).

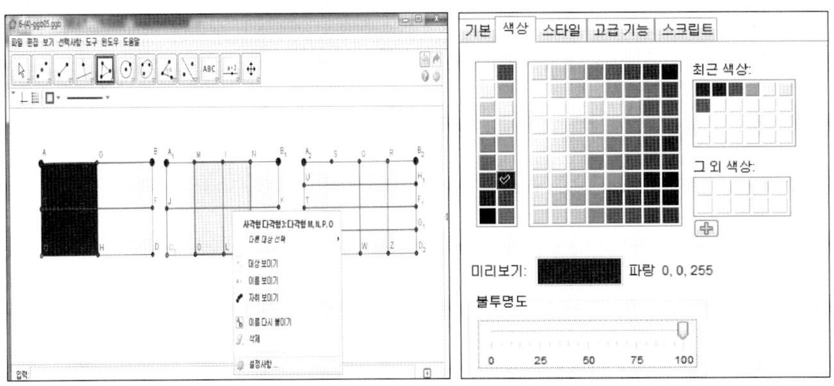

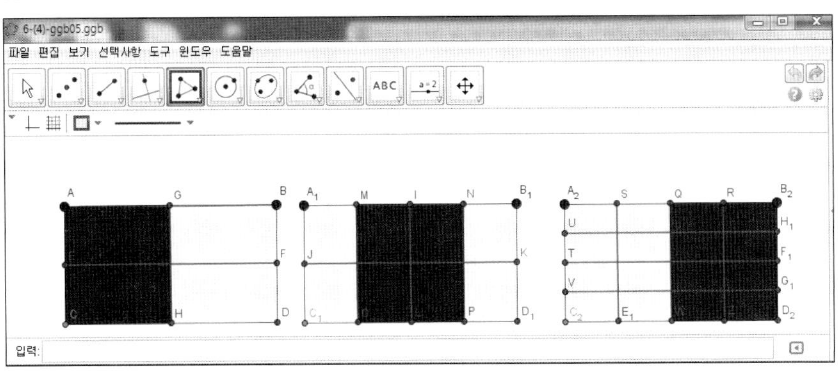

1. 등분한 것을 분수로 나타내어 보세요.

   • 4등분의 반:

   • 8등분의 반:

   • 16등분의 반:

2. 반을 나타낸 분수를 수직선에 나타내시오.

3. 반과 크기가 같은 분수를 만드는 방법을 말해 보세요.

4. 아래 도형은 정팔각형입니다. $\frac{3}{4}$과 크기가 같도록, 세 가지 방법으로 색칠해 봅니다.

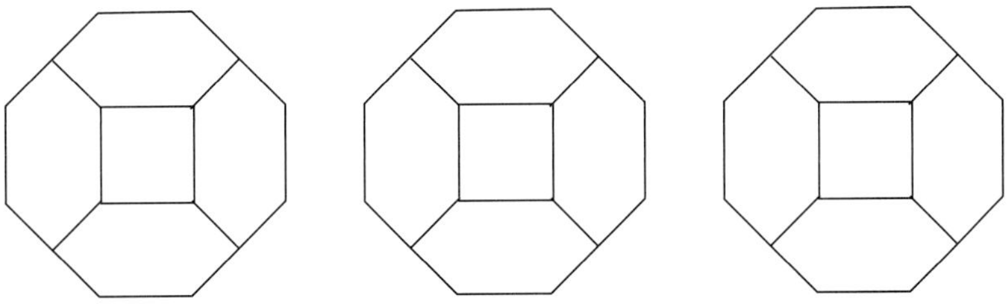

- **지오지브라 활동 7**

① 열기 창에서 부록 CD의 '2-6(1)-ggb09.ggb' 파일을 선택하여 '열기'를 선택합니다.

② 지오지브라를 이용하여 $\frac{3}{4}$에 해당하는 만큼의 영역을 색칠합니다.

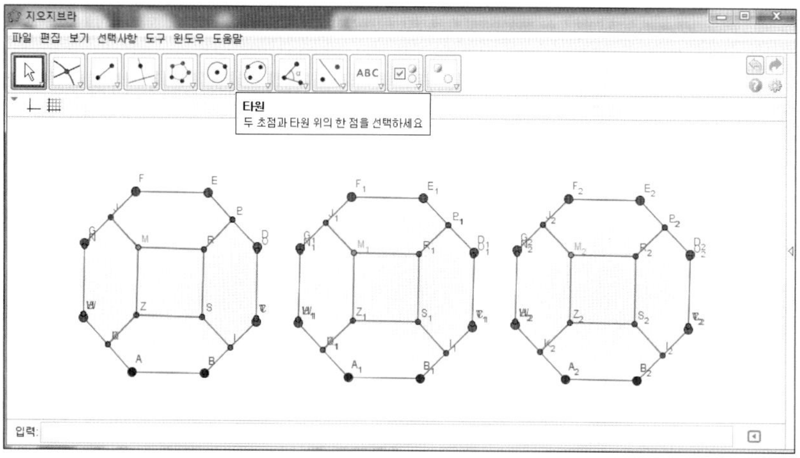

토의하기 1: 정삼각형을 등분하기

1. 다음 정삼각형을 크기와 모양이 같은 도형으로 나누어 봅시다. 2등분, 3등분, 4등분, 6등분, 8등분, 9등분, 12등분하고, 각 등분의 단위 분수만큼 색칠하여 나타내어 보세요.

등분	삼각형 모양으로 등분	그 외 모양으로 등분
2등분		
3등분		
4등분		

등분	삼각형 모양으로 등분	그 외 모양으로 등분
6등분	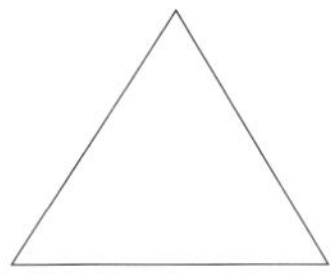	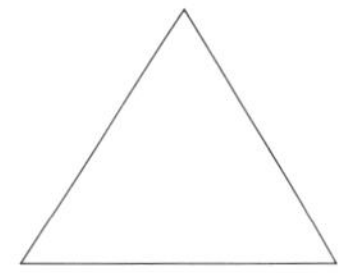
8등분	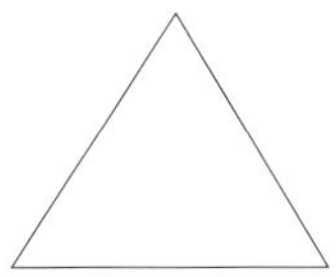	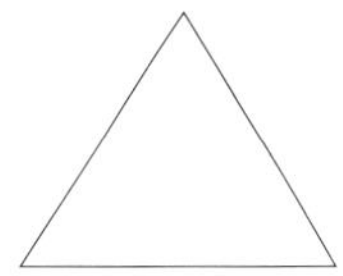
9등분	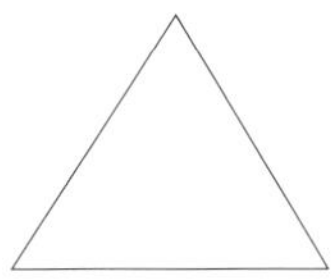	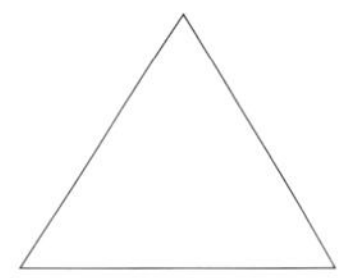
12등분	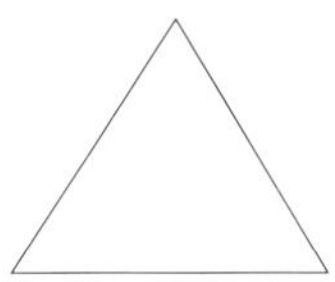	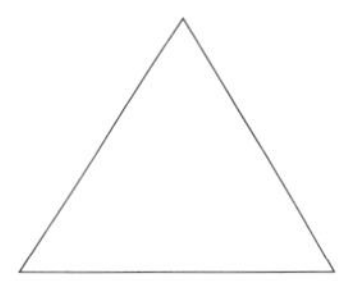

- **지오지브라 활동 8**

① 정다각형 도구를 이용하여 정삼각형 7개를 그립니다. 혹은 열기 창에서 부록 CD의 '2-6(1)-ggb10.ggb'파일을 선택하여 '열기'를 선택합니다.

② 위의 그림에 표시한 것을 그대로 지오지브라 프로그램을 이용하여 나타냅니다. 아래는 이등분의 예시입니다. 이것을 참고하여 다른 경우도 수행해 봅니다.

- 그림과 같이 삼각형 ABC에서 밑변의 중점 D를 잡습니다. 꼭짓점 C와 점 D를 연결합니다.
- 다각형 도구를 이용해서 삼각형 ACD와 삼각형 BCD를 그립니다.
- 두 삼각형의 넓이가 같은지 넓이 도구를 이용하여 확인합니다. 또한 모든 변의 길이와 각의 크기가 같은지 길이 또는 거리 도구와 각 도구를 이용하여 확인합니다.

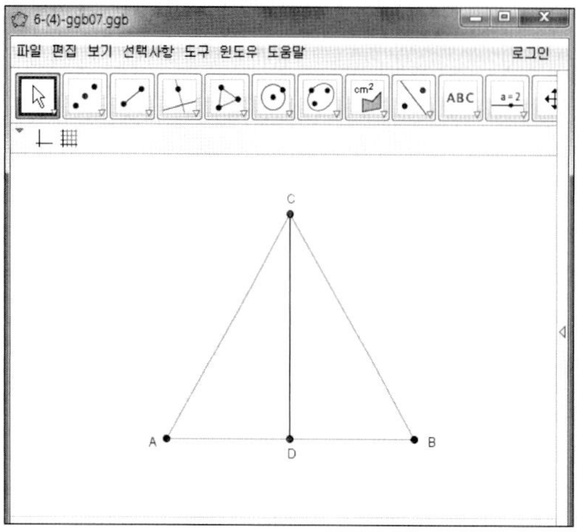

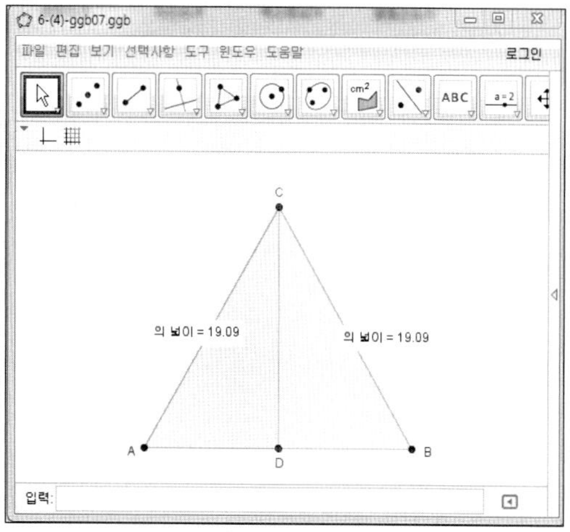

2. 앞의 문제에서 2등분부터 12등분한 삼각형은 어떤 삼각형인지 분류하여 보시오.

1) 정삼각형인 경우는 몇 등분한 삼각형입니까?

2) 이등변삼각형인 경우는 몇 등분한 삼각형입니까?

3) 직각삼각형인 경우는 몇 등분한 삼각형입니까?

3. 정삼각형을 여러 가지 방법으로 8등분해 봅시다.

• **지오지브라 활동 9**

① 정다각형 도구 를 이용하여 정삼각형 4개를 그립니다. 혹은 열기 창에서 부록 CD의 '2-6(1)-ggb10.ggb' 파일을 열어 봅니다.

② 각자의 방법으로 정삼각형을 8등분하기를 수행합니다.

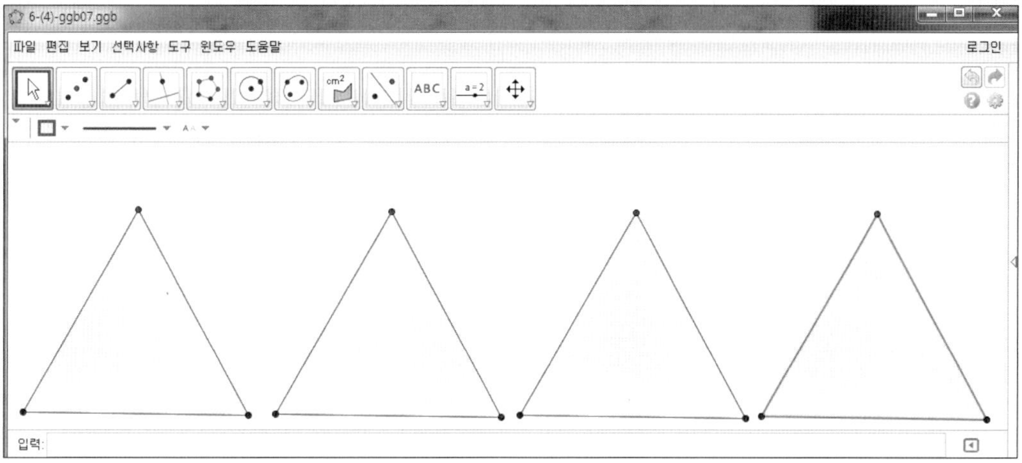

1) 지오비브라 활동 9에서 실행한 정삼각형의 8등분을 아래 그림에 표시합니다.

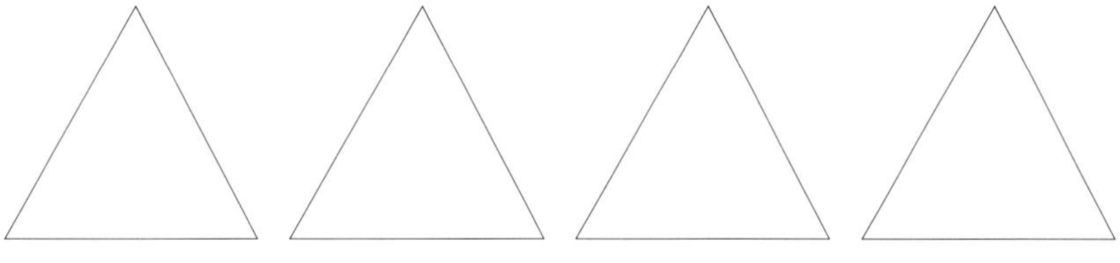

토의하기 2: 정육각형 분할하기

1. 다음 정육각형을 크기와 모양이 같은 도형으로 분할하고, 그림으로 나타냅니다.

등분	등분할하기	등분	등분할하기
2등분	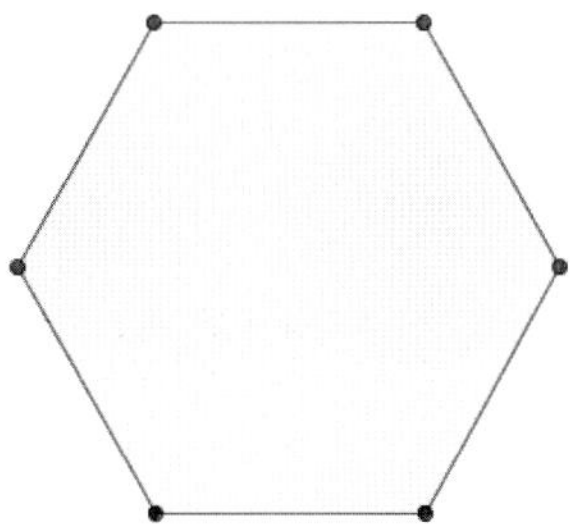	3등분	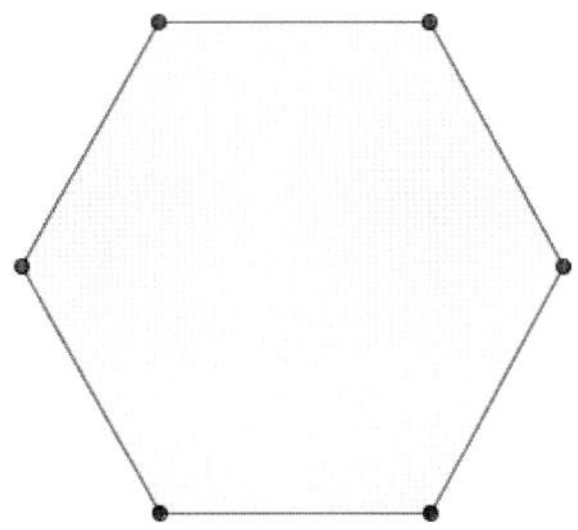
4등분	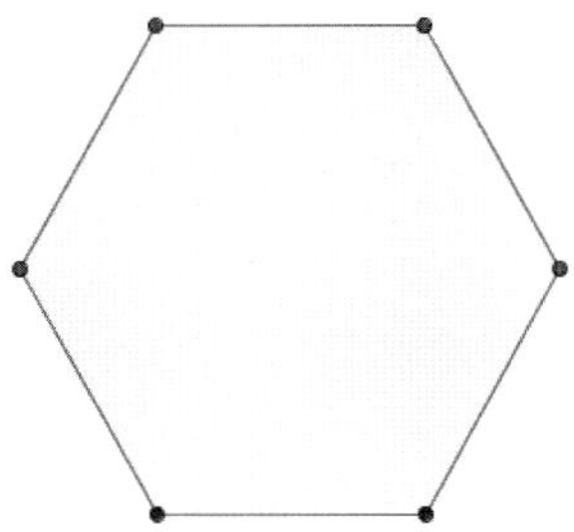	6등분	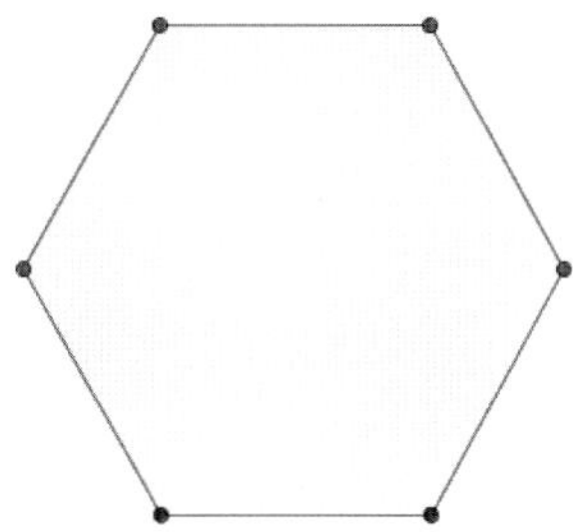

2. 지오지브라를 이용하여 위의 정육각형을 그리고, 직접 분할하는 그림을 그립니다. 그림을 그린 다음, 다른 방법으로 분할할 수 있는지 확인해 봅시다.

출처

1) http://blog.naver.com/gamdo4103?Redirect=Log&logNo=120200313101
2) http://www.ascensionearth2012.org/2013/09/archangel-michael-angle-of-view-via.html
3) 구글 이미지 검색
4) http://www.mathsteacher.com.au/year8/ch10_geomcons/03_circles/comp.htm
5) http://blog.naver.com/onyang4u?Redirect=Log&logNo=150091688628
6) http://www.google.co.kr/imgres?start=324&um=1&newwindow=1&hl=ko&biw=1843&bih=864&tbm=isch&tbnid=PiuaUNzayvqzWM:&imgrefurl=http://www.heirloomwoodentoys.com/KYDZ-ACTIVITY-TABLE-TRAPEZOID-24-in.-x-48-in.-Ridge-Line-pr-19384.html&docid=wSNe7GmmoGlXAM&imgurl=http://www.heirloomwoodentoys.com/images/P/ACTIVITY-TABLES---TRAPEZOID5-by-Jonti-Craft-offered-by-Heirloom-Wooden-Toys.jpg&w=500&h=500&ei=CRHFUtqBKcbhkgXXyICoAg&zoom=1&iact=rc&dur=124&page=7&tbnh=136&tbnw=136&ndsp=55&ved=1t:429,r:62,s:300,i:190&tx=80&ty=81
7) 다각형의 한 꼭짓점과 다른 꼭짓점을 이어서 생긴 선분을 대각선이라고 합니다.
8) http://blog.naver.com/cindy620?Redirect=Log&logNo=150124776412
9) http://www.google.co.kr/imgres?start=122&um=1&newwindow=1&sa=N&biw=1843&bih=864&hl=ko&tbm=isch&tbnid=nXMQ5zftm40g9M:&imgrefurl=http://www.texample.net/tikz/examples/rotated-squares/&docid=DAI_APHACw_IzM&imgurl=http://www.texample.net/media/tikz/examples/PNG/rotated-squares.png&w=500&h=500&ei=pRPFUr-LEoSulAXjsoHACg&zoom=1&iact=rc&dur=16&page=3&tbnh=151&tbnw=151&ndsp=62&ved=1t:429,r:69,s:100,i:211&tx=89&ty=52
10) http://www.richelscape.com/onsite/onsite01.asp?year=2003&hcode=61
11) http://blog.naver.com/5002sesang?Redirect=Log&logNo=40001778129
12) http://cafe.naver.com/hellobaby2012/71580
13) http://www.uwgb.edu/dutchs/symmetry/stewart.htm
14) http://blog.naver.com/guesiki?Redirect=Log&logNo=40207700172
15) http://www.google.co.kr/url?sa=i&rct=j&q=&esrc=s&frm=1&source=images&cd=&docid=LBTdm5txfQsW9M&tbnid=17zzwvEY3DAIVM:&ved=0CAUQjRw&url=http%3A%2F%2Fjustmemusic.com%2FPages%2Fpersonalized-barney-sing-a-long-music-cd.html&ei=8IcYU6eYH87PkwXh2oHYAw&bvm=bv.62577051,d.dGI&psig=AFQjCNEdft6fMwUYv3EX8FillJXcgmPPCg&ust=1394202972879353
16) http://terms.naver.com/imageDetail.nhn?docId=960373&imageUrl=http%3A%2F%2Fdbscthumb.phinf.naver.net%2F1779_000_1%2F20120405004822490_CHISWSN4H.jpg%2Fbh8_94_i2.jpg%3Ftype%3Dm4500_4500_fst_n%26wm%3DY&categoryId=3069
17) http://www.fountainstudio.com/

풀이

1부 : 기본

제1장. 기본적인 도형

소주제 1. 도형의 기본요소

탐구하기 1

1. 한 점을 지나는 직선은 매우 많다.
   그 이유는 한 점일 지나는 직선을 계속해서 그릴 수 있기 때문이다.
2. 두 점을 지나는 직선은 1개뿐이다.
   그 이유는 두 점을 지나는 직선은 한 개 밖에 그릴 수 없기 때문이다.
3. 한 직선 위에 있는 점들로 다시 직선을 그어도 똑같은 직선이 그어진다.

탐구하기 2

분류1	분류2	분류3
한 점에서 만나는 경우	만나지 않는 경우	완전히 겹쳐지는 경우
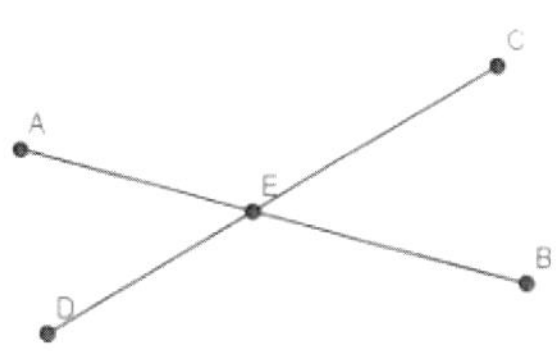		

소주제 2. 각과 각도

측정하기 1

방향을 다르게 하면 각이 달라진다.

탐구하기 1

각의 길이가 달라져도 각도는 변하지 않는다.

탐구하기 2

1. 한 변을 시계 반대 방향으로 움직이면 각의 크기는 커진다.
2. 변의 길이가 달라져도 각도는 변하지 않는다.

탐구하기 3

2. 360도
4. 각 BED는 항상 공통으로 가지는 각이다. 그리고 두 직선에서 마주보는 각은 항상 같다.
5. 두 각은 평각에서 같은 각을 뺐기 때문에 항상 같다.

소주제 3. 수직과 평행

탐구하기 4

직각(90도)

탐구하기 5

만나지 않는 경우

탐구하기 6

2. 각 ACD = 각 ECF = 각 AEH = 각 GEB
   각 ACF = 각 DCE = 각 AEG = 각 HEB

탐구하기 7

한 점에서 만난다.

Quiz

1. 2쌍
2. 두 선분의 길이는 같다.

제2장. 원

소주제 1. 원의 의미

탐구하기 1

1. 한 점을 지나는 원은 매우 많이 그릴 수 있다.
2. 두 점을 지나는 원은 매우 많이 그릴 수 있다.

소주제 2. 원의 구성요소와 성질

탐구하기 1

1. 원안에 반지름은 매우 많다.
2. 반지름의 길이는 모두 같다. 원은 한 점을 중심으로 같은 거리에 있는 점들이 모인 것이기 때문이다.

3. 원의 크기가 바뀌면 반지름도 바뀐다. 원이 커지면 반지름도 커지고, 원이 작아지면 반지름도 작아진다.

탐구하기 2

1. 원의 지름은 항상 원의중심을 지난다.

소주제 3. 원을 이용하여 무늬 꾸미기

탐구하기 2

1. 원의 일부가 모여 있다.
2. 정사각형을 그리고 정사각형의 꼭짓점을 중심으로 하는 원을 4개 그려야 한다.

Quiz

1. 답은 여러 가지이다.
   예시) 원과 만나는 정사각형을 그린 후 정사각형의 대각선을 그어 만나는 점을 찾는다.
   원안에서 가장 긴 선분을 2개 찾은 후 그 선분이 만나는 점을 찾는다.
2. 정사각형 안에 들어가는 가장 큰 원은 정사각형의 한 변을 지름으로 하는 원이다.
3. 지름의 양 끝점과 원위의 한 점을 연결하면 직각삼각형이 된다.

제3장. 사각형

소주제 1. 사다리꼴 탐구

탐구하기 1

1. 사다리꼴에는 평행하는 변이 한 쌍 있다.
2. 마주보는 변의 길이가 다르다.
3. ○, ×, ○, ×

탐구하기 2

1. 사다리꼴의 평행하지 않은 두 변의 길이가 같을 때 대각선의 길이가 같아진다. 이때가 아니고서는 대각선의 길이는 같지 않다.
2. 두 대각선에서 마주보는 각은 서로 같다.

탐구하기 4

1. 1쌍
2. 직각은 없고, 두 밑각의 크기는 같다.
3. 평행하지 않은 변의 길이는 같다.
4. 등변 사다리꼴에는 대각선이 2개 있고, 길이는 같다.

소주제 2. 평행사변형 탐구

탐구하기 1

1. 평행사변형에는 평행하는 변이 2쌍이 있다.

2. 평행사변형의 마주보는 각은 같다.
   이웃하는 두 각을 더하면 180도이다.
   한 각을 90도로 맞추면 모든 각이 90도가 된다.
3. 평행사변형의 마주보는 변의 길이는 항상 같다.
   평행사변형의 이웃하는 변의 길이를 같게 하면 모든 변의 길이가 같아진다.

탐구하기 2

1. 2개
2. 평행사변형의 두 대각선의 길이는 다른데, 대각선의 길이를 같게 하면 직사각형이 된다.
3. 평행사변형의 두 대각선은 서로를 이등분한다.

탐구하기 3

1. 만들 수 있다.
2. 사다리꼴로 평행사변형을 만들 수 있다는 말은 사다리꼴 중에서 일부는 평행사변형이라는 뜻이다. 즉, 모든 평행사변형은 사다리꼴에 포함된다는 뜻이다.

소주제 3. 마름모 탐구

탐구하기 1

1. 마름모에는 평행한 변이 2쌍이 있다.
2. 마주보고 있는 각의 크기가 같다.

탐구하기 2

1. 2개
2. 1) 두 대각선의 길이는 다르다.
   2) 두 대각선은 서로를 이등분한다.
3. 두 대각선은 수직으로 만난다.

탐구하기 3

1.

<table>
<tr><th></th><th>평행사변형</th><th>마름모</th></tr>
<tr><td>공통점</td><td colspan="2">사각형이다.
평행하는 변이 두 쌍이다.
마주보는 각의 크기가 같다.</td></tr>
<tr><td>차이점</td><td>마주보는 편의 길이가 같다.
두 대각선이 서로를 이등분한다.</td><td>모든 변의 길이가 같다.
대각선이 서로를 수직 이등분한다.</td></tr>
</table>

2. 1) 마름모는 평행사변형이라고 할 수 있다.
   평행사변형을 드래그하여 마름모를 만들 수 있었다. 이를 통해 평행사변형중 특수한 것이 마름모임을 알 수 있다. 이말은 모든 마름모는 평행사변형임을 의미한다.

탐구하기 4

1.

	사다리꼴	마름모
공통점	사각형이다.	
차이점	한 쌍의 변이 평행이다. 변의 길이가 모두 다르다.	두 쌍의 변이 평행이다. 모든 변의 길이가 같다. 대각선이 서로를 수직 이등분한다.

2. 1) 마름모는 사다리꼴이다. 마름모는 모두 평행사변형이고, 평행사변형은 모두 사다리꼴이기 때문이다.
   2) 사다리꼴 중 일 부분만 마름모이다. 따라서 모든 사다리꼴을 마름모라고 할 수는 없다.

소주제 4. 직사각형 탐구

탐구하기 1

1.

도형	사다리꼴	평행사변형	마름모	직사각형
평행선의 수	1	2	2	2

2. 직사각형의 네 각은 모두 90도이다.
3. 직사각형의 마주보는 변의 길이는 같다.

탐구하기 2

1. 직사각형의 두 대각선의 길이는 같다.
2. 직사각형의 두 대각선을 서로를 이등분한다.
3. 마주보는 각도는 항상 같다.

탐구하기 3

2. 평행사변형을 움직여 직사각형을 만들 수 있었다. 즉, 평행사변형 중 일부는 직사각형이고, 모든 직사각형은 평행사변형에 포함된다.

4.

	사다리꼴	평행사변형	마름모	직사각형
평행한 변의 쌍	1	2	2	2
직각의 수	0	0	0	4

○, ○, ×, ×, ×, ×

소주제 5. 정사각형 탐구

탐구하기 1

1. 정사각형에는 평행하는 변이 2쌍이 있다.
2. 정사각형의 네 각은 모두 직각이다.

탐구하기 2

1. 정사각형은 두 개의 대각선을 갖고 있고, 이 두 대각선의 길이는 항상 같습니다.

직접 해보기

1. 두 대각선은 서로를 이등분 한다.
2. 두 대각선을 서로 수직으로 만난다.

탐구하기 3

2. 마름모 중 일부가 정사각형이었으므로 정사각형은 마름모에 포함되고 모든 정사각형은 마름모라고 할 수 있습니다.

탐구하기 4

2. 직사각형 중 일부가 정사각형이었으므로 정사각형은 직사각형에 포함되고 모든 정사각형은 직사각형이라고 할 수 있습니다.

탐구하기 5

	사다리꼴	평행사변형	마름모	직사각형	정사각형
평행한 변의 쌍	1	2	2	2	2
직각의 수	0	0	0	4	4

○, ×, ×. ×, ○

Quiz

1. 이웃한 변의 길이가 같게 하려면, 원을 이용하여 그릴 수 있습니다.
2. 변의 길이가 같지만 각의 크기가 다른 마름모를 그릴 수 있습니다.
3. 정사각형의 대각선을 지름으로 하는 원을 그리면 됩니다.

제4장. 삼각형

소주제 1. 삼각형의 정의와 성질

탐구하기 1

1.

변의 개수	꼭짓점의 개수	내각의 개수	대변의 개수
3	3	3	3

탐구하기 2

1. 두 변의 길이의 합은 다른 한 변의 길이보다 크다.

탐구하기 3

각	가장 큰 각	중간 크기의 각	가장 작은 각
대변	가장 길다.	중간이다.	가장 짧다.

탐구하기 4

1. 사각형의 모양이 변해도 삼각형의 내각의 합은 항상 180도이다.
2. ABC, ACB

소주제 2. 변의 길이에 따른 삼각형의 분류

탐구하기 1

1.

	가	나	다
변의 길이의 특징	두 변의 길이가 같다.	세변의 길이가 같다.	세 변의 길이가 모두 다르다.

2.

	가	나	다
이름	이등변삼각형	정삼각형	부등변삼각형

탐구하기 2

1. 두 변의 길이가 항상 같다.
2. 두 밑각이 항상 같다.
3. 직각이 된다.
4. 선분 BD와 CD의 길이는 같다.

탐구하기 3

1. 매우 많다.

작도하기 4

1. 원의 반지름은 모두 갈이가 같기 때문입니다.

소주제 3. 각에 따른 삼각형의 분류

탐구하기 1

1.

	가	나	다
이름	직각삼각형	예각삼각형	둔각삼각형

탐구하기 2

2. 둔각삼각형의 한각은 180도를 넘지는 못한다.

Quiz

1. 삼각형의 한 변을 그린 후 그 변의 수직이등분선을 그립니다.
   수직이등분 선의 적당한 곳에 점을 찍은후 처음 그린 변의 양 끝점과 잇습니다.
2. 고정된 길이의 선분 도구를 이용하여 길이가 5인 선분을 긋습니다.
   주어진 크기의 각 도구를 이용하여 삼각형을 완성합니다.
3. 먼저 정된 길이의 선분 도구를 이용하여 길이가 3인 선분을 긋습니다.
   이 선분의 양 끝점을 중심으로 하여 반지름이 있는 원도구를 이용하여 반지름이 각각 4,5인 원을 그은 후 만나는 지점에 교점을 찍습니다.
   이 교점을 처음 선분과 연결하여 삼각형을 완성합니다.
4. 정삼각형의 세변의 길이는 항상 같습니다.
   이등변삼각형의 경우 두 변의 길이만 같으면 되기 때문에, 정삼각형은 모두 이등변삼각형입니다.

제5장. 다각형과 정다각형

소주제 1. 정다각형 세상

탐구하기 1

1. 정삼각형의 세변의 길이는 항상 같다.
2. 정삼각형의 세 각의 크기는 항상 60도이다.
3. 정다각형의 변의 길이는 항상 같다.
4. 정다각형의 내각의 크기는 모두 같다.
5. 정다각형의 변의 길ㅇ와 각의 크기는 항상 같다.

탐구하기 2

1.

	정삼각형	정사각형	정오각형	정육각형	정칠각형	정팔각형
변의 수	3	4	5	6	7	8
평행한 변의 쌍	0	2	0	3	0	4

2. 홀수 개의 변을 가진 정다각형은 평행하는 변이 없고, 짝수 개의 변을 가진 다각형은 마주보는 변이 모두 평행이다.

탐구하기 3

2. ① 길이가 같은 대각선이 있다.
   ② 홀수개의 변을 가진 다각형은 변의 개수 만큼 가장 긴 대각선이 있고, 짝수 개의 변을 가진 다각형은 변의 개수의 반 만큼 가장 킨 대각선이 있다.

3. ①

	점 A	점 B	점 C	점 D	점 E
대각선의 수	2	2	1	0	0

②

	점 A	점 B	점 C	점 D	점 E	점 F
대각선의 수	3	3	2	1	0	0

③

	점 A	점 B	점 C	점 D	점 E	점 F	점 G
대각선의 수	4	4	3	2	1	0	0

④ ㅁ개의 변을 가진 정다각형의 대각선의 길이는 1+2+3…(ㅁ-3) 이다.

4.

정다각형	꼭짓점의 수	대각선의 수
정오각형	5	2+2+1=5
정육각형	6	3+3+2+1=9
정칠각형	7	4+4+3+2+1=14
정팔각형	8	5+5+4+3+2+1=20
정구각형	9	6+6+5+4+3+2+1=27
정십각형	10	7+7+6+5+4+3+2+1=35

탐구하기 4

1. 모든 정다각형은 원과 만난다.

탐구하기 5

정다각형	한 각의 크기	각의 개수	내각의 합
정삼각형	60	3	180
정사각형	90	4	360
정오각형	108	5	540
정육각형	120	6	720

소주제 2. 정다각형으로 바닥덮기

탐구하기 1

1. 짝수개의 변을 가진 다각형의 경우 단순히 밀기만을 통해 바닥 덮기를 할 수 있다.
2. 홀수개의 변을 가진 다각형의 경우 밀기와 회전하기를 이용해야 바닥을 완전히 덮을 수 있다.
3.

정다각형	한 각의 크기(도)	바닥덮기 가능 유무
정삼각형	60	○
정사각형	90	○
정오각형	108	×
정육각형	120	○

정오각형의 경우 한 내각의 크기가 108도 이기 때문에 360도를 만들 수 없다. 따라서 바닥을 완전히 덮을 수 없다.

탐구하기 2

1. 정삼각형의 한 내각의 크기는 60도이고, 정육각형의 한 내각의 크기는 120도이다. 즉, 120+120+60+60=360이기 때문에 평면을 완전히 덮을 수 있다.
2. 정삼각형의 한 내각의 크기는 60도이고, 정사각형의 한 내각의 크기는 90도이고, 정육각형의 한 내각의 크기는 120도이다. 60+90+90+120=360이기 때문에 평면을 완전히 덮을 수 있다.
3. 정삼각형과 정십이각형, 정팔각형과 정사각형, 정사각형과 정육각형과 정십이각형 등

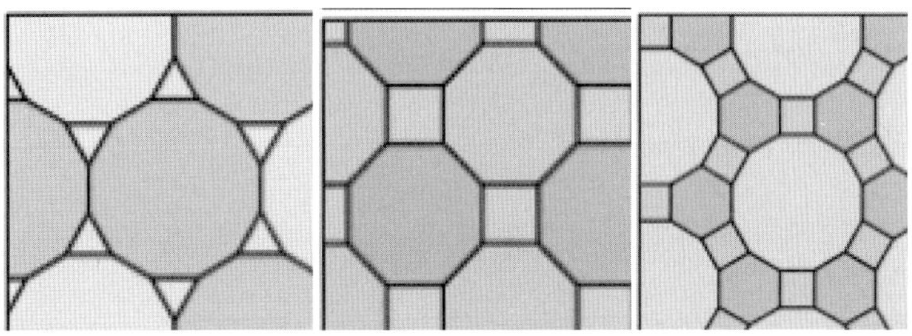

소주제 3. 칠교판 만들기

탐구하기 1

칠교조각	넓이
가	4
나	4
다	2
라	1
마	2
바	1
사	2

탐구하기 2

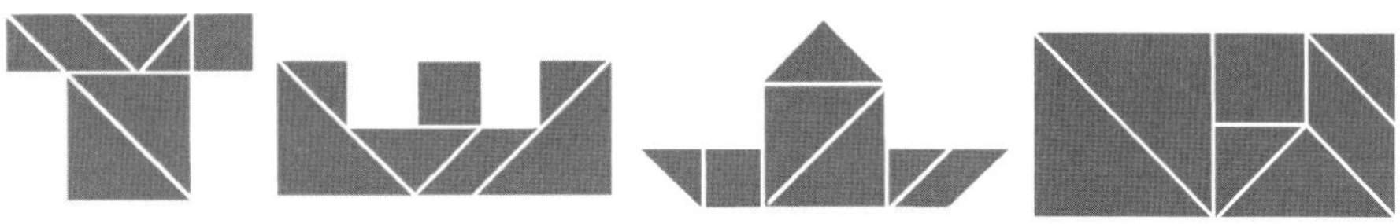

Quiz

2. 모든 사각형은 내각의 합이 360도 이기 때문에 바닥덮기가 가능하다.

제6장. 평면도형의 이동

소주제 1. 평면도형 밀기

탐구하기 1

위치	위치는 바뀐다.
모양	모양은 변하지 않는다.

소주제 2. 평면도형 돌리기

탐구하기 1

1. 모양은 그대로고 위치만 바뀐다.
2. 한 바퀴 돌리면 모양과 위치가 그대로이다.

탐구하기 2

1.

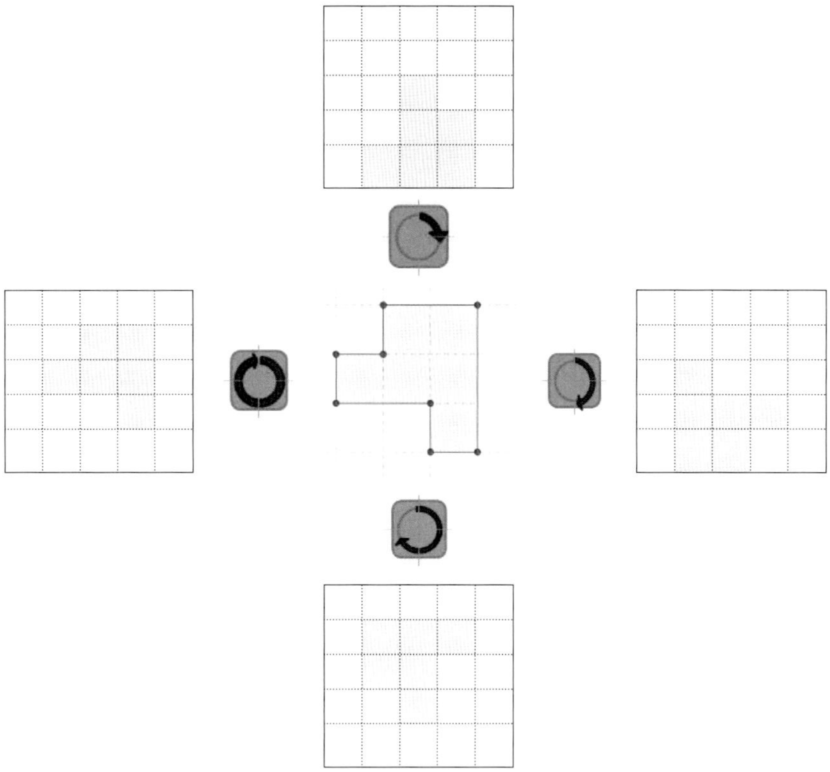

2.

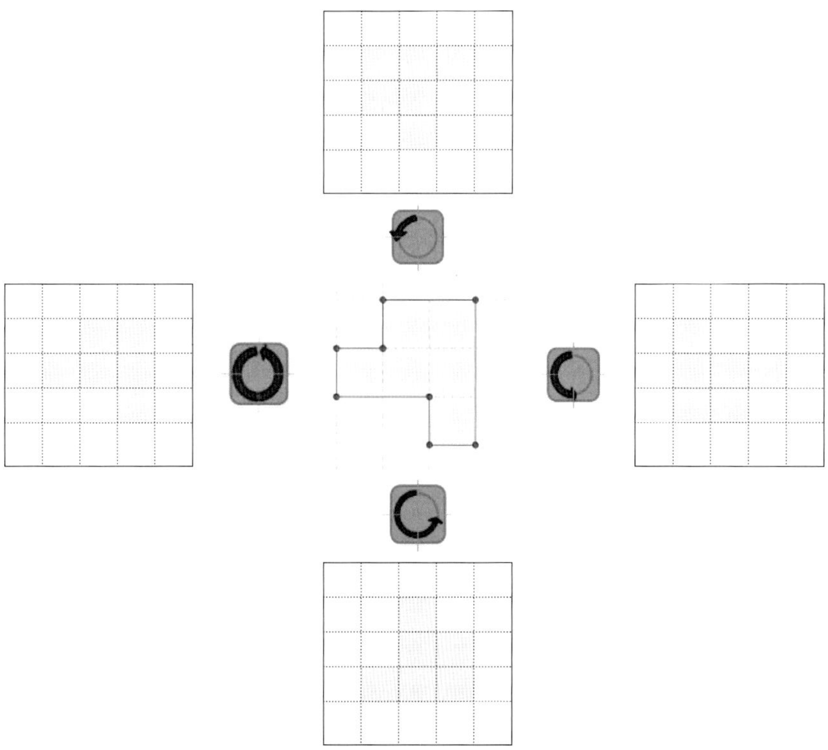

3. 한 바퀴 돌릴 경우만 같다.

소주제 3. 평면도형 뒤집기

탐구하기 1

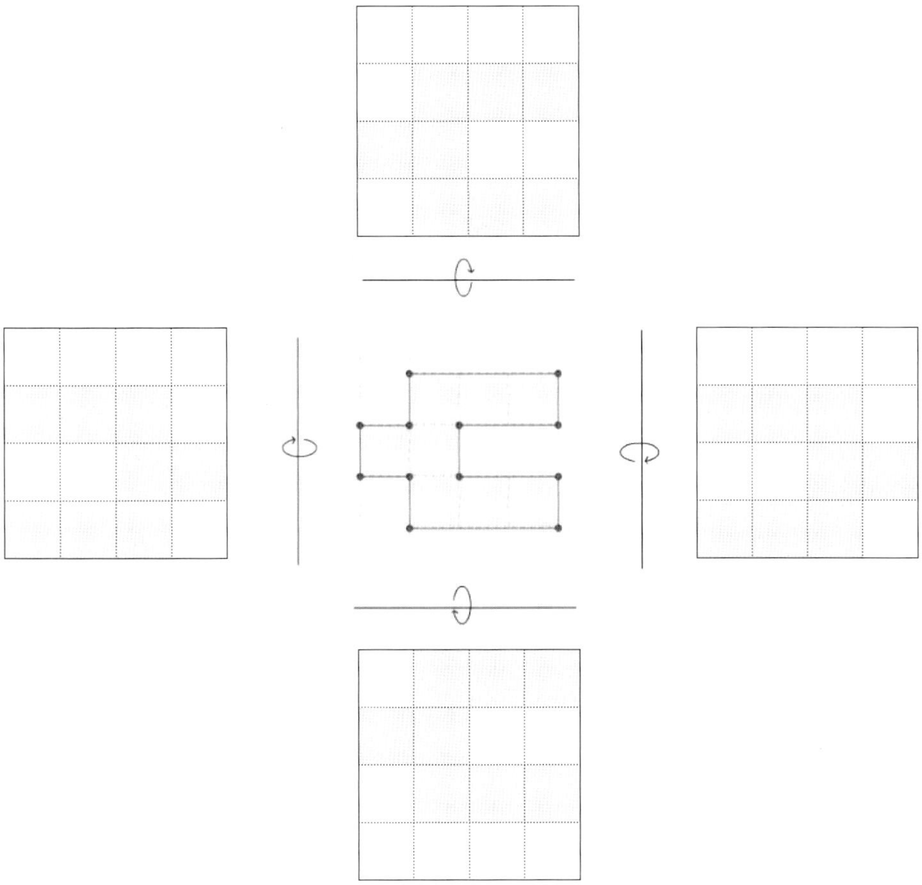

탐구하기 2

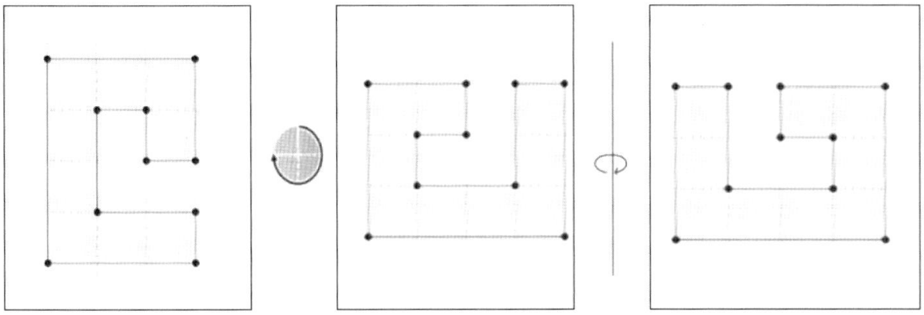

탐구하기 3

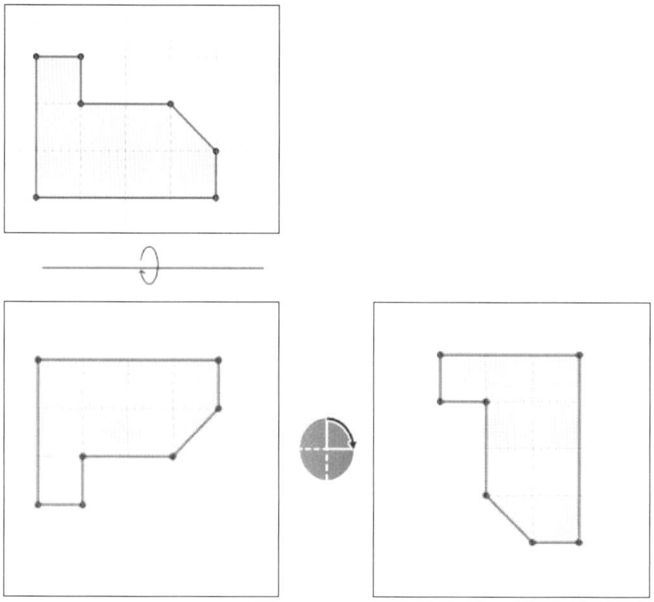

Quiz

1. 도형의 뒤집기와 돌리기의 순서가 바뀌면 그 모양도 바뀐다.
2. 같은 모양을 짝수 번 뒤집으면 제자리로 돌아온다.

2부 : 심화

제1장. 생활 속 선과 각의 탐구

소주제 1. 점과 선

탐구하기 1

1. 1) 직선, 반직선, 선분, 곡선의 이름을 창의적으로 붙인다.
   2) 가장 많이 보이는 도형은 선분이다. 건축물은 곧고 똑바로 세워야 하기 때문이다.
   3) 가장 찾아보기 어려운 도형은 직선이다. 직선은 무한히 계속 이어져야 하는데 건축물은 거리가 정해져 있기 때문이다.
   4) 학생들 각자 독자적 활동을 진행하고, 그 결과를 기록한다.
2. 1)과 2) 각자 사용한 수를 기록한다.
   3) 서로 겹치지 않으면 곡선 모양을 정확하게 그릴 수 없다.
   4) 점의 개수, 곡선의 개수, 선분의 개수가 많을수록 더 정확한 그림을 그릴 수 있다.

탐구하기 2

1. 1) 서로 평행하다. 평행선 도구를 이용하여 이동하여 보면 두 가로선이 서로 평행함을 알 수 있다.
   2) 세 선분의 길이가 2.5 로 동일하다. 평행한 두 선분 사이의 거리는 항상 일정하다.
   3) 각의 크기는 90도이다.
2. 1) 서로 평행하게 쌓아져 있다.
   2) 각자 주변에 있는 건축물 사진을 찍고 그 사진을 이용하여 평행선을 찾아보는 활동을 실시한다. 각자 기록을 한다.
3. 1) 길이를 측정하면 1.2, 1.7, 1.7, 1.2 등이 나온다.
   2) 작은 정사각형은 큰 정사각형이 중심에 위치해 있다. 큰정사각형과 작은 정사각형의 각 변 사이의 거리가 일정하다.

소주제 2. 각과 각도

탐구하기

1. 1) 45도, 90도, 135도, 180도 등을 얻을 수 있다.
   2) 평각은 한 점을 중심으로 직선이 이어져 있을 때 만들어지고, 직각은 수직이 될 때 만들어진다.
   3) 각자 얻은 각을 참고하여 표를 완성한다.
2. 1) 사진을 가져 오거나 주어진 그림을 지오지브라에 불러온다.
   2) 각을 측정하는 활동을 실시한다.
   3) 각자의 그림을 보고, 각을 먼저 예측한다. 예측한 결과와 실제 측정한 결과를 비교해 본다. 비교한 결과가 왜 차이가 났는지 자신의 예측활동을 되돌아 보고 그 결과를 기록해 본다.

심화활동

1. 1) 52.5도 정도
   2) 1, 0.8, 0.6 이다. 세 변의 길이가 어떤 규칙을 가지고 있다. 3, 4, 5와 같은 비율을 가지고 있다.
2. 1) 약 53도 정도
   2) 거의 동일한 경사각을 지니고 있다.
   3) 이 각은 직각을 만들어주는 특별한 삼각형과 관련이 있다. 세 변의 길이가 3, 4, 5이면 항상 직각삼각형이 만들어지는데, 이것이 만드는 각이 53도 정도 된다.

프로젝트 수행

첫째, 태극기의 대각선을 그은 각 56도, 둘째, 두 대각선이 이루는 각 68도, 셋째, 대각선과 검은 색 괘가 이루는 각 90도, 넷째, 괘와 태극기 가로선이 이루는 각 56도, 다섯째, 두 괘의 연장선이 이루는 각 112도(부록 CD '1-(4)-ggb14.ggb 참조)

제2장. 몇 개의 점을 지나는 원

소주제 1. 세 점을 지나는 원

생각하기

1. 1) 한 점에서 일정한 거리에 있는 점들이 만든 도형
   2) 구성요소: 원의 중심, 반지름
   원의 성질: 반지름의 길이는 모두 같다. 지름은 반지름의 두 배이다. 원 위의 두 점을 잡아서 가장 긴 길이의 선분은 지름이다.
2. 1) 각자 구한 선분의 길이를 자유롭게 기록한다.
   2) 선분의 수직이등분선 위에 있는 점에서부터 선분의 양 끝점에 이르는 길이는 항상 같다.

탐구하기 1

1. 1) 원의 정의에 의해서 원의 중심에서 같은 거리에 있는 점이다.
   2) 선분AB의 수직이등분선 위의 점이어야 한다.
2. 1) 각자 길이를 구해 본다. 원의 중심은 원 위에 있는 점으로부터 같은 거리에 있는 점이다.
   2) 각자 길이를 구해 본다. 1)번과 동일한 이유이다.
   3) 원의 중심은 원 위의 두 점으로 만든 선분의 수직이등분선 위에 있어야 한다.
3. 원의 중심은 원 위에서 만든 두 선분의 수직이등분선이 만나는 점이다.

탐구하기 2

1. 1) 두 점을 지나는 원은 많이 있다. 두 점이 만드는 선분의 수직이등분선 위에 원의 중심이 있는데, 수직이등분선 위의 점은 많이 있기 때문이다.
   2) 두 점으로 만든 선분의 수직이등분선 위에 한 점을 선택하여 원의 중심으로 만든다. 이 점을 원의 중심으로 하고, 선분의 끝점까지의 거리를 반지름으로 하여 원을 그린다.
2. 1) 세 점을 동시에 지나는 원이 될 때까지 점 D와 점 E의 위치를 이동시켜 본다.
   2) 점 D를 이동시켜 선분 AC의 수직이등분선 위에 두면, 점 D와 점 E가 일치할 때, 세 점 A, B, C를 동시에 지남을 확인할 수 있다.
   3) 점 E를 이동시켜 선분 AB의 수직이등분선 위에 두면, 점 E와 점 D가 일치할 때, 세 점 A, B, C를 동시에 지남을 확인할 수 있다.
   4) 두 선분의 수직이등분선이 만나는 점이 세 점을 지나는 원의 중심이 된다.
   5) 세 점을 지나는 원은 오직 한 개밖에 없다. 왜냐하면, 두 직선이 만나는 점은 한 점이기 때문이다.

소주제 2. 네 점을 지나는 원

확인하기

1. 1) 원 위에 세 점을 잡고, 두 선분을 그린다. 두 선분의 수직이등분선이 만나는 점을 찾는다. 이 점이 원의 중심이 된다.
   2) 주어진 세 점을 지나는 원의 중심을 먼저 찾아야 한다. 원의 중심은 두 선분의 수직이등분선이 만나는 점이 된다. 다음은 반지름을 찾는다. 반지름은 앞에서 찾은 원의 중심에서 한 점까지의 거리로 한다. 원의 중심과 반지름이 찾았기 때문에 한 원을 그릴 수 있다.
2. 1) 원의 정의에 의해 한 점으로부터 같은 거리에 있다.
   2) 점 A와 점 B를 양 끝점으로 하는 선분의 수직이등분선 위에 있다.

탐구활동

1. 1) 각자 기록해 본다.
   2) 한 원 위에 있는 두 선분의 수직이등분선이 만나는 점을 찾으면, 이 점으로부터 세 점까지의 거리는 같다.
2. 1) 점 E에서 세 점 A, B, C까지의 거리가 같음을 알 수 있다. 하지만, 점 E에서 점 D까지의 거리는 다르다. 각자 측정한 값을 기록한다.
   2) 지나지 않는다.
   3) 사각형의 네 꼭짓점을 동시에 지나는 원은 잘 그려지지 않는다.
3. 1) 세 점을 선택하여 세 점을 지나는 원을 그린다.
   2) 세 점을 지나는 원이 다른 한 점을 지나지 않는다.
   3) 각자 선택한 점을 적고, 그 결과를 적는다.

심화활동

1. 각자 측정한 각의 이름을 적고, 그 크기를 지오지브라에서 측정한 후 그 결과를 기록한다.
2. 마주보는 두 각의 합이 항상 180도로 같다.
3. 직접 거리를 구해보고, 같음을 확인한다.

제3장. 사각형 여행

소주제 1. 오목과 볼록 여행

탐구하기

1. 1) 도형의 이름은 각자 붙여 보자.

구분	(1)	(2)	(3)	(4)	(5)	(6)
꼭짓점의 수	4	5	6	5	5	4
모서리의 수	4	5	6	5	5	4
도형이름	–	–	–	–	–	–

   2) 볼록하게 보이는 다각형 (1)과 (5)이다. 그 이유는 모든 꼭짓점이 볼록하게 나와 보이기 때문이다. 오목하게 보이는 다각형은 (2), (3), (4), (6)이다. 그 이유는 꼭짓점 중에 한 두 개가 오목하게 들어가 있기 때문이다.

2. 1)

번호	대각선의 개수	도형의 내부와 외부 및 대각선의 위치
(1)	2	모든 대각선이 도형의 내부에 있다.
(2)	5	대각선 한 개가 도형의 외부에 있다.
(3)	9	대각선 일부가 도형의 외부에 있다.
(4)	5	대각선 한 개가 도형의 외부에 있다.
(5)	5	모든 대각선이 도형의 내부에 있다.
(6)	2	대각선 한 개가 도형의 외부에 있다.

   2) 다각형의 모든 대각선이 도형의 내부에 있으면 볼록다각형이고, 대각선 중 일부가 다각형의 외부에 있으면 오목다각형이다.

3. 1) 각자 측정한 각의 크기를 구해본다. 내부의 각의 크기와 외부의 각의 크기의 합이 항상 180도가 된다는 사실을 알 수 있다.
   2) 볼록다각형은 모든 꼭짓점에서 내부의 각의 크기와 외부의 각의 크기의 합이 180도가 된다. 반면, 오목다각형은 꼭짓점 중의 내부의 각의 크기와 외부의 각의 크기의 합이 360도가 되는 점이 한 개 이상 있다.

활동하기

1. 각자 10개의 오목다각형을 그린다.
2. 대각선을 긋는 방법을 통해 오목다각형이 되는지 확인한다. 대각선 중에 일부가 도형의 외부에 그어지는지 확인한다. 또한 꼭짓점에서의 내부의 각와 외부의 각의 크기의 합을 이용하여 오목다각형이 되는지 확인한다.

생각하기

1. 꼭짓점과 꼭짓점을 연결한 변을 찾는다. 두 변이 서로 만나는 점이 생기지만 이 점은 꼭짓점이 아니다.
2. 각자 선분의 길이와 각의 크기를 측정한다. 모든 변(선분)의 길이는 같고, 모든 내부의 각의 크기도 같다.
3. 1) 각자 그린 별모양의 선분의 길이와 각의 크기를 측정한다. 모든 선분의 길이와 각의 크기가 같음을 결론으로 얻을 수 있다.
   2) 별모양은 오목하지만 정다각형은 볼록하다는 면에서 차이가 있다. 하지만, 모든 변의 길이와 각의 크기가 같다는 면에서는 공통점이 있다.

소주제 2. 사각형 나라 여행

탐구하기

1. 주어진 도형과 동일한 크기의 다각형을 지오지브라에 그린다. 격자를 잘 이용하도록 한다.
2. 1) 자신의 생각을 담아 이름 짓기를 하고, 그 이유를 독창적으로 기록한다.
   2) 꼭짓점의 개수 등과 같이 자신이 정한 분류기준에 따라 6개의 도형을 독창적으로 분류한다.

활동하기

1. 자신이 원하는 10개의 도형을 지오지브라에 그린다.
2. 10개의 도형의 이름을 짓고, 그 이유를 자유롭게 기록한다.
3. 자신의 생각을 담아서 분류하고 그 결과를 기록한다.

심화활동

1. 지오지브라에서 각의 크기와 선분의 길이를 구하고 기록한다.
2. 1) 모든 내부의 각이 180도보다 작다. 대각선이 도형의 내부에 있다.
   2) 몇 개의 내부의 각이 180도보다 크다. 대각선이 도형의 외부에 있을 수도 있다.
   3) 볼록사각형이란 모든 대각선이 사각형의 내부에 있는 사각형이다.
   4) 오목사각형이란 몇 개의 대각선이 사각형의 외부에 있는 사각형이다.

제4장. 패턴블록

소주제 1. 패턴블록과 친해지기

작도하기

아래 그림과 같이 여섯 개의 도형이 사용되었다.

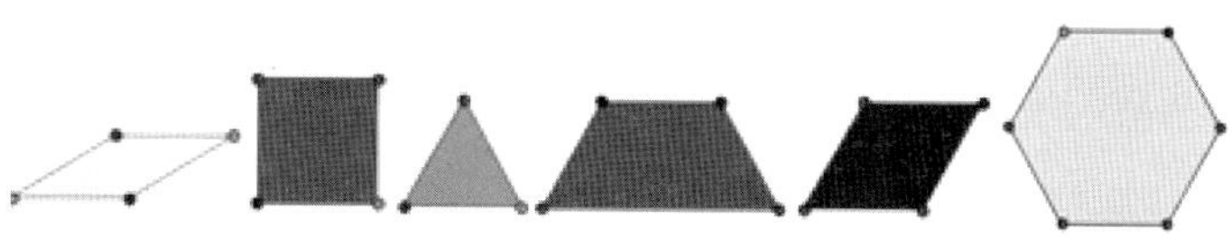

2. 정사각형, 정삼각형, 등변사다리꼴, 평행사변형, 정육각형, 마름모

탐구하기

1. 패턴블록은 총 6종류로 되어져 있다. 각자 여섯도형의 이름을 적어 본다.
2. 모든 패턴블록은 변의 길이가 1로 일정하다. 모든 변의 길이가 같은 도형으로 이루어져 있다.
3. 정육각형의 넓이는 2.6, 등변사다리꼴의 넓이는 1.3, 정삼각형의 넓이는 0.43, 마름모의 넓이는 0.87, 평행사변형의 넓이는 0.5, 정사각형의 넓이는 1이다.
4. 각의 크기는 정육각형은 120도, 등변사다리꼴은 120도, 60도, 정삼각형은 60도, 마름모는 120도, 60도, 평행사변형은 30도, 150도, 정사각형은 90도이다.

활동하기 1

1. 1) 정육각형을 그리고 색칠을 한다.
   2) 모든 변의 길이와 모든 내부의 각이 같다. 따라서 정육각형이다.
2. 1) 정삼각형, 정사각형을 그리고 색칠을 한다.
   2) 모든 변의 길이와 모든 내부의 각이 같다. 따라서 정삼각형과 정사각형이다.
3. 1) 사다리꼴을 그리고 색칠을 한다.
   2) 두 밑각의 크기가 같고, 두 옆변의 길이가 같으며, 두 윗각의 크기가 같아서 등변사다리꼴이다.
4. 1) 평행사변형(마름모)을 그리고 색칠을 한다.
   2) 마주보는 두 변의 길이가 같기 때문에 평행사변형이다. 또한 네 변의 길이가 모두 같으므로 마름모이다.

활동하기 2

1. 패턴블록으로 주어진 모양의 도형을 지오지브라에 예쁘게 그린다.
2. 평행사변형 패턴블록으로 자신만의 예쁜 도형을 만들어 본다.

소주제 2. 활동으로 패턴블록에 다가가기

작도하기

1. 각자 독창적으로 표를 완성한다.
2. 1) 정육각형 1개, 정삼각형 3개를 사용하는 방법
      등변사다리꼴 3개를 사용하는 방법
      등변사다리꼴 2개, 정삼각형 3개(마름모1개, 정삼각형1개)를 사용하는 방법
      등변사다리꼴 1개, 정삼각형 6개(마름모2개, 정삼각형2개)를 사용하는 방법
      마름모 3개, 정삼각형 3개를 사용하는 방법
      마름모 2개, 정삼각형 5개를 사용하는 방법
      마름모 1개, 정삼각형 7개를 사용하는 방법 등이 있다.
   2) 각 블록의 크기가 서로 다르기 때문이다.
   3) 정육각형 1개 ⇒ 정삼각형 6개, 등변사다리꼴 1개 ⇒ 정삼각형 3개, 평행사변형 1개 ⇒ 정삼각형 2개

활동하기 1

1. 각자 자유롭게 다양한 방법으로 다각형을 만들어 본다.
2. 1) 육각형
   2) 여섯 개의 패턴블록 모양 중에서 네 개가 네 변이고, 그들이 붙여졌을 때, 전체 여덟 개의 변 중에서 드러난 여섯 개의 변을 남겨두고 두 개가 새로운 모양의 내부로 들어가기 때문이다.
   3) 23개

활동하기 2

1. 1)

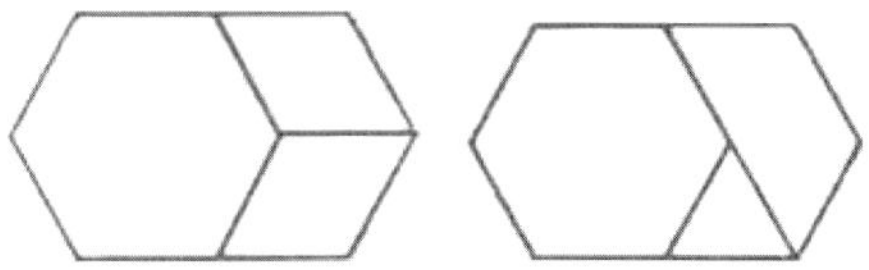

   2)

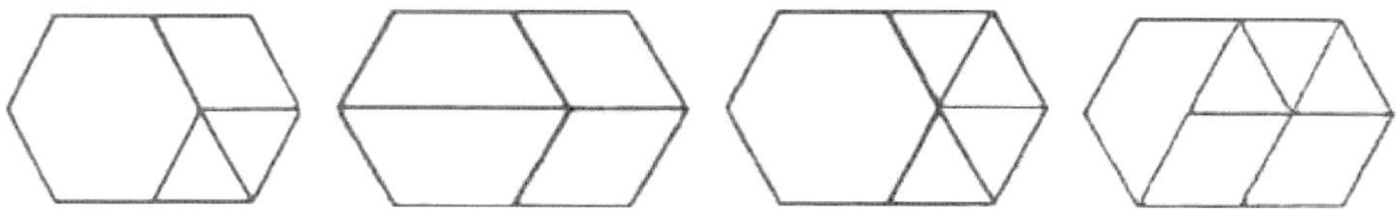

2. 1)

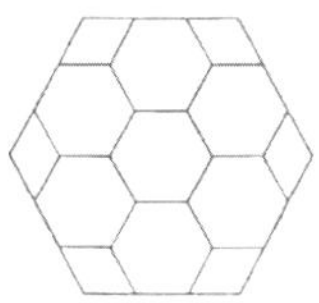

   2) 정육각형 - 7개, 평행사변형 - 6개
   3) 2개
   4) 9배
3. 정육각형 패턴블록은 평행사변형 패턴블록 3개로 이루어져 있다.
4. 1) (평행사변형 4개), (평행사변형3, 정삼각형 2개), (평행사변형 2개, 정삼각형4개), (평행사변형 1개, 정삼각형 6개), (정삼각형 8개), (정육각형 1개, 정삼각형 2개)
   2) 4배

제5장. 다각형의 대각선

소주제 1. 다각형의 대각선의 기초 탐구

탐구하기 1

1. 1) 이웃한다는 것은 바로 옆에 있다는 뜻이다. 예를 들어, (1)번 도형에서 꼭짓점 A와 이웃하는 점은 B와 E가 있다.
   2) 꼭짓점과 선분의 이름은 그리는 방법에 따라 다르게 표현될 수 있다.

번호	이름	꼭짓점	이웃하지 않는 두 점을 이은 선분
(1)	오각형	A	AC, AD
(2)	삼각형	F	없음
(3)	육각형	I	IK, IL, IM
(4)	육각형	O	OQ, OR, OS
(5)	오각형	W	WU, WA

2. 1) 다각형의 꼭짓점에서 이웃하지 않는 점과 연결한 선분이다.
   2)

번호	이름	대각선의 개수
(1)	오각형	5개
(2)	삼각형	0개
(3)	육각형	9개
(4)	육각형	9개
(5)	오각형	5개

3) 삼각형은 대각선이 없다. 모든 꼭짓점이 서로 이웃하고 있기 때문이다.

탐구하기 2

1. 1)

번호	대각선의 개수	번호	대각선의 개수	번호	대각선의 개수
(1)	2	(3)	5	(5)	14
(2)	2	(4)	5	(6)	20

2)

번호	대각선 길이의 개수	번호	대각선 길이의 개수	번호	대각선 길이의 개수
(1)	2	(3)	3	(5)	9
(2)	2	(4)	3	(6)	11

2. 1) 순서대로 2개, 4개, 8개
   2) 4배
   3) 정사각형, 네 변의 길이가 모두 같고, 네 각의 크기가 모두 같다.
   4) 2배
   5) 각자 구한 값을 기록한다.
   6) 정사각형의 대각선을 한 변으로 하는 새로운 정사각형을 그린다.
3. 정사각형의 네 변의 중점을 연결한 새로운 정사각형을 그린다.
4. 각자 지오지브라에 그림을 그린다.

소주제 2. 다각형의 대각선 개수

탐구하기

1. 1)

종류	삼각형	사각형	오각형	육각형	칠각형	팔각형	구각형
대각선 개수	0	2	5	9	14	20	27

   2) 자신의 발견한 규칙을 기록해 본다.

2. 1)

구분	5각형	6각형	7각형	8각형	9각형
한 꼭짓점에서 긋을 수 있는 대각선의 수 (가)	2	3	4	5	6
전체 꼭짓점의 수 (나)	5	6	7	8	9
(가) × (나)	10	18	28	40	54
전체 대각선의 수	5	9	14	20	27

   2) (가)×(나)의 결과와 전체 대각선의 수는 정확하게 반이다.
   3) 35개이다. 직접 그려서 확인한다.
   4) 19각형은 152개이고, 20각형은 170개이다.

탐구활동

지오지브라의 길이도구를 이용하여 모든 선분의 길이를 측정하고 기록한다.

2. 1) 정4각형일 때는 1개, 정6각형일 때는 2개, 정8각형일 때는 3개, 정10각형일 때는 4개이다. 변의 개수에서 2를 뺀 것의 반과 같다.
   2) 정5각형일 때는 1개, 정7각형일 때는 2개, 정9각형일 때는 3개, 정11각형일 때는 4개이다. 변의 개수에서 3을 뺀 것의 반과 같다.

제6장. 도형의 활용

소주제 1. 도형의 반

탐구하기 1

1.

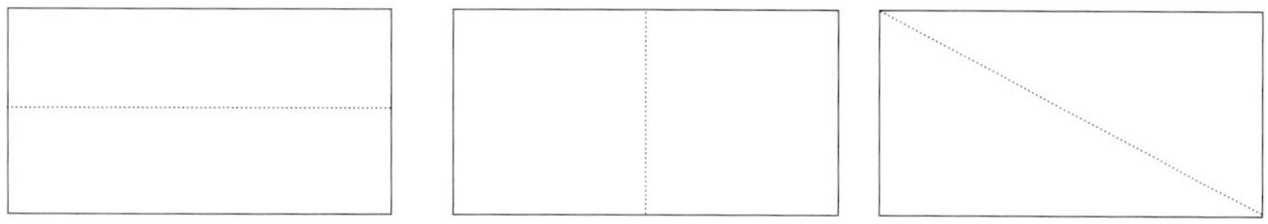

1) 2) 각자 설명한다.

2.

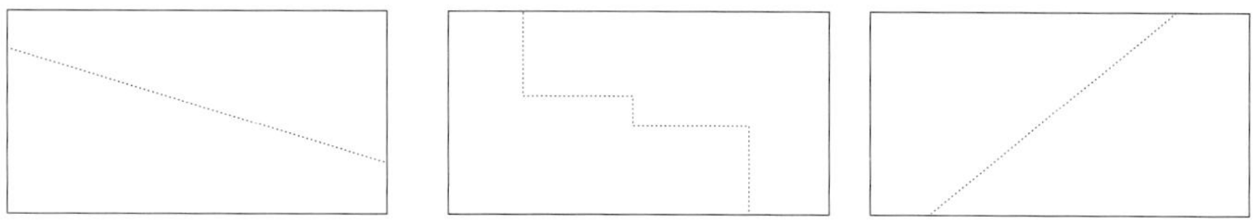

3. 1) 네 개의 반원은 두 부분으로 분할한다.
   2) 아래와 같이 다양한 곡선이 가능하다.

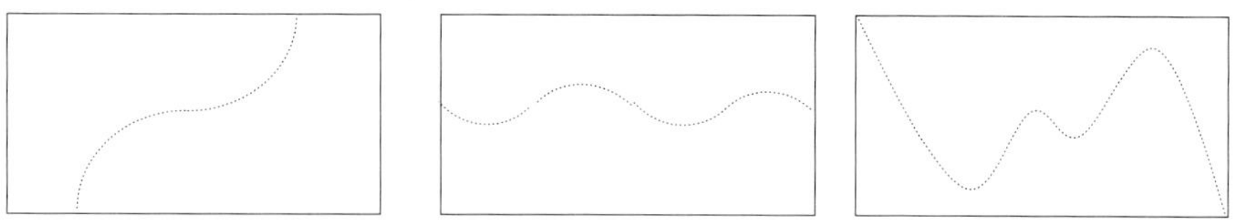

4. 1) 공통점은 모두 같은 크기가 되도록 나누고 있다. 차이점은 직선이고, 꺾어진 선이고, 곡선 모양이다.
   2) 분수로 $\frac{1}{2}$가 된다. 반은 동일한 두 부분으로 나누는 것이다.
5. 1) 각자 나누어 본다.
   2) 6개, 6개는 서로 동일한 두 부분이 되기 때문이다.
   3) 각자 표시해 본다.
   4) 각자 기록해 본다.
   5) 공통점은 모두 같은 숫자 즉 6개로 구분된다는 것이다. 차이점은 다양한 모양으로 구분된다는 점이다.
   6) 12의 반은 6인데, 분수로는 $\frac{6}{12}$이다.

탐구하기 2

1. $\frac{2}{4}$, $\frac{4}{8}$, $\frac{8}{16}$이다.
2.

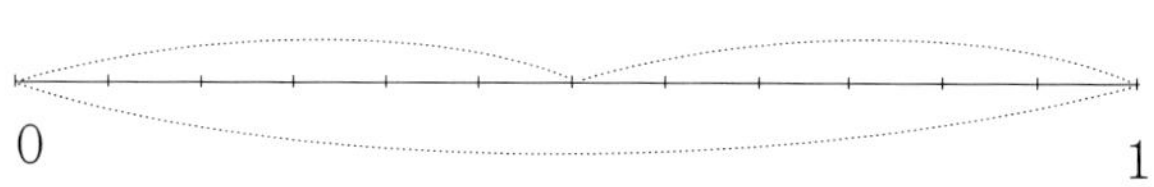

3. 전체 중에서 절반이 되게 분수를 만들면 "반"과 크기가 같은 분수가 됨을 확인한다.

4.

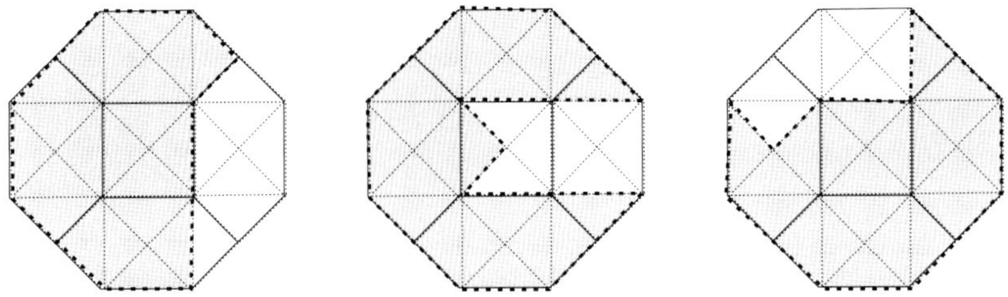

토의하기 1

1. 각자 다양한 모양으로 나누어보자.

〈2등분〉

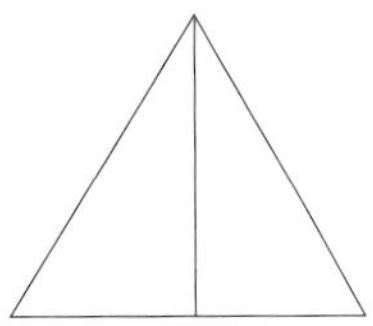

〈3등분〉

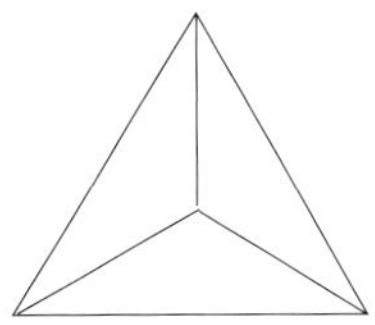

〈4등분〉

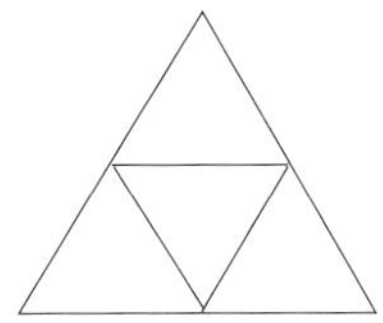

〈6등분〉

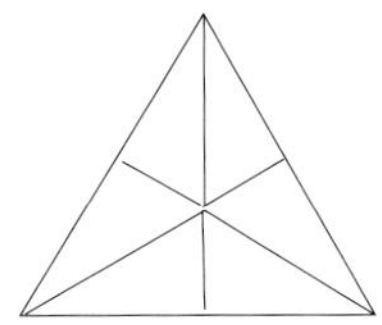

〈8등분〉

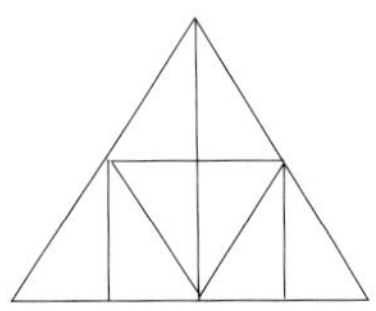

〈9등분〉

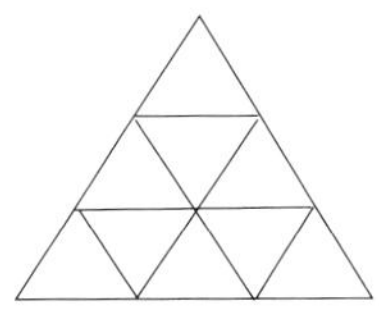

〈12등분〉

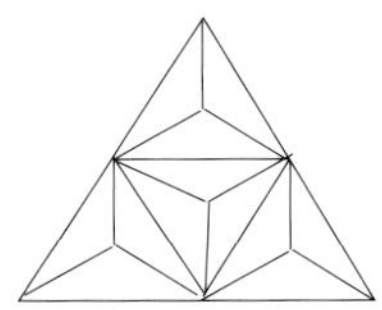

2. 각자 위의 모양을 보고 기록해 본다.
3. 1) 다양한 방법을 찾아보자.

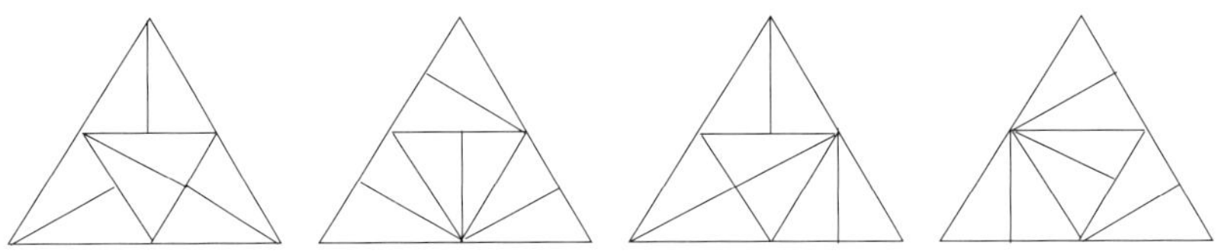

토의하기 2

1. 각자 지오지브라에 표현한다.
2. 다양한 분할을 그림으로 나타낸다.

김진호

서울교육대학교 수학교육과 졸업
Columbia University 수학교육학 박사
현재 대구교육대학교 수학교육과 교수

서보억

한국교원대학교 수학교육과 졸업
경상대학교 수학교육학 박사
현재 충남대학교 수학교육과 교수

조수윤

대구교육대학교 수학교육과 졸업
대구교육대학교 초등수학교육학 석사
현재 울산 상안초등학교 교사

지오지브라 초등시리즈 •1
지오지브라와 함께하는
초등학교 도형탐구 (3·4학년)

2015년 2월 10일 초판 인쇄
2015년 2월 16일 초판 발행

저 자 / 김진호·서보억·조수윤
발행자 / 오판근
발행처 / 교우사

주 소 / 서울특별시 동대문구 약령시로 8 교우빌딩 2층
전 화 / 925-2861(代), 편집부 / 925-2825, 홈쇼핑 / 969-5762
팩 스 / 925-2860

E-mail / kyowoo@kyowoo.co.kr
http://www.kyowoo.co.kr

등록 / 1994. 3. 24 제6-0256호

ISBN 979-11-251-0072-0 (94410)
979-11-251-0071-3 (세트)

값 27,000 원